Handboek groepsdynamica

De PM-reeks
verschijnt onder hoofdredactie van
Jan de Ruijter

Opgedragen aan mijn zonen Sanne, Jonas en Gawein,
mijn mooiste trilogie, en aan Myra,
die voor hen en mij een bron van leven werd

HANDBOEK GROEPSDYNAMICA

Een nieuwe inleiding op theorie en praktijk

Jan Remmerswaal

ƅℕƄ

UITGEVERIJ H. NELISSEN | SOEST

Copyright: © Uitgeverij Nelissen B.V., Soest 1998, 2003
Omslag: Matt Art Concept & Design, Haarlem
ISBN: 90 244 1648 5
NUR: 741
1e druk: 1995
2e druk: 1996
3e druk: 1998
4e druk: 2000
5e druk: 2001
6e herziene druk: 2003

Uitgeverij Nelissen
Postbus 3167, 3760 DD SOEST
Telefoon: (035) 541 23 86, telefax: (035) 542 38 77
Website: www.nelissen.nl, e-mail: service@nelissen.nl

Inhoud

Voorwoord

Het is inmiddels 28 jaar geleden dat mijn Inleiding in de groepsdynamika verscheen. Ik ben er trots op dat dit boek in de loop der jaren met zijn twaalf drukken en een oplage van bijna 50.000 exemplaren is uitgegroeid tot een klassieker op het vakgebied. In heel wat bedrijfsopleidingen en in heel wat trainingen en cursussen in het hoger onderwijs heeft dit boek voor de deelnemers als bagage gediend. Dat is mooi. Toen ik destijds als schrijver begon had ik niet kunnen vermoeden dat mijn boek zo zou aanslaan.

Intussen is het alweer acht jaar geleden dat het huidige Handboek groepsdynamica verscheen. In dit boek, dat u nu in handen heeft, heb ik veel tekst verwerkt uit mijn eerdere inleiding. Ik heb deze kritisch herlezen en sterk geactualiseerd. Ik heb de tekst ook uitgebreid. De eerdere 200 pagina's zijn er nu 372 geworden. Een belangrijk deel van deze uitbreiding komt voor rekening van ruim vijftig gestructureerde oefeningen en reflectieopdrachten, die ik aan de meeste hoofdstukken heb toegevoegd.

Tot mijn vreugde heb ik gemerkt dat ook dit boek de afgelopen acht jaren heel wat studenten heeft ingewijd in de geheimen van de groepsdynamica. Op grond van mijn eigen ervaringen in het werken met dit boek en op grond van de reacties en vragen die ik ontving, heb ik besloten de tekst op enkele punten aan te passen. In deze zesde druk heb ik in vier hoofdstukken de tekst verbeterd. In hoofdstuk drie heb ik het gedeelte over "Drie typen training" vervangen door een geheel nieuwe tekst ("Drie soorten groepen"). In hoofdstuk vier heb ik het gedeelte over de eerste vijf niveaus in groepen grondig herzien en gedeeltelijk herschreven. Hoofdstuk vijf heb ik aangevuld met een tekst over "Drie manieren om een groep te starten". Deze tekst sluit aan op wat ik in hoofdstuk drie schrijf over "Drie soorten groepen". In hoofdstuk zes tenslotte heb ik de tekst over de Roos van Leary grondig herschreven. Ik hoop dat door deze aanpassingen de tekst aan duidelijkheid gewonnen heeft.

In mijn voorwoord van 28 jaar geleden heb ik enkele personalia vermeld. Hier heb ik in de loop der jaren veel persoonlijke reacties op gekregen. Ik wil dit voorwoord daarom op een soortgelijke wijze besluiten. Nog steeds heb ik een hekel aan het soort personalia dat nu eenmaal op de achterkant van een boek dient te staan over beroepsmatige activiteiten. Alsof werken mijn lust en leven is. Ik vind het veel leuker om u te vertellen dat ik een geboren en getogen Hagenaar ben, dat ik mijn schooljaren en puberteit in de beklemmende jaren vijftig meemaakte en mijn studententijd in de woelige en swingende jaren zestig, dat ik destijds in Nijmegen bij prof. Fortmann Cultuurpsychologie gestudeerd heb (daar ben ik nog steeds trots op) en dat ik dit heb aangevuld met Sociale Psychologie en Klinische Psychologie, dat ik daarna opleidingen in Gestalttherapie en in Psychosynthese gevolgd heb (maar niet heb afgemaakt), dat mijn muziekvoorkeuren nog steeds uitgaan naar Buddy Holly, Bob Dylan, Jimi Hendrix, Frank Zappa, de oude Stones, Bryan Ferry, J.J. Cale, The Band, Lou Reed, Elvis Costello, Willy DeVille, dat ik erg gecharmeerd ben van de late Johnny Cash (de "man in black"), dat ik mijn cd-collectie heb aangevuld met een flinke dosis authentieke blues uit de beginjaren in Chicago en de Mississippi en ook met flink wat Rhythm and Blues uit de jaren zestig en zeventig, dat ik nog steeds ontroerd kan raken van de jazz van Sonny Rollins, John Coltrane, Eric Dolphy en Ornette Coleman. Voor wie dit interesseert wil ik hier aan toevoegen dat ik de afgelopen acht jaar mijn inspiratie ook gehaald heb bij Hartverscheurende Vrouwen en enkele Oude Rotten. Namen? Wat betreft de Vrouwen (mét een hoofdletter): dit zijn met name Lucinda Williams, Mary Gauthier, Emmylou Harris, Linda Thompson, Beth Gibbons, en recentelijk ook Dayna Kurtz, Caran Casey en Alice Texas. En in mijn eredivisie van mannen staan Johnny Cash, Willie Nelson, Solomon Burke en Roy Orbison aan de top. Hoe ouder ze worden, hoe krachtiger en persoonlijker hun muziek is geworden, lijkt het wel. Ik vat dat op als een hoopvol voorbeeld. Ook heb ik al jaren een zwak voor oude Spaanse muziek vooral als Jordi Savall en Montserrat Figueras dit vertolken, reken ik met name Italianen als Pirandello, Pavese, Bassani, Levi en Ginzburg tot mijn favoriete auteurs, lees ik nog steeds met veel plezier kinderboeken van prachtschrijvers als Peter Pohl, Selma Lagerlöf, Astrid Lindgren, Ted van Lieshout, Toon Tellegen en Aidan Chambers, geniet ik van Zweedse kinderfilms, ben ik filmofiel met een flinke collectie dvd's uit de "filmhuishoek" met name van Tarkovsky, Kurosawa, Bergman en Godard, ben ik dol op kwarktaarten, en... Ach, wat doet het er toe?

Staat u in de winkel nog te twijfelen?
Ik weet wel wat ik zou doen; een boek als dit kunt u niet laten liggen.
Koop het, lees het, gebruik het...
Ik hoor graag uw reacties.

Jan Remmerswaal, Nijmegen,
Lente 2003
jan.remmerswaal@wxs.nl

1 Groepsdynamica tussen psychologie en sociologie

1.1 Groepsdynamica tussen psychologie en sociologie

Groepsdynamica is de studie van het gedrag van mensen in kleine groepen. Veel menselijk gedrag kan beter begrepen worden door aandacht voor de groepen waarin dat gedrag plaatsvindt. Ieder mens is sterk sociaal bepaald door de groepen waartoe hij vroeger behoord heeft, met name het ouderlijk gezin of de vervangende opvoedingssituatie, en door de groepen waarvan hij op dit moment deel uitmaakt. Deze vroegere en huidige groepslidmaatschappen bepalen in belangrijke mate ieders identiteit. Het is erg onwaarschijnlijk, dat een persoonlijkheidsontwikkeling mogelijk is zonder primaire groepen.

In zekere zin is de primaire groep (en vooral het gezin) de bemiddelaar tussen de cultuur of maatschappij enerzijds en het individu anderzijds. Met andere woorden: door groepen is het individu aan maatschappij en cultuur gebonden, en omgekeerd: vooral via groepen vindt cultuuroverdracht plaats, leert het individu taal en spreken, denken en waarnemen en een uitgebreid waardensysteem. Ook hoe emoties en gevoelens beleefd worden en geïntegreerd worden in de hele persoonlijkheidsstructuur wordt grotendeels bepaald door de gezinsgroep, die bepaalde emoties wel en andere niet toestaat. De eigen manier van denken, waarnemen, voelen en reageren alsook de eigen waardeopvattingen en normen zijn niet zo individueel en uniek als we graag van onszelf zouden willen denken. "Tot in hart en nieren zijn we groepsdieren", zou ik bijna willen zeggen.

De sociale invloeden op elk individu zijn op hun beurt weer sterk meebepaald en gekleurd door maatschappelijke omstandigheden.

Heel simpel (veel te simpel natuurlijk) weergegeven:

Figuur 1.1   Een zeer simpel weergegeven invloedslijn

De psychologie heeft aan de groepsdynamica een groot aantal inzichten te danken over hoe maatschappelijke en sociale factoren doorwerken op het individu en door het individu verinnerlijkt worden. Ieder wordt in sterke mate gevormd (en helaas vaak ook misvormd) door de maatschappelijke omgeving. Niet alleen is ieder "kind van zijn tijd", maar ook "kind van zijn maatschappij".

Het is beslist veel te eenvoudig en onjuist om het individu af te schilderen als een passief slachtoffer van de omstandigheden waaronder hij in groepen moet leven. Omdat ieder individu niet alleen beïnvloed wordt door zijn sociale omgeving, maar hijzelf ook deze omgeving actief beïnvloedt, gelden de invloedslijnen in het hiervoor gegeven plaatje evengoed in omgekeerde richting. Dat individuen van invloed kunnen zijn op hoe groepen functioneren, zal duidelijk zijn. Veel verder ligt de stap van individu naar maatschappij. Slechts enkelen zullen op grond van hun bijzondere positie in staat zijn rechtstreeks maatschappelijke omstandigheden te beïnvloeden en te bepalen. Misschien enkele politieke of economische topfiguren, maar dan nog... Veel vaker echter kunnen individuen invloed uitoefenen op maatschappelijke omstandigheden via de groepen waartoe ze behoren. Denk maar aan belangengroeperingen, actiegroepen, pressiegroepen, politieke groepen en dergelijke.

Heel simpel (weer veel te simpel natuurlijk) weergegeven:

Figuur 1.2   Een tweede, zeer simpel weergegeven invloedslijn

Hoewel beide plaatjes veel te summier zijn, hoop ik hiermee wel duidelijk aangegeven te hebben, dat groepen een verbindende schakel vormen tussen individu en maatschappij (zie figuur 1.3).

Figuur 1.3   Wederzijdse invloeden

In het westerse denken sinds de renaissance, maar eigenlijk al veel eerder sinds de klassieke oudheid, vindt men erg vaak de tegenstelling tussen individu en maatschappij beschreven. Men denkt echter veel minder in groepstermen, ook nu nog. Het verbaast dan ook niet dat met de opkomst van de sociale wetenschappen – eind vorige, begin deze eeuw – de psychologie met haar nadruk op het individu en de sociologie met haar nadruk op de maatschappij veel eerder tot bloei kwamen dan de groepsdynamica. De groepsdynamica is nog een jonge tak van wetenschap en is pas sinds de jaren dertig van deze eeuw tot ontwikkeling gekomen. In aansluiting op de eerdere plaatjes wil ik haar plaats als volgt aangeven:

Figuur 1.4   Groepsdynamica als verbindende schakel tussen psychologie en sociologie

1.2   Enkele weerstanden tegen groepsdynamisch denken

Toch bestaan er weerstanden tegen het inzicht, dat groepsdynamica een aparte wetenschapstak vormt. Ook nu nog denken veel mensen dat wat in groepen gebeurt vooral door individuen wordt bepaald, in het bijzonder door hun goede of slechte eigenschappen. Zulke mensen hebben er moeite mee zichzelf te zien als groepslid en zien ook niet dat groepsverschijnselen iets specifiek eigens hebben.

Nog in de jaren twintig speelde dit ook in de psychologische vakliteratuur rond de discussie over de "echtheid" van groepen: *"Are groups real?"* F.H. Allport (1924) verdedigde bijvoorbeeld het standpunt dat alleen individuen "echt en reëel" zijn en dat groepen niets meer zijn dan reeksen van waarden, ideeën, gedachten, gewoonten en dergelijke, die gelijktijdig bestaan in de gedachten van individuen in collectiviteiten. Kortom, dat groepen een soort "hersenschimmen" zijn en alleen in de gedachten van mensen bestaan.

Daar werd door anderen tegen in gebracht dat groepsverschijnselen niet in psychologische termen verklaard kunnen worden en dus een valide theorie van groepsprocessen moet liggen op het niveau van de groep. Een goede samenvatting van dit standpunt geeft Warriner (1956) in een artikel onder de titel: *"Groups are real"*.

Een voorbeeld van deze twee benaderingen valt te vinden rond het onderwerp "leiderschap". Zoals ik in hoofdstuk 10 zal beschrijven richtte een eerste benadering in leiderschapsonderzoek zich op het opsporen van eigenschappen van effectieve leiders, geheel in de traditie van het individualistische westerse denken. Deze eigenschappenbenadering faalde en werd later vervangen door de zogeheten functionele benadering, waarin leiderschap als een groepsverschijnsel gedefinieerd wordt, namelijk als het uitvoeren van gedragsvormen die de groep helpen in het bereiken van de door haar gewenste resultaten.

Het denken in termen van groepsverschijnselen vereist een nieuw referentiekader, te weten het loslaten van de neiging zichzelf als individu centraal te stellen (vgl. Anzieu, 1968). In andere termen wees Freud er al op, dat het narcisme van de mens een van de grootste obstakels is voor de vooruitgang van kennis. We kunnen dit zien in de ontwikkeling van de astronomie, de biologie en de psychoanalyse, die elk hebben moeten opboksen tegen narcistische vooroordelen zoals "de aarde als het centrum van het heelal", "de mens als koning van het dierenrijk" en "het bewuste ik als centrum van de persoonlijkheid". Dit zijn vormen van antropocentrisme. Zo'n neiging tot het centraal stellen van zichzelf en zijn eigen positie kan ook een hindernis vormen voor zicht op groepsprocessen. De wens zichzelf te zien als een autonoom handelend individu kan leiden tot een gebrek aan aandacht voor de context waarbinnen deze zelfervaring ontstaan is, met name voor de groepen waartoe men vroeger behoord heeft en de groepen waartoe men op dit moment behoort. Pas met de toenemende belangstelling voor de wisselwerking tussen individu en groep vindt de groepsdynamica een vruchtbare voedingsbodem. Er ontstaat zo een ander referentiekader. In termen van de waarnemingspsychologie van de Berlijnse Gestalt-school zou je kunnen zeggen dat dan niet langer het individu als "figuur" op de voorgrond staat, maar dat individu en groep wisselend als figuur en als achtergrond gezien kunnen worden. Deze wisseling van hoofdaandacht en de wisselwerking tussen individu en groep vormen centrale thema's in de groepsdynamica.

Dezelfde mensen, die rationeel wel inzien dat groepen nuttig en noodzakelijk zijn en dat werk in groepen effectiever kan gebeuren dan individueel, vrezen vaak op minder rationeel niveau een krenking van hun narcisme. Dit uit zich in opvattingen, als zou in groepen het individu vervreemd raken van zichzelf, omdat zijn unieke individualiteit aangetast zou worden en omdat interactie in groepen vooral gekenmerkt zou worden door manipulatie. Inderdaad kunnen groepen een bedreiging vormen voor de individuele vrijheid en autonomie; denk maar aan allerlei vormen van pressie tot conformiteit. Deze spanning tussen autonomie en conformiteit kan vertaald worden als een spanning tussen individu en groep. En zoals in het voorafgaande al genoemd vormt dit een centraal thema in de groepsdynamica.

Andere weerstanden tegen het groepsdynamisch denken komen vanuit de tegenovergestelde hoek: van hen, die het belang van grote collectieve organisaties als staat, kerk en leger benadrukken. Zowel voor deze collectiviteiten als voor de maatschappij in het algemeen kunnen kleine groepen een potentieel gevaar zijn. Elke kleine groep die zich isoleert, kan een samenzwering vormen tegen het grotere geheel. Vandaar het wantrouwen van heel wat landen tegenover afscheidings- en bevrijdingsbewegingen, van kerken tegenover sekten, van politieke partijen tegenover fractievorming, en dergelijke. Al te autonome groepen kunnen de maatschappelijke orde bedreigen.

Nog een reden ten slotte voor het pas laat op gang komen van het denken in groepstermen ligt meer op cultuurhistorisch niveau. Lange tijd in de geschiedenis van de mensheid vormden groepen zo'n natuurlijk gegeven, dat men niet de distantie kon nemen deze te bestuderen. Bepaalde vormen van leven in groepen werden als zo vanzelfsprekend beleefd, dat men zich niet bewust was van wat een groep is. Vergelijk de uitspraak van Fortmann (1959):

"Indien een vis ontdekkingen zou kunnen doen, dan zou zijn laatste ontdekking het bestaan van water zijn. Pas op de kar van de visboer zou hij weten wat het betekent een waterdier te zijn... Het altijd aanwezige en dus vanzelfsprekende valt immers niet op."

Zo stelde de mens zich lange tijd geen vragen over de groep: hij leefde in en voor de groep. Zulke groepen waren bijvoorbeeld het gezin, waarin men geboren is, en daaromheen functionerende leef- en werkverbanden als de familie, de stam, de clan of het dorp. Geïsoleerd van zulke groepen kon het individu meestal niet overleven. Zolang men nog zo sterk gebonden was aan deze groepen, kon men nog geen voldoende afstand nemen voor objectivering.

Toen in de periode van de renaissance deze objectivering begon door te breken en het wetenschappelijk denken begon te bepalen, stelde de mens zich aanvankelijk eerst vragen met betrekking tot de hem omringende natuur. De natuurwetenschappen zouden zich als eerste emanciperen van het magische denken in de middeleeuwen en uitgroeien tot echte wetenschappen in de huidige betekenis van deze term. De menswetenschappen volgden pas veel later, in de negentiende eeuw, dit voorbeeld van de natuurwetenschappen en daarvan waren de psychologie en de sociologie de eerste takken die tot bloei kwamen. Met de overgang via de renaissance naar de periode van de Verlichting bevrijdde de mens zich steeds meer van de oude sociale verbanden en daarmee ook van afhankelijkheden en onderdrukking, en zette hij zich op het spoor van een ontwikkelingsgang naar steeds grotere individualiteit en besef van onvervangbare uniekheid (vgl. Fromm, 1952). Op het niveau van de wetenschappen uit zich dit in de sterke opkomst van de psychologie. En omdat vooral de maatschappij als tegenpool van het individu gezien wordt, groeit tegelijkertijd sterk de belangstelling voor de studie van maatschappelijke verschijnselen: de sociologie. Al eerder gaf ik aan dat de groepsdynamica een brugfunctie kan vervullen tussen deze twee wetenschappen (vgl. figuur 1.4).

1.3 De mogelijke brugfunctie van groepsdynamica[1]

Bij deze brugfunctie wil ik wat langer stilstaan, want ik bedoel er meer mee dan op het eerste gezicht lijkt. De gedachte dat "individu" en "maatschappij" twee gescheiden entiteiten zijn, die vervolgens weer verbonden moeten worden, hangt samen met een zeer bepaald mensbeeld. Ik ben me daar sterker bewust van geworden door lezing van de schitterende studie *Het civilisatieproces* van de socioloog Norbert Elias (1982). Elias typeert dit mensbeeld als de "homo clausus" (de "gesloten persoonlijkheid"): het

---

1 Met toestemming overgenomen uit Leren en leven met groepen, rubriek A1400, Bohn, Stafleu, Van Loghum, Houten, 1988.

beeld van de autonome, onafhankelijk van anderen handelende en "existerende" mens. In dit individualistische mensbeeld wordt hij opgevat als een "gesloten persoonlijkheid", een kleine wereld op zichzelf, die in laatste instantie als losstaand van de omringende wereld wordt gezien. Zijn eigen zelf ofte wel zijn "ware ik" lijkt iets dat in zijn binnenste door een onzichtbare muur afgescheiden is van alles buiten hem, ook van alle andere mensen (Elias, p. 322). Het "individu" lijkt zo iets te zijn dat buiten de maatschappij bestaat. En datgene waar het begrip "maatschappij" betrekking op heeft, lijkt iets te zijn dat buiten en "voorbij" de individuen bestaat. Tegen deze achtergrond bezien is duidelijk dat de opkomst van de psychologie pas mogelijk was in een cultuur, waarin een individualistisch mensbeeld is gaan overheersen. En mutatis mutandis geldt dit ook voor de sociologie als aparte wetenschap.

De opkomst van dit mensbeeld in de wetenschappen is sterk gestimuleerd door de versnelde en toenemende individualisering sinds de renaissance in Europa. Niet alleen in de wetenschappen, ook in de zelfervaring van mensen en in de letterkunde valt steeds sterker deze toenemende distantie tegenover medemensen en tegenover zichzelf te vinden, waarbij het individu zijn eigen "ik" als afgesloten van anderen ervaart. Bij veel romanschrijvers in onze twintigste eeuw komen beschrijvingen voor van individuen, die, vereenzaamd en vervreemd, niet in staat zijn tot communicatie met anderen over wezenlijke levenservaringen. Ik vind het een grote verdienste van Elias dat hij met vele voorbeelden genuanceerd aantoont dat dit mensbeeld van de gesloten persoonlijkheid een "kunstprodukt" is van mensen, dat karakteristiek is voor een bepaald niveau van hun zelfervaring. Het is een type zelfervaring dat karakteristiek is voor een bepaalde trap in de historische ontwikkeling van de door mensen gevormde samenlevingsverbanden (p. 327).

Dit wordt ook duidelijk bij vergelijkingen tussen onze westerse individugerichte culturen en groepsgerichte culturen, bijvoorbeeld in het mediterrane gebied (zie bijv. Eppink, 1982). In de ons vertrouwde "ik-culturen" ligt de nadruk op het individu en op zijn ontwikkeling en ontplooiing. Hoe vanzelfsprekend dit voor ons ook mag zijn, toch zijn deze nadruk en deze waarden niet universeel, maar historisch en cultureel bepaald. Leerzaam is een vergelijking met "wij-culturen", waarin de opvoeding sterk groepsgericht is en het kind zich leert gedragen naar de sociale situaties en de rollen die het in zijn groep moet vervullen. In plaats van persoonlijk geluk, zelfontplooiing en succes benadrukken "wij-culturen" waarden als respect, plicht, eergevoel, beleefdheid en dergelijke. Hier domineert dus een ander mensbeeld en een andere kijk op de verbindingen tussen individu en maatschappij.

Na dit uitstapje via Elias en niet-westerse culturen kan ik nu duidelijker de brugfunctie aangeven waar ik op doelde. Zolang men uit blijft gaan van het mensbeeld van de "homo clausus" en men "individu" en "maatschappij" als gescheiden fenomenen blijft zien, kan de brugfunctie van de groepsdynamica slechts bescheiden zijn. Bovendien dreigt dan al snel een volgend probleem, namelijk dat men "individu" en "maatschappij" als gescheiden fenomenen gaat opvatten, die dan vervolgens weer verbonden moeten worden.

Ik wil de brugfunctie van de groepsdynamica breder opvatten. Door aan te tonen op welke wijze individu en groep, en individu en maatschappij, op elkaar zijn aangewezen en interdependent zijn van elkaar, kan de groepsdynamica bijdragen tot meer inzicht in de nauwe onderlinge vervlechting van aspecten, die als "individueel" en als "maatschappelijk" opgevat worden.
Bovendien kan de groepsdynamica zo bijdragen tot gewenning aan het andere mensbeeld waar Elias (p. 335) zo vurig voor pleit: het beeld van de mens als een "open persoonlijkheid", die voor de duur van zijn leven fundamenteel op andere mensen afgestemd en aangewezen is en die in zijn verhouding tot andere mensen een bepaalde mate van *relatieve* autonomie bezit. Wat mensen aan elkaar bindt, is een heel vlechtwerk van interdependenties. Mensen zijn altijd – meer of minder – van elkaar afhankelijk en op anderen betrokken. Deze interdependentie vormt ook een centraal thema in de theorievorming van Lewin, die als grondlegger van de groepsdynamica beschouwd mag worden. Zoals voor de socioloog Elias de maatschappij een door individuen gevormde figuratie is en een complex interdependentievlechtwerk vormt, zo is voor de sociaal-psycholoog Lewin de groep een dynamische "Gestalt" die berust op wederzijdse betrokkenheid en interdependenties.

Een ander voorbeeld van een groepsdynamische theorie die aansluit op Elias biedt Pagès in zijn degelijke studie over het "affectieve leven van groepen" (1975). In aansluiting op filosofen als Heidegger en Sartre (een fenomenoloog, respectievelijk een existentialist) stelt Pagès dat de ervaring van zichzelf en de ervaring van de ander niet te scheiden zijn. Immers, het menselijke *"Dasein"* is van meet af aan een *"Mitsein"*. De gevoelsgeladen relatie tussen mensen is voor hem een primair gegeven van het menselijk bestaan en vormt het fundament van de groepsband. Pagès bekritiseert de gebruikelijke groepsopvattingen die al te vanzelfsprekend starten vanuit het individu, waardoor de "groep" tot een begrip wordt dat men theoretisch moet gaan verklaren. Maar wanneer men de groep primair opvat als vindplaats van relaties en daarmee samenhangende gevoelens, moet niet zozeer de groep verklaard worden, als wel het individu!
Hierin volgt hij een denklijn, die voor het eerst geformuleerd is door de Gestaltpsychologie: men moet van het geheel uitgaan om meer te snappen van de samenstellende delen. Evenzo bepleit hij de groep als vertrekpunt om van daaruit terug te redeneren naar afzonderlijke groepsleden. Deze denklijn past Pagès trouwens ook consequent toe op zijn theorie over groepsvorming, zoals we zullen aangeven in hoofdstuk 5. In zijn denken over hoe groepen tot stand komen, start hij dan ook niet bij de individuen en hun motivaties, maar legt hij de nadruk op de brede sociale en maatschappelijke verbanden, waarvan hij concrete groepen als subgroepen

opvat. Hoe hij zijn groepstheorie opvat als een brugfunctie tussen "individu" en "maatschappij" valt trouwens ook af te lezen aan zijn zelfomschrijving. Pagès noemt zichzelf geen groepsdynamicus, maar ziet zichzelf het liefst als een "socio-psycholoog" of "psycho-socioloog".

Als derde voorbeeld van groepsdynamische theorievorming, die het "individuele" en het "maatschappelijke" op heel bijzondere wijze verbindt, kan de psychoanalytische benadering genoemd worden. Ik kom hierop terug in het volgende hoofdstuk.

1.4 Nadere nuancering van het drietal individu - groep - maatschappij

De verbanden, die ik in paragraaf 1.1 aangaf, zijn natuurlijk veel te simpel aangegeven. Ik wil ze daarom hieronder nader nuanceren door iets dieper in te gaan op de drie genoemde elementen: het individu, de groep en de maatschappij.

1.4.1 Het individu

Globaal aangegeven is een van de belangrijkste polariteiten in de mens de spanning tussen zijn rationele en zijn irrationele kanten, ook wel aangeduid als de spanning tussen rationaliteit en emotionaliteit of tussen verstand en gevoel. Helaas wordt deze spanning maar al te vaak als een onverzoenlijke tegenstelling ervaren. In onze westerse cultuur is in de laatste eeuwen vooral de denkpool sterk overontwikkeld, onder andere door de invloed van rationele filosofen als Descartes, met zijn stelling "ik denk, dus ik besta" (en niet "ik voel, dus ik besta"). De overheersende rol van het denken wordt sterk in stand gehouden door de inhoud en vormgeving van al het onderwijs dat ieder van ons "genoten" heeft.

Er zijn natuurlijk meer polariteiten in de mens dan alleen rationaliteit en emotionaliteit, maar deze polariteiten worden vaak aan dit tweetal gekoppeld. Zo wordt de polariteit tussen mannelijkheid en vrouwelijkheid (zowel op maatschappelijk als op persoonlijk niveau) nog steeds door velen te snel herleid tot de vooroordelen, dat mannen vooral verstandelijk en rationeel zijn en dat vrouwen vooral gevoelsmatig en irrationeel zijn (en dat daarom mannen maar de kost moeten verdienen en vrouwen voor het gezin moeten zorgen).

1.4.2 De groep

Groepen zijn er in veel soorten (zie ook hoofdstuk 3). Globaal ingedeeld: er zijn groepen die vooral aan onze sociaal-emotionele behoeften tegemoetkomen, zoals het gezin en vriendengroepen, en er zijn groepen die vooral aan onze belangen en onze rationele behoeften tegemoetkomen, zoals taakgroepen, werkgroepen en groepen in de arbeidssituatie. Deze tweedeling maak ik hier vanuit behoeften van het individu, maar ik zou tot eenzelfde tweedeling kunnen komen door vanuit de maatschappij te starten. Dan heten de groepen in dezelfde tweedeling: primaire groepen en secundaire groepen.

De socioloog Cooley maakte al in 1902 dit onderscheid. Daarbij worden primaire groepen volgens hem vooral gekenmerkt door persoonlijke en intieme relaties in directe contactsituaties, en secundaire groepen vooral door koele, onpersoonlijke, rationele en formele relaties. Soortgelijke tweedelingen werden rond dezelfde tijd geformuleerd door de sociologen Tönnies (1887), die spreekt van *"Gemeinschaft"* en *"Gesellschaft"*: leefgemeenschap en belangengemeenschap, en Durkheim (1895), die spreekt van een *"solidarité organique"* en een *"solidarité méchanique"*. Andere indelingen in soorten groepen stemmen vaak met deze tweedeling overeen, zoals het onderscheid tussen informele en formele groepen en tussen *"psychegroup"* en *"sociogroup"* (zie hoofdstuk 3 voor nadere omschrijvingen van deze typeringen).

Laat ik het voorafgaande als volgt samenvatten (figuur 1.5):

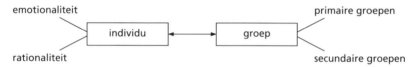

Figuur 1.5   Verschillende soorten groepen

1.4.3 De maatschappij

De maatschappij is geen amorf blok, maar doet zich aan ons voor in de vorm van een groot aantal organisaties en instituties op het terrein van de politiek, het onderwijs, het bedrijfsleven, de gezondheidszorg, de welzijnszorg en dergelijke. Veel groepen functioneren in de context van zulke organisaties, met name formele groepen, zoals groepen in de arbeidssituatie, politieke groeperingen, allerlei werkgroepen, maar ook schoolklassen, leergroepen, therapiegroepen en dergelijke. Ook heel wat groepen die relatief autonoom functioneren, zoals actiegroepen en pressiegroepen, verwijzen rechtstreeks naar maatschappelijke instituties.

Primaire groepen of informele groepen, zoals het gezin of vriendengroepen, lijken op het eerste gezicht aan zo'n directe maatschappelijke situering te ontsnappen, maar toch werkt de maatschappij ook daarin wel degelijk door. Dit wordt duidelijk als je beseft dat elk gezin tot een bepaalde sociale klasse behoort en dat hoe vrienden of vriendinnen met elkaar omgaan, samenhangt met klasseverschillen en met man-vrouw verschillen in onze maatschappij.

Ook deze gedachten zal ik in een plaatje weergeven (figuur 1.6), dat ik zo getekend heb, dat het naast figuur 1.5 past.

Figuur 1.6 Nadere nuancering van het begrip maatschappij, gekoppeld aan verschillende soorten groepen

1.5 Tot besluit

In dit hoofdstuk heb ik aangegeven dat de groepsdynamica opereert op het snijvlak van verscheidene hoofdstromingen binnen de sociale wetenschappen, met name tussen de psychologie en de sociologie. Daarbij heb ik enkele verbindingslijnen tussen deze studieterreinen verhelderd, omdat de drie bestudeerde hoofdthema's: individu – groep – maatschappij nauw met elkaar verweven zijn. Op grond hiervan ken ik de groepsdynamica een belangrijke brugfunctie toe tussen de psychologie en de sociologie. Er zijn echter nog twee vakgebieden binnen de sociale wetenschappen, die diverse studieterreinen met elkaar verbinden. Ik doel hier op de cultuurpsychologie en de culturele antropologie. Ik bepleit een nadere integratie tussen groepsdynamica en deze twee cultuurwetenschappen. Een aanzet in deze richting heb ik in dit hoofdstuk gegeven door het aanstippen van enkele cultuurhistorische theorieën, zoals die van Fromm en van Elias, die beschreven hebben hoe de westerse samenlevingen zich in de afgelopen eeuwen ontwikkeld hebben in de richting van een steeds sterkere nadruk op het individu. Deze gerichtheid op het individu heb ik benoemd als een van de oorzaken voor het pas laat op gang komen van aandacht voor groepsprocessen. Het individualisme binnen onze "ik-gerichte" cultuur en de relatief traag op gang komende belangstelling voor groepen heb ik geschetst als het resultaat van historische en maatschappelijke ontwikkelingen.

We mogen echter niet vergeten dat er nog steeds veel samenlevingen zijn die sterk groepsgericht zijn. Evenmin mogen we vergeten dat er ook binnen onze Nederlandse en Belgische samenlevingen veel culturele en etnische minderheden zijn, die leven vanuit een groepsgericht maatschappij- en mensbeeld. Daarom denk ik zelf dat een toenemende aandacht voor deze culturele en etnische minderheden een integratie tussen de groepsdynamica en culturele antropologie kan versnellen. Een fraai voorbeeld in dit opzicht vormt de studie van Rinsampessy (1992) naar ontwikkelingen in de etnische identiteit binnen de Molukse subcultuur in de Nederlandse samenleving in de vier meest recente generaties. Wanneer de groepsdynamica deze uitdaging aanneemt, kan ze hierin een belangrijke stimulans vinden tot verdere uitbouw van haar theorievorming.

Ik ben me ervan bewust dat ik in dit inleidend hoofdstuk soms te algemene uitspraken gedaan heb. Zo heb ik bijna steeds generaliserend geschreven over groepsdynamica, psychologie en sociologie. Alsof er zoiets bestaat als dè groepsdynamica, dè psychologie en dè sociologie. Daarbij heb ik bewust weinig specificeringen aangebracht met betrekking tot stromingen en theorieën binnen deze drie vakgebieden. In het volgende hoofdstuk zal ik in vogelvlucht wel een aantal stromingen binnen de groepsdynamica specifieker bespreken, en daarbij soms ook verwijzen naar stromingen binnen de psychologie en de sociologie.

2 Grondslagen van de groepsdynamica

2.1 Inleiding

In het eerste hoofdstuk heb ik het studieterrein van de groepsdynamica gesitueerd binnen de sociale wetenschappen door de raakvlakken en overlappingen met haar belangrijkste "buren" te schetsen. Na deze globale blik op de totale "plattegrond" wordt het nu tijd om het "huis" van de groepsdynamica zelf eens binnen te gaan.

In het voorgaande hoofdstuk heb ik steeds in algemene termen gesproken over de groepsdynamica en zo wellicht de indruk gewekt dat dit "huis" bevolkt wordt door één type bewoners. In dit hoofdstuk zal ik deze indruk corrigeren. Door een nadere bespreking van verscheidene hoofdstromingen binnen de groepsdynamica zal duidelijk worden dat er bewoners van diverse pluimage zijn, die ieder hun eigen kamer met een eigen stijl ingericht hebben.

Het "huis" van de groepsdynamica kent niet alleen verschillende vertrekken, maar ook verschillende verdiepingen. Bewoners van eenzelfde verdieping lopen nogal eens makkelijk bij elkaar binnen, maar op de trappen tussen de verdiepingen is het in de loop der jaren steeds stiller geworden. Iedere verdieping ademt haar eigen sfeer met eigen vakjargon en favoriete visies. Op de ene verdieping werkt men het liefst in de breedte en ontwikkelt men een totaalvisie, op een andere verdieping werkt men het liefst detaillistisch in de diepte. In het souterrain vinden we zelfs degenen die de fundamenten willen blootleggen en op zoek zijn naar wat nog niet zichtbaar en nog niet bewust is.

Ook zijn er verschillen tussen de voorkant en de achterkant. De bewoners aan de voorkant timmeren meer aan de weg: dat zijn de onderzoekers die in hoog tempo de resultaten van hun empirische onderzoeken in tijdschriften en op congressen bekendmaken. Maar minstens even interessan-

te bewoners zijn te vinden aan de achterkant, dicht bij de achtertuin: daar zitten de zwoegers en de denkers, die worstelen en peinzen over verklaringen aan wat ze in hun groepswerkpraktijk, van therapiegroepen bijvoorbeeld, gezien en meegemaakt hebben.
Zonder wegwijzer kun je makkelijk in dit huis verdwalen en het spoor bijster raken. Met dit hoofdstuk wil ik zo'n wegwijzer bieden.

Als een soort kompas kunnen we goed de indeling gebruiken tussen taakaspecten en sociaal-emotionele aspecten. Zonder zicht op deze tweedeling kan het hele huis nogal rommelig lijken. De indeling tussen taakgerichtheid en sociaal-emotionele gerichtheid keert weliswaar op elke verdieping terug, maar verheldert vooral de belangstellingen van de bewoners, die we op de begane grond zullen tegenkomen. Omdat hier meestal de eerste kennismaking met de groepsdynamica plaatsvindt, zal ik met dit kompas in paragraaf 2.2 beginnen.

Na de eerste verkenningen volgt de plattegrond van het hele huis in de vorm van een bespreking van de belangrijkste hoofdstromingen in paragraaf 2.3. Niet elke kamer zal aan bod komen. De hoofdkamers wel natuurlijk, maar ik laat enkele kleinere kamers aan uzelf over om nader te ontdekken.
Tijdens de bespreking van de hoofdstromingen zal ik u geleidelijk aan ook meenemen naar de bovenverdieping, of moet ik zeggen naar het souterrain, waar de psychoanalytische benadering werkt aan verheldering van het latente niveau in groepen: een beschrijving van wat zich onder de oppervlakte als een verborgen onderstroom in groepen afspeelt. Daarbij zal opvallen dat sommige kamers nogal duister lijken en dat het even moeite kost om aan het gedempte licht en het vakjargon te wennen. Er zijn echter ook psychoanalytici die het liefst werken met de gordijnen open: in het felle zonlicht speuren ze met een scherpe blik naar allerlei maatschappelijke invloeden (paragraaf 2.4).
Dichter bij de zolder vinden we de onderzoekers, die graag meer uitzicht op de omgeving hebben. Hier zitten de sociaal-psychologen met aandacht voor organisaties; zij letten vooral op de directe sociale context waarbinnen formele groepen moeten functioneren (paragraaf 2.5).
Hierna volgt in paragraaf 2.6 een overzicht van een aantal hoofdthema's in de groepsdynamica.
Ten slotte bied ik u een korte en snelle rondleiding door de tuin en geef u daarbij een totaalblik over wat er tot bloei gebracht is (paragraaf 2.7).

2.2 De indeling in taakaspecten en sociaal-emotionele aspecten

In het eerste hoofdstuk besprak ik het verschil tussen twee soorten groepen: enerzijds taakgerichte groepen en anderzijds sociaal-emotionele groepen. Het verschil tussen deze twee ligt nog subtieler, omdat ditzelfde onderscheid zich ook *binnen elke groep* herhaalt.

Elke groep functioneert tegelijkertijd op twee niveaus: een *taakniveau* èn een *sociaal-emotioneel niveau*. Beide niveaus zijn tegelijkertijd aanwezig als twee keerzijden van een en dezelfde munt. Dit valt makkelijk in te zien, wanneer men beseft dat al *wat* een groep doet ook *op een bepaalde manier* gedaan wordt. Het taakniveau verwijst vooral naar de inhoud van de groepsactiviteit, dus naar *wat* er gezegd en gedaan wordt. Het sociaal-emotionele niveau verwijst naar de manier waarop men met elkaar omgaat tijdens de uitvoering van die taak.

In de taakstelling vervult de groep meer formele functies en op het sociaalemotioneel niveau meer psychologische functies, zoals het tegemoet komen aan de emotionele behoeften van de hele groep en van de afzonderlijke groepsleden. Deze tweedeling in taakgerichtheid en sociaal-emotionele gerichtheid is een centraal thema in de hele groepsdynamica, dat steeds doorspeelt in de behandeling van allerlei groepsdynamische onderwerpen, zoals leiderschap (zie hoofdstuk 10).

Zo maakt Homans (1966) een onderscheid tussen het externe en het interne systeem van elke groep. Het *externe* systeem omvat al wat er zich in een groep afspeelt aan activiteiten, interacties en gevoelens om als groep ten aanzien van de buitenwereld te kunnen blijven voortbestaan, zoals het vervullen van de taak en het bereiken van het groepsdoel. Door deze pogingen tot aanpassing aan de externe omgeving komt onder andere een formele groepsstructuur tot stand met een werkverdeling en een leiderschapshiërarchie. In deze formele structuur staat de taakleider centraal; hij bewaakt *wat* er gedaan wordt.

Daarnaast is er het *interne* systeem, dat alle activiteiten, interacties en gevoelens omvat die voortvloeien uit het interne groepsfunctioneren. Dit systeem heet intern, omdat het niet direct – hoogstens indirect – wordt bepaald door de buitenwereld. Het groepsgedrag in het interne systeem is een uiting van de wederzijdse gevoelens – bijvoorbeeld van sympathie of antipathie – tussen de leden van de groep. Hiermee hangt de informele groepsstructuur samen, waarin vaak iemand anders de leider is. Op dit interne en informele groepsniveau is er sprake van sociaal-emotioneel leiderschap, met hoofdzakelijk aandacht voor *hoe* de groep functioneert en *hoe* de groepsleden met elkaar omgaan.

Laat ik deze thema's als volgt samenvatten:

Taakaspecten	Sociaal-emotionele aspecten
– extern systeem	– intern systeem
– voortbestaan van de groep in de omgeving	– de groep als groep in stand houden
– bereiken van het doel	– het interne groepsfunctioneren
– *wat* wordt er gedaan	– *hoe* gaat men met elkaar om
– taakgerichte activiteiten	– de onderlinge betrekkingen
– taakoriëntatie	– sociaal-emotionele oriëntatie
– formele leider	– informele leider
– bewaakt het resultaat	– bewaakt de satisfactie
– nadruk op formele functies	– nadruk op psychologische en persoonlijke functies
– formele groepsstructuur	– informele groepsstructuur

Deze tweedeling sluit nauw aan op de vaak gemaakte tweedeling tussen rationaliteit en emotionaliteit, maar is natuurlijk niet hetzelfde.

Zoals uit deze opsomming wel duidelijk geworden zal zijn, hangen met dit onderscheid tussen taakgerichtheid en sociaal-emotionele gerichtheid heel wat zaken samen. Deze zijn prima uitgewerkt in de groepsdynamica, zoals die sinds de jaren dertig in Amerika van de grond gekomen is, met name in de veldbenadering van Lewin.

Hoewel de groepsdynamica aanvankelijk ook een maatschappelijke oriëntatie had, is deze interesse al vrij snel op de achtergrond geraakt. In plaats daarvan nam vanaf de jaren vijftig in de theorievorming de interesse in het interne groepsfunctioneren sterk toe. Ik wil dit als volgt in beeld brengen (figuur 2.1):

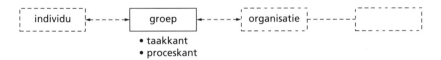

Figuur 2.1   Overzicht van de belangrijkste aandachtsgebieden binnen de dominante
Amerikaanse theorievorming in de groepsdynamica

2.3   Hoofdstromingen in de groepsdynamica

Wie zich verdiept in de groepsdynamica zal een grote variëteit aan theoretische oriëntaties tegenkomen. Ofschoon deze verscheidenheid aan benaderingen soms verwarrend kan lijken, weerspiegelt zich daarin dat de groepsdynamica nog betrekkelijk jong is en zich krachtig heeft ontwikkeld. Me baserend op het overzicht dat Cartwright en Zander (1968) geven, zal ik hierna de belangrijkste benaderingen bespreken die te herkennen zijn in de groepsdynamica. Bij het lezen van de hierna volgende lijst moet men bedenken dat het niet om afzonderlijke en streng gescheiden denkscholen gaat. Er zijn talloze voorbeelden van onderzoekers, die zelfs in één onderzoeksproject beïnvloed zijn door diverse oriëntaties.

2.3.1 De interactietheorie

Deze theorie, die vooral ontwikkeld is door Bales en Homans, vat de groep op als een systeem van met elkaar in interactie verkerende individuen. Vanuit drie basisbegrippen: interactie, activiteit en sentiment wordt een uitgebreide theorie opgebouwd, waarin andere begrippen als status en leiderschap worden afgeleid van de basisbegrippen. In zijn bekende boek *The human group* (1950) ontwikkelt Homans een groot aantal stellingen in de vorm van hypothesen, die hij toetst aan geobserveerde groepsverschijnselen. De belangrijkste daarvan is bekend geworden onder de naam "interactie-hypothese", ook wel "sociaal-contact-hypothese" genoemd: indien er frequente interacties zijn tussen de leden van een groep, zullen er gevoelens van onderlinge genegenheid groeien en deze gevoelens zullen op hun beurt leiden tot verdere interacties.

Van Homans stamt ook het onderscheid tussen het externe en het interne systeem, dat ik in paragraaf 2.2 besproken heb. In combinatie met dit onderscheid luidt de interactie-hypothese: indien er frequente interacties zijn in het externe systeem, zal dit leiden tot gevoelens van genegenheid, die op hun beurt leiden tot verdere interacties, die de basis vormen van het interne systeem. In deze vorm is de theorie van Homans erg verhelderend gebleken voor het verkrijgen van meer inzicht in communicatieprocessen binnen organisaties, met name met betrekking tot het ontstaan en functioneren van informele netwerken binnen organisaties. In verder uitgewerkte vorm verheldert deze theorie ook de fricties binnen organisaties tussen de formele en de informele netwerken.

Bales is vooral bekend geworden door zijn interactie-analyse aan de hand van een nauwkeurig observatieschema. In dit observatieschema onderscheidt hij twee hoofdgebieden van groepsinteractie: een *taakgebied* en een *sociaal-emotioneel gebied*, die hij als volgt nader onderverdeelt:

a   sociaal-emotioneel gebied: positieve reacties
b   taakgebied: pogingen tot antwoord
c   taakgebied: vragen
d   sociaal-emotioneel gebied: negatieve reacties.

Voor elk van deze vier gebieden noemt hij drie observatiecategorieën. (Voor het volledige schema zie hoofdstuk 7.)
Op grond van nauwkeurige observaties in tientallen deelonderzoeken formuleert Bales een theorie van groepsontwikkeling die nauw op dit schema aansluit:

a   een fase van oriëntatie (vragen en geven van informatie)

b   een fase van evaluatie (vragen en geven van meningen)
c   een fase van controle   (vragen en doen van voorstellen),
uitmondend in besluitvorming.

Deze drie-fasentheorie is ook wel bekend geworden als het BOB-model, volgens de driedeling:
a   Beeldvorming
b   Oordeelsvorming
c   Besluitvorming.

Met zijn observatieschema was Bales in staat om interactieprofielen op te stellen voor diverse typen groepen en voor diverse leiderschapsstijlen. Zulke onderzoeken van Bales hebben sterk gestimuleerd tot een grote hoeveelheid empirisch onderzoek naar variabelen die met communicatie in groepen samenhangen, zoals groepsgrootte, statusverschillen, sympathieën en antipathieën, leiderschap, productiviteit, satisfactie, de interacties en de relaties tussen de groepsleden, en hoe deze variabelen met elkaar samenhangen. In hoofdstuk 7 ga ik hier dieper op in.

2.3.2 De systeemtheorie

Dat de groep als een systeem opgevat kan worden, wordt niet alleen benadrukt door de interactionisten, maar in diverse varianten ook door een aantal andere auteurs. Zo spreekt Newcomb van "systemen van in elkaar grijpende posities en rollen" en spreken anderen van systemen van communicatiepatronen en rolpatronen. De opvatting van de groep als een "open systeem" komt naar voren in het werk van Miller en Stogdill. De systeembenadering onderzoekt de verbanden tussen verschillende soorten "input" en "output" van het systeem. In de theorievorming spelen begrippen als homeostase (evenwicht), feedback, systeemgrenzen en regulatiemechanismen een belangrijke rol. Met de veldtheorie deelt de systeemtheorie een sterke belangstelling voor de processen waarmee groepen intern een evenwicht proberen te handhaven.
Overigens, de systeembenadering is niet beperkt tot de studie van groepen. Het is een zeer brede benadering, die ontstaan is in de cybernetica en haar eerste toepassingen vond in de natuurwetenschappen en de biologie. In combinatie met de zogeheten communicatietheorie heeft de systeembenadering in ons land grote bekendheid gekregen op het terrein van de psychotherapie en de gezinsdynamica.

Via systeemregels kunnen groepen een relatief stabiel intern evenwicht opbouwen en handhaven. In systeemtermen heet dit evenwicht homeostase. Nu is de systeembenadering vooral geïnteresseerd in hoe systemen (bijvoorbeeld groepen) tot verandering komen of stabiliteit handhaven. In hun theorie is één van de belangrijkste manieren daartoe het gebruik van feedback. Dit is het serieus nemen of negeren van informatie over het functioneren van het systeem, ook wel "informatie over de output" genoemd.

Onder dit functioneren van het systeem wordt zowel verstaan het interne functioneren, als het functioneren in de externe omgeving. De grenzen met de omgeving kunnen dan ook verschillen van relatief gesloten enerzijds (weinig belangstelling voor externe feedback) tot relatief open anderzijds (veel belangstelling voor externe feedback). Groepspressie tot conformiteit vormt een andere manier om de homeostase te handhaven.

Systemen worden gekenmerkt door een zekere mate van totaliteit. Dit geldt ook voor groepen. Net zoals het geheel méér en van een andere orde is dan de som der delen, is de groep méér dan de optelsom van de groepsleden. Er is samenhang en de structuur van de samenhang laat zich niet verklaren door de afzonderlijke delen (groepsleden) te analyseren. De samenhang is als iets extra's. Dit idee zullen we ook tegenkomen bij de bespreking van de veldtheorie (paragraaf 2.3.5). Elk deel van een systeem (elk groepslid) wordt gezien in zijn samenhang met de andere delen (leden), omdat een verandering in één deel (één groepslid) een verandering in de verhouding tussen alle delen (groepsleden) en in het totale systeem (de totale groep) kan veroorzaken. Een systeem gedraagt zich dus niet als een eenvoudige samenvoeging of optelling van onafhankelijke elementen, maar als een samenhangend en ondeelbaar geheel.

Net als de veldtheorie is ook de systeembenadering vooral een evenwichtstheorie, die meer verduidelijkt hoe systemen zich handhaven dan hoe ze veranderen. Door haar sterke nadruk op de onderlinge betrekkingen in sociale systemen en op het betrekkingsniveau in interpersoonlijke communicatie, dreigt de systeembenadering echter te weinig aandacht te hebben voor het inhoudsniveau en de inhoudelijke kanten van de systeemdoelstellingen.

In hoofdstuk 6 bied ik een korte introductie op enkele thema's uit de systeembenadering.

2.3.3 De sociometrische benadering

Deze benadering, die in de jaren dertig ontwikkeld is door Moreno en zijn collega Jennings, richt zich vooral op de sociale aspecten van het groepsgebeuren, met name op de emotionele kanten van de interpersoonlijke relaties tussen de groepsleden.

Centraal in deze benadering is de sociometrische onderzoeksmethode, waarin de groepsleden op een vragenlijst aangeven welke andere groepsleden zij al dan niet als vrienden, partners, werkcollega's en dergelijke verkiezen in bepaalde gefingeerde situaties. De keuzepatronen zijn een weergave van de interpersoonlijke attracties, die ten grondslag liggen aan de informele groepsstructuur. De gegevens uit zo'n onderzoek kunnen in beeld gebracht worden in een sociogram.

2.3.4 Benaderingen uit de algemene psychologie

Omdat groepen bestaan uit individuen, kan men verwachten dat opvattingen en theorieën over menselijk gedrag, die ontwikkeld zijn in de algemene psychologie, teruggevonden worden in groepsdynamische studies. Hiertoe behoren vooral de motivatietheorieën, de leertheorieën en de waarnemingstheorieën. Het invloedrijkst daarvan is de brede benadering, die bekend staat als de cognitieve theorie. Strikt genomen is dit geen theorie, maar een visie die benadrukt hoe belangrijk het is om te begrijpen hoe mensen informatie over hun sociale omgeving ontvangen en verwerken en hoe dit van invloed is op hun gedrag.

Een goed voorbeeld daarvan vormt Festingers cognitieve dissonantietheorie, die stelt dat ieder tot een samenhangend en consistent beeld van de werkelijkheid wil komen. Men probeert de fysieke en sociale omgeving zo te interpreteren, dat de diverse waarnemingen daarvan consistent zijn met elkaar. Tussen de cognitieve elementen (zoals kenniselementen en interpretaties) kunnen echter tegenstrijdigheden bestaan. Festinger noemt dit cognitieve dissonanties. In zo'n situatie ervaart men, aldus Festinger, een sterke druk om die dissonanties te reduceren. Dit kan men bijvoorbeeld doen door keuzen voor ander gedrag, door wijziging van cognities (zoals een andere verklaring vinden voor het eigen gedrag) en door het vermijden van nieuwe informatie. Deze theorie heeft gestimuleerd tot veel onderzoek, onder andere rond onderwerpen als persoonswaarneming, interpersoonlijke attractie en communicatie in groepen.

Een andere belangrijke bijdrage van Festinger is zijn sociale vergelijkingstheorie. Ieder heeft over tal van zaken en personen een aantal meningen en opvattingen. Men streeft er niet alleen naar om hierin een consonante samenhang aan te brengen, maar ook om hiervoor bevestiging te vinden. Wanneer er geen objectieve en op feiten gebaseerde criteria voorhanden zijn om de juistheid van de eigen meningen en opvattingen aan te toetsen, gaat men af op de oordelen van anderen. Naarmate een bepaalde mening gedeeld wordt met méér anderen, is ieder meer overtuigd van de juistheid van die mening. Wanneer alle leden van een groep het ergens over eens zijn, krijgt die subjectief geldende mening de schijn van objectiviteit en algemene geldigheid. Zo creëren groepen een "sociale werkelijkheid", die haar voornaamste basis vindt in de consensus van allen. Groepen zullen dus pressie uitoefenen tot conformiteit teneinde dit beeld van de werkelijkheid veilig te stellen. Devianten (groepsleden met een afwijkende mening) worden onder druk gezet om hun mening te wijzigen.

De sociale vergelijkingstheorie van Festinger gaat echter verder dan dit aspect. De sociale werkelijkheid die een groep haar leden biedt, kan hen ook helpen zichzelf beter te begrijpen en tot een zuiverder inschatting te komen van eigen prestaties, vaardigheden, capaciteiten, talenten en dergelijke. Met name een tamelijk homogene groep biedt haar leden de voortdurende mogelijkheid om zichzelf te vergelijken met anderen. De pressie tot conformiteit in groepen betekent dan ook tevens een poging om de sociale vergelijkingsmogelijkheden binnen de groep veilig te stellen. Ook verklaart de sociale vergelijkingstheorie waarom mensen lid worden van bepaalde groepen. Men zoekt actief het lidmaatschap van die groepen, waarvan men vermoedt dat de leden meningen en vaardigheden hebben, die vergelijkbaar zijn met die van zichzelf, zodat men bevestiging vindt voor de eigen meningen en een vergelijkingsmaatstaf voor de eigen vaardigheden.

Andere belangrijke vertegenwoordigers van de cognitieve theorie zijn Asch, Thibaut en Kelley. Asch onderzocht onder andere hoe indrukken van anderen tot stand komen (*"impression formation"*) en met name hoe men deze indrukken samenvoegt tot een zinvol geheel. Ook onderzocht Asch hoe mensen omgaan met situaties in een groep waarin ze een cognitief conflict ervaren. In zijn onderzoek creëerde hij daartoe een situatie, die door een groepsmeerderheid anders werd beoordeeld dan door een enkeling in de groep. In zo'n situatie is er sprake van een cognitief conflict tussen twee normaliter betrouwbaar geachte informatiebronnen: de eigen zintuigen en de oordelen van anderen. Dit conflict kan opgelost worden door zich te conformeren aan de groepsmeerderheid. Asch heeft zo de basis gelegd voor een groot aantal onderzoeken rond conformiteit in groepen.

Thibaut en Kelley ten slotte formuleerden een zogeheten "kosten en baten"-theorie. Met deze theorie valt goed te verklaren waarom mensen lid worden of blijven van bepaalde groepen, ook al zijn daar negatieve consequenties aan verbonden.

2.3.5 De veldtheorie

Deze stroming, die door haar grondlegger Lewin zelf zo genoemd is, ontleent haar naam aan de stelling dat gedrag plaatsvindt binnen een veld van elkaar beïnvloedende krachten. De veldtheorie gaat uit van de assumptie, dat ook een groep op elk moment van haar bestaan een psychologisch krachtenveld vormt, dat qua werking vergelijkbaar is met een elektromagnetisch veld in de fysica. Dit veld bestaat uit een aantal krachten die van invloed zijn op het gedrag van de groep en van de leden in de groep. De richting en sterkte van deze krachten bepalen de richting en de snelheid van de beweging (de vooruitgang) in de groep. De structurele eigenschappen van dit psychologisch veld worden door Lewin aangeduid met begrippen uit de topologie, zoals regio, positie, locomotie (beweging naar het doel), valentie, vector en krachtenveld. Wanneer men voldoende inzicht heeft in de structuur van het psychologische veld, zoals dat op een bepaald moment voor een groep bestaat, kan men (aldus Lewin) het gedrag van de groep verklaren en voorspellen. Lewin beschrijft de structuur van dit veld als een dynamisch spanningsveld, dat wil zeggen als een geheel van op elkaar inwerkende krachten, die elkaar min of meer in evenwicht houden. Zo zijn er in groepen niet alleen veranderingsbevorderende maar tegelijk ook veranderingsremmende krachten, en hun onderlinge krachtsverhouding bepaalt of de groep in beweging komt. Lewin verklaart stabiliteit en verandering in groepen via de basisbegrippen "dynamische interdependentie" en "quasi-stationair evenwicht". Wanneer dit evenwicht verbroken wordt, zal de groep een spanning ervaren en dus gemotiveerd zijn tot het herstellen van het oude evenwicht of het zoeken van een nieuw evenwicht. Deze analysemethode heeft zo ook bijgedragen tot meer inzicht in het verschijnsel van weerstand tegen verandering (vgl. ook paragraaf 5.7).

Omdat ik tot nu toe nogal wat Amerikaanse onderzoekers genoemd heb, kan ik de indruk gewekt hebben dat de groepsdynamica vooral een Amerikaanse aangelegenheid is. Teneinde deze indruk te corrigeren wil ik ook ingaan op enkele Europese bijdragen.
Zo is de Gestaltpsychologie in zekere zin de voorloper van de veldtheorie. Inderdaad zijn veel principes van de veldtheorie nauw verwant aan de uitgangspunten van de Gestaltpsychologie. Omdat deze stroming typisch Europees is, wil ik kort op dit verband ingaan.
De Gestaltpsychologie (niet te verwarren met de Gestalttherapie van Perls!) is een school binnen de Duitse psychologie aan het begin van deze eeuw, gesticht door Wertheimer, Köhler en Koffka. Men dateert het begin van deze school meestal met het verschijnen van een artikel van Wertheimer in 1912 over het autokinetisch effect. De Gestaltschool vormde een reactie tegen de elementen- en de associatiepsychologie, die destijds in Europa en Amerika erg populair waren. Daartegenover legden de Gestaltpsychologen de nadruk op de relaties tussen de elementen (de delen) en het geheel (de "Gestalt"), zoals bijvoorbeeld tot uiting komt in de waarneming. Kort samengevat kan ik hun standpunt als volgt weergeven: delen of elementen bestaan niet geïsoleerd van elkaar, maar zijn georganiseerd in eenheden of gehelen. Het geheel is er eerder dan de delen en is méér dan de som der delen. Een simpel voorbeeld: wanneer we een gebouw zien, zien we niet een aantal stenen, ramen, deuren, enzovoort, nee, het eerste wat we zien is het geheel. Dit geheel heeft een aantal eigenschappen, die niet af te leiden zijn uit kennis van de afzonderlijke delen. Ook een groep is méér dan een optelsom van de individuen. Ook een groep heeft een aantal eigenschappen die niet af te leiden zijn uit de afzonderlijke leden. Aldus de veldtheorie, die onverbrekelijk verbonden is met de naam van Kurt Lewin. Lewin studeerde tijdens zijn psychologie-opleiding in Duitsland bij de grondleggers van de Gestaltpsychologie. Hij werd dus sterk beïnvloed door de grondideeën van deze school. Het verbaast daarom niet, dat deze ideeën zo duidelijk herkenbaar terugkeren in zijn theorievorming. De Gestaltschool zelf hield zich vooral bezig met studies over de waarneming, maar Lewin breidde dit uit naar het gebied van de motivatie en de persoonlijkheidsleer. Naarmate hij duidelijker een eigen persoonlijkheidstheorie formuleerde en meer interesse ontwikkelde in de richting van de sociale psychologie, bleek de oorspronkelijke Gestaltpsychologie hem te beperkt en ontwikkelde hij zijn veldtheorie. Hoewel deze veldtheorie dus afgeleid is van de vroegere Gestalt-ideeën, heeft hij met zijn benadering een eigen richting ingeslagen. Inzoverre Lewin de grondlegger van de groepsdynamica (de term is van

hem) genoemd mag worden, mogen we daaraan toevoegen dat de wieg daarvan al in Europa voorbereid is. Ook tal van andere invloedrijke sociaal-psychologen in Amerika, zoals Asch, Heider, Festinger, Newcomb, Krech en Crutchfield, zijn duidelijk aantoonbaar beïnvloed door de Gestalt-psychologie.

2.3.6 De psychoanalytische benadering

Niet alleen de veldtheorie, maar vooral ook de psychoanalytische benadering heeft haar wortels in Europa. Hoewel de psychoanalyse in strikte zin zich vooral bezighoudt met motivatieprocessen en afweermechanismen binnen het individu, is haar begrippenkader bijzonder bruikbaar gebleken voor het verkrijgen van dieper inzicht in groepsprocessen. Freud zelf heeft meermalen expliciet geschreven over groepen. Zijn belangrijkste publicatie in dit opzicht is *Massenpsychologie und Ich-Analyse* uit 1921. (Vreemd is overigens dat in de Amerikaanse vertaling van 1922 de term Massen-psychologie vertaald is als *"group psychology"*).
Freud heeft zelf nooit met groepen gewerkt, wel talloze leerlingen van hem. Met name de psychoanalytische groepstherapie heeft geïnspireerd tot een groot aantal belangrijke publicaties, onder andere van Bion, Scheid-linger, Stock en Thelen, en recenter: Ammon, Richter en Horn.

Van speciaal belang voor de groepsdynamica zijn de psychoanalytische grondbegrippen: verdringing, identificatie, regressie, afweermechanismen en projectie. Ook de theorie rond het onbewuste kan voor een deel verklaren wat in groepen gebeurt. Net zoals Freud ten aanzien van de individuele persoonlijkheid een onderscheid maakt tussen het bewuste en het onbewuste, wordt in op de psychoanalyse geïnspireerde groepstheorieën vaak een onderscheid gemaakt tussen een manifest niveau en een latent niveau in groepen. Het manifeste niveau bestaat uit het direct zichtbare gedrag. Het latente niveau verwijst naar wat zich net onder deze "oppervlakte" afspeelt, de "verborgen onderstroom". Vooral dit niveau bepaalt wat groepen "drijft en bezielt". Het zal duidelijk zijn dat zulke theorieën vooral voor dit tweede niveau de meeste aandacht hebben. In hun groepsthera-peutische aanpak richten zij zich op de groep als geheel en herkennen daarin veel verschijnselen die Freud voor de individuele persoonlijkheid beschreven heeft. Omdat bovendien de therapiegroep op het latente niveau bij groepsleden veel herinneringen en belevingen oproept die aan het vroegere ouderlijke gezin doen denken, kunnen diepgewortelde en "primitieve" emotionele conflicten beter opgepakt en doorgewerkt worden in groepssituaties dan in individuele therapie. Toch is hun theorie niet beperkt tot therapiegroepen. Ook in andere groepen zullen dergelijke "onbewuste" belevingsniveaus en "primitieve" angsten en verlangens aan-wezig zijn, al mogen ze daarin zelden aan de oppervlakte komen. Waarschijnlijk is het wel herkenbaar, als ik aangeef dat op het latente niveau de groep beleefd kan worden als een affectieve gemeenschap, als een solidaire broederschap, als een verbond, als een samenzwering, maar ook als een kudde, als een bolwerk of als een arena. Zulke collectieve groepsbelevingen corresponderen met fundamentele kernthema's, die in elke persoon wortelen en die in elke relatie kunnen spelen, zoals afhankelijkheid, autonomie, angst voor gezag, agressie en seksualiteit of intimiteit.

Een van de eerste toepassingen van de psychoanalyse op groepen is het werk van Aichhorn, rond 1925, over een psychoanalytische groepsbenadering bij jeugdige delinquenten in een door hem geleid tehuis voor "heropvoeding" (ja, zo heette dat toen nog). Van de belangrijkste psychoanalytische auteurs over groepsdynamica in recentere tijd wil ik vooral Ammon en Richter (Duitsland), Foulkes en Klein (Engeland) en Anzieu (Frankrijk) noemen.

Uit Engeland moet ook de groep van het Tavistock Institute in Londen vermeld worden, waar onder anderen Bion gewerkt heeft en zijn theorie van de basisassumpties in groepen (*"fight-flight, pairing* en *dependency"*) ontwikkeld heeft (zie paragraaf 9.2). In Amerika zijn de invloeden van de psychoanalyse onder andere zichtbaar in de bekende theorie van Schutz rond drie fundamentele oriëntaties ("inclusie, controle en affectie") in interpersoonlijke relaties in groepen en in de groepsontwikkeling-theorie van Bennis en Shepard. (Voor Schutz zie ook de hoofdstukken 5 en 6.)

2.4 De spanning tussen individu en maatschappij

Door het exploreren van parallellen tussen persoonsdynamica en groepsdynamica hebben de psychoanalytische theorieën het individu weer volledig teruggebracht in de theorie.

Maar ook de maatschappij krijgt op deze wijze weer meer aandacht in de theorievorming. Want individuele levensgeschiedenissen zijn óók sociale geschiedenissen: een neerslag van wat men in de sociale verbanden binnen het gezin heeft meegemaakt en dit bovendien in een zeer bepaalde, concrete maatschappelijke en historische context. Zo benadrukt Freud dat zijn individuele psychologie tevens een sociale psychologie is. Anders gezegd: individuele persoonsdynamica is tevens gestolde sociale dynamica. Verinnerlijkte verdringing is de weerslag van sociale (en maatschappelijke) onderdrukking. Voor zover de psychoanalyse aantoont, hoe het individu gede-individualiseerd is door concrete maatschappelijke omstandigheden, bevat haar theorie ook een belangrijke maatschappijkritische kern (vgl. Jacoby, 1975). Elke innerlijke verdringing is het historische resultaat van externe gebeurtenissen en vormt zo een neerslag van sociale en maatschappelijke verhoudingen. Dit is bij Freud iets heel bijzonders en het heeft zelden de juiste aandacht gekregen: hij komt diep in het individu de maatschappij weer tegen. Later zal de theorievorming binnen de vrouwenbeweging hierop aansluiten met de stelling dat het persoonlijke óók politiek en maatschappelijk is.

Dat er fundamentele verschillen zijn tussen zulke opvattingen en de eerder aangestipte Amerikaanse groepsdynamica-theorieën (zoals de veldbenadering van Lewin) komt ook naar voren in discussies rond groepstrainingen, die uit de veldbenadering voortgekomen zijn. Zo stelt de veldbenadering bijvoorbeeld dat het gedrag van een individu verklaarbaar is vanuit het op dat moment rondom hem werkzame krachtenveld. Dit verklaringsprincipe heeft in groepstrainingen geleid tot het werkprincipe van het "hier en nu": niet de persoonlijke historie en de innerlijke persoon vormen de wezenlijke ervaringseenheid, maar het concrete, uiterlijk zichtbare gedrag hier en nu in de groep. Op het aldus buitensluiten van de persoonlijke historie en van de maatschappelijke situatie buiten de groep is felle kritiek geleverd door enkele groepsdynamici die geschoold zijn in de psychoanalytische benadering, zoals Klaus Horn, een medewerker van het Sigmund Freud-Institut in Frankfurt (Horn, 1972).

Van dit "huwelijk" tussen de psychoanalytische theorie en de zogeheten kritische theorie binnen de sociologie (onder andere de Frankfurter Schule) valt in de Amerikaanse groepsdynamica-literatuur nauwelijks iets terug te vinden. Dit lijkt langs hen te zijn heengegaan.

Ik wil deze paragraaf besluiten met het volgende overzicht van aandachtsgebieden in psychoanalytisch georiënteerde theorieën binnen de groepsdynamica (figuur 2.2).

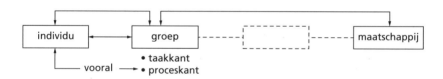

Figuur 2.2   Overzicht van de belangrijkste aandachtsgebieden binnen psychoanalytische stromingen in de groepsdynamica

2.5 Aandacht voor organisaties

Aandacht voor de context en de maatschappelijke omstandigheden komt ook terug in de groepsdynamische theorievorming door een groep sociaal-psychologen die zich aanvankelijk met groepstrainingen heeft beziggehouden. Maar al vrij snel in de geschiedenis van de trainingsbeweging in Amerika gingen in de jaren vijftig aarzelende pogingen tot maatschappelijke oriëntatie weer verloren. De bekommernis om maatschappelijke problemen die zeer expliciet door Lewin wel zo bedoeld was, maakte al snel plaats voor intra- en interpersoonlijke vragen, zoals "hoe kom ik bij jou over", "kan ik jou vertrouwen", "durf ik mezelf te laten kennen in deze groep" en dergelijke. Daarmee verdwenen externe vragen, zoals "hoe vindt besluitvorming plaats binnen onze organisatie" en "hoe kunnen we daarin tot verdere democratisering komen". Autoriteitsconflicten in de organisaties werden in trainingen steeds meer herleid tot persoonlijke conflicten tussen de deelnemers en de trainer.

Naarmate steeds meer klinisch psychologen zich met groepstrainingen gingen bezighouden, verdween de maatschappelijke dimensie volledig. Met name sociaal-psychologen distantieerden zich hiervan en gingen zich meer op complexe samenwerkingsverbanden richten in reële maatschappelijke situaties, waarbij ze gegevens uit de gedragswetenschappen probeerden toe te passen op problemen binnen teams en organisaties.

Zo trad er binnen de trainingsbeweging een splitsing op in twee stromingen: enerzijds trainers met een hoofdaandacht voor relaties en persoonlijke groei van de deelnemers, anderzijds trainers met een hoofdaandacht voor organisatie-ontwikkeling. Deze splitsing, die zich in de jaren vijftig in Amerika afspeelde, is ook herkenbaar in de stormachtige ontwikkelingen rond groepstrainingen in Nederland in de jaren zeventig.

Maar welke van de twee opties men ook kiest als trainer, steeds valt er een derde component weg uit het drietal individu – groep – maatschappij. Kijk maar:

— bij de keuze voor nadruk op interpersoonlijke relaties en persoonlijke groei, heeft men wel aandacht voor het individu in de groep, maar verliest men het zicht op de maatschappij
— bij de keuze voor organisatie-ontwikkeling komt de maatschappij (in een bepaalde en beperkte vorm weliswaar) weer in het vizier, maar verliest men meestal het individu weer uit het oog.

Wel heeft de aandacht voor organisatie-ontwikkeling in de jaren zestig en zeventig een schat aan onderzoeksgegevens en theorieën opgeleverd over het functioneren van groepen in complexe maatschappelijke verbanden en dit beschouw ik als een belangrijke aanwinst voor de groepsdynamica. Hierbij valt te denken aan de bijdragen van Argyris, Bennis, Blake en Mouton, Hersey en Blanchard, McGregor, Mintzberg, Reddin en Schein. In het hoofdstuk over leiderschap (hoofdstuk 10) zal ik nader ingaan op het werk van Reddin en van Hersey en Blanchard.

Laat ik tot slot van deze paragraaf weer proberen de hiervoor genoemde punten in een plaatje samen te vatten (figuur 2.3).

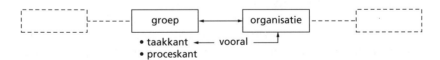

Figuur 2.3   Overzicht van de belangrijkste aandachtsgebieden in de groepsdynamische theorieën rond organisatie-ontwikkeling

2.6 Overzicht van een aantal hoofdthema's in de groepsdynamica

In het voorafgaande heb ik in vogelvlucht een aantal gebieden aangegeven, die in de groepsdynamica aan bod komen. Maar deze gebieden heb ik slechts aangestipt. Daarom wil ik aan het eind van dit hoofdstuk een aantal specifieke thema's noemen die in de groepsdynamica onderzocht zijn en waarover een rijke theorievorming bestaat. Ik denk hierbij aan thema's als:

— persoonswaarneming
— interpersoonlijke attractie
— interactie
— communicatie
— groepsnormen
— conformiteit
— groepscohesie
— besluitvorming
— leiderschap
— groepsontwikkeling
— feedback.

Hoewel dit lijstje niet volledig is, geeft het een aardige indruk van waar men zich de afgelopen veertig à vijftig jaar mee heeft beziggehouden op het terrein van de studie van groepen.
Laat ik deze thema's kort toelichten en zo hopelijk na mijn beeld van de groepsdynamica in vogelvlucht weer met beide benen op de grond belanden.

Aan het begin van hoofdstuk 1 omschreef ik groepsdynamica als de studie van het gedrag van mensen in kleine groepen. De groep moet klein genoeg zijn om elk van de leden in staat te stellen rechtstreeks met elkaar in contact en interactie te komen. (Zie hoofdstuk 3 voor diverse groepsdefinities.) Over het algemeen gaat het om groepen die kleiner zijn dan twintig personen. Hun groepsgedrag wordt meestal aangeduid met de term *interactie*. Interactie wordt vooral bepaald door twee groepen factoren (u raadt het al): enerzijds eisen die de taak stelt, anderzijds wie de anderen zijn. Over het algemeen zijn we geneigd vooral om te gaan met degenen die wij en die ons sympathiek vinden. Gevoelens van sympathie en antipathie kunnen dus in sterke mate de interactie bepalen. Hoe gevoelens van sympathie en antipathie in groepen tot stand komen, wordt in de groepsdynamica bestudeerd onder de term *interpersoonlijke attractie*. Er is ook een wisselwerking tussen sympathie en interactie: frequente interacties leiden vaak tot het ontstaan van wederzijdse sympathiegevoelens en deze gevoelens stimuleren weer tot verdere interacties (vgl. de "interactie-hypothese" van Homans; zie paragraaf 2.3.1).
Sympathieën en antipathieën komen vaak al heel snel tot stand op grond van eerste indrukken. Hoe zulke indrukken tot stand komen is onderwerp

van het studiegebied van de *persoonswaarneming* (*"person perception"* of *"impression formation"*).
Kort aangegeven:

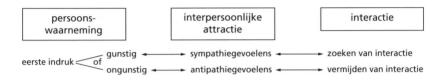

Figuur 2.4   Enkele verbanden tussen persoonswaarneming, interpersoonlijke attractie en interactie

Communicatie vormt de belangrijkste vorm van interactie in groepen. Deze communicatie dient twee hoofdfuncties: een zakelijke en een relationele. Enerzijds het elkaar meedelen van inhoudelijke informatie, anderzijds het regelen van de onderlinge betrekkingen. Ook dit onderscheid sluit aan op de al eerder gemaakte tweedeling tussen taakaspecten en sociaal-emotionele aspecten in groepsinteractie.

Groepen ontwikkelen meestal ook bepaalde communicatiepatronen, waarin sommige leden een centralere plaats innemen dan andere. Men spreekt ook wel van communicatienetwerken. De positie in het netwerk bepaalt mede wie leider zal worden, hoe snel en nauwkeurig taken vervuld worden en hoe tevreden men is met de groepsinteractie en het eigen aandeel daarin.

Deze en soortgelijke thema's komen aan bod in de hoofdstukken 6 en 7.

Groepen ontwikkelen ook *normen* over hoe men met de taak en met elkaar dient om te gaan en over hoe men zich dient te verhouden tot de buitenwereld. Men kan niet zomaar van zulke normen afwijken, want groepen dwingen vaak een bepaalde *conformiteit* af. De kracht van zulke groepspressie tot conformiteit kan aanzienlijk zijn en hangt samen met een aantal groepsfactoren, zoals de mate van *groepscohesie*. Dit is de mate waarin de groep aantrekkelijk is voor haar leden. Op normen en conformiteit kom ik terug in paragraaf 9.3 en 9.4 (zie ook hoofdstuk 7 en 8 van *Groepsdynamika II*, 1982).

Tot de regels en normen over hoe een groep met de taak wenst om te gaan horen ook procedures met betrekking tot *besluitvorming*. Sommige groepen hebben het hier erg moeilijk mee. In paragraaf 9.5 zal ik aandacht besteden aan verscheidene besluitvormingsmanieren.

Het meest bestudeerde onderwerp in de groepsdynamica is ongetwijfeld *leiderschap*. Al eerder in dit hoofdstuk (paragraaf 2.2) stipte ik dit thema aan bij het vermelden van twee typen leiders: taakgerichte leiders en sociaal-emotionele leiders. In hoofdstuk 10 zal ik deze leiderschapstypen nader bespreken en daarbij ook ingaan op de samenhangen met de omstandigheden waarin de groep verkeert. Dit staat bekend als de theorie van situationeel leiderschap.

Ook over *groepsontwikkeling* bestaan heel wat theorieën. En terecht, want groepsdynamica valt ook te omschrijven als de studie van hoe groepen zich vormen, hoe ze functioneren en hoe ze weer uiteenvallen. In hoofdstuk 5 zal ik ingaan op groepsvorming en zal ik ook een theorie van groepsontwikkeling nader bespreken.

Deze theorie gaat uit van een zestal fasen:

1 de voorfase
2 de oriëntatiefase
3 de machtsfase
4 de affectiefase
5 de fase van de autonome groep
6 de afsluitingsfase.

Ten slotte kort iets over het onderwerp *feedback*. Hoewel dit begrip in trainingsgroepen een heel speciale betekenis heeft, namelijk het aan een ander vertellen hoe je hem waarneemt en ervaart, heeft feedback eigenlijk een veel bredere betekenis. Feedback is één van de manieren waarop groepen intern hun evenwicht proberen te bewaren. Zo zijn bijvoorbeeld groepsnormen en pressies tot conformiteit te typeren als feedback-mechanismen. Een degelijke bespreking hiervan vereist echter enige voorkennis van de systeembenadering. Zowel op de systeembenadering als op het verschijnsel "feedback in groepen" zal ik in hoofdstuk 8 nader ingaan.

2.7 Tot besluit

In de inleiding van dit hoofdstuk beloofde ik een wegwijzer voor een nader bezoek aan het "huis" van de groepsdynamica. Elementen daarvoor heb ik al geboden in de figuren 2.1, 2.2 en 2.3. Wanneer ik deze figuren samenvoeg en hierin ook de besproken hoofdstromingen onderbreng, kom ik tot de volgende totaalplattegrond (figuur 2.5):

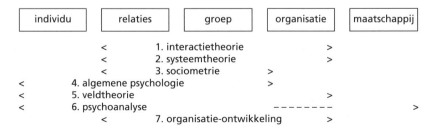

Figuur 2.5 Overzicht van aandachtsgebieden binnen de besproken stromingen in de groepsdynamica

Deze figuur is nog tamelijk globaal. Om iets meer zicht te krijgen op wat elke stroming bezighoudt, wil ik per aandachtsgebied het belangrijkste kernthema kort aangeven in de vorm van polariteiten (figuur 2.6).

Aandachtsgebied	Kernthema's: de polariteit tussen		Stromingen
Individu	rationaliteit - emotionaliteit	bewust	4 en 5
		onbewust	6
Relaties	inhoudsniveau - betrekkingsniveau		2
Groep	taakaspecten - sociaal-	manifest niveau	1, 2, 3, 4, 5
	emotionele aspecten	latent niveau	6
Zowel groep als organisatie	extern systeem - intern systeem		1, 2 en 7
Organisatie	formele netwerk - informele netwerk		7

Figuur 2.6 Overzicht van centrale polariteiten bij elk aandachtsgebied

N.B. De cijfers in de kolom "Stromingen" verwijzen naar de cijfers in figuur 2.5

Door figuur 2.6 te lezen in combinatie met het overzicht aan het slot van paragraaf 2.2 en ook met de figuren 1.5 en 1.6 in hoofdstuk 1 worden een aantal hoofdlijnen en grote verbanden zichtbaar.

Wanneer ik aan het slot van dit hoofdstuk een balans opmaak van de groepsdynamica, kan ik haar typeren als een nog vrij jonge wetenschap, die in een dertigtal jaren tussen 1940 en 1970 een snelle groei tot volwassenheid heeft meegemaakt. Sinds 1970 is de theorievorming gestabiliseerd, maar er is een snelle opkomst te zien geweest van allerlei toepassingen in het werken met groepen, met name op het gebied van trainingen. De vaak bepleite wisselwerking tussen theorie en praktijk is echter onvoldoende tot stand gekomen. Er is eerder een kloof ontstaan tussen zuiver theoretisch onderzoek aan universiteiten enerzijds en een tamelijk onsamenhangend geheel aan praktijkmethoden in het beroepsveld anderzijds. Beide terreinen hanteren een eigen vaktaal (met bovendien een aantal "dialecten") en hanteren geheel eigen criteria om de kwaliteit van hun werk aan te toetsen. Als vorm van wetenschapsbeoefening moet de groepsdynamica voldoen aan een reeks van onderzoeksmethodologische vereisten. Maar deze eisen worden door de professionals in het beroepsveld nogal eens als een vervreemdend keurslijf ervaren. Intussen lijkt de groei op beide terreinen, zowel de theorie-ontwikkeling als de praktijk van groepstrainingen, eruit te zijn en kan een tussenbalans opgemaakt worden.

3 Definitie van de groep en soorten groepen

3.1 Definitie van de groep

3.1.1 Inleiding

Groepsdynamica is de studie van gedrag in kleine groepen. Onder "kleine groep" wordt meestal een groep van minder dan 20 personen verstaan. Het meeste onderzoek in de groepsdynamica betreft groepen van vijf of minder leden. Er zijn nauwelijks studies over grote groepen van tussen de 30 en 100 personen.

Er is ooit de schatting gemaakt, dat ieder gemiddeld van 5 of 6 groepen lid is op elk moment van zijn leven (Mills, 1967). Iemand anders heeft op grond van uitgebreide onderzoeksgegevens berekend, dat 92% van alle groepslidmaatschappen betrekking heeft op groepen van 2 of 3 personen, 6% op groepen van 4 personen en 2% op groepen van méér dan 5 personen (James, 1951).

Een gebruikelijke omschrijving van groepsdynamica geeft Sprott (1958): groepsdynamica is de studie van groepen mensen in een directe contactsituatie (*"face-to-face relationship"*). Hij definieert een groep als een verzameling individuen, die in een bepaalde context méér interactie met elkaar hebben dan met anderen daarbuiten. Zo kun je zeggen dat de medewerkers van een bepaald bedrijf een groep vormen, omdat ze in de context van hun beroep meer interactie met elkaar gemeen hebben dan met anderen. Binnen het bedrijf vormen de mensen, die aan een bepaalde taak samenwerken, een groep om dezelfde reden. Ten opzichte van het bedrijf als geheel vormen ze een subgroep. Volgens Sprott zijn interactie en context dus de twee bepalende hoofdelementen.

Behalve interactie en context zijn er ook andere criteria mogelijk om te bepalen of een bepaalde verzameling mensen een groep is. Zo wordt een groep ook wel gedefinieerd als een aantal mensen die zichzelf als een eenheid waarneemt en die de macht heeft om op gezamenlijke manier tegenover de omgeving te handelen. In deze definitie is het kernbegrip het groepsbewustzijn: de leden zijn zich bewust van hun lidmaatschap. Andere auteurs vinden het ontstaan van normen, dus van gedeelde gedragsregels, het moment om van een groep te kunnen spreken. En weer een ander criterium dat nogal eens gebruikt wordt, is het bestaan van een gemeenschappelijk nagestreefd doel.
Er blijkt helaas geen enkelvoudige definitie te bestaan die door iedere groepsdynamicus gebruikt wordt. Men benadrukt verschillende groepsaspecten. Deze verschillende groepsaspecten worden helder weergegeven door Shaw (1971). Hieronder volg ik voor een deel zijn indeling.

3.1.2 Motivatie

Men ziet vaak, dat mensen lid worden van een groep vanuit een bepaald belang of een persoonlijke behoefte. Een leerling zit op school in een lesgroep om kennis te vergaren en een diploma te behalen, een student wordt lid van een gezelligheidsvereniging vanuit een sociale behoefte, een natuurliefhebber wordt lid van een actiegroep om het belang van natuurbehoud beter te kunnen behartigen, enzovoort. Wanneer een groep er niet in slaagt om te voldoen aan de behoeften of belangen van haar leden, komt het voortbestaan van de groep in gevaar en is de kans groot dat de groep uiteen gaat vallen. Vandaar dat sommige definities de motivatie en het tegemoetkomen aan belangen en behoeften centraal stellen: het groepslidmaatschap moet belonend zijn of de belofte van zo'n beloning inhouden.

3.1.3 Doelstelling

Twee voorbeelden:
> *"individuen worden lid van een groep om een gemeenschappelijk doel te bereiken" (Freeman, 1936),*

en:

"groepen zijn eenheden van twee of méér personen, die met een bepaalde bedoeling met elkaar omgaan en die dit contact zinvol vinden" *(Mills, 1967).*

Dit type definities overlapt met de motivatie-definities. We mogen stellen dat het bereiken van een doelstelling een positieve ervaring oplevert, zoals het gevoel dat de activiteiten de moeite waard zijn.

3.1.4 Structuur

Het type definitie dat structuurkenmerken van de groep benadrukt, vinden we vooral in de sociologische literatuur.

Als structurele elementen van groepen benadrukt men rollen, normen, statusaspecten en dergelijke.

Weer twee voorbeelden:

McDavid en Harari (1968) benoemen als wezenlijke eigenschappen van de groep het als eenheid functioneren en het bestaan van mechanismen die het gedrag reguleren.

Sherif en Sherif (1956) definiëren:

"groepsleden staan ten opzichte van elkaar in bepaalde rol- en statusrelaties en hebben een reeks groepswaarden en groepsnormen, waarmee het gedrag van de individuele leden gereguleerd wordt in zaken die van belang zijn voor de groep".

Ook andere structurele elementen kunnen een rol spelen, zoals het patroon van machtsrelaties en van affectieve relaties. Dit laatste patroon valt zichtbaar te maken in een sociogram.

3.1.5 Interdependentie

Met name Lewin (1951) benadrukt als wezenlijk kenmerk van groepen de wederzijdse betrokkenheid van de groepsleden op elkaar. Dit vat hij samen met de term *interdependentie.*

De groepsleden hoeven dus niet gelijk aan elkaar te zijn. Dat groepsleden wederzijds op elkaar betrokken zijn, acht Lewin veel wezenlijker. Een gebeurtenis die invloed heeft op een groepslid of op een subgroep heeft een weerslag op alle andere groepsleden. De groep lijkt op een mobile, waarvan de leden via nauwelijks zichtbare draadjes met elkaar verbonden zijn.

Lewins opvatting sluit aan op het volgende type definitie.

3.1.6 Interactie

In feite is interactie een bepaalde vorm van wederzijdse betrokkenheid. Zo definieert Homans (1950) een groep als

"een aantal personen, die over een bepaalde periode regelmatig contact met elkaar heeft. De groep moet klein genoeg zijn om elk individu ervan in staat

*te stellen rechtstreeks zonder tussenkomst van derden met elk ander indivi-
du uit de groep in relatie te treden."*

Door de nadruk op het directe contact en de interactie is deze definitie verwant aan de opvatting van Sprott die ik aan het begin van dit hoofdstuk
weergegeven heb.

Centraal in dit type definities staat het begrip interactie. Interactie kan veel
vormen hebben: verbale interactie, lichamelijke interactie, emotionele
interactie, enzovoort. Homans spreekt van interactie wanneer een bepaalde activiteit van iemand wordt gestimuleerd door de activiteit van iemand
anders, ongeacht wat deze activiteiten inhouden. Hij geeft het voorbeeld
van twee mannen, ieder aan een kant van de zaag, die bezig zijn met het
zagen van een blok hout. Wanneer men zegt dat er tussen deze twee mannen interactie bestaat, doelt men niet op het feit dat beiden zagen (in dit
verband noemt Homans zagen een activiteit), maar op het feit dat het trekken van de één wordt gevolgd door het trekken van de ander. In dit voorbeeld houdt de interactie geen woorden in.
Vaker heeft interactie plaats via verbale communicatie. Homans geeft echter de voorkeur aan de term interactie boven communicatie, omdat men
bij communicatie al vaak te beperkt denkt aan verbale uitwisseling. Bovendien wordt onder communicatie nu eens de overgebrachte boodschap bedoeld, dan weer het proces van overbrenging zelf.
Het sleutelbegrip bij interactie is dus wederkerige beïnvloeding. We kunnen spreken van een groep, zodra twee of meer personen met elkaar in
interactie staan, waarbij elke persoon van invloed is op en beïnvloed wordt
door elke andere persoon in de groep.

Uit deze vijf typen definities blijkt, dat verschillende theorieën op verschillende facetten van de groep letten.
Ofschoon interactie een wezenlijk kenmerk is dat een groep onderscheidt
van een losse verzameling mensen, zijn andere groepsaspecten ook belangrijk.
Zo stelt Hare (1976) dat er minimaal sprake moet zijn van enige interactie
voordat er sprake kan zijn van het ontstaan van een groep. Zodra echter
deze interactie op gang komt en een losse verzameling individuen tot een
groep wordt, zal volgens Hare waarschijnlijk ook het volgende viertal kenmerken zichtbaar worden:

1   de leden delen één of enkele motieven of doelen, die richting geven
     aan de groep
2   de leden ontwikkelen een reeks van normen, die grenzen aangeeft ten
     aanzien van de relaties tussen de groepsleden en ten aanzien van de
     groepsactiviteit
3   bij langerdurende interactie kristalliseert een reeks rollen uit en gaat
     de nieuwe groep zich onderscheiden van andere groepen
4   er ontstaat een netwerk van interpersoonlijke attracties op basis van
     de sympathieën en antipathieën voor elkaar.

Zo komt Hare tot een vijftal kenmerken om van een groep te kunnen spreken: interactie, gezamenlijk doel, normen, rollen en netwerk van interpersoonlijke attracties. De vier laatstgenoemde kenmerken zijn signalen van een tot ontwikkeling komende groepsstructuur.

3.2 Groepstypen

Er zijn verscheidene beschrijvende dimensies waarmee een bepaalde groep gekarakteriseerd kan worden:

3.2.1 Primaire en secundaire groepen

De socioloog Charles Horton Cooley (1902) maakte als eerste het onderscheid tussen primaire en secundaire groepen (*"primary and secondary groups"*). *Primaire groepen* zijn gekenmerkt door persoonlijke, intieme relaties in directe contactsituatie en door spontaan gedrag (bijvoorbeeld: het gezin of een groep vrienden). In een *secundaire groep* daarentegen zijn de relaties koel, onpersoonlijk, rationeel en formeel.

In een primaire groep is de sociale afstand tussen de groepsleden erg klein, in een secundaire groep juist erg groot. Dit komt onder andere tot uiting in het taalgebruik: het gebruik van het persoonlijk voornaamwoord "jij" en "jouw" in primaire groepen en "u" en "uw" in secundaire groepen. Met de groepsleden van een primaire groep hebben we persoonlijke relaties, met de groepsleden van een secundaire groep hebben we door status bepaalde relaties.

In termen van Hiller (1947) noemen we de relaties in een primaire groep "persoonlijk" en "intrinsiek", maar de relaties in een secundaire groep "categorisch" en "extrinsiek". Met andere woorden: in de primaire groep beoordelen de leden elkaar intrinsiek in termen van hun persoonlijke eigenschappen, maar in de secundaire groep extrinsiek in termen van de sociale categorieën waartoe ze behoren of de statussen die ze bezitten.

Dit onderscheid tussen relaties in de primaire en secundaire groepen vinden we terug bij veel sociologen, zij het onder verschillende termen:

*   bijvoorbeeld bij Sorokin (1928): *"familistic"* tegenover *"contractual"* en *"compulsory"*
*   bij Durkheim (1895): *"solidarité organique"* versus *"solidarité méchanique"*
*   bij Tönnies (1887): *"Gemeinschaft"* versus *"Gesellschaft"* (leefgemeenschap versus belangengemeenschap).

In zekere zin kan elke groep als primaire groep fungeren voor zover die groep een bron is van interpersoonlijke attracties. Er is in de literatuur vaak geschreven over primaire groepen, waarbij van een groot aantal criteria gebruik gemaakt wordt, zoals: hoge mate van solidariteit, het informele karakter van de relaties, spontaneïteit van gedrag, wederzijdse acceptatie door de groepsleden, het elkaar grondig kennen, klein in omvang en lang van duur, frequente interactie, homogeen lidmaatschap en geneigdheid tot uiteenlopende activiteiten die hoofdzakelijk door positieve gevoelens gekleurd zijn. Maar als je af moet gaan op al deze criteria, blijven er maar weinig groepen over die ècht primaire groepen genoemd mogen worden. Nu valt het niet zo moeilijk om enkele van deze criteria weg te schrappen, en in feite zullen we dat straks ook doen. Wat we echter achter deze opsomming van criteria kunnen lezen is, dat de primaire groep vaak ge-over-idealiseerd en ver-overromantiseerd is; aan het onderscheid tussen primaire en secundaire groepen is dus vaak een waardeoordeel gekoppeld, dat onder andere tot uiting kan komen in de klacht, dat de interacties in onze moderne maatschappij zo verzakelijkt en vervreemd zijn. Als contrast wordt meteen daarna gewezen op de primaire bindingen in een dorpsgemeenschap of in een volksbuurt of in de middeleeuwen en wordt onkritisch gesuggereerd, dat het leven daar en toen veel beter was. Het is duidelijk, dat zulke ideeën gebaseerd zijn op misvattingen en waarnemingsvervormingen van het dorps- of buurtleven, die gevoed worden door een nostalgisch verlangen naar "de goede oude tijd". We kunnen dit toelichten aan enkele van de genoemde criteria:

— de interacties zouden hoofdzakelijk door positieve gevoelens gekleurd zijn (*"pre-dominance of positive affect"*);
we weten echter, dat in veel primaire groepen haat en vijandigheid de vaakst voorkomende gevoelens zijn. Dit kan voorkomen in situaties waarin een groep gedwongen is bij elkaar te blijven, bijvoorbeeld in een geïsoleerd levend boerengezin, waarin de leden economisch en sociaal op elkaar aangewezen zijn, of in vastgelopen huwelijken in subculturen of culturen waarin echtscheiding onmogelijk is, of in door de maatschappij uitgestoten en geïsoleerde bevolkingsgroepen in getto's, achterbuurten of woonwagenkampen
— voor het criterium "wederzijdse acceptatie" geldt hetzelfde verhaal
— ook het criterium "duurzaamheid" is niet zonder meer kenmerkend voor primaire groepen, want veel secundaire groepscontacten zijn minstens even langdurig, bijvoorbeeld de secundaire contacten om in het levensonderhoud te voorzien (het verdienen van een inkomen, het kopen van voedsel, enzovoort.)
— wezenlijk is het criterium "elkaar grondig kennen" (*"intimacy of knowledge"*), maar zulke intimiteit is geen voldoende kenmerk voor de definitie van de primaire groep
— nog wezenlijker is contactnabijheid, meestal *"face-to-face"* (directe contactsituatie)
— en hieraan gekoppeld de sterke emotionele kleur van de relatie, of dit nu liefde dan wel haat is.

Zo redenerend kom ik terug op wat ik al eerder opmerkte bij de groepsdefinities in paragraaf 3.1, vooral de interdependentie-definitie en de interactie-definitie. Een belangrijk kenmerk van de primaire groep is namelijk, dat vervanging van één groepslid door iemand anders de bestaande relaties grondig wijzigt of vernietigt. In primaire groepen is zulke vervanging moeilijk en meestal onmogelijk: echtgenoot, vader en vriend zijn uniek en kunnen niet vervangen worden. In zekere zin telt in de primaire groep niet *wat* je bent, maar *wie* je bent. Parallel hieraan kunnen we over de secundaire groep zeggen, dat het daarin vooral gaat om *wat* je bent en niet zozeer om *wie* je bent, want relaties in een secundaire groep worden vooral bepaald door positie en status.

3.2.2 Sociogroup en psychegroup

Een soortgelijk onderscheid wordt gegeven door Jennings (1943) met de termen *"sociogroup"* en *"psychegroup"*. Van een sociogroup ben je alleen in naam (alleen nominaal) lid; in een psychegroup is er psychologische participatie. In een sociogroup overheersen de zakelijke en maatschappelijke relaties. Je zou kunnen zeggen: het rationele element overheerst. In een psychegroup daarentegen overheersen de affectieve bindingen, vaak van persoonlijke aard.

3.2.3 Formele en informele groepen

Een volgend onderscheid is dat tussen formele en informele groepen. Als criterium hiervoor kan genomen worden de mate waarin enkele wezenlijke groepskenmerken expliciet en formeel geformuleerd zijn, bijvoorbeeld het doel, de rollen en de normen. Als dit doel, deze rollen en deze normen vaag en impliciet gebleven zijn, spreken we van een *informele groep*. Zo zijn vriendengroepen informeel: ze ontstaan spontaan vanuit gemeenschappelijke belangstellingen en ze worden in stand gehouden door interpersoonlijke attractie. Informele groepen zijn autonoom, dat wil zeggen dat ze hun eigen activiteiten kunnen bepalen en vrij zijn van organisatorische beperkingen.

Aan de andere kant staan werk- en taakgroepen in het bedrijfsleven: deze *formele groepen* zijn in hoge mate georganiseerd door hun werk- of taakorganisatie. In dit soort groepen ligt de groepsstructuur ingebed in het grotere geheel van een organisatie (bedrijf, fabriek) en ook de doelen en de procedures worden hier beheerst door factoren die buiten de directe controle van de groep liggen. Zulke groepen zijn dus niet autonoom en in het lidmaatschap spelen veel onvrijwillige factoren mee.

Toch is dit onderscheid tussen formele en informele groepen niet zo strak door te voeren, dat groepen ofwel het één ofwel het ander zijn. Homans (1966) met name heeft erop gewezen, dat elke groep bestaat uit een extern systeem èn een intern systeem (zie paragraaf 2.2). Het interne systeem kunnen we de informele groepsstructuur en groepsprocessen noemen. Zo zien we dus, dat we weliswaar onderscheid kunnen maken tussen formele en informele groepen, maar dat bij nadere analyse ook in zuiver formele groepen sprake kan zijn van een tweede, informele structuur. Zo kan een groep een formele leider hebben, terwijl iemand anders de informele leider is; de formele leider is meestal de "taakleider", die ook de groep representeert in buitencontacten, terwijl de informele leider meestal de "sociaal-emotionele leider" is (vgl. hoofdstuk 10 over leiderschap). Ook hier weer het onderscheid tussen taakaspecten en sociaal-emotionele aspecten.

3.2.4 Referentiegroepen

In verband met een onderzoek naar de sociale verankering van attitudes formuleerde Newcomb in de jaren dertig het onderscheid tussen lidmaatschapsgroepen (*"membership groups"*) en referentiegroepen (*"reference groups"*). Een *lidmaatschapsgroep* is een groep, waartoe men formeel behoort, meestal alleen nominaal (alleen in naam). Men wordt dus nominaal lid van een groep door simpelweg de eigen naam te laten toevoegen aan de lijst van groepsleden of door simpelweg fysiek aanwezig te zijn op bijeenkomsten (bijvoorbeeld vergaderingen of lessen). Zulke nominale verbondenheid betekent echter nog geen echte psychologische participatie aan de groep. Daarom stelde Newcomb de term *referentiegroep* voor om die groepen aan te geven, waarin het individu echt als persoon participeert, zoals blijkt uit zijn betrokkenheid bij het groepsdoel, het innemen van een bepaalde plaats binnen de groepsstructuur en het naleven van de groepsnormen.

Nu is er over het algemeen een tendens voor lidmaatschapsgroepen om referentiegroepen te worden voor het groepslid, maar dit gebeurt lang niet altijd. Bovendien hoeft men niet fysiek participant te zijn in een groep, die psychologisch toch als referentiegroep kan fungeren. Zo is bijvoorbeeld in enkele onderzoeken aangetoond, dat de sociale klasse waartoe men wenst te behoren (referentiegroep) vaak sterker het gedrag van individuen beïnvloedt dan de sociale klasse waartoe men in feite behoort (lidmaatschapsgroep). Een referentiegroep is dus die groep of klasse, die het individu gebruikt als vergelijkingsnorm om tot een oordeel te komen over zijn attitudes, zijn bekwaamheden of zijn huidige situatie. Met andere woorden: hoe iemand zichzelf ziet en zichzelf evalueert, laat hij meebepalen door zijn referentiegroep.

Bij de analyse van referentiegroep-effecten is het nuttig om onderscheid te maken tussen positieve en negatieve referentiegroepen. Bij negatieve referentiegroepen wil het individu juist die eigenschappen en attitudes vermijden, die kenmerkend zijn voor de groepen waar hij niet mee geassocieerd wil worden. Bijvoorbeeld de puber, die zich van zijn ouders en het ouderlijk gezin wil losmaken en daarbij volgens precies tegenovergestelde waarden gaat handelen.

Samenvattend: om zijn eigen gedrag te evalueren (bijvoorbeeld om te weten te komen waar men staat) vergelijkt het individu zichzelf met de andere groepsleden van zijn referentiegroep; dit is de vergelijkingsfunctie. Referentiegroepen hebben daarnaast ook een normatieve functie. Dit houdt in dat het individu geëvalueerd wordt door de groep en dat hij waar-

dering of afwijzing krijgt afhankelijk van zijn conformiteit aan de groepsnormen. Dit proces veronderstelt, dat de persoon waarde toekent aan zijn
groepslidmaatschap of dat hij tot die groep wenst te behoren. Dit laatste
proces gaat ook op wanneer de persoon nog geen groepslid is, maar het lidmaatschap aspireert. Dus ook al behoort iemand niet tot een bepaalde
groep, hij kan er toch door beïnvloed worden. In dit laatste geval identificeert hij zich met die groep. Het is dit onderscheid, dat Newcomb bedoelde met de termen "lidmaatschapsgroep" en "referentiegroep". Aan de ene
kant kun je formeel of nominaal lid zijn van een bepaalde groep en er nauwelijks door beïnvloed worden, aan de andere kant kun je soms sterk beïnvloed worden door een bepaalde groep zonder dat je er lid van bent. Een
referentiegroep heeft het sterkste effect op haar groepsleden, als de groepsleden direct contact en directe interactie met elkaar hebben.

3.2.5 Ingroup en outgroup

Een speciaal aspect van groepslidmaatschap is het onderscheid tussen *"ingroup"* en *"outgroup"*. Simpel gezegd: de ingroup is de "wij-groep" en de
outgroup de "zij-groep". De ingroup omvat onszelf en iedereen die we verder met "wij" willen aanduiden. De outgroup bestaat, bij wijze van aftrek-
king, uit alle anderen, dat wil zeggen uit iedereen die we van dit "wij" willen uitsluiten. Andere termen: *"we-group"* en *"other-group"*.
Ingroups en outgroups hebben geen bepaalde grootte. De ingroup kan zo
klein zijn als een gezin of zo groot als ons land (bijvoorbeeld in oorlogstijd)
en de outgroup is dan simpelweg iedereen die niet tot ons gezin of tot ons
land behoort. Vaak wordt dit onderscheid tussen "wij" en "de anderen
daarbuiten" sterk beleefd, wanneer de groep een grote cohesie ontwikkeld
heeft. Een gevolg van sterke cohesie is namelijk de neiging om de ingroup-
outgroup-verschillen groter te maken, vooral wanneer de buitenwereld als
bedreiging wordt ervaren. We zien dan ook vaak, dat een hoge mate van
cohesie binnen de groep gepaard gaat met een hoog conflictniveau ten
opzichte van andere groepen. De reden hiervoor is, dat in de cohesieve
groep normen zijn ontstaan, die de openlijke uiting van agressie tegenover
de eigen groepsleden verbieden, zodat agressie die binnen de groep kan
ontstaan verschoven wordt (*"displaced aggression"*) naar een mikpunt buiten de groep. Deze binnen de eigen groep verdrongen agressie vormt dan
de hoofdbron voor zondebokvorming (*"scapegoating"*). Zulke zondebokvorming vindt men soms binnen de eigen groep, bijvoorbeeld een weinig
participerend marginaal groepslid, maar meestal buiten de groep: typische
voorbeelden zijn de "joden", de "asielzoekers", de "buitenlanders" of de
"pers". Deze tot zondebok gebombardeerde outgroup blijft echter niet passief: om zich te beschermen tegen zulke onterechte agressie gaan de "out-
siders" vaak coalities vormen. Een typisch voorbeeld uit de Verenigde
Staten: de tamelijk sterke ingroup-loyaliteit binnen de dominante WASP
("White Anglo-Saxon Protestant")-meerderheid in de Amerikaanse samenleving heeft geresulteerd in coalities tussen negers, joden en ook katholie-
ken, die zo hun rechten als minderheden zoeken te beschermen. Dus de

perceptie van gemeenschappelijke dreiging door een andere groep kan de gemeenschappelijke basis vormen voor groepsontwikkeling tussen individuen in een outgroup, die anders zonder contact gebleven waren. Andere voorbeelden: het vormen van een nationaal kabinet tijdens een ernstige crisis of de samenwerking tussen verschillende Nederlandse bevolkingsgroepen tijdens de laatste oorlog.

We zien nu twee belangrijke principes:

1 De ingroup-leden neigen tot stereotypering van hen die in de outgroup zijn. Met andere woorden: we reageren op de ingroup-leden als individuen, maar op hen in de outgroup als leden van een klasse of categorie. De personen in de outgroup worden dus "op één hoop geschoven" (vgl. hoofdstuk 2, persoonswaarneming: stereotypering). Talloze voorbeelden hiervan zijn te vinden in de zogenaamde moppen over leden van minderheden.
   Bovendien benadrukken we in de percepties van outgroup-personen, hoezeer ze van ons verschillen door bijvoorbeeld onwenselijke eigenschappen, terwijl we in de percepties van andere mede-ingroup-leden benadrukken, hoeveel we op elkaar lijken.

2 Elke bedreiging (waarbij het onbelangrijk is of deze reëel is of ingebeeld) van buitenaf, dus vanuit de outgroup, versterkt de cohesie en solidariteit van de ingroup. Een zeer typerend voorbeeld is het gezin. In elk gezin zijn er soms ruzies tussen broers en zussen, maar zodra iemand van buiten het gezin een vervelende opmerking over een broer of zus maakt, sluit het gezin zich tot één geheel tegen deze opmerking en tegen de kritiekgever. Dit kan ook gebeuren in gezinstherapie: het buitensluiten van de therapeut en de vlucht in de oude patronen. Hoewel bijvoorbeeld een moeilijk kind wordt "gepresenteerd", wordt tegelijk verhinderd, dat de therapeut daarmee werkt en verzet het gezin zich als geheel tegen verandering.
   Soms is voor een groepsleider het zoeken van een gemeenschappelijke vijand een truc om verzwakte groepscohesie te versterken. Om die cohesie te handhaven, moet deze vijand als steeds afschuwelijker en bedreigender voorgesteld worden.

Samenvattend:
Groepen met hoge cohesie ervaren zichzelf als ingroup, als wij-groep (andere term: *"société close"*). Onderling zijn de ingroup-leden zeer verdraagzaam en behulpzaam en is de communicatie zeer sterk en innig. Maar voor deze interne harmonie betaalt men soms een hoge prijs. Vaak kan de cohesie alleen in stand gehouden worden door een dubbele moraal: de ingroup-leden worden liefdevol bijgestaan en geholpen, de outgroup wordt verstoten en liefdeloos bejegend. Veel voorbeelden zijn te vinden in de geschiedenis van de kerken. Soortgelijke processen zijn waar te nemen in enkele geradicaliseerde linkse en rechtse groeperingen.

SAMENVATTING

Ik besprak in paragraaf 3.2 de volgende typen groepen:

1 primaire en secundaire groepen
2 sociogroup en psychegroup
3 formele en informele groepen
4 lidmaatschapsgroepen en referentiegroepen
5 ingroup en outgroup.

Door deze opsomming lopen twee rode draden:
— de eerste rond het thema "lidmaatschap" (vooral bij 4 en 5)
— de tweede rond het thema "taak versus proces" (vooral bij 1, 2 en 3).

Zonder de hierna genoemde termen aan elkaar gelijk te stellen, zijn er duidelijke parallellen tussen de volgende begrippenparen en sleutelwoorden in de tekst:

Taak	Proces	
doel primair	sociaal-emotioneel klimaat primair	
secundaire groepen	primaire groepen	
"u-groepen"	"jij-groepen"	
"Gesellschaft "	"Gemeinschaft"	(Tönnies)
"solidarité méchanique"	"solidarité organique"	(Durkheim)
"contractual"	"familistic"	(Sorokin)
categorische en extrinsieke	persoonlijke en intrinsieke	
relaties	relaties	(Hiller)
belangrijk *wat* je bent	belangrijk *wie* je bent	
sociogroup	psychegroup	
formele groep	informele group	
extern systeem	intern systeem	
basis tot groepsvorming:	basis tot groepsvorming:	
de doelen	interpersoonlijke attractie	
doelbewuste groepsvorming	spontane groepsvorming	
("deliberate formation")	("spontaneous formation")	
belangen overheersen	behoeften overheersen	

Deze tweede rode draad loopt eigenlijk door de hele groepsdynamica heen. Vergelijk wat ik in hoofdstuk 2 (paragraaf 2.2) al opmerkte over het onderscheid tussen taakaspecten en sociaal-emotionele aspecten.

3.3 Werken met groepen: soorten groepen

3.3.1 Vergelijking tussen trainingsgroepen en therapiegroepen

Om te verhelderen wat er in trainingsgroepen gebeurt, maak ik eerst een vergelijking met therapiegroepen. Hierbij baseer ik me vooral op Frank (1964). Als we trainings- en therapiegroepen met elkaar vergelijken, kunnen we eigenlijk niet spreken van dè trainingsgroep of dè therapiegroep. Net zoals bij trainingsgroepen zijn er bij therapiegroepen talrijke varianten. Wat ik probeer, is een bepaald type trainingsgroep te plaatsen naast een bepaald type therapiegroep, namelijk een trainingsgroep waar het accent ligt op de groep en groepsverschijnselen (afgekort tot T-groep) en een therapiegroep met niet-gehospitaliseerde psychiatrische patiënten. Uitgaande van deze typen komt Frank tot de volgende overeenkomsten:

— beide groepen bieden leersituaties met als doel het tot stand brengen van veranderingen in de groepsleden
— beide groepen benadrukken het nauwkeurig leren communiceren met elkaar als een belangrijk middel
— beide groepen waarderen een groepsgericht, altruïstisch verantwoordelijk functioneren van de groepsleden
— in geen van beide groepen wordt een duidelijk onderscheid gemaakt tussen taak- en procesfuncties
— de doelen zijn die van de individuele leden: in therapiegroepen om van stressgevoelens bevrijd te worden en in T-groepen om kennis omtrent het groepsfunctioneren te verdiepen
— in beide groepen vloeit de agenda voort uit het eigen functioneren van de groep
— in beide groepen schijnen die bijeenkomsten het waardevolst, waarin sprake is van een kernconflict, dat voor alle leden van belang is en dat hun emoties oproept.

Therapie- en trainingsgroepen hebben dus veel kenmerken gemeenschappelijk en liggen in zekere zin in elkaars verlengde. Maar, aldus Frank, naast veel overeenkomsten zijn er ook fundamentele verschillen:
— leden van therapiegroepen zien zichzelf en worden door anderen gezien als patiënten; ze zijn ziek en zoeken daarvoor behandeling. T-groepsleden zijn niet ziek, maar willen interpersoonlijke vaardigheden leren.
— verschil in lidmaatschap houdt ook verschil in doelstelling in: het uiteindelijke doel in een therapiegroep is het individuele lid, en verandering in het groepsfunctioneren is voor het individuele lid van secundair belang.
Het uiteindelijke doel in een T-groep is het verbeteren van het functioneren van de groepen waar de groepsleden naar terugkeren.
— in therapiegroepen gaat het veel meer om het afleren van oude ge-

dragspatronen, terwijl het in T-groepen meer gaat om het aanleren van nieuwe gedragspatronen.

— deze verschillen impliceren op hun beurt bepaalde verschillen in de rol en de functie van de leider. In therapiegroepen zijn de groepsleden aanvankelijk sterk afhankelijk van de leider; alleen langs deze weg kunnen zij komen tot een groter vertrouwen in zichzelf. De leider kan nooit volledig groepslid worden, omdat hij nu eenmaal geen patiënt is.

In T-groepen, waar de groepsleden geen genezing van de leider verwachten is de leider alleen superieur in kennis en vaardigheden op een bepaald gebied; geleidelijk vermindert deze afstand tussen trainer en groepsleden en is het niet moeilijk voor de groepsleden om hem gewoon als een groepslid te gaan beschouwen en is het ook niet meer moeilijk om op zichzelf en de groep te vertrouwen.

— het doel van T-groepen is beperkter en kan dan ook in een relatief korte tijd bereikt worden. Therapiegroepen bestrijken vaak een langere tijdsperiode.

— in therapiegroepen is de situatie voor de leden bedreigender. De leider zal in therapiegroepen meer ondersteuning en support moeten bieden. De bedreiging heeft verschillende bronnen. In therapiegroepen gaat het om gedragsverandering in de breedste zin van het woord, terwijl T-groepen zich beperken tot groepsrelevante gedragsaspecten. Onbewust gedrag of onderliggende motivaties worden alleen onderzocht in zoverre ze van betekenis zijn voor het bewuste, zichtbare gedrag. In therapiegroepen is dat net andersom: het aan de oppervlakte komende zichtbare gedrag wordt gehanteerd als een middel om meer duidelijkheid te krijgen over de onderliggende motivaties. Een andere bron van grotere spanning is het feit, dat in therapiegroepen de aandacht gevestigd is op de individuele leden; in T-groepen is het brandpunt de groep.

Samengevat:
Trainingsgroepen worden in tegenstelling tot therapiegroepen gekarakteriseerd door (Gibb, 1970):

trainingsgroepen:	therapiegroepen:
1 nadruk op het hier en nu	1 daar en toen
2 nadruk op persoonlijke groei-processen en uitbreiding van mogelijkheden	2 herstellende of correctie aanbrengende behandeling
3 nadruk op beschikbare inter-persoonlijke gegevens	3 analyse van onbewuste onderliggende motieven
4 nadruk op groepsprocessen: het functioneren van de groep en de leden onderling	4 therapeut-patiënt relatie
5 nadruk op nieuw gedrag	5 nieuwe inzichten of nieuwe motivatie
6 direct doel: verbeteren van de effectiviteit of het veranderen van normale mensen	6 verlossen van stressgevoelens en het veranderen van de persoonlijkheids-structuur
7 deelnemers zien zichzelf als normaal; zoeken effectiever te functioneren	7 zien zichzelf als ziek of gestoord; zoeken behandeling

In beide groepen willen de groepsleden "beter" worden: bij trainingsgroepen is "beter" bedoeld in de zin van optimaliseren (goed-beter-best) en bij therapiegroepen in de zin van geestelijke gezondheid (gezond zijn = beter zijn). Op grond van deze genoemde verschillen zal het individu in een therapiegroep meer van zichzelf moeten onthullen dan het individu in een trainingsgroep. Zo kun je je een continuum voorstellen met aan de ene kant de therapiegroepen, waarin het individu veel van zichzelf zal moeten onthullen, en aan de andere kant de instructiegroep, waarin het individu weinig van zichzelf behoeft te onthullen om te kunnen leren.

3.3.2 Drie soorten groepen

Er zijn veel verschillende soorten groepen. Groepen kunnen sterk van elkaar verschillen, afhankelijk van de groepsgrootte, de groepssamenstelling, de doelstelling, het aantal bijeenkomsten, de stijl van de begeleider en dergelijke. Een handige manier om hier meer zich op te krijgen biedt de zogeheten HHH-formule die zich richt op de doelen van de groep. Hierbij staan de letters HHH voor Hoofd, Hart en Handen. Dit levert een typologie van drie soorten groepen op. Daarbij staat "hoofd" voor kennis, "hart" voor gevoel en "handen" voor gedrag of daadkracht. Deze indeling heb ik samen met Wim Goossens ontwikkeld (zie ook Goossens, 2001, en Remmerswaal, 2001).

1 Groepen, waarin het "hoofd" centraal staat zijn cognitief georiënteerd

In zulke groepen gaat het om het verwerven van inzicht en staat informatieoverdracht centraal.

Voorbeelden van cognitief georiënteerde groepen zijn cursusgroepen, lesgroepen, themagroepen en informatiebijeenkomsten. Vaak staat een spreker of een docent centraal, die bepaalde inzichten, kennis of informatie wil overdragen. De deelnemer wordt aangesproken op zijn cognitief vermogen, op zijn denken. Bij dit soort groepen ligt het hoofdaccent dus op cognitieversterking, kennisvermeerdering en inzichtverwerving. Door de aangereikte kennis en de inzichten kan de deelnemer beter keuzes maken. De informatie of voorlichting kan allerlei onderwerpen betreffen: wettelijke regelingen, procedures, gezondheidsbevorderend gedrag, ziektebeelden, handicaps, etc. Meestal gaat het om een beperkt aantal bijeenkomsten, soms om slechts een eenmalige bijeenkomst. De groep kan vrij groot zijn. De communicatie ligt vooral op inhoudsniveau en procedureniveau (zie hoofdstuk 4).

2 Groepen, waarin het "hart" centraal staat zijn gericht op de ervaringen en belevingen van de groepsleden

Het gaat in zulke groepen om verwerking van gevoelens en om behandeling van gevoelsmatig geladen onderwerpen. Deze groepen werden vroeger nogal eens aangeduid met de term "procesgroepen", omdat het eigen proces van de groep en het proces van de groepsleden centraal staan. De term kan echter verwarring oproepen omdat élke groep een bepaald proces doorloopt. Belevings- en ervaringsgeoriënteerde groepen zijn er op gericht de emotionele spankracht van de deelnemers te versterken. Dit gebeurt door hen gevoelens en ervaringen met elkaar te laten delen. Dit is niet altijd gemakkelijk; soms moeten deelnemers emotionele blokkades overwinnen.

In zo'n belevingsgeoriënteerde groep is er veel aandacht voor het delen van ervaringen, zowel uit het eigen persoonlijke leven, als ervaringen in de groep zelf. Het delen van ervaringen kan betrekking hebben op ingrijpende levensgebeurtenissen die deelnemers hebben meegemaakt. Het kunnen delen van traumatische ervaringen, de heroriëntatie op andere levensverwachtingen en het besef van hoe waarden en normen door de traumatische gebeurtenis veranderd zijn, kunnen de eigen emotionele draagkracht versterken.

In zulke groepen gaat het vooral om het uitwisselen en verdiepen van de eigen ervaringen van de groepsleden. Van groot belang hierbij is de interactie tussen de groepsleden en wat groepsleden daarin voor elkaar kunnen betekenen. De communicatie ligt vooral op interactieniveau en bestaansniveau (zie hoofdstuk 4). Deze groepen winnen aan waarde en diepgang naarmate er meer ruimte is voor het groepsproces en het individuele proces. Het programma biedt veel ruimte aan inbreng door de groepsleden en is meestal niet al te strak gestructureerd en vastgelegd. Deze groepen zijn meestal niet al te groot (minder dan tien groepsleden) en ze komen vaker bijeen, bijvoorbeeld tien keer.

3 Groepen, waarin de "handen" centraal staan zijn gericht op vaardigheden

Het gaat in zulke groepen om het aanleren en oefenen van nieuw gedrag. Voorbeelden vormen cursussen of vaardigheidstrainingen. Leerprocessen staan centraal. De begeleider van de groep zal leersituaties creëren via allerlei werkvormen, zoals rollenspelen, simulatiespelen, gestructureerde oefeningen en huiswerkopdrachten. In een volgende subparagraaf over "verschillende methodieken" geef ik daar meer voorbeelden van. De achterliggende gedachte bij dit soort groepen is dat het leren van ander gedrag en van nieuwe vaardigheden een positieve bijdrage zal leveren aan het zelfbeeld en de gevoelens van zelfwaardering van de deelnemer. Het nieuwe gedrag kan bijvoorbeeld een toename van sociale of communicatieve vaardigheden zijn, van opvoedersvaardigheden of van vaardigheden om anders om te gaan met problemen. Andere voorbeelden van dit type groep zijn trainingen in conflicthantering, in discussietechniek, in vergadertechniek, in assertiviteit en in allerlei beroepsgerichte vaardigheden. De groepsbegeleider of trainer biedt de deelnemers een veilige leersituatie waarin geoefend kan worden in de gewenste vaardigheden. Zulke groepen volgen vaak een strak programma dat volgens een vooraf ontworpen structuur opgezet is. Het aantal bijeenkomsten ligt van tevoren vast. Omdat een groot deel van de communicatie "voorgeprogrammeerd" is, speelt de meeste communicatie zich af op procedureniveau, maar is er soms ook enige ruimte voor het interactieniveau en het bestaansniveau (zie hoofdstuk 4).

4 Een overzicht

Hoofd	Hart	Handen
Cognitief georiënteerde groepen	Belevings- en ervaringsgeoriënteerde groepen	Gedrags- en vaardigheidsgeoriënteerde groepen
Voorbeelden: Lesgroepen Cursusgroepen Cognitieve groepen	*Voorbeelden:* Trainingsgroepen Procesgroepen	*Voorbeelden:* Trainingsgroepen Oefengroepen Cursusgroepen
Doelstelling: Informatieoverdracht Kennisoverdracht Voorlichting	*Doelstelling:* Leren of verwerken via beleving en ervaring	*Doelstelling:* Aanleren van nieuw gedrag en vaardigheden Uitbreiden van verstevigen van competenties

Hoofd	Hart	Handen
Hoofdnadruk: Op inhoud	*Hoofdnadruk:* Op proces: individueel proces en/of groepsproces	*Hoofdnadruk:* Op procedure en op structuur: gestructureerde oefeningen, programma's, protocollen
Aspect dat aangesproken wordt: Verstand, ratio Kennen, denken	*Aspect dat aangesproken wordt:* Gevoel Ervaren, voelen	*Aspect dat aangesproken wordt:* Motoriek Doen, willen
Agogische termen: Kennis	*Agogische termen:* Houding, attitude	*Agogische termen:* Vaardigheid
Verandering door: Inzicht, bewustwording	*Verandering door:* Ervaring gebaseerd op voelen	*Verandering door:* Ervaring gebaseerd op handelen
Stijl van leren: Reflecterend en oberverend Abstracte begripsvorming	*Stijl van leren:* Concreet ervarend	*Stijl van leren:* Actief experimenterend
Leerbronnen: Lesmateriaal en kennis van de docent vormen de belangrijkste input Cognitieve betrokkenheid	*Leerbronnen:* Het gaat om ervaringsgericht leren Groepsleden leren door uitwisseling van wat ze zelf en aan elkaar ervaren Affectieve betrokkenheid echtheid, attitude, grondhouding	*Leerbronnen:* Ervaringsgericht leren Groepsleden leren in oefensituaties die de groepsbegeleider creëert Resultaatgerichte betrokkenheid
Veranderingsmodel: Planmatige verandering	*Veranderingsmodel:* Procesmatige verandering	*Veranderingsmodel:* Planmatige verandering
Rol van de begeleider: De leermeester	*Rol van de begeleider:* De tuinman	*Rol van de begeleider:* De regisseur, de stuurman
Groepsniveaus: De groep functioneert vooral op inhoudsniveau	*Groepsniveaus:* De groep functioneert vooral op interactieniveau en bestaansniveau	*Groepsniveaus:* De groep functioneert vooral op procedureniveau

5 Verschillende methodieken

Er zijn veel verschillende methodieken, zoals kringgesprek, groepsdiscussie, informatieoverdracht, uitwisseling van ervaringen, didactische werkvormen, rollenspelen, gesprekken in subgroepen, trainingsoefeningen, huiswerkopdrachten en dergelijke.

De keuze voor de ene of de andere methodiek hangt voor een belangrijk

deel af van de groepsdoelstelling: is deze meer gericht op informatiever-
werking (het "hoofd" centraal), of meer op verwerking van gevoelens en
ervaringen (het "hart" centraal) of meer op het aanleren van vaardigheden
(de "handen" centraal)?
Maar ook speelt een rol in hoeverre de groepsbegeleider zelf zich met de
ene of de andere methodiek vertrouwd voelt. Een belangrijke vuistregel is
dat de groepsbegeleider nooit de eigen veiligheidsgrenzen moet verwaarlo-
zen, want als de groepsbegeleider zich onveilig voelt heeft dat meteen een
negatief effect op de groep en het groepsklimaat.
In het algemeen zijn methodieken en werkwijzen die gericht zijn op het
inhoudsniveau en het procedureniveau gestructureerder en dus veiliger
dan methodieken en werkwijzen die gericht zijn op het groepsproces en
het individuele proces (interactieniveau en bestaansniveau, zie hoofdstuk
4).

Hieronder volgt een aantal mogelijke werkwijzen en methodieken voor elk
van de drie besproken soorten groepen:

1   *methodieken voor groepen waarin het "hoofd" centraal staat:*
    • mondelinge informatieoverdracht (voordracht, lezing, gastspreker,
      en dergelijke)
    • groepsgesprek ter verwerking van de informatie
    • discussie
    • leergesprek
    • vragenronde
    • gesprekken in subgroepen aan de hand van richtvragen en deze
      gesprekken plenair terug laten koppelen
    • schriftelijke informatieoverdracht (folders, voorlichtingsmateriaal,
      artikelen, boekentafel, en dergelijke)
    • ondersteunende tentoonstelling
    • foto's, videoband of film, al dan niet met discussievragen
    • gebruik van een vragenlijst.

2   *methodieken voor groepen waarin het "hart" centraal staat:*
    • groepswerkmethodieken
    • kennismakingsvormen
    • een rondje in de groep waarbij ieder een eigen ervaring vertelt over
      het thema van de bijeenkomst (uitwisseling van ervaringen)
    • kringgesprek over wat de deelnemers bezighoudt
    • onderwijsleergesprek (aan de hand van een thema of vragen die de
      groepsbegeleider aan de groep voorlegt)
    • eigen inbreng van deelnemers (eigen vragen, eigen ervaringen,
      eigen probleemsituaties)
    • brainstorm in de groep
    • werken in subgroepen rond een specifieke vraag en de ervaringen
      in de subgroepen plenair laten terugkoppelen
    • interviews met elkaar of verdiepingsgesprekken in tweetallen

- werken met verhalen, met verbeelding, met foto's, met metaforen
- werken met opdrachten
- gezamenlijke activiteiten buiten de groepsbijeenkomsten,

3   *methodieken voor groepen waarin de "handen" centraal staan:*
- kennismakingsvormen
- demonstratie (voordoen zoals "het moet")
- oefensituaties, zoals rollenspelen
- simulaties
- gestructureerde oefeningen
- inbreng van eigen probleemsituaties
- incidentmethode
- spelvormen
- huiswerkopdrachten
- groepsgesprek
- vragenlijsten.

Algemeen geldt dat in de eerste en de derde soort groep ("hoofd" en "handen") de begeleider veel meer centraal staat dan in het tweede soort groep ("hart"). In dit type groep is de kwaliteit van de interactie tussen de groepsleden van doorslaggevend belang. Het is juist op zulke momenten dat de kracht van groepswerk het sterkst tot zijn recht kan komen.

3.4   Verbinding met de praktijk

3.4.1 Groepen in kaart

Individuele fase:
Breng in kaart van welke groepen je lid bent in deze periode van je leven.
Geef daarbij aan hoe groot elke groep is en hoe lang je er al lid van bent.

Fase in drietallen:
Bespreek elkaars lijstjes in drietallen.
Help elkaar bij het vaststellen tot welk type elke groep hoort door per groep na te gaan:
—   is het een primaire groep of een secundaire groep? (n.b. wees je bewust op grond waarvan je dit beslist)
—   is het een taakgroep of een sociaal-emotionele groep?
—   welke belangen en welke behoeften zijn in het geding bij deze groep?
—   welke formele en welke informele aspecten spelen een rol in deze groep?
—   als het een lidmaatschapsgroep is, welke regels voor lidmaatschap gelden er formeel en welke regels gelden er informeel, dat wil zeggen aan welke informele regels moet je voldoen om mee te tellen en "erbij te horen"?

Plenaire fase:

Wissel enkele markante voorbeelden uit van diverse typen groepen en sta stil bij enkele twijfelgevallen.

Bespreek ook in hoeverre in kaart gebrachte taakgroepen sociaal-emotionele aspecten hebben en in hoeverre informele groepen soms ook taakaspecten kennen.

3.4.2 Reflectie op definitie van de groep

Kies één groep uit je eigen lijstje van de vorige oefening. Probeer méér zicht te krijgen op die groep en op je eigen functioneren daarin door in een drietal met elkaar antwoorden te zoeken op de volgende vragen:

1   Zie ik deze groep als een eenheid die ook als een eenheid handelt ten opzichte van de externe omgeving?
     Zo nee, wat belemmert de groep hierin en hoe zou de groep meer tot zo'n eenheid kunnen komen? Geef in het drietal elkaar suggesties hiervoor.

2   Zien de groepsleden deze groep als een mogelijkheid om te voorzien in bepaalde behoeften?
     Zo ja, welke behoeften zijn dit of zouden dit kunnen zijn?

3   Zit ik in deze groep om duidelijke doelstellingen te realiseren?
     Zo ja, welke doelstellingen?

4   Zie ik de groep als een geheel van statussen, rollen en normen, die met elkaar samenhangen?
     Help elkaar om hier zo concreet mogelijk over te praten, bijvoorbeeld door naar concrete situaties te vragen.

5   In hoeverre wordt deze groep gekenmerkt door wederzijdse betrokkenheid?

6   In hoeverre spelen interactie en wederkerige beïnvloeding?

7   Wat is voor mij wezenlijk aan een groep, met andere woorden wat maakt voor mij een groep tot een groep?

8   Wat is mijn favoriete groepsdefinitie?

Mogelijke werkvorm:

—   eerst maakt ieder individueel aantekeningen rond elk van de acht vragen, van waaruit hij samenhangend kan praten over de gekozen groep (15 minuten)

—   dan volgt in drietallen een gesprek aan de hand van de aantekeningen waarbij doorgepraat wordt over de eigen groepservaringen (30 minuten)

—   plenair volgt een nabespreking, waarin ook de vraag aan bod komt: "Wat doen we met deze inzichten?" (30 minuten).

3.4.3 Reflectie op een referentiegroep

1   Inventariseer je persoonlijke referentiegroepen, zowel de positieve als de negatieve.

2   Hoe werken in zo'n referentiegroep concreet de vergelijkingsfunctie en de normatieve functie?

Vorm:
— ieder maakt eerst gedurende 10 minuten aantekeningen over deze opdrachten; daarna volgt een groepsgesprek hierover.

3.4.4 Ingroup-outgroup fenomenen

In de tekst staat:
"Voor deze interne harmonie betalen ingroups soms een hoge prijs. Vaak kan de cohesie alleen in stand gehouden worden door een dubbele moraal: de ingroupleden worden liefdevol bijgestaan en geholpen, terwijl de outgroup wordt verstoten en liefdeloos bejegend" (paragraaf 3.2.5).

1   Ga bij jezelf na of en hoe het hier geschetste "mechanisme" werkt in een situatie die jou bekend is.

2   Welke concrete mogelijkheden zie je om de werkzaamheid van dit "mechanisme" te voorkomen of te boven te komen?

Vorm:
— eerst individuele bezinning, daarna gesprek in drietallen of plenair.

3.4.5 Redenen voor werken met groepen

Individuele fase:
Bezin je op de vraag waarom je zou kiezen voor de methodiek van werken met groepen:
— wat zijn daar voor jou de voordelen van?
— welke beelden, welke visie, welke doelstelling, welke wens en dergelijke zitten achter de mogelijke keuze tot het werken met groepen?
— waarom zou je eraan beginnen, wat maakt het voor jou de moeite waard?
— waarin zit voor jou de kracht van deze methodiek?

Uitwisselingsfase:
Bespreek jouw persoonlijke antwoorden op deze vragen met elkaar in drietallen of in de plenaire groep.

3.4.6 "Wat trekt me aan, waar zie ik tegen op?"

(een variant op 3.4.5)
De vragen zijn nu: "Wat trekt me aan in de methodiek van werken met groepen?" en "Wat staat me daar in tegen, ofte wel waar zie ik tegen op?".
Verder dezelfde werkvorm als bij 3.4.5.

4 Niveaus in groepen

4.1 Inleiding

In paragraaf 2.2 besprak ik het onderscheid tussen taak en proces, of tussen taakaspecten en sociaal-emotionele aspecten in groepen. Daarbij merkte ik op dat elke groep tegelijkertijd op deze twee niveaus functioneert. Als we groepen beter willen begrijpen en met groepen gaan werken, blijkt deze tweedeling echter te grof. Daarom heb ik het taakniveau nader opgedeeld in twee niveaus: het inhoudsniveau en het procedureniveau. Het inhoudsniveau betreft alle gedrag waarmee de groep werkt aan de doelstelling en de taak, dus naar *wat* er in de groep gebeurt. Ik bespreek dit uitgebreider in paragraaf 4.3. Het procedureniveau verwijst naar *hoe* de groep aan de taak werkt, zoals de gevolgde werkwijzen en procedures ter concretisering van de doelstelling. Dit komt aan bod in paragraaf 4.4.

Het sociaal-emotioneel niveau heb ik nader opgesplitst in het interactieniveau en het bestaansniveau. Het interactieniveau verwijst naar het groepsproces en dus naar wat er *tussen* de groepsleden gebeurt, terwijl het bestaansniveau verwijst naar het individuele proces en naar wat er *binnen* de afzonderlijke groepsleden gebeurt. Deze twee niveaus komen aan bod in paragraaf 4.5 en paragraaf 4.6.

Daarnaast spelen er in groepen ook invloeden door vanuit de omgeving van de groep, dus invloeden van *buiten* de groep. Dit vat ik samen onder de term "contextniveau". Dit niveau komt aan bod in paragraaf 4.7.

Samenvattend:

1 het inhoudsniveau: het werk aan de doelstelling en de taak (*wat*)

2 het procedureniveau: de werkwijze ter concretisering van de doelstelling (*hoe*)

3 het interactieniveau: het groepsproces en de onderlinge betrekkingen (*tussen*)

4 het bestaansniveau: het individuele proces van ieder groepslid (*binnen*)

5 het contextniveau: invloeden die in de groep doorklinken vanuit de context, bijvoorbeeld maatschappelijke invloeden (*buiten*).

Communicatie en gedrag in groepen kunnen beter begrepen worden door zicht te hebben op wat er zich tegelijkertijd afspeelt op al deze niveaus. Dit kan soms verwarrend zijn. Juist door de verschillende niveaus kan de interactie zo rijk aan verscheidenheid zijn, maar tegelijkertijd ook zo gevoelig voor verwarringen en storingen. Ik wil in dit hoofdstuk de vijf genoemde niveaus in groepen bespreken en dit aanvullen met nog drie niveaus: het zingevingsniveau (paragraaf 4.8), het mythische niveau (paragraaf 4.9) en het niveau van ethiek (paragraaf 4.10). De beschrijving van deze acht niveaus vormt het grootste deel van dit hoofdstuk.

Nu is niet elk niveau steeds even sterk zichtbaar tijdens het functioneren van de groep. Dit hangt niet alleen af van het waarnemingsvermogen van de werker, maar ook van het type groep én van de fase waarin de groep verkeert. Zo zijn in taakgroepen of in opleidingsgroepen vooral de eerste twee niveaus (inhoud en procedure) manifest. Toch spelen daar ook onderlinge betrekkingen en persoonlijke wensen en behoeften (behoeften aan erkenning bijvoorbeeld). Alleen zal de groepsbegeleider daar minder mee doen en dus minder interveniëren op betrekkings- of bestaansniveau.

Het onderscheid tussen het functioneren op taakniveau en het functioneren op sociaal-emotioneel niveau loopt parallel aan een ander gebruikelijk onderscheid, namelijk het onderscheid tussen functioneren op inhoudsniveau en functioneren op betrekkingsniveau. Hier wil ik eerst kort bij stilstaan.

4.2 Inhoud en betrekking

De tweedeling tussen inhoudsniveau en betrekkingsniveau stamt uit de systeem- en communicatietheorie, zoals die in het bijzonder door de publicaties van Watzlawick (o.a. 1970) bekend geworden is. Dit is geen specifieke groepsdynamische theorie, maar een algemene benadering van menselijke communicatie. Daarbij stelt men dat communicatie een verschijnsel is dat zich afspeelt op verscheidene niveaus en dat communicatie belangrijk aan betekenis verliest door slechts aandacht te hebben voor één niveau, bijvoorbeeld door de communicatie uit zijn context te lichten. In elk geval zijn twee niveaus gelijktijdig aanwezig: het inhoudsniveau en het betrekkingsniveau.

Het inhoudsniveau betreft de informatie, de inhoud, het bericht. Op het betrekkingsniveau wordt aangegeven hoe de inhoud moet worden opgevat door degene voor wie die bestemd is, bijvoorbeeld als een neutrale mededeling, als een vraag, als een verzoek, als een bevel, als een grapje, enzovoort. Op het betrekkingsniveau geeft de zender dus tegelijk aan hoe hij zijn relatie tot de ontvanger definieert: hoe hij zichzelf ziet in relatie tot de ander. Bijvoorbeeld: ik kan jou zien als iemand die ik bevelen kan geven, of als iemand die ik in vertrouwen kan nemen, of als iemand van wie ik veel kan leren, of als iemand met wie ik graag bevriend wil zijn. Dit zijn allemaal verschillende relatievormen. Men geeft deze relatiewens echter zelden met evenzoveel woorden aan. Meestal laat men deze wens merken door non-verbaal gedrag en de manier van spreken. Voor de tussenmenselijke communicatie is het betrekkingsaspect van minstens even grote betekenis als het inhoudsaspect. Problemen en conflicten liggen in veel gevallen niet op het niveau van de inhoud, maar op dat van de betrekking. Zo kan bij een meningsverschil bijvoorbeeld eindeloos getwist worden over de vraag "wie heeft er gelijk" (inhoudsniveau), terwijl de eigenlijke vraag luidt "wie krijgt er gelijk?" of "wie is de baas?" (betrekkingsniveau). Niet alleen op het inhoudsniveau, maar ook op het betrekkingsniveau ontwikkelen groepen duurzame interactiepatronen. Deze patronen kunnen opgevat worden als systeemregels. De systeemregels bepalen dus het netwerk van onderlinge betrekkingen. Het is dit niveau van de onderlinge betrekkingen dat ik het interactieniveau in de groep noem. In hoofdstuk 6 zal ik dieper ingaan op het betrekkingsniveau.

Ik wil nu de acht niveaus van groepsfunctioneren bespreken.

4.3 Inhoudsniveau en interventies

Wanneer we onze aandacht richten op het inhoudsniveau letten we vooral op de gespreksinhoud: het thema of het agendapunt dat aan bod is. Dit is het eerste niveau waarnaar de aandacht van de groepsbegeleider en het groepslid uitgaat. De groep dient helder te hebben waar het in wezen over gaat. Wanneer deze inhoud niet scherp is wordt de groep stuurloos. Het duidelijk hebben van de inhoud bespaart de groep dus veel storingen. Wanneer een groep niet lekker gelopen heeft, kunnen we achteraf nagaan of er storingen gespeeld hebben op dit inhoudsniveau. Zoals: was het wel duidelijk waarover het ging? Had iedereen hetzelfde probleem of hetzelfde thema in gedachten? En zijn (wanneer het probleem of thema onduidelijk was) de onduidelijkheden uitgesproken? Waren er verschillende verwachtingen over de inhoud? Bestond er wel voldoende duidelijkheid over het gewenste eindresultaat?
Wanneer we het hebben over het inhoudsniveau letten we vooral op de gespreksonderwerpen, dat wil zeggen op wat met zoveel woorden gezegd

wordt. In algemene zin kan de inhoud niet alleen het gespreksonderwerp of het aan de orde zijnde agendapunt betreffen, maar ook de lesinhoud, het werk waarvoor de groep bij elkaar gekomen is, het probleem dat opgelost moet worden, het besluit dat genomen moet worden, het resultaat dat gehaald moet worden, het concrete doel van de groep, en dergelijke.
Vaak is dit gekoppeld aan een gerichtheid op de taak. Wanneer een groep werkt op inhoudsniveau zien we vaak een taakgerichte, resultaatgerichte, productgerichte, oplossingsgerichte of planmatige aanpak. In Engelstalige literatuur worden vaak de termen *problem solving* en *planned change* gebruikt ('probleemoplossing' en 'planmatige verandering').

De leider of begeleider van de groep heeft op dit niveau vooral de taak om de groepsactiviteit of de groepsdiscussie zo goed mogelijk te leiden en samen te vatten.
Dit kan hij doen door een of meer van de volgende interventies:

1   *luisteren en samenvatten*
—   luisteren: ieder groepslid laten merken dat gehoord is wat hij gezegd heeft
—   coördineren: overeenkomsten of verbanden aangeven tussen wat verschillende groepsleden gezegd hebben
—   een samenvatting geven
—   tot een conclusie of afronding komen.

2   *informatie geven of opvragen*
—   heldere informatie geven over de doelstelling en de taak van de groep, maar ook informatie die de groep nodig heeft voor een zinvolle discussie
—   het onderwerp (of thema of agendapunt) goed inleiden en in een kader plaatsen
—   afbakenen van het onderwerp, waken voor afdwalingen
—   het thema of onderwerp verhelderen of onderbouwen
—   feiten inbrengen
—   eigen ervaringen vertellen met betrekking tot het onderwerp
—   om informatie of opheldering vragen
—   achtergronden toelichten.

3   *meningen geven of opvragen*
—   eigen mening geven
—   meningen opvragen: proberen los te krijgen wat groepsleden denken of vinden.

4   *voorstellen doen of opvragen*
—   initiatief nemen, bijvoorbeeld suggesties doen, oplossingen voorstellen, nieuwe ideeën inbrengen
—   de groepsleden vragen om voorstellen.

5   *deskundigheid tonen*
— inhoudelijke deskundigheid laten merken, zoals tonen van vakkennis
— goed voorbereid zijn: zijn "verhaal" goed kennen, zijn onderwerp
  beheersen.

6   *aansluiten*
— aansluiten op niveau van de groep door taalgebruik en moeilijkheids-
  niveau van het gesprek af te stemmen op de groepsleden
— de inhoud laten aansluiten op wat de groepsleden al weten.

4.4 Procedureniveau en interventies

Het procedureniveau is een onderdeel van het taakniveau. Terwijl de groep
aan de taak en de doelstelling werkt doet ze dit ook op een bepaalde
manier. Die manier kan de taakvervulling bevorderen of afremmen. Het
kiezen van een goede werkwijze of procedure is dus van groot belang voor
de taakvervulling. Terwijl we bij het inhoudsniveau vooral letten op *wat* de
groepsleden voor de taakvervulling doen en bespreken, letten we bij het
procedureniveau vooral op *hoe* de groep aan de taak werkt.
Wanneer een groep niet goed functioneert en veel storingen kent, kan dit
liggen aan een onjuiste procedure of aanpak. We kunnen ons in dit verband de volgende vragen stellen: kan het zijn dat de groep een onjuiste
procedure hanteert, dat de aanpak niet bij het onderwerp of het probleem
past, dat de functie van de bijeenkomst niet voor alle groepsleden duidelijk
is? Gaat het om het uitwisselen van meningen, om inspraak of om meebeslissen? Is het duidelijk of het gaat om beeldvorming, oordeelsvorming of
besluitvorming? Wil de groep misschien te veel in de beschikbare tijd? Is
het voor de deelnemers duidelijk hoe gewerkt gaat worden, is de agenda of
het programma duidelijk, zijn de voorbereidingen adequaat? Heeft iedereen zich voldoende kunnen voorbereiden (bijvoorbeeld door het lezen van
bepaalde stukken die toegestuurd zijn)? Zijn de verantwoordelijkheden
duidelijk? Is het vooraf duidelijk wat het vervolg van het gesprek zal zijn?
Is de rol van de gespreleider helder en dergelijke? Hoe meer van zulke vragen een negatief antwoord krijgen of onbeantwoord blijven, hoe meer storingen er te verwachten zijn in het functioneren van de groep. En een te
veel aan storingen drukt de productiviteit en leidt tot frustraties bij iedereen. Dit kan in belangrijke mate voorkomen worden door een goede voorbereiding en uitvoering op procedureniveau.

In het algemeen geldt op dit niveau het belang van het bieden van een
goede structuur of het bieden van ondersteuning, waardoor de groep zelf
zijn eigen structuur kan bepalen. Bij structuur valt te denken aan keuzen
van werktijden van de groep, de frequentie van samenkomst, tijdsbewaking, regels voor vertrouwelijkheid. Een juiste structuur zal de groepsontwikkeling bevorderen. Een gebrekkige structuur zal deze ontwikkeling af-

remmen of zelfs blokkeren. De groep blijft dan "hangen" in een steeds te-
rugkerende vicieuze cirkel waarin onmacht en frustratie gaan overheersen.
Wanneer we de aandacht richten op het procedureniveau van een groep
letten we op de wijze waarop gewerkt wordt aan de doelstelling of de taak:
de gevolgde methodiek of werkwijze. Dit kan een groepsdiscussie zijn of
een kringgesprek. Ook valt te denken aan werkvormen als rollenspelen, gesprekken in subgroepen, trainingsoefeningen of huiswerkopdrachten en
het maken van praktische afspraken. Tot het procedureniveau hoort ook de
wijze waarop de groep tot besluitvorming komt, evenals het kiezen van een
geschikte structuur, bijvoorbeeld een tijdsindeling van de groepsbijeenkomst. Het opstellen van een agenda of een programma is dan ook een belangrijke interventie. Daarmee legt de begeleider niet alleen een tijdsindeling vast, maar regelt hij ook al veel zaken die de inhoud betreffen. Het
vaststellen van een programma over verscheidene bijeenkomsten heet programmeren. De begeleider maakt daarbij keuzes voor een structuur die zo
goed mogelijk is afgestemd op de doelstelling van de groep. Programmeren
betekent het operationaliseren van de doelstelling.

Ook afspraken over participeren in de groep en over vertrouwelijkheid,
evenals omgangsregels zoals luisteren, elkaar laten uitspreken en eventueel
ook over het omgaan met emoties (zoals "niet weglopen") behoren tot het
procedureniveau. Vooral in officiële vergaderingen zijn procedures sterk
aan de orde. Daar gelden strakke regels voor deelname aan de groepsdiscussie en voor het uitspreken van ongenoegen, bijvoorbeeld in de vorm
van moties. Ook in allerlei "gewone" groepen klinkt vaak de procedure-
opmerking: "daar hebben we het vandaag niet over", of: "daar moeten we
het een andere keer nog eens over hebben".

Wat betreft mogelijke procedures in groepen wil ik wijzen op de grote hoeveelheid aan werkvormen die de begeleider ter beschikking staan vanuit de
wereld van interactietrainingen, groepstrainingen en didactisch groepswerk. Er is een schat aan methodieken, technieken, oefeningen en werkvormen beschikbaar. Zo zijn er allerlei werkwijzen voor brainstorming, diverse besluitvormingsprocedures, vergadertechnieken, gesprekstechnieken,
discussietechnieken, methodieken voor conflicthantering en adviesproce-
dures. De handboeken bieden een schat aan inspiratie aan de begeleider
die creatief een werkwijze voor zijn groep wil ontwikkelen (zie bijvoorbeeld
Oomkes, 1995, en Mulder, Voors en Hagen, 1990).

Naast wat ik hiervoor al aangegeven heb, kom ik tot de volgende interventies:
— een duidelijk programma, c.q. een duidelijke agenda bieden
— vooraf informatie toesturen, bijvoorbeeld door een toelichting op de
    agenda en de benodigde bijlagen (stukken die iedereen ter voorberei-
    ding moet lezen)
— regels voor participatie helder aangeven
— duidelijke uitleg geven bij opdrachten

— storingen soms voorrang geven. Breder gezegd: het programma of de agenda flexibel aanpassen aan de situatie en aan de groep
— grenzen stellen
— veilige werkvormen kiezen
— afwisseling aanbrengen in de werkvormen (kleine groepjes, plenair)
— op de verschillende leerstijlen van de deelnemers inspelen
— goede timing en tijdsbewaking
— zorgvuldigheid bij het nakomen van afspraken
— afwezigen laten bijpraten door groepsleden
— verbindingen leggen met eerdere bijeenkomsten
— methodische verantwoording geven.

Voorts behoort een groot aantal "onzichtbare interventies" tot het procedureniveau. Omdat ze voor de groepsleden niet zichtbaar zijn, is het wellicht beter om hier te spreken van "acties" in plaats van "interventies". Deze "onzichtbare acties" vinden plaats in de voorwaardenscheppende sfeer. Als ze goed uitgevoerd worden, blijven ze onzichtbaar voor de groepsleden, maar zijn ze toch van groot belang omdat een slechte uitvoering daarvan tot veel storingen en irritaties kan leiden. Tot zulke "onzichtbare acties" in de voorfase behoren:

— een geschikt lokaal kiezen
— de meeste geschikte frequentie bepalen (hoe vaak komt de groep bij elkaar en hoe lang per bijeenkomst)
— hulpmiddelen verzorgen (bord, overhead, papier)
— gastsprekers of andere relevante informatiebronnen bijtijds inschakelen of regelen (video, film)
— zorgen voor koffie en thee, eventueel ook een bloemetje, en dergelijke.

Zulke voorbereidende acties zijn van belang, want ze bevorderen sterk het klimaat en de sfeer waarin de groep aan het werk gaat.

4.5 Interactieniveau en interventies

Onder het interactieniveau vallen alle groepsdynamische processen, zoals het groepsklimaat, lidmaatschap (het er bij horen), leiderschap, communicatie, interactie en participatie, de verdeling van macht en invloed, cohesie, gevoelens van betrokkenheid, affectie en sympathie, subgroepsvorming, groepsontwikkeling, groepsnormen en conformiteit aan deze normen. Wanneer de groepsbegeleider hier goed op inspeelt kan de groep zich tot een effectieve eenheid ontwikkelen en kan de kracht van groepswerk volledig tot zijn recht komen. Een van de methodieken om dit te bereiken is groepswerk. Elders (in: Van Aken, 1996) heb ik groepswerk als volgt omschreven: *"Groepswerk is een methodiek voor het bevorderen van sociale veranderingsprocessen, waarbij gebruik wordt gemaakt van het bewust en doelgericht aansturen van groepsfenomenen, vooral op het vlak van de relatie tussen de werker en de relaties tussen de groepsleden"*. Groepswerk richt zich dus sterk op het interactieniveau. Hetzelfde geldt in principe voor elke vorm van begeleiden van groepen, dus ook voor groepspsychotherapie, groepstraining, groepscoaching, teambegeleiding en dergelijke. Waaruit bestaat nu de kracht van groepen? In een artikel over groepsmaatschappelijk werk noemt Goossens (2001) negen factoren die de kracht van groepen aangeven. Daarvan wil ik er hier enkele benoemen. Groepen bieden een veilig leerklimaat voor nieuw gedrag; groepen bieden aan deelnemers veel mogelijkheden om van elkaar te leren door middel van feedback, ervaringen, informatie en interactie; groepen ondersteunen mensen bij pogingen hun isolement te doorbreken; groepen helpen deelnemers om herkenning en erkenning te vinden voor de eigen problematiek; groepen spreken deelnemers aan op verscheidene rollen want in groepen kunnen deelnemers zowel geholpene als helper zijn; van het werken met groepen kan een belangrijke preventieve werking uitgaan; groepen zijn ook uitermate geschikt voor informatieoverdracht. Bovendien werkt in groepen ook een groot aantal genezende factoren, zoals altruïsme, groepscohesie, catharsis, universaliteit, identificatie, herbeleving, zelfinzicht, het wekken van hoop, humor en existentiële factoren (zie Yalom, 1991). Door al deze factoren kunnen groepen een sterk medium zijn voor gedragsverandering en andere leerprocessen. Deze factoren komen echter alleen tot hun recht wanneer de groep methodisch en deskundig begeleid wordt. En zoals al eerder gezegd, speelt in deze begeleiding het interactieniveau een doorslaggevende rol. Men spreekt ook wel van het groepsproces, van het sociaal-emotionele niveau van de groep of van het betrekkingsniveau. Daarbij richt men de aandacht vooral op de onderlinge interacties en relaties tussen de groepsleden. Vandaar dat bij dit niveau het accent vooral ligt op wat er zich *tussen* de groepsleden afspeelt. In het patroon van onderlinge relaties spelen twee hoofddimensies: enerzijds die van de macht ("wie heeft het voor het zeggen in deze groep"), anderzijds die van de onderlinge betrokkenheid, tot uiting komend in gevoelens van nabijheid en wederzijdse sympathie. Op precies deze twee dimensies is de zogeheten Roos van Leary gebaseerd, die ter sprake zal komen in paragraaf 6.7. Men kan een indruk krijgen van het interactieniveau van een concrete groep door zich het volgende af te vragen: wat valt er te zeggen over het groepsklimaat in deze groep, wil iemand veel overwicht hebben, is er een informele leider, wat speelt er tussen de mensen, wat voor normen gelden in deze groep, is er sprake van subgroepsvorming, worden er bepaalde zaken niet uitgesproken.

Op het interactieniveau zijn veel interventies mogelijk waarmee de begeleider tegemoet kan komen aan de psychosociale behoeften van de groep en een bijdrage kan leveren aan de opbouw van een groepsklimaat waar ieder groepslid zich sociaal-emotioneel in thuis voelt. Ik noem een aantal van zulke interventies:
— Ruimte nemen voor een goede kennismaking, een persoonlijke begroeting en een rustige start.
— In het begin van de groep vaak gebruikmaken van subgroepjes, waardoor de kans toeneemt dat ieder groepslid een bijdrage levert.

— Aansluiten bij de ervaring en de beleving van de groepsleden bijvoorbeeld met vragen als "hoe zit iedereen erbij?" of: "kunnen we verder?".
— Een klimaat van veiligheid en vertrouwen bevorderen. Denk aan positief bekrachtigen van ieders inbreng, herkenning bij elkaar stimuleren, en bepaalde normen stimuleren, zoals "verschillen mogen er zijn: we hoeven niet allemaal hetzelfde te denken".
— Een open en directe communicatie in de groep stimuleren, bijvoorbeeld door groepsleden rechtstreeks op elkaar te laten reageren, en door de onderlinge communicatie en eventuele rollen en posities in de groep ter sprake te brengen ("ik merk dat we hier niet allemaal hetzelfde over denken").
— Kritiek of weerstand accepteren en serieus nemen en als dat mogelijk is het programma op de betreffende punten bijsturen ("judohouding") of de eigen leiderschapsstijl aanpassen aan de groep.
— Kritiek op de leider toestaan en (indien van toepassing) heretiketteren als een constructieve poging tot een verbetering van het groepsfunctioneren.
— Evaluatiemomenten inlassen voor een terugblik op het eigen functioneren als groep. Dit kan kort, bijvoorbeeld in vijf tot tien minuten tussendoor (als "procespauze") of aan het eind van elke bijeenkomst, of uitgebreider na een aantal bijeenkomsten.
— Oog hebben voor zich ontwikkelende subgroepen. Dit kan een signaal zijn dat aangeeft dat belangen en behoeften van groepsleden blijkbaar niet door de groep als geheel vervuld worden.
— De fase van de groep juist inschatten en de groepsontwikkeling stimuleren.
— Aandacht hebben voor vormen van groepsafweer en daarachter liggende angsten en gevoelens van bedreiging (ook wel aandacht voor het *focal conflict* genoemd).
— Aandacht voor informele patronen in de groep.
— Met groepsmythen en geheimen in de groep werken.
— Groepseenheid en cohesie bevorderen.
— Conflicten op groepsniveau hanteren.
— De eigen kijk als begeleider op de groep en op het groepsprobleem inbrengen. Let wel: niet zozeer inhoudelijk, als wel procesmatig.
— De eigen zorg over het groepsfunctioneren met de groep delen en (als voorbeeldfunctie) het eigen gevoel verwoorden, maar daarbij het groepsprobleem wel bij de groep laten.
— Benoemen van groepsthema's.
— Aan de orde stellen van verborgen of geheime thema's.

Omdat het interactieniveau de kern van de groepsdynamica vormt, kom ik er later nog uitgebreid op terug (hoofdstukken 7, 8, 9 en 10).

4.6 Bestaansniveau en interventies

Wanneer we de aandacht richten op het bestaansniveau letten we op de individuele processen. Hiermee bedoel ik aandacht voor wat er zich *binnen* mensen afspeelt, en niet voor wat zich tussen mensen afspeelt. Dat laatste is interactieniveau. Het gaat op het bestaansniveau om aandacht voor de binnenwereld van het individuele groepslid en het tegemoet komen aan zijn psychosociale behoeften. Tot deze psychosociale behoeften horen onder andere de behoeften aan veiligheid, aan "er bij horen", aan respect, aan erkenning en waardering, aan zelfverwerkelijking en aan zingeving. Hierbij valt te denken aan de theorie van Maslow, die uitgaat van een hiërarchie van behoeften.

Het bestaansniveau is het duidelijkst in het geding zodra er in de groep gevoelens spelen van onzekerheid en van angst, bijvoorbeeld angst voor verandering. Het kan er in groepen ook wat minder "heftig" aan toegaan op het bestaansniveau. Dat wordt bijvoorbeeld duidelijk wanneer de groepsbegeleider wel of geen aandacht heeft voor ieders aanwezigheid en wel of niet laat merken dat ieders aanwezigheid op prijs gesteld wordt. Of wanneer hij iedereen wel of niet laat merken dat hij gehoord en gezien wordt en dat zijn bijdrage gewaardeerd wordt. Wanneer dit soort aandacht in groepen ontbreekt, is het klimaat vaak onpersoonlijk en de sfeer stroef. Als een groep niet lekker loopt is het goed mogelijk dat er thematiek op bestaansniveau speelt, bijvoorbeeld dat iemand ergens erkenning voor zoekt maar deze niet krijgt. Zo merkte ik onlangs bij een teambespreking dat een groepslid de teamleider onder vuur nam over het niet juist gevolgd hebben van bepaalde procedures. De achtergrond die niet ter sprake kwam, is dat dit teamlid onlangs door de teamleider gepasseerd is voor een belangrijke functie. Het gesprek in de groep lijkt dan te gaan over een thematiek op procedureniveau, terwijl er een ervaring van pijn en kwaadheid speelt op bestaansniveau. Het ging dus eigenlijk om gebrek aan erkenning. Het bestaansniveau speelt zodra groepsleden op directe of indirecte wijze erkenning proberen te vinden voor hun gedrag of voor hun persoonlijke gedachten of gevoelens. Deze hebben vaak te maken met het eigen zelfbeeld of de eigen identiteit. Op het bestaansniveau gaat het om het vinden van erkenning voor de eigen identiteit.

Voor het opbouwen van een eigen identiteit heeft men anderen nodig. Groepen bieden hiertoe ruime mogelijkheden. Ieder mens, of het nu om een kind of een volwassene gaat, heeft er behoefte aan iets voor een ander te betekenen, dat wil zeggen opgemerkt te worden en een plaats in te nemen in de belevingswereld van minstens één andere persoon. Juist groepen bieden kansen voor deze erkenning. Allereerst het gevoel mee te tellen, erbij te horen en serieus genomen te worden, de erkenning dát je er bent en mag zijn. In de tweede plaats de erkenning voor wat je kunt: het gevoel van competentie, van tot iets in staat te zijn, iets te kunnen presteren, iets voor elkaar te krijgen dat voor jou persoonlijk belangrijk is. En ten derde de erkenning voor wie je bent als persoon: het gevoel gewaardeerd te worden om wie je bent, aardig en sympathiek gevonden te worden en niet afgewezen te worden om wat voor reden dan ook.

In het bijzonder de erkenning voor wie je bent als persoon kan in groepen sterk stimuleren tot het ontdekken en bewust worden van kanten van jezelf die voordien aan de bewuste ervaring onttrokken waren. Achter de "façade" van het naar buiten gepresenteerde beeld van zichzelf worden soms de contouren van een "privé-zelfbeeld" zichtbaar. Daarbij kunnen minder geaccepteerde en minder aangename aspecten aan bod komen. Het kan hierbij gaan om eigen schaduwkanten zoals persoonlijke taboes, schaamtegevoelens, onterechte gevoelens van falen of negatieve opvattingen over zichzelf. Het door anderen ook in deze aspecten begrepen en erkend te worden, maakt het mogelijk om tot een erkenning te komen van zulke moeilijk te verdragen inzichten over zichzelf. Dit betekent zelfacceptatie en erkenning van de eigen schaduwkanten. We kunnen zelfs zeggen dat een groepsklimaat in deze zin bevrijdend en emanciperend kan werken. In hoofdstuk 6 (paragraaf 6.9) kom ik uitgebreider terug op het bestaansniveau en op het thema "erkenning".

Op het bestaansniveau spelen alle interventies die het individuele proces van het groepslid bevorderen en die zijn motivatie versterken, zoals:

1   *acceptatie*
— ieder groepslid laten merken dat hij gehoord en gezien wordt
— rekening houden met de eigenheid van ieder
— het groepslid volledig accepteren zoals hij is en handelt
— bevestiging en erkenning bieden
— een niet-veroordelende houding tonen
— waardering laten merken.

2   *feedback en confrontatie*
— duidelijke feedback geven
— feedback op elkaar stimuleren
— confronteren
— stimuleren van zelfinzicht.

3   *persoonsgerichte interventies*
— het gesprek teruggeven op een dieper gevoelsniveau
— naar persoonlijke ervaringen vragen
— geobserveerde gevoelens benoemen _
— stimuleren dat men zich persoonlijk uitdrukt, vooral dat men het gevoel achter zijn uitspraken gaat ervaren en verwoorden
— functionele stiltes de tijd gunnen.

4   *openheid*
— zelf persoonlijk zijn
— stimuleren dat groepsleden gevoelens uiten die ze hier-en-nu ervaren

— zelfonthulling als begeleider (maar niet te veel in de beginfase van een groep)
— open en non-defensieve communicatie (zie paragraaf 6.5)
— persoonlijke communicatie
— veiligheid en vertrouwen uitstralen
— als groepsbegeleider jezelf zijn en kwetsbare momenten laten zien.

5 *experimenteerzin*
— een houding van "fouten zijn geen ramp"
— een veilig klimaat creëren voor uitproberen van nieuw gedrag
— zelf problemen laten oplossen
— eigen inzicht stimuleren.

6 *voorbeeldfunctie*
— bezieling, enthousiasme, inspiratie uitstralen
— empathie, echtheid, congruentie, acceptatie tonen
— authentiek zijn en je kwetsbaar durven opstellen als begeleider
— model staan voor respect hebben en ruimte geven
— groepsleden aanspreken op hun positieve kwaliteiten
— als begeleider de eigen grenzen van veiligheid/onveiligheid kennen en deze niet overschrijden.

Een speciale ingreep van de groepsbegeleider is de zogeheten beschermingsinterventie. Dit gebeurt wanneer hij tussenbeide komt om een groepslid te beschermen die te veel *"in the picture"* staat. Hij kan bijvoorbeeld iemand in bescherming nemen die te veel kritiek of te veel feedback te verduren krijgt. Hij kan ook iemand ondersteunen in het overeind houden van de eigen identiteit en autonomie bij een te zware groepsdruk tot conformiteit. Hoewel deze interventie gericht is op het bestaansniveau van het betrokken groepslid, werkt dit tegelijk door in de interactie van de groep. Dit is slechts één van de vele mogelijke voorbeelden, waarbij interactieniveau en bestaansniveau nauw met elkaar verweven zijn.

4.7 Contextniveau

Wanneer groepen expliciet toekomen aan het bestaansniveau, ziet men vaak dat de groepsleden veel zorg en aandacht besteden aan het afbouwen van een zelfbeeld dat op valse erkenning gebaseerd is geweest en aan het opbouwen van een nieuw zelfbeeld. Wanneer jarenlang een "vals" zelf in plaats van het eigenlijke zelf de aandacht heeft gekregen, komt degene die hiervan het slachtoffer is in een scheve positie te verkeren (een term van Laing). Iemand in een scheve positie heeft last van schuld-, schaamte- en angstgevoelens, wanneer hij zich anders gedraagt of wil gedragen dan in die scheve positie geboden is. Niet voor niets gaf Anja Meulenbelt destijds haar persoonlijke getuigenis de titel *De schaamte voorbij* mee. In het doorwerken van deze gevoelens en in het opbouwen van een zelfbeeld dat meer gefundeerd is op eigen diep gevoelde wensen en behoeften, kunnen groepsleden een grote steun voor elkaar zijn door de erkenning die ze elkaar bieden tijdens deze persoonlijke en gezamenlijke worsteling. Door hiervoor tijd en ruimte te creëren kunnen groepen een belangrijke bijdrage leveren aan de emancipatie van zijn leden. In ver ontwikkelde groepen scheppen groepsleden voor elkaar de mogelijkheid om kernconflicten van hun bestaan opnieuw te beleven en door te werken, waarbij de groep tevens mogelijkheden biedt tot het creëren van een nieuw levensontwerp dat tot dan toe nog niet gelukt was in andere situaties. Daarbij kan naar voren komen dat veel individuele belevingen en problemen een maatschappelijke dimensie in zich dragen. Voorbeelden hiervan zijn schuldgevoelens, faalangsten, angst voor incompetentie, rivaliteit, een zwak gevoel van eigenwaarde, het gevoel niet te kunnen voldoen aan het beeld van de geslaagde man of vrouw, en dergelijke. Zulke problemen, die mensen tot dan toe vaak als individueel falen beleefd hebben, kunnen in deze groepsfase verhelderd worden als gevolgen van de specifieke socialisatie die we als man of als vrouw meegemaakt hebben. Op deze wijze kan de groep helpen ontdekken in hoeverre maatschappelijke situaties hun neerslag gevonden hebben in innerlijke psychische processen en in sociale omgangsvormen, bijvoorbeeld als de concrete man of vrouw die we op dit moment in deze groep zijn. Groepen kunnen kiezen voor verdieping op contextniveau door een sociaal-historische aanpak te kiezen met aandacht voor de eigen biografie en socialisatie. In de verheldering van de eigen levensgeschiedenis kan men de specifiek sociale, maatschappelijke en historische invloeden op het spoor komen die de persoon mede gevormd hebben tot degene die hij of zij nu is. Bovendien kan een gezamenlijke reconstructie van ieders eigen biografie in een groep tot het besef leiden van het beter "in eigen beheer" hebben van het eigen verleden, alsook tot de herkenning van gemeenschappelijke hoofdlijnen, want de maatschappelijke omstandigheden waaronder we leven en als kind geleefd hebben, vertonen grote gelijkenissen. Zo kan een biografische benadering in het privé-bestaan van iedereen sociale invloeden zichtbaar maken, waarvan men zich tot dan toe nog niet bewust was. In deze zin kan bewustwording een belangrijk onderdeel zijn van emancipatiegroepen.

Dat met deze ontwikkeling vaak een proces gepaard gaat van vermindering en bevrijding van zelfonderdrukking kan ik het best illustreren rond het onderwerp "stigma". Een stigma is (aldus Goffman, 1980) een als negatief ervaren kenmerk van een persoon waardoor hem volledige sociale acceptatie ontzegd wordt: een soort brandmerk dus. Dit kenmerk kan een lichamelijk gebrek zijn (een handicap bijvoorbeeld) of een door de samenleving als ongewenst beschouwde karaktertrek bijvoorbeeld van "slappeling" of "onbetrouwbaar", die men nogal eens afleidt uit de ontdekking dat iemand een voorgeschiedenis heeft van psychische stoornissen, gevangenschap, verslaving, homofilie, werkloosheid, en dergelijke. Daarnaast zijn er ook collectieve stigma's die een hele groepering betreffen, zoals het behoren tot een bepaalde landsaard of religie; als voorbeelden hiervan kunnen joden gelden en andere etnische minderheden, woonwagenbewoners, en dergelijke. Ook het "vrouw zijn" is nogal eens ervaren als zo'n negatief collectief stigma, in zoverre dat (nog steeds) in de sfeer van opleiding en beroep is, genieten vrouwen niet dezelfde sociale acceptatie als mannen. Om welk stigma het ook gaat, steeds zien we hetzelfde patroon: per definitie wordt aangenomen dat de gestigmatiseerde geen volwaardig mens is en dit wordt gehanteerd als rechtvaardiging van allerlei discriminerende reacties.

Nu wijst Goffman erop dat in het algemeen de gestigmatiseerde er dezelfde opvattingen op na houdt als de zogenaamd "normale" mensen omtrent wat een "geslaagde identiteit" is. Dat wil zeggen: de gestigmatiseerde vindt ook vaak van zichzelf dat hij niet degene is die hij zou moeten zijn. Er is dus vaak een zekere mate van zelfstigmatisering te bespeuren. Dit noem ik een vorm van zelfonderdrukking. Juist in het stoppen van deze zelfstigmatisering en het zich bevrijden van deze zelfonderdrukking kunnen groepen belangrijke bijdragen leveren. Dat groepen dit vaak ook doen valt te zien in elke emancipatiebeweging, evenals in de vele zelfhulpgroepen van de laatste vijftien jaar.

Kort samengevat: zodra groepen werken aan emancipatie, bevrijding van zelfonderdrukking, het hernemen van greep op de context van het eigen bestaan, het eigen zelfbeeld als vrouw of als man proberen te onderzoeken, werken ze aan een maatschappelijke thematiek en dus op contextniveau.

Wat betreft interventies op contextniveau kan onderscheid gemaakt worden in twee soorten interventies.

1   *Interventies naar de verinnerlijkte context*
    enkele voorbeelden:
    — inzicht in invloed van socialisatieprocessen bevorderen
    — genderinvloed (man-vrouw thematiek) benoemen
    — aan de orde stellen van verinnerlijkte rolpatronen en dergelijke.

2   *Interventies naar de uiterlijke context*
    enkele voorbeelden:
    — stimuleren van solidarisering
    — ondersteuning bieden bij stappen die groepsleden gaan zetten naar de context
    — contextinvloeden anders benoemen
    — steun bieden bij het opzetten van een belangengroep of zelfhulpgroep en dergelijke.

4.8   Niveau van ethiek

Naast de genoemde vijf niveaus spelen er in het groepsfunctioneren nog drie niveaus. Deze drie niveaus zijn echter weinig zichtbaar. Ze zijn niet manifest, maar latent aanwezig. Dat maakt het ook lastig om ze herkenbaar te beschrijven. Hierna volgt eerder een schets dan een waterdichte definitie van deze niveaus.

Ik doel hierbij op een ethisch niveau (paragraaf 4.8), een mythisch niveau (paragraaf 4.9) en een zingevingsniveau (paragraaf 4.10). Deze niveaus voeren als het ware een sluimerend bestaan en komen pas te voorschijn bij kritieke incidenten of bij speciale aandacht daarvoor in een wat betreft ontwikkeling vergevorderde groep. Ik bespreek bij deze niveaus geen specifieke interventies. Voor een groot deel gelden hier dezelfde interventies als bij het bestaansniveau.

Van deze latente niveaus noem ik eerst het niveau van ethiek. In groepen zijn ook normen en waarden in het geding. Niet alleen groepsnormen en groepswaarden, maar ook meer universele menselijke waarden. Tot zulke waarden reken ik onder andere:
— betrouwbaarheid en nakomen van "commitments"
— vertrouwen
— persoonlijke integriteit
— dragen van verantwoordelijkheid
— respect voor anderen
— eerlijkheid en waarachtigheid
— authenticiteit
— openheid
— loyaliteit
— bevorderen van autonomie
— bevorderen van kernkwaliteiten
— professionele en sociale competentie
— zorgzaamheid, hulp en steun
— bereidheid tot samenwerken.

Een aantal van deze waarden beschouw ik als universeel, maar enkele andere waarden zijn meer persoonsgebonden.
Gezamenlijk vormen zulke waarden een beroepscode. Zo'n code acht ik onmisbaar voor het formuleren van de eigen beroepsethiek.
Hoewel dit niveau van ethiek slechts zelden genoemd wordt, mag het nooit ontbreken in het professioneel begeleiden van groepen. Ik bepleit daarom meer aandacht voor het leren omgaan met normen en waarden die hiermee samenhangen; aandacht ook voor ethische vragen en morele dilemma's in de directe leef- en werkwereld, waarin groepen functioneren.

4.9 Mythisch niveau

Soms klinken in groepen oerthema's door van het menselijk bestaan. Het zijn met name Freud en Jung geweest die gewezen hebben op zulke universele thema's. Freud wees op de grote thema's van Eros en Thanatos en maakte vaak gebruik van beelden uit de Griekse mythologie om universele ontwikkelingsthema's mee aan te duiden. Het bekendste voorbeeld daarvan is zijn behandeling van het Oedipus-complex. Jung werkte aan eenzelfde gedachtengang met zijn term "archetypen". Dit zijn oeroude beelden en symbolen, die universeel zijn en bij de hele mensheid zijn terug te vinden. Jung geeft zelf de volgende voorbeelden van zulke archetypen: de geboorte, de wedergeboorte, de dood, de macht, de magiër, de held, het kind, de dwaas, God, de duivel, de wijze oude man, moeder aarde, kracht, rechtvaardigheid, enzovoort. Soms zijn archetypen aan persoonsnamen gekoppeld; denk maar aan Adam en Eva, David en Goliath, Job, Mozes, Odysseus, Parcival en dergelijke. Geïnspireerd door Jung benoem ik het mythisch niveau soms als een *archetypisch niveau*. Een suggestie om hiermee te werken in een groep is er (als hypothese) van uit te gaan, dat ieder in de groep de drager is van een bepaald archetype, inclusief jezelf, en daarna tijd te nemen voor het uitwisselen van de beelden die dit uitgangspunt bij elkaar en van elkaar oproept.

Gaat het bij het zingevingsniveau om een diepliggende persoonlijke thematiek, bij het mythisch niveau gaat het om een diepliggende collectieve thematiek. Hierbij gaat het om thema's die de hele mensheid beroeren en ook in deze concrete groep doorklinken. Soms wordt wel eens gesproken van het "resonantieverschijnsel", dat Ko Vos als volgt omschrijft:
> *"Wat hier in de groep gebeurt is een nagalm van wat eerder gebeurd is in de mensheid".*

In een groep spelen soms conflicten of thema's op een veel dieper niveau dan voor het rationele begrip te volgen is.
Ik wil een aantal van deze "oerthema's" noemen:
* dood en wedergeboorte
* vruchtbaarheid en ontwikkeling
* opstanding en verlossing
* schuld en boete
* lijden en hoop
* lotsbestemming of lotsbepaling
* het scheppen van orde in chaos
* het bereiken van zelfstandigheid
* ontsnapping en troost
* de weg van de held (onschuld, oproep tot avontuur, inwijding, bondgenoten, doorbraak, terugkeer en viering)
* liefde en broederschap

en dergelijke.

Het zijn dezelfde thema's die ook in sprookjes, in mythologieën, in religieuze overleveringen en in de grote wereldliteratuur (Homerus, Dante, Shakespeare, om er maar enkelen te noemen) terug te vinden zijn en in het collectief onbewuste (ook een term van Jung) van de hele mensheid sluimeren.

Het is tragisch dat groepen soms gevangen zijn in een herbeleving van een mythe, zonder te weten dat de groepsleden daarin optreden als personages in een toneelstuk. Zolang de leden zich geen beeld vormen van de mythische krachten die er in hun midden spelen, zijn ze veroordeeld deze krachten telkens opnieuw te doorleven.

Soms dienen zulke thema's zich aan als polariteiten, bijvoorbeeld:

- liefde en erotiek   tegenover   dood, eenzaamheid en beperktheid
- levensdrift   tegenover   doodsdrift
- Eros   tegenover   Thanatos
- loyaliteit   tegenover   verraad
- macht   tegenover   kwetsbaarheid
- activiteit   tegenover   ontvankelijkheid
- flexibiliteit   tegenover   orde en structuur
- speelsheid   tegenover   ernst
- materialisme   tegenover   spiritualiteit
- op zichzelf gericht zijn   tegenover   openheid voor anderen

en dergelijke.

Het is vooral Slater geweest die in zijn boek *Microcosm* (1966) voortbouwt op de eerdere studies van Freud (onder andere *"Totem en taboe"*, oorspr. 1912-1913). Daarbij toont hij aan dat heel wat kernthema's en conflicten, waar samenlevingen en groepen sinds de begintijd der mensheid mee te maken hebben gehad weer op het toneel verschijnen in zich vormende en zich ontwikkelende groepen. In het zoeken naar zekerheid, veiligheid en ondersteuning lijken groepen zichzelf soms te beleven als een stamgemeenschap, als het vroegere kerngezin, als een oerhorde of als een sekte. Soms wordt de groep beleefd als een microkosmos, als een goede verzorgende moeder of als een herbeleving van een vroegere conflictsituatie. Slater gebruikt hierbij sterke beeldspraken als de "groepsmoord op de leider", "zelfverminking", "kannibalisme", "groepsorgie" en "totemfeest" en geeft zo aan dat in groepen gevoelens van agressie, macht, schuld en boete kunnen leven, die diepgeworteld zijn in collectieve lagen van de mensheid. In *"Totem en taboe"* bespreekt Freud de collectieve mythe van "de oerhorde", waarin de stamleden zich verenigen tot een broederschap, gezamenlijk de oervader vermoorden, hem in stukken snijden en daarna opeten. Aan de hand van deze mythe behandelt Slater een drietal thema's dat ook in gewone groepen kan voorkomen: de aanval op de leider, de bevrijding door revolte en de nieuwe orde. Daarbij gaat het uiteraard niet om een letterlijke, maar om een symbolische aanval op de leider. De groep moet eerst haar eigen verwachtingen, beelden en fantasieën over de leider om zeep brengen. Pas daarna kan ze zich de kwaliteiten eigen maken die eerst op magische wijze alleen aan de leider toegeschreven werden, zoals wijsheid, begrip, sturing en ondersteuning. Zulke kwaliteiten behoren dan niet langer aan één persoon toe, maar kunnen door ieder gedeeld worden. Dit gezamenlijke delen van de "magische levenskracht" van de leider wordt soms op symbolische wijze gevierd in de vorm van een "totemfeest". Pas hierna kan de groep tot grotere autonomie komen.

Soms sluit een groep aan op dit mythische, archetypische niveau wanneer ze kiest voor bepaalde rituelen, die haar ontwikkeling bestendigen of door een overgangsfase heen helpen. Met name rond afscheid bestaat een aantal mooie rituelen.

Op het mythische niveau kunnen de "wortels" van de groep tot uitdrukking komen. Bijvoorbeeld in de vorm van (meestal onuitgesproken en daarmee nog onbewust gehanteerde) opvattingen die men heeft als "kennis is macht" of de mythe van onsterfelijkheid. Soms kan men hier meer zicht op krijgen door groepsleden te vragen naar metaforen voor de eigen groep, waarin haar bestaansrecht en haar visie tot uitdrukking komen. Hierop sluit de vraag aan naar wat de mythe is die op groepsniveau speelt en welke eigen uitingsvormen en oplossingen de groep voor deze groepsmythe weet te vinden.

Op het mythische niveau sluit ook aan wat Goossens (1990) opmerkt over een "archaïsch niveau". Dit niveau wordt geraakt zodra oerbeelden rond mens-zijn in het geding zijn. Als voorbeeld noemt hij onze felle belevingen, reacties en betekenissen ten aanzien van menselijke verwording, zoals bij Auschwitz, oorlogen, martelingen, moorden, en dergelijke. Op zulke momenten voelt men dat de orde van mens-zijn en van humaniteit verstoord is. Als tweede voorbeeld noemt hij de diepe betekenis van het krijgen van een verstandelijk gehandicapt kind; bij zo'n gebeurtenis spelen beelden rond onvervuldheid en onvolmaaktheid, die ingrijpen in de basale beelden over mens-zijn. Ook "oerinstincten" rond overleving, afweer, ziekte en bedreiging behoren tot het archaïsche niveau.

4.10 Zingevingsniveau

Op *zingevingsniveau* gaat het om existentiële of bestaansthematiek van de groepsleden of van de groep als geheel. Voorbeelden van zulke existentiële thema's zijn: fundamentele angst en onzekerheid, onmacht, eenzaamheid, leegheid en zinloosheid, schuld en vergeving, zingevingsvragen, rouw, pijn, verdriet, afscheid, levenskeuzes en verantwoordelijkheid voor het eigen bestaan.

Ook al kunnen groepsleden elkaars pijn, verdriet, angst en dergelijke niet wegnemen, ze kunnen deze wel verlichten door ze te delen met elkaar, waardoor die minder zwaar voelt. Pagès (1975) wijst op de wonderlijke paradox dat groepsleden door het volledig onder ogen zien van de eigen eenzaamheid een diepgaande ervaring van verbondenheid en solidariteit kunnen meemaken. Deze band omschrijft hij als een *gedeelde eenzaamheid* (*"solitude partagée"*) en vormt een van de diepste ervaringen van mensen in groepen.

In zijn basisboek over groepspsychotherapie benoemt Yalom (1978) onder de "genezende factoren in groepen" ook een aantal existentiële factoren, zoals:

— het besef dat het leven bij tijden onrechtvaardig en onbillijk is

— de aanvaarding dat het uiteindelijk onmogelijk is om te ontkomen aan alle pijn in dit leven en aan de dood
— de aanvaarding dat ik het leven toch alleen onder ogen zal moeten zien, hoe verweven ik ook mag zijn met andere mensen
— de moed om de elementaire problemen van mijn eigen leven en dood onder ogen te zien en daardoor een eerlijker leven te leiden en minder in beslag genomen te worden door trivialiteiten
— het besef dat ik zelf uiteindelijk verantwoordelijk ben voor de wijze waarop ik mijn leven leid, hoeveel begeleiding en steun ik ook van anderen krijg.

Uit deze factoren blijkt duidelijk dat het op zingevingsniveau vooral gaat om de confrontatie van de persoon met zijn eigen bestaan.
Deze confrontatie kan in groepen actueel worden in de interactie met elkaar. Anders gezegd: in groepen raken mensenlevens elkaar. Soms gebeurt dit op een indringende wijze. Met name op momenten, dat levenslijnen van groepsleden tijdelijk samenvallen, met elkaar in conflict komen of in elkaar verstrengeld raken als vezels in een draad. Geen enkele levensloop en geen enkel levensontwerp voltrekt zich in een sociaal vacuüm. De levensloop van anderen is zowel voorwaarde als gevolg van hoe ik zelf met mijn levensloop en levensontwerp omga. In dit verband trof me een uitspraak van Marcoen (1985): "Mensen vervullen aan elkaar hun lot". Hiermee bedoelt hij dat de levensloop van de ene persoon voorwaarde en achtergrond is voor de levensloop van de ander, en omgekeerd. Met een voorbeeld van hem: het vader of moeder zijn van de volwassene bestaat krachtens het kind zijn van de onvolwassene.
Wat Marcoen opmerkt, kan ook gelden voor groepsleden. Met name in groepen, die een intensief gezamenlijk proces hebben doorgemaakt kan het besef groeien dat men elkaar op een wezenlijk niveau nodig gehad heeft, zelfs in tijden van conflicten, en dat het "geen toeval" is dat juist deze mensen deze groep gevormd hebben. Ik noemde met opzet "tijden van conflicten", want in groepen waarin men aan elkaar gewaagd is, komt men soms in de ander schaduwkanten van zichzelf tegen, die men niet langer kan ontkennen of negeren. Wat begint als een confrontatie met iemand anders, kan zich dan ontwikkelen tot een aanvankelijk pijnlijke, maar later ook heilzame confrontatie met een kant van zichzelf die men tot dan toe niet onder ogen wilde zien. Dan kan het contact met een ander een stimulans zijn om aspecten in zichzelf te gaan ontwikkelen, die tot dan toe verwaarloosd zijn geweest en waarin men tot dan toe te kort geschoten heeft.

Voor zover dit te maken heeft met een persoonlijke thematiek die men al zijn hele leven met zich meedraagt, kan men zelfs spreken van een "karmische ontmoeting". Ik aarzel echter om de term "karmisch" te gebruiken, vanwege de vele onzuivere en onterechte bijbetekenissen die vaak met dit woord geassocieerd worden. Voor mij persoonlijk heeft "karma" de bijbetekenis van "karwei": datgene wat je in dit leven aan taak op je genomen hebt en wat je je voorgenomen hebt te realiseren. Daarbij geldt voor mij als werkhypothese dat het geen toeval is dat een bepaald "lot" op je afkomt, maar dat er een zinvol verband mogelijk is met de rode draad die door je leven loopt. Van belang daarbij is de uitdaging om van je "lot een kans te maken" en een passieve levenshouding waarin gebeurtenissen "je overkomen" om te buigen in een actieve houding vanuit de persoonlijke vraag "wat heb ik hieraan te leren of te ontwikkelen".

Onder "karmische ontmoetingen" versta ik contacten en ervaringen, die de persoon diep raken en nog lang na kunnen werken in zijn persoonlijke leven en waarbij oude eenzijdigheden en soms ook oude pijn verwerkt en gecorrigeerd kunnen worden. Zulke ontmoetingen raken vaak aan "iets heel ouds" binnen de persoon, dat te maken heeft met de persoonlijke zingeving of levenstaak, die men als het ware al vanaf zijn geboorte in zijn leven met zich meedraagt. Soms zijn zulke ontmoetingen ondersteunend, waarbij erkenning van elkaar en een basaal gevoel van veiligheid voorwaarden zijn voor dit contact op diep-menselijk niveau (vgl. Lévinas). Soms zijn ze confronterend, omdat ze pijnlijk bewust maken van iets wat de betreffende persoon juist nog niet kan en nog niet ontwikkeld heeft, iets waarin de persoon vast zit en dat nog geblokkeerd is. "Karmische ontmoetingen" bieden dus tevens ontwikkelingskansen of nodigen daartoe uit. Op *"karmisch niveau"* bieden groepsleden elkaar mogelijkheden om eenzijdigheid in de eigen levenstaak of levensopdracht bewust te worden en bij te sturen, alsmede mogelijkheden om te realiseren wat men zich voor dit leven als "levenskarwei" heeft voorgenomen. Bij karmische ontmoetingen komt men soms tot een helder besef van wat men persoonlijk in dit leven te doen staat. In deze betekenis is karma ook toekomstgericht: je weeft of spint de eigen rode draad in je levensloop. Hierbij kan het gaan om diepliggende persoonlijke levensthema's.

Er kunnen echter ook collectieve thema's spelen, want karma kan ook een interpersoonlijke betekenis hebben. Je kunt dan ook spreken van een karma als team, als groep, als gezin, als organisatie of zelfs als volk. Zo denk ik zelf dat het voor de Duitsers als karma (als karwei en opdracht) geldt om steeds weer opnieuw klaar te komen met het thema racisme. Voor zover een team, een groep, een gezin, een organisatie een eigen geschiedenis heeft, kun je daaraan ook een opdracht verbinden: iets wat men als groep te leren heeft. Sommige thema's of opdrachten worden zelfs over verscheidene generaties doorgegeven voordat men er klaar mee is.

Dit "karmisch niveau" raakt ook aan zingevingsvragen. Wanneer mensen zich afvragen "waarom moet mij dit toch altijd weer overkomen?" en bereid zijn daar een persoonlijke verhouding toe te vinden en te onderzoeken wat dit van hen persoonlijk zegt, zoeken ze een persoonlijk antwoord op wat hen passief lijkt te "overkomen". Soms leidt dit tot een inzicht dat wat men meemaakt een gevolg is van wat men zelf heeft veroorzaakt door een bepaalde levenshouding. Of tot het besef dat men telkens eenzelfde "levensles" te leren heeft, die men tot dan toe nog niet onder ogen heeft willen zien.

Zulke zingevingsvragen kunnen in de levensloop ook opduiken ten aanzien van ziekte, sterven, crisis en andere ingrijpende "levensfeiten", en ook hierbij is het van belang een eigen persoonlijke zingeving te vinden. Groepsleden kunnen elkaar hierbij tot enorme steun zijn. Soms spelen op dit niveau voor groepsleden ook religieuze zingevingen, positief dan wel negatief. Sommige mensen putten kracht uit hun geloof, voor andere mensen spelen eerder schuld en verdoemenis (ziekte of ongeluk als een "straf van God"). De afgelopen tien jaar heeft er een soort taboe gelegen op het als religieus benoemen van bepaalde ervaringen. Met een toenemende belangstelling voor spiritualiteit lijkt dit taboe geleidelijk wat af te nemen.

Groepen kunnen in een bepaalde fase belangrijke karmische kansen in zich dragen voor haar groepsleden. Soms bereiken groepsleden een punt dat uitstijgt boven de "gewone" interactie en waarbij een besef groeit van een grotere context, dat dit moment overstijgt. Dan raken en kruisen levenslijnen van mensen elkaar, is ons leven méér dan een toevalligheid en krijgt het contact een diepere zin en betekenis.
De karmische kant beperkt zich niet tot de individuen in de groep, maar kan ook betrekking hebben op de groep als geheel, op de unieke taak die juist deze groep te verrichten heeft.
Gaat het op het mythisch niveau nog om universeel menselijke thema's, op het karmische niveau gaat het om de diepste spirituele opgaven die de mens en de mensheid zich kunnen stellen. Soms raken groepen aan dit niveau.

4.11 Een overzicht van interventies

In een helder artikel heeft William Dyer (1969) de interventies van een goede groepsbegeleider (vul in: voorzitter, gespreksleider, teamleider, trainer) ingedeeld in negen categorieën.
Ik geef deze hieronder weer met hun oorspronkelijke termen.

1 HOOFDAANDACHT OP DE INHOUD ("CONTENT FOCUS")
Een inhoudsinterventie kan bestaan uit het meedelen van relevante gegevens, van een mening, van een ervaring en dergelijke, die de inhoud van het groepsthema verrijkt. Zo'n inhoudsinterventie door de leider kan bijdragen aan het bereiken van de groepsdoelen, op voorwaarde dat het geen bijdrage is die net zo goed door een van de groepsleden geleverd had kunnen worden als de groepsbegeleider daartoe gestimuleerd had.

2 HOOFDAANDACHT VOOR HET PROCES ("PROCESS FOCUS")
Door een procesinterventie verschuift de aandacht naar wat er gaande is in de groep zelf. Een tweetal voorbeelden:
"Merkten jullie dat slechts twee groepsleden een mening uitspraken en dat er toch een groepsbesluit genomen is ?", of:
"Ik vraag me af wat er op dit moment eigenlijk aan de hand is".

Hoe de groepsbegeleider de groep de aandacht helpt richten op haar eigen proces zal sterk afhangen van zijn persoonlijke stijl of strategie. Het stimuleren van meta-communicatie kan dus op veel verschillende manieren.

3 DOORVRAGEN NAAR GEVOELENS ("ASK FOR FEELINGS")

Een interventie van dit soort zou kunnen zijn: "Ed, wat ging er door je heen toen de groep niet in wilde gaan op jouw inbreng?". Voor sommige groepsbegeleiders en voor sommige groepsleden is het uitwisselen van dit soort ervaringen het meest wezenlijke onderdeel van groepsbegeleiding. Door te sterke aandacht hiervoor loopt de groepsbegeleider echter het risico andere belangrijke aspecten van de groepsdynamiek te missen.

4 GEVEN VAN DIRECTIEVEN ("DIRECTION-GIVING")

De groepsbegeleider kan het groepsgedrag structureren door het geven van directieven (opdrachten), zoals het maken van een naamkaartje, het gebruik van audio- of videorecorder, een observatieopdracht en dergelijke.
Ook hierin zijn persoonlijke stijl-verschillen. Sommige groepsbegeleiders geven hun aanwijzingen in de vorm van suggesties, terwijl anderen daar veel directer in zijn. Met name begeleiders met een sterke controle-behoefte zullen sterker directief zijn. Wanneer de groep in een impasse dreigt te geraken dient de groepsbegeleider te beslissen of hij de groep dit zelf laat oplossen (ook al gaat dit tijd kosten) of dat hij de groep directiever gaat leiden (ook al zal dit de groep afhankelijk van hem houden). In dit verband is de situationele theorie van Hersey en Blanchard relevant.

5 RECHTSTREEKSE FEEDBACK ("DIRECT FEEDBACK")

De groepsbegeleider kan aan een groepslid of aan de groep feedback geven over zijn of haar functioneren. Sommigen doen dit al in een vroeg stadium, als voorbeeldfunctie. Ook hier staat de groepsbegeleider voor een keuze. Het is een goede zaak dat hij vroeg of laat zijn reacties geeft, maar tegelijk dient hij te stimuleren dat groepsleden elkaar stimuleren tot reacties. En hij dient te beseffen dat in het begin zijn reacties en opmerkingen zwaarder zullen wegen dan die van de andere groepsleden, ook al wil hij dit zelf niet.

6 COGNITIEVE INBRENG ("COGNITIVE ORIENTATIONS")

Soms is voor de groepsbegeleider de rol van expert van belang, namelijk wanneer hij relevante gegevens, theorie of andere informatie kan verschaffen. Toch dient hij op te passen dat ook expert-informatie van andere groepsleden benut wordt.

7 VERVULLEN VAN GROEPSFUNCTIES ("PERFORMING GROUP FUNCTIONS")

De groepsbegeleider kan met een groot aantal taak- en procesfuncties de groepsvoortgang ondersteunen (vgl. paragraaf 9.1).
Hij kan interveniëren via taakrollen als het zoeken van meningen of reacties op wat er gebeurt in de groep, hij kan zijn eigen mening geven, hij kan

aanzetten tot het opnieuw formuleren van het groepsdoel, hij kan het probleem aanscherpen, hij kan de werkaanpak aanpassen, en dergelijke.
Hij kan interveniëren via procesrollen als aanmoedigen, harmoniseren, "deuropener zijn", formuleren van groepsnormen of spanning verminderen.
Hij dient echter te stimuleren dat groepsleden zulke functies gaan overnemen naarmate de groepsontwikkeling vordert.

8 DIAGNOSE-INTERVENTIE ("DIAGNOSTIC INTERVENTION")

De groepsbegeleider kan benoemen wat hij ziet gebeuren en wat daarvan de oorzaken zijn. Bijvoorbeeld: "Er zijn enkele mogelijkheden waarom de groep apathisch is. Een mogelijkheid is dat onze doelen niet duidelijk zijn. Een andere mogelijkheid is de angst dat als we aan het werk gaan oude conflicten weer zullen opleven". Hij kan de groep daarna vragen om nog meer mogelijkheden. Dit interventietype kan de groep stimuleren naar haar eigen proces te kijken.

9 BESCHERMINGSINTERVENTIE ("PROTECTION INTERVENTION")

Soms komt de groepsbegeleider tussenbeide om een groepslid te beschermen tegen "overbelichting". Dit is passend wanneer het uitspreken van persoonlijke ervaringen of kritiek niet langer bijdraagt aan de groepsdoelen of tot een situatie kan leiden die groep noch trainer vruchtbaar kunnen hanteren.
De groepsbegeleider kan ook een groepslid in bescherming nemen dat te zware feedback of slecht getimede feedback ontvangt. Of om een groepslid te ondersteunen in het overeind houden van zijn identiteit bij te zware groepsdruk tot conformiteit.

Interventies vormen een deel van de totale strategie van de groepsbegeleider (voorzitter, teamleider, gespreksleider, trainer) en zijn brede plan van aanpak, waartoe ook zijn visie hoort hoe hij leerprocessen in de groep wil stimuleren, met name het leerproces in de richting van toenemende zelfregulatie en zelfaansturing.
Ook speelt de persoonlijkheid van de groepsbegeleider een rol. Zijn interventies passen ook bij zijn eigen behoeften en reactiepatronen met betrekking tot onzekerheid, angst, conflict, weerstand en agressie. Waarschijnlijk is hij zich zulke interne invloeden niet eens bewust. We kunnen als hypothese formuleren dat groepsbegeleiders met een grote controle-behoefte vaker interventies zullen plaatsen uit de categorieën "geven van directieven", "rechtstreekse feedback", "cognitieve inbreng" en "samenvatten". De groepsbegeleider die conflicten vermijdt zal zich waarschijnlijk meer op zijn gemak voelen bij inhoudsgerichte en richtingaanbrengende interventies en bij het vervullen van harmoniserende procesrollen.
In paragraaf 4.12.6 geef ik een vragenlijst voor het vaststellen van uw eigen interventieprofiel.

(Bron: Dyer, 1969)

4.12 Verbinding met de praktijk

4.12.1 Herkennen van de niveaus in groepen

Er worden enkele groepsleden benoemd tot observatoren die de groep gaan observeren, terwijl de groep doorgaat met een van haar gebruikelijke taken. Optimaal lijkt een aantal van vier à vijf observatoren.
Elke observator maakt vijf bordjes ter grootte van een dubbelgevouwen papier op A4-formaat.
Op elk bordje komt met dikke letters één van de volgende woorden te staan: Inhoud, Procedure, Interactie, Bestaan, Context. Elke observator heeft hierna dus vijf verschillende bordjes.

Het is nu de bedoeling dat elke observator goed let op de groepsinteractie en via het opsteken van één van zijn bordjes laat zien, op welk niveau de groep volgens hem op dat moment functioneert.
Wanneer de oordelen van de observatoren van elkaar afwijken, wordt de groepsinteractie kort stopgezet en volgt hardop kort overleg tussen de observatoren, waarin ze hun keuze voor hun bordje toelichten. Het is mooi als de observatoren het met elkaar eens zijn, maar dat hoeft niet per se voor deze oefening. Er zijn immers situaties denkbaar dat de groep op verscheidene niveaus functioneert. Zo kan de groep op een inhoudelijk thema betrokken zijn, maar via non-verbale aspecten en via een bepaalde manier van gespreksvoering tegelijk bezig zijn om onderlinge betrekkingen te regelen. Of, wat ook kan gebeuren, enkele groepsleden zijn op inhoudsniveau bezig, terwijl één of twee anderen zich richten op procedure-aspecten.

Commentaar:
Dit is geen makkelijke, maar wel een heel leerzame oefening. Het kost enige oefentijd om de opdracht goed uit te voeren. Wie de smaak te pakken krijgt, kan dit thuis (liefst samen met één of enkele andere groepsleden) verder oefenen tijdens het bekijken van een talkshow op de tv.

4.12.2 Het bestaansniveau in taakgerichte groepen

De tekst over het bestaansniveau in paragraaf 4.6 kan de suggestie wekken dat dit niveau alleen speelt in procesgerichte groepen, zoals therapiegroepen of persoonsgerichte trainingsgroepen. Toch is het bestaansniveau wel degelijk ook aanwezig in taakgerichte groepen, alleen valt het daar minder op. Precies hierover heeft Wim Goossens (1990) een tekst geschreven. Ik ben hem dankbaar dat ik fragmenten hieruit mag overnemen.

In de taakgerichte groepen waarmee ik werk komt het bestaansniveau zelden expliciet aan de orde. Het bestaansniveau is wel impliciet aanwezig.
Ook in taakgerichte groepen is de eigen identiteit aan de orde. Deze kan bijvoorbeeld terugslaan op de rol als vertegenwoordiger, maar ook op de persoon zelf. Bij het starten van een werkgroep bijvoorbeeld zijn er vaak vragen over welke instellingen, organisaties of groeperingen vertegenwoordigd moeten zijn en door wie. Dan

is niet alleen van belang hoe de vertegenwoordiging moet zijn, maar ook de persoonele invulling.

Er speelt erkenning op het gebied van lidmaatschap. Vragen die dan onder meer spelen kunnen zijn: "ben ik als vertegenwoordiger van mijn instelling / mijn organisatie / mijn groepering / mijn discipline gewenst?", "wat is de opdracht en hoe verhoudt mijn aanwezigheid zich daarnaar?", "ben ik als persoon gewenst?".

Later ontstaan er vragen over de erkenning voor de eigen bijdrage: "hoe waardeert men mijn inbreng als vertegenwoordiger, bijvoorbeeld als arts, of als ouder?", "op welke aspecten kan ik als lid van de werkgroep invloed uitoefenen?", "tot welke taken acht men mij competent?", "waar ligt mijn beslissingsbevoegdheid?"

Erkenning voor wie je bent kan voor een werkgroep terugslaan op de waardering, sympathie, genegenheid voor de eigen persoon of de wijze waarop men vertegenwoordiger is. Al kan er een spanningsveld zitten tussen de eigen persoon en de rol als vertegenwoordiger.

Ook spelen voor de leden van een taakgerichte groep op de achtergrond persoonlijke thema's mee zoals "waardoor blijf ik tevreden, geëngageerd, enthousiast?", en ook "waardoor word ik geraakt, geremd, belemmerd?".

De erkenning kan gedeeltelijk zijn: men wil bijvoorbeeld vooral erkenning hebben voor de vakmatige bijdrage als psycholoog, als arts, als maatschappelijk werker. Daarbij kunnen accenten verschillen, bijvoorbeeld van welk ander groepslid wil men vooral erkenning en voor welke eigenschappen?

Quasi-erkenning voor de hele groep kan opdoemen wanneer er in de beginfase onvoldoende oriëntatie heeft plaatsgevonden op de opdracht en de beslissingsbevoegdheid. Dan kan frictie ontstaan over het feit dat de werkgroep zich meer toedicht over mogelijkheden, reikwijdte of invloed dan in werkelijkheid het geval is.

Belangrijk is ook welk beeld werkgroepleden hebben over zichzelf en het vertegenwoordiger-zijn. De verschillende referentiegroepen (zoals de achterban, de werksituatie, de opleidingsachtergrond) kunnen bij dit zelfbeeld een belangrijke rol gaan spelen. Dan komen vragen op als:

— Beschouwen ze zich sec als vertegenwoordiger of willen ze ook als persoon gezien worden?

— Hoe willen ze gezien worden: als de deskundige, als loyaal werkgroepslid, als specialist?

— Wordt alleen het publieke zelfbeeld ingebracht dat bestaat uit de rol die men in de werkgroep te vervullen heeft of wil men ook gedeeltes van het eigen privé-zelfbeeld laten zien? Zo kan men als oudervertegenwoordiger laten zien dat men geraakt is door een bepaalde thematiek in de werkgroep. Er kan ook behoefte zijn aan ruimte voor inbreng van eigen twijfels. Of men kan aarzelingen hebben over de positie binnen de eigen organisatie.

Hiermee is tevens het klimaat van de werkgroep aan de orde. Hoeveel openheid is er in deze taakgerichte groep? Welke informatie kan men hier wel of niet geven? Wat kan men als persoon inbrengen? Welke informatie die ik geef, wordt niet opgemerkt of genegeerd?

Hier valt soms wel een ontwikkeling in te zien. In eerste instantie blijkt de groep sterk gericht op het vervullen van de taak, de opdracht dus. Wanneer de groep verder gevorderd is, komen er ook momenten waarop deelnemers elkaar vragen gaan stellen over visies, persoonlijke meningen, achtergronden, cultuur of structuur van de eigen organisatie of achterban. Het contact in de werkgroep wordt dan informeler en men raakt ook meer betrokken bij elkaar. Ook mag er dan een onderscheid bestaan tussen de mening als vertegenwoordiger en de mening als persoon. De mogelijkheid is er dat een nieuwe cultuur ontstaat: vertegenwoordigers die aanvankelijk "concurreerden" zien gemeenschappelijke belangen en worden loyaal werkgroeplid. Er komt meer oog voor de kennis, de ervaring en de achtergronden van de andere werkgroepleden. De werkgroep gaat in deze fase meer als een eenheid naar buiten optreden.

In het doordenken van mijn eigen methodisch handelen in zulke taakgerichte groepen kom ik uiteraard veel interventies tegen die op inhoudsniveau en op procedureniveau liggen. In de tekst hieronder wil ik me echter beperken tot interventies die op het bestaansniveau betrekking hebben.

In de eerste plaats moet ik opmerken dat het bestaansniveau in bovengenoemde groepen slechts sporadisch expliciet aan de orde komt. Het is impliciet aanwezig. Op die wijze wil ik het dan ook benaderen.

In de fase waarin de groep gevormd wordt, tracht ik aandacht te hebben voor ieders aanwezigheid op de bijeenkomsten. Bij de planning van de data zorgen we ervoor zoveel mogelijk data te kiezen waarop iedereen kan. In het begin komen ook vragen aan de orde hoe we tot deze samenstelling zijn gekomen en of deze samenstelling goed is voor de opdracht waarvoor de groep staat. In mijn houding probeer ik uit te stralen dat we elk van de aanwezigen nodig hebben om de taak te kunnen uitvoeren. Ik bevestig dan ook vaak dat ik het waardevol vindt dat net déze personen aanwezig zijn. Hoewel deze aspecten procedureel lijken, speelt op bestaansniveau erkenning voor ieders aanwezigheid en lidmaatschap ("inclusie").

Bij de oriëntatie op de taak of opdracht probeer ik te bevorderen dat deelnemers gaan bespreken wat zij als hun bijdrage zien. Daarbij probeer ik te komen tot een werkplan waarbij een verdeling van deelopdrachten totstandkomt. Dit heeft vooral tot doel ieder groepslid aan te spreken op de mogelijkheden waarin hij deskundig en competent is, met andere woorden waar hij in het kader van de opdracht iets te bieden heeft.

Voorzover besluitvorming aan de orde is, streef ik naar een vorm waarbij alle groepsleden hun invloed kunnen uitoefenen, dat wil zeggen consensus-, compromis- of meerderheidsbesluiten. Al deze aspecten hebben betrekking op erkenning voor wat de deelnemers kunnen.

In een wat later stadium gaan de groepsleden waardering over elkaar uiten en positieve reacties geven op de wijze van samenwerking. Dit wordt door mij bevestigd. Wanneer de deelnemers persoonlijker gaan reageren, probeer ik te bevorderen dat ze naar elkaar gaan kijken vanuit hun eigen achtergrond, zoals visie, opstelling en waarde. Met andere woorden ik probeer te bevorderen dat de ander in zijn bedoeling, achtergrond, opstelling wordt verstaan. Dit heeft ook waarde voor vergroting van de groepscohesie.

Bij een impasse tracht ik te onderzoeken waar deze ligt. Ik maak dan naar de groep globaal een onderscheid tussen taakniveau en sociaal-emotioneel niveau. Analoog aan deze twee niveaus onderzoek ik met de groep waarmee de impasse te maken heeft.

Wanneer de groep tenslotte de opdracht voltooid heeft besteed ik veel aandacht aan "afscheid nemen". Daarbij schenk ik aandacht aan waardering voor ieders bijdrage, voor het eindproduct, voor de wijze van samenwerken en dergelijke.

4.12.3 Kritieke groepssituaties

Op de volgende bladzijde volgt een aantal beschrijvingen van kritieke groepssituaties. Het verdient overigens aanbeveling om deze reeks aan te vullen met situaties die passen bij de werk- of opleidingssituatie, waar u zelf het meest vertrouwd mee bent.

Telkens is de vraag: "Wat zou u doen als u op dat moment de leider van de betreffende groep bent?"
Schrijf op wat volgens u de meest geschikte interventie is.

Na de beschrijving van de situaties volgen nadere aanwijzingen.

- *Situatie 1: de beginnende groep*
U bent de leider van een groep die vandaag voor de eerste keer bijeenkomt. Alle groepsleden zijn al aanwezig als u binnenkomt. U stelt uzelf voor en de groepsleden stellen zich ook voor. Daarna kijkt ieder u vol verwachting aan. Er valt een stilte. Wat doet u?

- *Situatie 2: kritiek op de leider*
Nadat een groot deel van de bijeenkomst is besteed aan een discussie over politiek getinte onderwerpen, richt de groep zich plotseling op u en wordt u ervan beschuldigd dat u niet betrokken bent en u afstandelijk en onverschillig opstelt. Wat doet u?

- *Situatie 3: iemand dreigt te vertrekken*
Vrij kort na het begin van een andere groepsbijeenkomst kondigt één van de vrouwelijke groepsleden aan dat ze van plan is de groep te verlaten. De andere groepsleden schrikken daarvan en proberen haar dat uit het hoofd te praten. Ze blijft echter bij haar standpunt en ze staat op om te vertrekken.
Bij de deur aarzelt ze kort, alsof ze nog even wacht op een laatste opmerking vanuit de groep. De anderen blijven verward zitten en weten niet goed wat ze ermee aan moeten.
Stel dat u op dat moment de leider bent van de betreffende groep, wat doet u?

- *Situatie 4: terugkeer van een afwezig groepslid*
Een groepslid is twee eerdere bijeenkomsten niet aanwezig geweest en komt nu op tijd voor de zesde bijeenkomst. Deze bijeenkomst begint zonder dat hijzelf of één van de anderen aanstalten maakt iets te zeggen over zijn aanwezigheid.
Stel dat u op dat moment de leider bent van de betreffende groep, wat doet u?

- *Situatie 5: de mopperende groep*

De zevende bijeenkomst wordt gekenmerkt door een algemene sfeer van irritatie en negativisme. Zo gauw iemand begint te praten, wordt hij door een ander onderbroken met de opmerking dat hij niet zo moet zeuren. Het lijkt of niemand ook maar ergens tevreden mee is. De betrokkenheid die de sfeer van vorige bijeenkomsten kenmerkte, lijkt volledig vergeten te zijn.
Stel dat u op dat moment de leider bent van de betreffende groep, wat doet u?

- *Situatie 6: het gevecht*

Nadat de negende bijeenkomst al enige tijd gaande is, krijgen twee mannen een stevige woordenwisseling over een detailonderwerp. De ware reden voor hun conflict schijnt echter op een ander vlak te liggen. U hebt het sterke vermoeden dat de werkelijke reden hun rivaliteit om de aandacht van één van de vrouwen in de groep is. Het conflict dreigt uit de hand te lopen, wanneer één van de mannen kwaad opspringt en de ander een dreun dreigt te verkopen.
Stel dat u op dat moment de leider bent van de betreffende groep, wat doet u?

- *Situatie 7: het dronken groepslid*

Een groepslid dat de laatste bijeenkomsten nogal stil is gebleven in de groep en waarvan u het vermoeden hebt dat hij tobt met problemen in zijn privé-situatie, komt de twaalfde bijeenkomst duidelijk aangeschoten binnenzetten. Het is duidelijk dat hij te veel gedronken heeft. Hij maakt enkele storende opmerkingen, zit soms in zichzelf te grinniken en te neuriën en begint nu ook anderen die aan het praten zijn in de rede te vallen.
Stel dat u op dat moment de leider bent van de betreffende groep, wat doet u?

VERDERE AANWIJZINGEN

1   U hebt bij elke situatie een of enkele interventies genoteerd, waarmee u aangeeft wat u zou doen wanneer u in die situatie de leider van de groep geweest zou zijn.

2   Vorm nu drietallen en bespreek met elkaar per situatie deze interventies, die ieder opgeschreven heeft.

3   Ga na op welk van de vijf niveaus uw interventie gericht is: richt u zich vooral op de inhoud, op de procedure, op de interactie, op bestaansaspecten of op de context?
Bespreek ook dit in het drietal.

4   Neem nu de tijd om in het drietal interventies te bedenken op de niveaus die in stap 3 nog niet aan bod gekomen zijn.
Kies daarna met elkaar per niveau een interventie die u het best vindt passen bij de beschreven groepssituatie.

5   Wissel deze interventies uit in de plenaire groep en bespreek deze met elkaar. Als er voldoende tijd voor is, kan de plenaire groep nu enkele andere kritieke situaties bespreken, die groepsleden zelf meegemaakt hebben, en daarbij

gezamenlijk zoeken naar geschikte interventiemogelijkheden op al de vijf besproken niveaus.

6   Mogelijke aanvulling: wanneer in de groep waaraan u deelneemt door uzelf aan het begin leerdoelen geformuleerd zijn, kan het leerzaam zijn op dit moment te bekijken op welke groepsniveaus deze leerdoelen betrekking hebben. Bent u vooral gericht op de inhoud, op het aanleren van werkwijzen c.q. methodieken (procedures), op het verbeteren van uw interactie met anderen, op bestaansaspecten van uzelf of op het verbeteren van uw maatschappelijke positie (context)?

Een tweede leerzame stap kan zijn om te proberen deze leerdoelen van u te vertalen in termen van een ander (liefst dieperliggend) niveau.

4.12.4   Eigenschappenmarkt

N.B.   Deze oefening en de oefening die hierop volgt, vereisen de context van een groep die al een flinke ontwikkeling heeft doorgemaakt en waarin een groepsklimaat van veiligheid en vertrouwen is opgebouwd.

1   De groepsleden lopen enige minuten kriskras door de ruimte en maken oogcontact met elkaar.

2   Op een onverwacht moment zegt de begeleider "stop".

3   Ieder staat stil en zoekt contact met degene die het dichtst in de buurt staat.

4   Ieder zegt op zachte toon tegen de ander welke eigenschap van die ander hem zo aanspreekt dat hij die eigenschap zelf ook zou willen hebben.

Bespreek in het tweetal of er een eigenschap van jezelf is die je daarmee zou willen ruilen.

Maak van dit ruilen een soort marktsituatie van loven en bieden.

Het krijgen van een eigenschap van een ander heeft "een prijs": de ander kan vertellen wat ervoor komt kijken en wat je ervoor moet doen om die eigenschap in het dagelijks leven te verwerven.

5   Dit kriskras door de ruimte lopen en daarna stilstaan bij een ander groepslid kan nog enkele malen herhaald worden.

6   Hierna volgt een plenaire nabespreking, waarin aandacht voor aspecten van het bestaansniveau (zoals feitelijk en gewenst zelfbeeld, zelfacceptatie en dergelijke).

4.12.5   Vragen op bestaansniveau

N.B.   Deze oefening en de oefening die hieraan voorafgaat, vereisen de context van een groep die al een flinke ontwikkeling heeft doorgemaakt en waarin een groepsklimaat van veiligheid en vertrouwen is opgebouwd.

1   Ieder gaat in stilte voor hemzelf na welke vragen op bestaansniveau op dit moment in zijn eigen leven spelen en kiest daaruit één vraag.

2   De rest van de oefening vindt plaats in de plenaire groep.
     Eén persoon wordt uitgenodigd om in het midden van de groep op non-verbale wijze een gebaar te maken, dat aansluit bij zijn eigen vraag op bestaansniveau. Niet bij praten!
     Het is van belang dat de anderen hier respectvol op reageren.

3   Vooraf heeft deze persoon zelf vier groepsleden uitgekozen door namen te noemen. Aan deze vier groepsleden wordt gevraagd om te reageren door (ook weer non-verbaal) aan te sluiten op het gebaar van de centrale persoon. Dit aansluiten kan betekenen: een reactie geven of een vorm van commentaar zichtbaar maken. Weer geldt: niet bij praten!

4   Even in stilte zo laten en de kans bieden om alles goed in zich op te nemen.

5   De betrokkenen gaan weer zitten. Nu volgt een gesprek, waarbij de hoofdpersoon centraal dient te blijven staan. Enkele hulpvragen voor dit gesprek:
     – wat drukte je uit
     – wat beleefde je naar elke ander
     – wat deed de actie van elke ander je
     – wat vroeg je, wat kreeg je
     – wat vroeg je en wat kreeg je niet
     – wat vroeg je niet en kreeg je wel
     – wat beviel je goed en wat beviel je niet.

6   Hierna kan de nabespreking uitgebreid worden naar de vier groepsleden die op het gebaar aansloten.

7   Hierna kan een volgende persoon centraal staan. Zie de stappen 2 tot en met 6.
     Dit kan herhaald worden bij drie of vier groepsleden.

Aandachtspunten:
1   deze oefening kan een zeer indringende ervaring betekenen. Het verdient daarom aanbeveling met de oefening te stoppen, wanneer de groep niet meer voldoende concentratie kan opbrengen.
2   de vier groepsleden geven niet alleen hun eigen persoonlijke reacties, maar beelden (zonder dat ze dit aanvankelijk merken) vaak ook iets uit van wat speelt in de hoofdpersoon zelf. Ze maken soms vier aspecten of "subpersoonlijkheden" van de hoofdpersoon zichtbaar.
3   het verdient aanbeveling om in een pauze na deze oefening degenen die hoofdpersoon geweest zijn de gelegenheid te geven om te laten tekenen wat het eigen gebaar was en hoe de vier anderen daarop reageerden.

4.12.6 Reflectie eigen beroepscode

In paragraaf 4.8 kwam een aantal waarden ter sprake, die onderdeel kunnen zijn van een persoonlijke beroepscode. Ik herhaal hieronder deze opsomming van waarden:

— betrouwbaarheid en nakomen van "commitments"
— vertrouwen
— persoonlijke integriteit
— dragen van verantwoordelijkheid
— respect voor anderen
— eerlijkheid en waarachtigheid
— authenticiteit
— openheid
— loyaliteit
— bevorderen van autonomie
— bevorderen van kernkwaliteiten
— professionele en sociale competentie
— zorgzaamheid, hulp en steun
— bereidheid tot samenwerken.

Bij deze lijst horen twee *reflectievragen*:

1   Welke waarden zijn kenmerkend voor jouw persoonlijke beroepscode? Ontbreken er voor jou belangrijke waarden? Zo ja, voeg deze dan toe.

2   Wat zijn voor jou "grenssituaties", dat wil zeggen situaties in het functioneren van groepen die raken aan wat voor jou ethisch nog net wel of net niet kan. Je kunt hierbij denken aan wat voor jou storend gedrag van groepsleden is (in welke mate accepteer je bijvoorbeeld storend gedrag) en wat jij vindt van het niet nakomen van afspraken (bijvoorbeeld met betrekking tot tijdshantering, met betrekking tot werkopdrachten en dergelijke).

4.12.7 Vragenlijst "eigen interventieprofiel"

AANWIJZINGEN
Geef bij elke categorie in de hierna volgende tabel aan in welke mate u zulke interventies plaatst in uw rol als teamleider (trainer). Plaats bij elke interventie-categorie een kruisje in een vakje. De vakjes variëren van 1 (nooit) tot 9 (zeer vaak).
Door daarna de kruisjes van boven naar beneden over alle negen categorieën met elkaar te verbinden ontstaat uw interventieprofiel.

Hierna kunt u een tweede profiel opstellen, door voor elke categorie aan te geven wat uw gewenste interventierepertoire is. Verbind ook deze kruisjes met elkaar. Gebruik hiervoor een andere kleur.

Bespreek in drietallen deze twee profielen van uzelf en van elkaar.

Formuleer op grond hiervan persoonlijke leerdoelen, die ertoe leiden dat u uw interventiemogelijkheden uitbreidt in de nabije toekomst.
Geef elkaar consult met betrekking tot het vinden van leersituaties voor deze persoonlijke leerdoelen.

	1	2	3	4	5	6	7	8	9
Hoofdaandacht op de inhoud *"Content focus"*									
Hoofdaandacht voor het proces *"Process focus"*									
Doorvragen naar gevoelens *"Ask for feelings"*									
Geven van directieven *"Direction-giving"*									
Rechtstreekse feedback *"Direct feedback"*									
Cognitieve inbreng *"Cognitive orientations"*									
Vervullen van groepsfuncties *"Performing group functions"*									
Diagnose-interventie *"Diagnostic intervention"*									
Beschermingsinterventie *"Protection intervention"*									

Variant op oefening 4.12.6

Vul deze vragenlijst tweemaal in:
éénmaal hoe u uzelf ziet en éénmaal hoe u een collega ziet, die u goed kent in zijn werk.
Wanneer deze collega hetzelfde doet, kunt u als tweetal bespreken hoe u elkaars interventiegedrag ziet en dit vergelijken met hoe u uw eigen gedrag inschat.

Tijdsindicatie: Invullen: plm. 5 minuten; gesprek in tweetal: plm. tweemaal 15 minuten.
Totale tijdsduur: plm. 35 minuten.

5 Groepsvorming en groepsontwikkeling

5.1 Inleiding

Over groepsontwikkeling bestaan heel wat theorieën. En terecht, want groepsdynamica valt ook te omschrijven als de studie van hoe groepen zich vormen, hoe ze functioneren en hoe ze weer uiteenvallen. Aan de grote hoeveelheid theorieën over groepsontwikkeling heb ik een apart boek gewijd: *Groepsdynamika III* (Remmerswaal, 1994). In die hoeveelheid heb ik orde proberen te scheppen door ze onder te brengen in drie categorieën of "modellen":

1 theorieën met een hoofdaandacht voor de verhouding tussen taakaspecten en sociaal-emotionele aspecten. Dit noem ik het *lineaire model*.
   De theorieën van dit model zijn bijna alle van Amerikaanse oorsprong en sluiten meestal aan op de veldbenadering van Lewin.
   Voorbeelden hiervan bieden Bales, Schutz, Stemerding, Tuckman, Bennis en Shepard.
2 theorieën met een hoofdaandacht voor de proceskant in groepen en de samenhang hiervan met de individuele dynamiek binnen groeps-

leden. Dit noem ik het *spiraalmodel*. Deze theorieën laten zich sterk inspireren door de psychoanalyse.
Voorbeelden hiervan zijn onder anderen Bion, Thelen, Whitaker en Lieberman.

3   theorieën met een hoofdaandacht voor (zoals dat heet) ontwikkelingen in de spanningen tussen zich steeds wisselende polariteiten. Dit noem ik het *polariteitenmodel*.
Belangrijke vertegenwoordigers hiervan zijn Pagès, Cohn en enkele werkers binnen de Gestalt-benadering.
Een voorbeeld vormt de polariteit tussen rationaliteit en emotionaliteit. Deze theorieën proberen parallellen te trekken tussen polariteiten binnen elk individu en polariteiten op groepsniveau, met daarbij ook enige aandacht voor de maatschappelijke achtergronden daarvan.

Later in dit hoofdstuk zal ik een theorie van groepsontwikkeling bespreken, die past binnen het lineaire model (paragraaf 5.5).

Over hoe groepen zich ontwikkelen van een beginfase via een middenfase naar een eindfase bestaat dus een groot aantal theorieën. Maar over hoe groepen ontstaan, wordt in de groepsdynamische literatuur vrij weinig geschreven. Dit is vreemd, want in de ontstaansgeschiedenis van een groep valt vaak ook haar bestaansreden terug te vinden. Een gunstige uitzondering in de literatuur is Stemerding (1974), die ingaat op de voorfase van het ontstaan van een groep. In paragraaf 5.5.1 wil ik daarom aandacht besteden aan zijn opvattingen.

Stemerding beschrijft het ontstaan van een groep als het resultaat van vooroverleg en planning in de directe sociale omgeving van de nieuwe groep. Hij wijst daarbij op de rol van behoeften en belangen die in het grotere sociale verband onvoldoende onderkend en erkend zijn. Zo gezien komen nieuwe groepen voort uit onvrede met het bestaande systeem: tekorten en blinde vlekken in de maatschappij, of in een onderdeel daarvan, stimuleren tot groepsvorming.

Hieraan verwante ideeën zijn ook te vinden bij enkele andere auteurs die aandacht hebben voor de bredere maatschappelijke context. In de volgende paragrafen wil ik met name ingaan op de Franse auteurs Sartre (paragraaf 5.2) en Pagès (paragraaf 5.3). Terwijl Stemerding groepsvorming vooral plaatst binnen overlegsituaties met of binnen organisaties en instellingen, spreken Sartre en Pagès over meer "spontane" groepsvorming zonder zulk vooroverleg.

5.2   Groepen vanuit de collectiviteit (Sartre)

Sartre (1960) plaatst de groep tegenover de collectiviteit van de massa. Groepen komen naar voren uit deze collectiviteit en lopen telkens het risico daarin weer te verdwijnen. In de collectiviteit maakt ieder deel uit van een reeks, een "serie" in termen van Sartre. De bestaanswijze in zo'n reeks

(Sartre spreekt van de "seriële bestaanswijze") wordt gekenmerkt door anonimiteit, waarbij niemand kwalitatief telt en slechts kwantitatief geteld kan worden. Voorbeelden van zulke anonieme collectiviteiten zijn het percentage stemmers op een politieke partij, het percentage abonnees op een bepaalde krant, de inwoners van een bepaalde stad, de klanten van een bepaalde winkel, de consumenten van een bepaald produkt, enzovoort. In Sartres opvatting ontstaan groepen, zodra geïsoleerde individuen in zo'n collectiviteit zich bewust worden van hun gemeenschappelijke belangen en hun onderlinge betrokkenheid: hun op elkaar aangewezen zijn.

Om aan te geven hoe uit een collectiviteit een groep naar voren kan komen, geeft Sartre (1960, p. 308 e.v.) het voorbeeld van een rij wachtenden bij een autobushalte. Deze wachtenden vormen een reeks van anonieme en zwijgzame reizigers. Hoewel ze elkaar negeren en contact of communicatie vermijden, hebben al deze mensen toch één belang gemeenschappelijk: ze willen allen dat er snel een bus zal stoppen om hen naar huis of werk te brengen. Veronderstel nu, dat een vermoeide chauffeur onverwacht besluit om niet bij deze halte te stoppen, maar door te rijden. De meeste wachtenden zullen hierover geïrriteerd raken en sommigen gaan misschien schelden op de busonderneming. Veronderstel nu eens, dat een tweede buschauffeur hetzelfde doet en ook doorrijdt. Nu zal er zeer waarschijnlijk een interactie op gang komen tussen de wachtenden. Men begint elkaar vragen te stellen of tegen elkaar zijn hart te luchten. Sommigen willen misschien tot actie overgaan of de politie bellen. Na wat overleg over en weer komt men misschien tot een akkoord, bijvoorbeeld het besluit om de volgende bus tegen te houden. Met dit voorbeeld verduidelijkt Sartre hoe vanuit de collectiviteit een groep naar voren kan komen:

1   het belang dat de individuen gemeenschappelijk hebben, wordt erkend als een gedeeld gemeenschappelijk belang, waarbij de betrokkenen ontdekken hoe ze op elkaar aangewezen zijn om dit belang te verwezenlijken
2   men gaat over tot directe communicatie en interactie: ieder spreekt de ander rechtstreeks aan
3   men beseft dat het om tegengestelde belangen gaat tussen deze groep en anderen daarbuiten. Dit besef is volgens Sartre in onze maatschappij voortdurend sluimerend aanwezig, omdat in zijn visie de maatschappij bestaat uit allerlei groeperingen die tegengestelde belangen verdedigen en daarmee impliciet oproepen tot onderlinge strijd.

Wanneer individuen zo bewust geworden zijn van hun onderlinge betrokkenheid en hun gemeenschappelijke belangen, worden ze vanuit de anonieme collectiviteit tot een groep. Dit wijzigt de onderlinge betrekkingen op radicale wijze. Ieder ziet de ander als betrokkene en als medemens en niet langer als mogelijke rivaal of als element in een anonieme reeks. Ieder begint voor ieder mee te tellen en ieder kan op elke ander rekenen. Het besef van het gedeelde belang kan uitmonden in een gemeenschappelijke actie die hen in staat stelt de werkelijkheid te wijzigen in plaats van haar passief te ondergaan. De vervreemding van de anonieme collectiviteit is overwonnen.

Het op deze wijze ontstaan van een groep komt als een verrassende ontdekking, zelfs voor de betrokkenen. Zo'n "groepsgeboorte" kan op meer manieren onverwachts plaatsvinden, maar de manier die Sartre het meest lief is, is de revolutionaire opstand.

Groepen kunnen echter ook terugvallen in de collectiviteit. Om als groep te blijven voortbestaan, dient de groep zich voortdurend verder te ontwikkelen en te organiseren:

— enerzijds door voortdurende aandacht voor de relaties tussen de groepsleden en voor wijzigingen in de onderlinge banden
— anderzijds door het steeds nauwkeuriger formuleren van beperkte en haalbare taken in het perspectief van de verder liggende doelen.

Om te kunnen blijven voortbestaan, dient elke groep een eigen structuur te vinden die haar aanvankelijke elan, enthousiasme en doelperspectief verzoent met de pragmatische vereisten van het voorbereiden en realiseren van haar eigen praktijk. Deze structuur kan echter zo sterk worden dat ze ontaardt in een bureaucratie. In dat geval worden de regels een doel op zichzelf en nemen de formaliteiten en procedures voorrang op de doelen en achterliggende visies. In hun onderwerping aan de regels raken de groepsleden dan steeds meer van elkaar geïsoleerd. Als dat het geval is, keert volgens Sartre de groep weer terug naar de seriële bestaanswijze van de collectiviteit: men wordt weer een reeks (een serie) van losse individuen, een onpersoonlijke massa die niet meer communiceert en zich niet langer bewust is van de regels die haar regeren.

Een groep kan men, aldus Sartre, herkennen aan de bijzondere aard van de relaties tussen haar leden:
— rechtstreekse communicatie
— het besef van een gemeenschappelijk belang en een gemeenschappelijk einddoel
— het gezamenlijk vinden en, wanneer nodig, steeds vernieuwen van een organisatiestructuur om deze onderneming te doen slagen.

Wanneer deze kenmerken uit het zicht verdwijnen, zal ook de groep verdwijnen.

De opvattingen van Sartre bespreek ik uitgebreider in deel III (Remmerswaal, 1994).

5.3   Groepen als subgroepen van een groter geheel (Pagès)

Hoewel hij vertrekt vanuit een andere visie en dus tot een andere theorie komt dan Sartre, volgt Pagès (1975) een soortgelijke gedachtengang. Om het ontstaan van groepen te verklaren, start ook Pagès bij het grotere omringende geheel. We zagen dat Sartre uitgaat van de collectiviteit en we zullen zien dat Stemerding (paragraaf 5.5.1) het grotere geheel opvat als de omringende maatschappelijke context. Voor Pagès is elke groep een subgroep van een grotere omringende groep en in uiterste vorm zelfs van de gehele mensheid. Dit klinkt waarschijnlijk nogal vaag. Daarom enige toelichting.

In het dagelijkse spraakgebruik verstaat men onder een groep meestal een verzameling personen met een of andere identieke eigenschap: een gezamenlijk doel of gemeenschappelijke waarden, en dergelijke. Daartegenover stelt de sociale psychologie (onder anderen Lewin) de betrekkingen tussen de individuen centraal via de begrippen interactie en wederzijdse betrokkenheid. Met interactie wordt bedoeld dat de groepsleden meer interactie met elkaar hebben dan met personen buiten de groep. Vergelijk Homans (1966), die onder een groep een aantal personen verstaat, die over een bepaalde periode genomen regelmatig contact met elkaar hebben, waarbij de groep klein genoeg moet zijn om elk groepslid in staat te stellen rechtstreeks (zonder tussenkomst van derden) met elk ander groepslid in relatie te treden. Met wederzijdse betrokkenheid wordt bedoeld, dat een gebeurtenis die invloed heeft op één groepslid of op een subgroep tegelijk ook op alle groepsleden een weerslag heeft. Dit wederzijds op elkaar betrokken zijn, is voor Lewin het meest wezenlijke kenmerk van groepen. Hiermee zet Lewin zich af tegen groepsdefinities, die ervan uitgaan dat groepsleden aan elkaar gelijk zouden zijn. Centraal in de definitie van Lewin is dat de groep een dynamisch geheel is, waarvan de afzonderlijke delen (leden of subgroepen) wederzijds op elkaar betrokken zijn (Lewin, 1951, p. 146-147; zie verder deel III, Remmerswaal, 1994).

Deze beide opvattingen (die uit het dagelijkse spraakgebruik en die uit de sociale psychologie) bekritiseert Pagès (1975, p. 307), omdat ze vertrekken vanuit het individu, waardoor de groep tot een verschijnsel wordt, dat men moet verklaren. Voor Pagès is de groep geen afgeleid verschijnsel. Men moet niet van de samenstellende elementen (de individuen) uitgaan, om het geheel (de groep) te verklaren, maar juist omgekeerd: vanuit het geheel terugredeneren naar de samenstellende elementen (zie deel III voor een uitgebreidere bespreking van deze stelling uit de zogeheten Gestaltpsychologie in het hoofdstuk over de veldbenadering van Lewin). Primair is voor Pagès de groep de vindplaats van relaties en daarmee samenhangende gevoelens. Van daaruit laten zich de gedragingen en kenmerken van de individuele leden afleiden. Niet zozeer de groep moet dus verklaard worden, als wel het individu.

Maar ook elke groep is weer een onderdeel van een groter geheel. Vandaar dat Pagès (1975, p. 308) elke groep kan opvatten als een subgroep. Groepen ontstaan in zijn visie niet zozeer vanwege bijzondere communicatiemogelijkheden tussen de groepsleden, als wel en vooral vanwege communicatiemoeilijkheden binnen een grotere groepering, waarvan de concrete groep een subgroep is. Dit is misschien niet meteen duidelijk. Ik zal er dus wat langer bij stilstaan.

In groepen zie je soms gebeuren dat een conflict dat op groepsniveau speelt, verscherpt naar voren treedt als een conflict tussen twee groepsleden. Deze twee groepsleden blijken de woordvoerders van de hele groep of van twee subgroepen daarbinnen en vertolken de spanningen in het grotere geheel. Zoiets geldt ook voor gehele groepen. Ook groepen vertegenwoordigen volgens Pagès iets wat eigenlijk speelt in een groter omringend geheel. Met name groepsconflicten kunnen iets zichtbaar maken van wat in de omringende grotere groepering eigenlijk ook speelt, maar op dat grote niveau verdrongen of geweigerd wordt. Zo kan wat maatschappelijk verdrongen wordt, dan zichtbaar worden in de kleine groep, als subgroep van deze maatschappij. Groepen ontstaan, aldus Pagès, vanuit het grotere geheel, omdat ze op kleinere schaal de mogelijkheid bieden tot het beleven en verwerken van een emotioneel conflict dat in dit grotere geheel speelt, maar door collectieve afweervormen niet op dat grotere niveau verwerkt kan worden. Als voorbeelden van zulke emotioneel geladen conflicten noemt Pagès de strijd tussen rationaliteit en emotionaliteit, conflicten rond agressie en conflicten rond afhankelijkheid; verder valt te denken aan conflicten rond gezag en autoriteit, rond intimiteit en interpersoonlijke betrokkenheid en rond eenzaamheid en het missen van erkenning. Zulke conflicten kunnen verstarren tot extreme situaties van machtsuitoefening, onderdrukking, uitsluiting en discriminatie of tot afwijzing, eenzaamheid, leegte, mislukking, angst voor de dood en wanhoop. Geen wonder dat grotere groeperingen en samenlevingen sterke afweervormen tegen collectieve angsten opbouwen. Maar door deze afweervormen wordt het tegelijk erg moeilijk om authentieke relaties op te bouwen, die gevoelsmatig gekenmerkt worden door een verlangen naar eenheid en solidariteit en terzelfder tijd door een besef van gescheidenheid en eigenheid. Hoewel zulke relaties mogelijk zouden kunnen zijn in grote verbanden en groeperingen, komen ze daar zelden voor door genoemde collectieve afweermechanismen. Wat in het groot niet mogelijk lijkt, duikt soms wel op in groepen. Zo komt Pagès, redenerend vanuit het grotere geheel, tot zijn opvatting van het ontstaan van groepen. Voor hem is de groep een geheel van personen die een emotioneel conflict beleven (al is het in versluierde vorm) dat door een groter geheel van personen, waarvan zij deel uitmaken, gevoeld wordt (Pagès, 1975, p. 308). In deel III ga ik uitgebreider in op de theorieën van Pagès (Remmerswaal, 1994).

5.4 Determinanten van groepsvorming

In de voorgaande paragrafen heb ik een aantal achtergronden besproken van groepsvorming en enkele minder bekende opvattingen behandeld over waarom groepen ontstaan en hoe ze gevormd worden. Daarbij kwam naar voren dat groepen een bepaalde functie kunnen vervullen ten opzichte van een bredere sociale context. Deze theorieën verklaren echter nog niet waarom in een concrete situatie juist deze concrete personen samen een groep vormen. Daarom wil ik in deze paragraaf aan de andere kant beginnen: niet bij de omgeving, maar bij de individuen die groepslid gaan worden. In aansluiting op de tweedeling die ik in hoofdstuk 2 al maakte tussen taak en proces (paragraaf 2.2), vallen er globaal twee soorten redenen te noemen waarom mensen lid worden van een groep:

- taakgerichte redenen
- sociaal-emotionele redenen.

Ik zal deze hieronder nader bespreken.

5.4.1 Taakgerichte determinanten

De belangrijkste taakgerichte determinanten zijn de aantrekkelijkheid van de groepsdoelen, de aantrekkelijkheid van de groepsactiviteiten en de verwachting via het groepslidmaatschap privé-doelen te kunnen bereiken. Naarmate men de groepsdoelen aantrekkelijker vindt, zal dit een sterkere reden zijn om lid te worden van die betreffende groep. Zoals al aangegeven bij de bespreking van Sartre in paragraaf 5.2, kan dit samenvallen met het besef, dat die groep opkomt voor belangen die men zelf ook heeft. Denk maar aan het lidmaatschap van een politieke groepering of van een actiegroep, pressiegroep, belangengroep, oudercommissie, schoolraad, en dergelijke. Toch zal men niet zo vaak lid willen worden op grond van alleen de groepsdoelen. Van groter belang zijn de groepsactiviteiten die voortvloeien uit deze groepsdoelen. Men zal dus vooral lid willen worden, als men deze groepsactiviteiten aantrekkelijk vindt. Het gaat meestal om een mengvorm van doelen en activiteiten, waarbij men ook de kosten en baten afweegt: enerzijds "wat kost het me" (aan inzet bijvoorbeeld) en anderzijds "wat levert het me op". Hiertussen moet een redelijke balans bestaan. Zo kan men zich wel aangetrokken voelen tot een groep met prima doelen, maar voor feitelijk lidmaatschap daarvan terugschrikken, omdat deelname aan de activiteiten een te grote persoonlijke inzet vereist of omdat de groep een zodanige structuur en opzet heeft, dat men vreest niet voldoende constructief te kunnen participeren. In dit laatste geval vindt men de groepsactiviteiten niet aantrekkelijk genoeg, ook al draagt men de doelen een warm hart toe. Iemand kan ook lid worden van een groep om een doel voor zichzelf te bereiken dat buiten de groep ligt, als hij gelooft dat die groep instrumenteel is voor het bereiken van dat doel. Een voorbeeld is het besluit tot het gaan volgen van een opleiding. Men wordt dan lid van een groep (een klas, een cursusgroep) binnen een school of opleidingsinstituut, niet zozeer omdat men het eens is met de doelen van die school of dat instituut of omdat men de schoolse activiteiten aantrekkelijk vindt (soms vindt men deze zelfs uitgesproken onaantrekkelijk), maar om een eigen doel zoals een bepaalde beroepskwalificatie te bereiken, waarvoor deelname aan die groep een middel is. Een ander voorbeeld is het lid worden van een therapiegroep om door middel van die groep te leren aan eigen moeilijkheden het hoofd te bieden. Of het lid worden van een bepaalde groep of vereniging om daarbuiten een hoger prestige voor zichzelf te bereiken.

5.4.2 Sociaal-emotionele determinanten

Een andere reden om lid te worden van een groep is dat men de leden van de groep aantrekkelijk vindt. Anders gezegd: interpersoonlijke attractie is een belangrijke determinant van groepsvorming. Hierin speelt een aantal factoren een rol, zoals:

— nabijheid en contact
— lichamelijke aantrekkelijkheid
— gelijkheid in bepaalde persoonseigenschappen
— gelijkheid in houdingen en opvattingen
— gelijkheid in sociale achtergronden
— gemeenschappelijke rollen en waarden
— gemeenschappelijk lot en solidariteit
— overeenstemming met groepswaarden en groepsnormen
— sympathie
— vriendschap.

Naast deze interpersoonlijke attractie behoren tot de sociaal-emotionele determinanten ook het groepsklimaat en de verwachting dat de groep zal voorzien in sociaal-emotionele behoeften, zoals behoeften aan gezelligheid, contact en erkenning.

De taakgerichte en de sociaal-emotionele determinanten te zamen bepalen de aantrekkingskracht van de groep, ook wel cohesie genoemd. Voor sommige mensen wegen de taakgerichte aspecten het zwaarst, zoals de groepsdoelen en de groepsactiviteiten; voor andere mensen de sociaal-emotionele aspecten. Beide soorten aspecten kunnen elkaar versterken of afzwakken. Zo kan men aanvankelijk vooral lid geworden zijn vanwege de aantrekkelijkheid van de groepsdoelen of -activiteiten, maar bij nadere kennismaking met de groepsleden besluiten van verdere deelname af te zien, omdat men een aantal groepsleden onsympathiek of onaantrekkelijk vindt. Omgekeerd kan natuurlijk ook: dat men na een goed bevallende eerste kennismaking enthousiast wordt over de medegroepsleden en daarom extra gemotiveerd is om lid te blijven.

De vraag van deze paragraaf waarom mensen lid worden van een groep, kan ik samenvattend als volgt beantwoorden: omdat ze de groep zien als een plek die tegemoet komt aan eigen belangen en behoeften. Op de belangen sluiten vooral de taakgerichte determinanten aan, zoals de mogelijkheid om te werken aan doelen die men in zijn eentje niet kan realiseren. En met de behoeften komen vooral de sociaal-emotionele determinanten overeen.

5.5 Fasen van groepsontwikkeling

Wanneer ik de voorfase als eerste fase reken, kom ik tot het volgende model van zes fasen:

1 voorfase
2 oriëntatiefase
3 machtsfase
4 affectiefase
5 de fase van de autonome groep
6 afsluitingsfase.

Ik zal de fasen 1 tot en met 5 hierna bespreken. Daarbij sluit ik aan op de groepsontwikkelingstheorieën van Schutz en van Stemerding (zie ook Remmerswaal, 1992). Fase 6 komt in paragraaf 5.7 apart aan bod.

5.5.1 Voorfase (fase 1)

Nog voordat een groep ooit bijeen is geweest, heeft er zich vaak al een hele geschiedenis afgespeeld. Het ontstaan van een groep laat zich dan ook moeilijk beschrijven vanuit de ervaringen binnen de groep zelf. Vanuit de groep gezien ligt haar oorsprong buiten de groep. De groep krijgt haar eerste levenskans door het manifest worden van een behoefte in breder verband. Deze voorgeschiedenis van de groep benoemt Stemerding (1974) als de *voorfase*.

In de voorfase wordt de groep "ontworpen" en worden de grenzen en de doelen aangegeven, waarbinnen de nieuwe groep straks haar bestaan zal beginnen. In gesprekken of op papier worden de eerste lijnen uitgezet voor de opzet van een groep die zich op bepaalde belangen of behoeften zal gaan richten. Omdat deze belangen en behoeften zelden meteen als een algemeen belang erkend worden, zal de schets van de aanstaande groep niet altijd in dank aanvaard worden door het omringende sociale systeem. Dit wordt soms versterkt door de wijze waarop een bepaalde behoefte of een bepaald belang wordt weergegeven als een zaak van alles-of-niets, zonder zorgvuldige afweging. Het gebeurt nogal eens dat de vertolkers van een behoefte aan verandering, bezield zijn van een intolerante bekeringsdrang en het belang van groepsvorming overdreven versterkt naar voren brengen.

In dit verband wil ik herinneren aan wat ik in paragraaf 4.4 opmerkte over "onzichtbare interventies" in de voorbereidingsfase van een groep. Dit zijn interventies die voor de groepsleden zelf niet zichtbaar zijn, maar toch moeten plaatsvinden omdat anders de groep nooit kan functioneren. Wat in de voorfase gebeurt is voor een groot deel onzichtbaar voor de latere groepsleden: het formuleren van de doelstelling, de vertaling van de doelstelling in een programma van activiteiten ("programmeren"), een keuze voor werkvormen en methodieken, het vaststellen van een taakverdeling, het veiligstellen van voldoende financiële middelen, besluiten over de groepssamenstelling en de groepsgrootte (de "groepsformatie"), de planning van lokalen en tijdstippen van bijeenkomst, zorg voor de hulpmiddelen en dergelijke. Te weinig aandacht voor zulke voorbereidingen in de voorfase kan de groepsontwikkeling op een later tijdstip sterk belemmeren. Zoals vaker, geldt ook hier: een goede voorbereiding is het halve werk.

5.5.2 Oriëntatiefase (fase 2)

In de *oriëntatiefase* valt in de groep vaak afhankelijk gedrag te zien. De groep toont zich afhankelijk van de leiding en andere externe sturing, zoals een vastgesteld programma. Vaak sluit de groep aan op reeds bestaande structuren en procedures. Tijdens deze oriëntatiefase begint de groep meestal een eigen taakstructuur te ontwikkelen, waarmee ze het werken aan haar doelstelling op inhoudsniveau en procedureniveau veiligstelt.

Het centrale thema in deze fase komt tot uiting in vragen en onzekerheden rond de eigen positie in de groep. Deze fase wordt dan ook afgesloten, wanneer ieder weet waar hij aan toe is en ieder zijn plaats gevonden heeft in een (taak)structuur, die gericht is op de vervulling van de toekomstige groepsactiviteiten. Na de eerste fase heeft men het gevoel "het te zien zitten" en "erbij te horen" en zijn ook de grenzen met de omgeving duidelijker geworden. In sommige groepen komt de vraag naar de eigen positie in de groep tot uiting in problemen rond macht en invloed, soms zelfs in de vorm van een strijd om de macht, maar meestal speelt dat pas in een latere fase. Het helder krijgen van de taak en van ieders bijdrage daaraan resulteert in een gemeenschappelijke doelstelling en in een groeiende differentiatie en rolverdeling, die in de plaats komen van de aanvankelijke stereotypen en vooroordelen ten opzichte van elkaar.

Schutz (1958) spreekt in dit verband van een "inclusiefase", omdat groepsleden geconfronteerd worden met de vraag of ze wel of niet bij de groep horen. Dit thema van "binnen of buiten" uit zich in een aantal zorgen van groepsleden, die om een oplossing vragen:
— wat zijn de voorwaarden voor het lidmaatschap: wie is wel en wie is niet lid van de groep?
— hoeveel energie en inzet zal het lidmaatschap gaan vragen?
— waar liggen de grenzen tussen het groepslid-zijn en de eigen identiteit: kan ik in deze groep "mezelf" blijven?
— welk soort gedrag is hier acceptabel en welke grenzen stelt de groep hieraan?
— kortom, hoor ik erbij of hoor ik er niet bij, en zo ja op welke condities?

Deze eerste fase loopt ten einde, wanneer er een voorlopig klimaat van vertrouwen en acceptatie ontstaan is en wanneer de tweede fase zich aandient.

5.5.3 Machtsfase (fase 3)

Al tijdens de taakgerichte opstelling begint er aandacht te ontstaan voor het eigen functioneren als groep. Wanneer de groep haar eigen taakstructuur eenmaal gevonden heeft, neemt deze aandacht voor het interne groepsfunctioneren toe. De onderlinge betrekkingen (het betrekkingsniveau) komen meer centraal te staan.

Dit kan twee vormen aannemen: men stelt kritische vragen ten aanzien van het leiderschap in de groep èn (meestal daarna) ten aanzien van de onderlinge relaties en omgangsvormen. Soms valt dit als twee aparte fasen te onderkennen.

Positiever uitgedrukt: de groep vervangt de opgelegde leiderschapsstructuur door een passende eigen invloedsverdeling. De groep regelt haar eigen antwoorden op vragen rond macht en invloed. Men spreekt dan ook wel van de *machtsfase*.

In deze fase maken de inclusievragen plaats voor vragen rondom "controle" (ook een term van Schutz): dus vragen rond macht, dominantie, gezag en verantwoordelijkheid. Tot deze machtsfase behoort ook de wens meer greep te krijgen op wat er in de groep gebeurt, met name op het niveau van de taak. Daaronder vallen pogingen om het eens te worden over de doelen en over de procedures, zoals met betrekking tot hoe besluiten genomen worden.

In ruimtelijke termen uitgedrukt gaat het nu om thema's van "boven of onder": wie heeft het hier voor het zeggen en hoe ligt hier de macht verdeeld:
— hoeveel macht en invloed heb ik?
— wie heeft er macht en invloed over mij?
— waar ligt de controle of sturing van wat we doen?
— door wie zal ik me laten beïnvloeden en hoe?

Dit soort vragen rond de positie en het gezag van de leider en rond de eigen positie wordt soms gekleurd door gevoelens van hulpeloosheid, incompetentie, teleurstelling of woede.

Ieder groepslid probeert in deze fase een zo comfortabel mogelijke positie te bezetten. Deze middenfase speelt een kritieke rol in alle lineaire theorieën (Bales spreekt van een statusstrijd). Het is een periode, waarin de groep ofwel desintegreert, ofwel cohesiever wordt. Het is een keerpunt in de groepsontwikkeling. Wanneer de machtsfase vermeden, ontkend of verwaarloosd wordt, kan de groepsontwikkeling sterk vertraagd raken.

5.5.4 Affectiefase (fase 4)

In de hierop volgende fase komen de onderlinge verhoudingen centraal te staan. Er spelen vragen rond de persoonlijke betrokkenheid van ieder en vragen rond afstand en nabijheid. De groep creëert haar eigen antwoorden op zulke vragen. Dit neemt de vorm aan van de totstandkoming van een relatiepatroon, waarin de onderlinge verhoudingen geregeld zijn. Men spreekt hierbij wel eens van de *affectiefase*.

Het centrale thema in deze fase komt tot uiting in vragen en onzekerheden rond de mate van betrokkenheid op elkaar. Deze fase zal dan ook pas een afronding kunnen vinden, wanneer de onderlinge verbondenheid vastere vormen aangenomen heeft in een relatiepatroon. Na deze fase voelt men zich vertrouwd met elkaar. De vragen rond de onderlinge betrokkenheid komen in sommige groepen naar voren in de vorm van emotionele tegenstellingen, die vaak gekleurd zijn door gevoelens van voorkeur en afkeer, van sympathie en antipathie. Soms ontstaan er (tijdelijk) twee subgroepen, waarvan de ene pleit voor een zo sterk mogelijke groepsgebondenheid en de andere voor zakelijkheid of functionaliteit ("waarom moeten we zo nodig een groep vormen?").

In deze fase gaat het om vragen rond cohesie en intimiteit:
— hoe persoonlijk zullen we met elkaar omgaan?
— welke mate van "afstand" of "nabijheid" zullen we in acht nemen?
— hoeveel kunnen we elkaar vertrouwen en hoe kunnen we een dieper niveau van vertrouwen bereiken?

In ruimtelijke termen uitgedrukt gaat het hierbij om thema's van "dichtbij of veraf". Kenmerkend voor deze fase zijn uitingen van positieve gevoelens, van cohesie, van affectie en intimiteit, en soms van het tegendeel: persoonlijke vijandigheid en jaloezie.

5.5.5 De fase van de autonome groep (fase 5)

Wanneer de groep deze beide fasen rond macht en affectie goed doorgekomen is en ze haar eigen taakstructuur, haar eigen invloedsverdeling en haar eigen relatiepatroon ontwikkeld heeft, spreek ik van een autonome groep. De groep is nu tot volle rijping gekomen.
De vorige fase van groepsontwikkeling resulteerde in een vertrouwdheid met elkaar, waardoor er ruimte ontstaan is voor het inbrengen van meer persoonlijke ervaringen. Het betekent ook een meer kwetsbare opstelling van de groepsleden, die hiermee meer als persoon in het geding zijn. De groepsleden komen in deze fase voor een nieuwe vraag: "kan ik in deze groep wel helemaal mezelf zijn?"
In een directe en persoonlijke communicatie met elkaar kan er een groepsklimaat groeien dat niet gezien wordt als een opgelegde structuur. Deze fase vindt een realisatie in het tot stand komen van een open groepsklimaat, waarin ieder het gevoel heeft, dat hij "zichzelf kan zijn".

Ging het in de machtsfase vooral om het accepteren van de groepsactiviteit en in de affectiefase om het accepteren van de anderen, nu, in de autonome fase, gaat het om het accepteren van zichzelf in relatie tot de anderen. Er treedt een verschuiving op: niet de onderlinge wisselwerking staat voorop, maar de individuele bijdrage vanuit een persoonlijke betrokkenheid. Wanneer dit klimaat ontstaat, zou men kunnen zeggen dat de groep zelfstandig is geworden. De groep kan een geheel eigen, autonome werking gaan uitoefenen.

5.5.6 Samenvatting

VOORFASE (FASE 1)
Het ontwerp van een groep:
— sociale omgeving van de groep staat centraal: contextniveau.

ORIENTATIEFASE (FASE 2)
De groepsproblematiek betreft vooral de positiebepaling van de groep ten aanzien van haar omgeving en ten aanzien van haar taak en het verkrijgen van duidelijkheid ten aanzien van wat ieder aan de taak kan bijdragen.
Dit betekent:
— hoofdaandacht voor de taak, doelstelling en werkwijzen van de groep
— positiebepaling ten aanzien van externe krachten
— inhoudsniveau en procedureniveau staan centraal.

MACHTS- EN AFFECTIEFASEN (FASEN 3 EN 4)
De zorg van de groep betreft vooral het vinden van gemeenschappelijkheid met betrekking tot de verhoudingen tussen de groepsleden.
Dit betekent:
— hoofdaandacht voor de onderlinge relaties in de groep
— stellingname ten opzichte van elkaar
— interactieniveau staat centraal.

FASE VAN DE AUTONOME GROEP (FASE 5)
In deze fase gaat het om het gezamenlijk vinden van een houding met betrekking tot zichzelf in de groep en om welke mate van openheid men daarbij aandurft. Voor zover er een conflict is in deze derde fase ligt dat op het vlak van individualiteit versus socialiteit: waar zal ieder de grens trekken tussen de persoonlijke leefruimte en het samenzijn in de groep?
Dit betekent:
— hoofdaandacht voor de individuele groepsleden
— standpuntbepaling met betrekking tot het eigen zelf in de groep
— bestaansniveau staat centraal.

Het zal duidelijk zijn dat maar weinig groepen alle beschreven fasen zullen doormaken. Sommige groepen stoppen qua ontwikkeling na fase 2 en blijven op dat niveau functioneren. Andere groepen ontwikkelen zich door tot in fase 3 of 4, en blijven op dat niveau. Het aardige van deze fasenindeling is, dat aan elke fase verschillende typen groepen verbonden kunnen worden.

Het is onder andere afhankelijk van de doelstelling van de groep in welke mate de groep zich tot volgende fasen verder zal ontwikkelen.

Na de oriëntatiefase hebben we te maken met een taakgerichte groep, die tot een gecoördineerde bewerking van informatieve gegevens in staat is (vergadergroepen, besluitvormende instanties, cursusbijeenkomsten en dergelijke). Of met discussiegroepen: de groep is zover, dat daarin een redelijke discussie kan worden gevoerd.

Na de controle en de affectiefase kan de groep zich als een samenhangende functionele eenheid handhaven. Voorbeelden hiervan zijn werkgroepen, stafbijeenkomsten en studiegroepen, waarin de onderlinge samenwerking tot ontwikkeling gekomen is. Een ander voorbeeld vormt de gespreksgroep: de groep is niet alleen in staat te discussiëren, maar ook werkelijk van gedachten te wisselen.

Als voorbeelden van groepen na de autonomiefase gelden leefgroepen en werkteams, waarin een gemeenschappelijke afstemming is ontstaan tussen individuele motieven en waarden en de eisen, die het samenzijn stelt. Ook procesgerichte groepen, waarbij men in een versneld tempo een groepsontwikkeling doormaakt, zoals trainingsgroepen of ontmoetingsgroepen, kunnen een voorbeeld zijn van groepen na deze fase (vgl. Stemerding, 1973 en 1974, en Remmerswaal, 1992).

5.6 De trits: "unfreezing, moving, freezing"

Veel theorieën over sociale verandering en begeleiding van individuen, groepen en organisaties gaan terug op het pionierswerk van Lewin in de jaren dertig en veertig. Deze Duitse wetenschapper heeft in die periode in de Verenigde Staten gewerkt aan een aantal belangrijke veranderingsprojecten en heeft zo sterk bijgedragen aan het ontstaan van de methodiek van groepstrainingen eind jaren veertig.
In deze paragraaf behandelen we een deelaspect uit zijn theorie, namelijk zijn *fase-theorie van sociale verandering*. Uitgangspunt voor hem is daarbij dat elke poging tot verandering tegenkrachten oproept die erop gericht zijn de effecten van de verandering ongedaan te maken. Dank zij de balans tussen veranderingskrachten en tegenkrachten is elk sociaal systeem (individu, groep of organisatie) in staat een evenwicht te handhaven. Dit is echter geen statisch, maar een dynamisch evenwicht, omdat de op elkaar inwerkende krachten te zamen een krachtenveld vormen.
Nu is het volgens Lewin niet zo vruchtbaar om sociale verandering te definiëren in termen van te bereiken doelen, als wel in termen van verandering van het huidige evenwichtsniveau in een nieuw evenwichtsniveau. Dus als het wijzigen van het bestaande krachtenveld in een nieuw krachtenveld. Verandering naar het nieuwe niveau is nog niet voldoende: er blijft immers kans bestaan op terugkeer naar het oorspronkelijke niveau.

Daarom moet er in de planmatige verandering ook aandacht zijn voor een "bevriezing" van het nieuwe niveau. Hiermee is tevens Lewins bekende drie-fasenmodel voor sociale verandering aangegeven: *"unfreezing, moving, freezing":*

1 ontdooien van het huidige niveau van functioneren van het te wijzigen systeem
2 wijzigen naar een nieuw niveau van functioneren
3 bevriezing op dit nieuwe niveau, waardoor het krachtenveld "beveiligd" wordt tegen terugval. Men spreekt ook wel van consolidering van het nieuwe evenwicht.

Op met name de eerste stap in dit drie-fasenmodel wil ik nader ingaan. In Lewins visie zijn er twee hoofdmanieren om een bestaand evenwicht te wijzigen:

1 het toevoegen van krachten in de richting van de gewenste verandering. Lewin spreekt hier van veranderingskrachten of vernieuwingskrachten. Deze eerste manier wordt het vaakst gebruikt.
2 het verminderen of uitschakelen van krachten die de gewenste verandering tegengaan. Lewin spreekt hier van het verminderen van de "weerstand".

In beide gevallen zal het resultaat zijn dat het systeem als geheel verandert. De tweede methode verdient volgens Lewin de voorkeur, omdat deze het meest strategisch is en het meest recht doet aan de situatie. Immers, de eerste methode van het toevoegen van veranderingskrachten zal tevens een aantal tegenkrachten of weerstanden activeren. Hoe groter de pressie tot verandering, hoe sterker ook de weerstanden die deze pressie zelf oproept. Soms gaan deze weerstanden gepaard met een hoge spanning, die zich uit in agressiviteit en emotionaliteit. Het is dus veel strategischer om de aandacht te richten op deze weerstanden en deze weerstanden serieus te nemen. Door de aandacht vooral te richten op het verminderen van de weerstand, ontstaat in het krachtenveld een lagere spanning.

Het verminderen van de tegenkrachten ziet Lewin als de eerste en onmisbare fase van het veranderingsproces. Hij noemt deze eerste fase *"unfreezing"*. Het werken aan een groepsklimaat van veiligheid en vertrouwen is een wezenlijk onderdeel van deze "unfreezing". Vandaar dat het werken aan een klimaat van veiligheid en vertrouwen van belang is in de beginfase van de groep.

Nadat tijdens de groepsbijeenkomsten planmatig gewerkt is aan bepaalde veranderingen bij de deelnemers, dient (volgens Lewin) "bevriezing" plaats te vinden van de bereikte verandering, om terugval te voorkomen. Het resultaat moet "beklijven", moet geconsolideerd worden. Hiervoor dient de begeleider aandacht te hebben in de slotfase. Enkele vormen hiervan:

— het maken van een eindwerkstuk of het voldoen aan een praktijkopdracht kan goed dit doel dienen

— in vergaderingen maakt men gebruik van verslagen, notulen of besluitenlijsten
— cursisten kunnen het advies of de taak krijgen om een logboek bij te houden van eigen leerervaringen en conclusies
— ook het maken van tussentijdse opdrachten (huiswerk) en het kiezen van een ander groepslid als "consultant" ("buddies-model") dragen bij tot het beter "beklijven" van wat men geleerd heeft.

5.7 De afsluitingsfase (fase 6)

Wanneer groepen aan hun einde komen, bijvoorbeeld omdat de laatste bijeenkomst in zicht komt, breekt de afsluitingsfase aan. Hieraan is een tweetal aspecten te onderscheiden:
— een taakgericht aspect: ik noem dit afsluiting
— een sociaal-emotioneel aspect: hier gaat het om afscheid.

Beide aspecten verdienen aandacht.

5.7.1 Afscheid

De sociaal-emotionele banden komen in de afsluitingsfase anders te liggen. Vaak ziet men in groepen dat men zich in de afsluitingsfase al wat begint los te maken van de groep: men komt soms te laat, men zegt soms een bepaalde bijeenkomst af. Hieruit valt af te leiden dat in de afsluitingsfase de banden en verplichtingen in de externe omgeving zwaarder gaan wegen dan de band met de groep zelf.

Hoe dan ook, het is van belang om in de afsluitingsfase ook aandacht te besteden aan afscheid van elkaar, dat wil zeggen tijd te nemen om stil te staan bij wat men persoonlijk en sociaal-emotioneel voor elkaar betekend heeft. Men kan hiervoor diverse vormen kiezen:
— een feedback-ronde
— een in symboolvorm meegeven van iets voor de verdere reis
— een groepsgesprek over afscheid (bijvoorbeeld een uitwisseling van eigen ervaringen met goed afscheid en met slecht afscheid)
— het schrijven van een elf-woordengedicht voor de groep
— het samen ontwerpen van een afscheidsritueel.
Tot het ritueel kan ook een gezamenlijke slotmaaltijd horen.
Wat men ook kiest, het is van belang een vorm te kiezen die past bij de voorgaande geschiedenis van de groep.

In paragraaf 5.5 bespraken we een drietal begrippen die stammen uit het groepsontwikkelingsmodel van Schutz: inclusie - controle - affectie. Schutz bespreekt met dezelfde drie begrippen ook het proces van groepsafbouw. Groepsontwikkeling wordt groepsafwikkeling en nu komen de drie kernthema's in omgekeerde volgorde aan bod: eerst afronden van affectie, dan van controle en ten slotte van inclusie.

Het *afronden van affectie* valt te zien in een laatste opleving van openhartigheid, waarin positieve en soms ook negatieve gevoelens direct of indirect aan bod komen. Ook al is de groep nog niet echt voorbij, men benoemt soms de relaties al in termen van "voltooid verleden tijd": "jammer dat ik met jou zo weinig contact gehad heb", "we hebben elkaar altijd dwars gezeten", "ik heb genoten van je humor".

Het *afronden van controle* blijkt uit het gegeven dat tal van zaken die eerst zo belangrijk leken dat de hele groep moest meebeslissen nu aan één of enkelen gedelegeerd worden. Als het om opleidingsgroepen gaat, moet er aan het eind vaak een individuele beoordeling gegeven worden. Dit is het moment voor het laatste conflict op het terrein van "controle" en macht.

Het *afronden van inclusie* kan nu beter exclusie genoemd worden: het oplossen van de groepsgrenzen. Ieder verlaat de groep en keert terug naar waar hij vandaan komt. Het feitelijke einde van de groep wordt vaak nog even uitgesteld. Men belooft elkaar foto's te sturen die tijdens de laatste bijeenkomsten gemaakt zijn of het uitstel krijgt de vorm van plannen voor een slotfeestje of een reünie. Zo'n reünie vindt bijna nooit plaats, maar het erover praten maakt de eigenlijke scheiding makkelijker. De wens om elkaar later nog eens te ontmoeten kan op het moment van afscheid oprecht en reëel zijn, maar even reëel is dat men de interesse daarvoor verliest als men elkaar enige tijd niet gezien heeft (naar Oomkes en Cuijpers, 1986).

5.7.2 Afsluiting

De afsluiting markeert formeel het einde van de groep. Het is gebruikelijk dit te laten voorafgaan door een gezamenlijke evaluatie, waarbij wat bereikt is, wordt vergeleken met de doelstellingen en met de plannen uit de beginfase:
— in welke mate zijn de doelen gehaald?
— zijn bepaalde doelen uit het zicht verdwenen en zijn daar andere doelen voor in de plaats gekomen?
— zijn er nieuwe doelen bijgekomen?
— hoe is het proces van onderlinge samenwerking verlopen?
en dergelijke.
Voor zo'n groepsgerichte evaluatie kunnen vragenlijsten gebruikt worden.

Daarnaast vindt bij cursussen en opleidingen tevens een individuele evaluatie plaats in de vorm van een beoordeling van de behaalde resultaten. Dit mondt meestal uit in een certificaat of diploma. Het moment van certificering (bijvoorbeeld de diploma-uitreiking) vormt dan het officiële en formele moment van afsluiting. Groepen kunnen hier een bepaald ritueel voor kiezen, dat overeenstemt met de cultuur van de organisatie of het opleidingsinstituut.

5.8 Verbinding met de praktijk

5.8.1 Reflectievragen

1 • Kies een van de groepen waar je lid van bent en ga op zoek naar de ontstaansgeschiedenis en de voorfase van deze groep.
   • Zoek in deze geschiedenis naar ontwikkelingen en gebeurtenissen die lijken op wat Sartre en Pagès beschreven hebben (zie paragraaf 5.2 en 5.3).
   • Probeer ook na te gaan wat er gespeeld heeft in de voorfase (zie paragraaf 5.5.1) en wat er nog over is van de oorspronkelijke bezieling en doelstellingen.

2 • Ga na welke factoren voor jouzelf de redenen vormden voor je lidmaatschap van deze groep (de groep uit vraag 1 of een andere groep).
   • Ben je meer taakgericht of meer sociaalgericht? Of een mengvorm van deze twee?
   • Is er verandering gekomen in deze gerichtheid?
   • De motieven om lid te worden zijn niet zonder meer gelijk aan de latere motieven om lid te blijven. Hoe ligt dat voor jou?

3 • Ga in je herinnering terug naar twee ervaringen van jezelf als groepslid:
   – een ervaring met een slechte start van een groep, en
   – een ervaring met een goede start van een groep.
   • Bespreek deze ervaringen in drietallen (15 minuten) en ga na wat er in beide situaties groepsdynamisch aan de hand was, bijvoorbeeld wat er in de groep met de slechte start ontbrak, welke condities niet vervuld waren, welke "onzichtbare interventies" ontbroken hadden, en dergelijke.
   • Daarna plenair een gesprek over wat we uit deze ervaringen kunnen leren met betrekking tot het zelf starten van een groep, over punten waar je op dient te letten, en dergelijke.

5.8.2 Wat er speelt bij de start van groepen

Hierna volgt een beknopte omschrijving van 7 punten die kunnen spelen bij het allereerste begin van groepen.
Neem in drietallen deze punten door en ga bij elk punt met elkaar na of en hoe dit punt ook in deze groep gespeeld heeft.

1 Onzekerheid naar de andere mensen in de groep:
   wat voor soort mensen zouden dit zijn, wat zijn hun achtergronden, enzovoort.
   Vaak wordt aan deze onzekerheid voorlopig tegemoet gekomen door een voorstelronde.

2 Onzekerheid naar de taak en de doelstelling:
   wat gaan we precies doen, wat zal ieders taak zijn, waarvoor zijn de anderen gekomen, enzovoort.

Vaak wordt aan deze onzekerheid voorlopig tegemoet gekomen door ieders verwachtingen te peilen en door het bekendmaken van een programma of een agenda, waarmee een voorlopige taakstructuur geboden wordt. Deze onzekerheid vindt een oplossing zodra men zegt "ik zie het wel zitten".

3 Een gevoel van onveiligheid:
men houdt zich voorlopig op de vlakte, een aantal mensen zal "de kat uit de boom kijken", men laat nog niet al te persoonlijke dingen horen, de meesten kiezen een afwachtende houding en "investeren" nog niet.

4 Het is een fase van oriëntatie met als kenmerken:
- zoeken van een antwoord op de vraag "wat zal mijn positie in de groep zijn"
- neiging tot stereotyperingen en selectieve waarnemingen ten opzichte van elkaar
- soms een strijd om de aandacht en het innemen van "psychologische ruimte"
- eerste signalen van een strijd om de macht, zoals uittesten van de leider, zichzelf poneren, per se tot afspraken willen komen, en dergelijke
- pseudo-interactie, zoals langs elkaar heen praten, meer voor zichzelf praten (Koot en Bie noemen dit "krommunikatie"), veel opmerkingen worden niet opgepakt en verdwijnen als "natte sneeuw", en dergelijke.

5 Signalen van afhankelijkheid en hulpeloosheid:
wachten op ondersteuning of maatregelen van de leider, leunen op gezagsvertegenwoordigers, zoeken naar zekerheden en structuur, naar regels en procedures, en dergelijke.

6 Inclusievragen:
- wie horen er wel en wie niet bij de groep
- hoor ik erbij of hoor ik er niet bij (niet alleen letterlijk, maar ook gevoelsmatig)
- in hoeverre tel ik mee en word ik serieus genomen
- wat vraagt het lidmaatschap van mij, dat wil zeggen wat zijn de condities om "mee te doen"
en dergelijke.

7 Parallelfase:
Levine (1982) vergelijkt de interactie van een beginnende groep met de spelfase die kinderen in het begin van hun ontwikkeling meemaken. Deze fase noemt hij "de fase van de parallelle relaties". Hiermee bedoelt hij dat ieder nog voor zich en naast elkaar bezig is en zich daarbij wel op de leider richt, maar nog geen boodschap aan elkaar heeft. Interactie die op andere groepsleden gericht is, is daarbij vaak in feite bedoeld voor de leider.

5.8.3 Drie manieren om een groep te starten

1   Inhoud

2   Procedure

3   Relatieopbouw

Globaal gesproken zijn er drie manieren om als begeleider een groep te starten. Je kunt zeggen: "er zijn drie deuren om als begeleider een groep binnen te komen". Je kunt kiezen voor de "deur" van de inhoud, voor de "deur" van de procedure en voor de "deur" van de relatieopbouw. Ik zal hieronder elke manier via trefwoorden nader toelichten en ook aangeven voor welk type groep die manier het meest geschikt lijkt.

1   Inhoud

Wie kiest voor de "deur" van de inhoud bij de start van een groep, zal dit waarschijnlijk doen op een van de volgende manieren:

- geven van informatie over het thema, de lesstof of het agendapunt dat aan de orde is
- geven van informatie over de doelstelling en de taak van de groep
- verhelderen van het thema of het onderwerp
- bieden van een theoretische onderbouwing of achtergrond
- geven van een samenvatting van voorafgaande stappen of van wat een vorige keer behandeld is
- aanbieden van vakkennis
- afbakenen van het onderwerp.

De focus is cognitief gericht, dat wil zeggen gericht op het denken van de deelnemers.

Type groep:

Deze invalshoek ligt voor de hand in groepen waarin het "hoofd" centraal staat (paragraaf 3.3.2) en cognitieve processen de hoofdrol spelen, zoals groepen voor informatieoverdracht, kennisoverdracht of voorlichting (cursusgroepen, lesgroepen, en dergelijke)

2   Procedure

Wie een groep begint via de "deur" van de procedure zal dit waarschijnlijk doen via de werkwijze of de aanpak. Bijvoorbeeld:

- benoemen van het programma: wat gaan we doen of bespreken
- opstellen van een agenda of (als die er al is) deze met de groep doornemen
- vragen om aanvullingen
- inventariseren van verwachtingen en wensen
- maken van een tijdsindeling voor de bijeenkomst, inclusief de pauzetijden
- maken van afspraken en deze vastleggen
- aangeven van huisregels
- benoemen van spelregels voor de groepsinteractie (zoals regels voor participatie) of deze met de groep opstellen
- benoemen van procedures of werkwijzen

- sluiten van een contract met de groep (benoemen van wederzijdse verplichtingen)
- voorstellen van een rolverdeling of taakverdeling of deze maken samen met de groep
- benoemen en bewaken van de doelstelling
- stellen van grenzen
- goede timing en tijdsbewaking
- scheppen van zoveel mogelijk duidelijkheid en bieden van houvast
  kortom: aanbieden van structuur.

De focus is handelingsgericht.

Type groep:
Deze invalshoek ligt voor de hand in groepen waarin de "handen" centraal staan (paragraaf 3.3.2). Dit zijn groepen waarin vooral het aanleren van nieuw gedrag centraal staat, zoals groepen gericht op het trainen van beroepsgerichte vaardigheden, van communicatieve vaardigheden of van sociale vaardigheden.

3 Relatieopbouw
Wie een groep wil beginnen via de "deur" van relatieopbouw zal eerder kiezen voor één of meer van de volgende manieren:
- een persoonlijke kennismakingsronde
- vertellen van een verhaal of een gedicht
- opbouwen van een band met de groep
- maken van persoonlijk contact met ieder
- creëren van een klimaat van veiligheid en vertrouwen
- tonen van betrokkenheid
- zich als leider persoonlijk en kwetsbaar opstellen
- zoeken van aansluiting en verbinding
- aandacht geven aan iedereen
- iedereen het welkome gevoel geven dat hij erbij hoort en dat zijn aanwezigheid telt
- creëren van een sfeer en een groepsklimaat waarin openheid en kwetsbaarheid een kans krijgen
- geven van erkenning: ieder laten merken dat hij gehoord wordt
- zichzelf als leider toestaan dat hij gevoelsmatig geraakt word en dit ook laten zien
- tonen van echtheid en kwetsbaarheid: als leider ook iets over zichzelf vertellen
- metacommunicatie "emoties mogen er zijn"
- bevorderen van de interactie
- creëren van een "wij-gevoel" door nadruk op het gemeenschappelijke (het gemeenschappelijke opzoeken)
- aandacht voor het betrekkingsniveau ("hoe gaan we met elkaar om?").

Het bevorderen van de interactie kan de begeleider doen door groepsleden uit te nodigen zich tot elkaar te richten en op elkaar te reageren. In de kennismakingsronde kan hij bijvoorbeeld afwijken van het gebruikelijke rondje waarbij ieder de beurt doorgeeft aan degene die naast hem zit, door voor te stellen dat men iemand anders uit de groep uitnodigt om verder te gaan en iets over zichzelf te vertellen.

De focus is ervaringsgericht.

Type groep:
Deze invalshoek ligt voor de hand in groepen waarin het "hart" centraal staat (paragraaf 3.3.2), zoals procesgroepen en ervaringsgroepen.

5.8.4 Veiligheid en vertrouwen

Deze oefening heeft tot doel om interventies op het spoor te komen die bijdragen aan een groepsklimaat van veiligheid en vertrouwen.

Benodigd materiaal: een grote stapel foto's of een aantal tijdschriften, waar foto's uit geknipt mogen worden. Het meest geschikt zijn tijdschriften met veel fotomateriaal over mensen met intense ervaringen in uiteenlopende situaties.

De oefening wordt hieronder stapsgewijs beschreven.

1   Ieder kiest één foto die voor hem persoonlijk veiligheid en vertrouwen uitstraalt.

2   Ieder kiest eveneens één foto die onveiligheid en wantrouwen uitstraalt.

3   Alle foto's uit stap 1 worden bij elkaar gehangen, bijvoorbeeld links aan de wand, en alle foto's uit stap 2 rechts.

4   De groep bekijkt zittend deze foto's en vertelt welke associaties deze foto's oproepen.
Deze associaties worden in twee kolommen genoteerd op een bord of groot vel papier.
Neem voor deze associatiefase ruim de tijd.

5   In drietallen wordt nu (gedurende 15 minuten) gebrainstormd over mogelijke interventies van een groepsbegeleider, die kunnen bijdragen aan een groepsklimaat van veiligheid en vertrouwen.
Een belangrijke suggestie daarbij is om rekening te houden met de diverse niveaus in groepen (zie hoofdstuk 4). Het gaat dus om mogelijke interventies op inhoudsniveau, op procedureniveau, op interactieniveau en op bestaansniveau.

6   Tot slot worden deze interventies ter bevordering van veiligheid en vertrouwen in de groep plenair uitgewisseld en besproken. De docent/begeleider kan eventueel aanvullingen geven.
Een extra punt van bespreking kan zijn wat groepsleden zelf kunnen doen om in deze groep het klimaat van veiligheid en vertrouwen te verstevigen.

5.8.5 Metaforen van groepsontwikkeling

Voor het aangeven van ontwikkelingen in de menselijke levensloop worden nogal
eens metaforen gebruikt, zoals:
— een boom, geworteld in het verleden en zich uitstrekkend naar de toekomst
— een stroom of rivier, beginnend bij een bron in de bergen en uitmondend in
  een zee
— een labyrint of doolhof
— een reis, een levensweg of een pad, dat men te gaan heeft
— een verhaal met een plot, zoals een roman
— een detective met verrassende gebeurtenissen en een ontknoping: er gebeurt
  van alles en pas achteraf wordt de zin daarvan duidelijk.
Zulke beelden of metaforen kan men ook gebruiken voor het aangeven van groepsontwikkeling.

Opdracht:
Kies een symbool of een beeld dat voor jou de huidige ontwikkelingsfase van deze
groep aangeeft.

Daarna deze beelden plenair uitwisselen en bespreken.

5.8.6 Herkenning groepsontwikkeling

1   Vorm subgroepen van plm. vijf deelnemers en neem in elke subgroep 30 minu-
    ten de tijd voor onderstaande vragen.

2   Ga met elkaar terug in de herinnering naar de eerste bijeenkomst van deze
    groep.
    • Hoe gedroegen de mensen zich en hoe voelde je je toen?
    • Wat is daarin herkenbaar van de thema's "oriëntatie" en "inclusie"?
    • Heb je zulke signalen later ook nog gezien? Zo ja, wanneer en onder welke
      omstandigheden?

3   • Kun je je herinneren dat er in de groep signalen waren van een machtsfase,
      waarin bijvoorbeeld om invloed werd gestreden: bekvechterij, impasses,
      terugkerende discussie, mensen die "op hun strepen staan", "niet voor
      anderen onder willen doen", gehakketak op de begeleider(s)?
    • Was dat incidenteel?
    • Wat volgde erop?

4   • Welke signalen kun je je herinneren van een affectiefase in de groep, bij-
      voorbeeld van momenten waarop duidelijke uitingen van positief en/of
      negatief gevoel te ervaren waren, zoals waardering voor personen, ontroe-
      ring, uitingen van positieve gevoelens voor de groep als geheel, woede en
      andere gevoelens?

5   • In hoeverre heeft deze groep ook de autonome fase bereikt?
    • Welke signalen kun je daarvan benoemen?

6   • Welk thema van groepsontwikkeling speelt nu het sterkst een rol in de groep?
    • Welke signalen zie je daarvan?
    (Het is ook denkbaar dat de groep de overgang van het ene naar het andere thema meemaakt. Wanneer dat volgens jou zo is, geef dan aan waar je dat aan merkt.)

7   • Na 30 minuten presenteert elke subgroep haar bevindingen en antwoorden op bovenstaande vragen.
    Dit kan mondeling gebeuren, maar het is levendiger als iedere subgroep een originele presentatievorm kiest.
    Daarna volgt een gezamenlijke nabespreking.

Totale duur plm. 60 minuten.

Bewerking van de oefening "Herkennen van groepsontwikkeling", uit F.R. Oomkes, *Training als beroep; Deel 3: Oefeningen in interculturele vaardigheden*, Boom, Amsterdam/Meppel, 1994.

6 Communicatie

6.1 Inleiding

Als we de negentiende eeuw mogen kenschetsen als het tijdperk van de exacte wetenschappen en van de ontdekking van allerlei nieuwe vormen van energiegebruik, gepaard gaande met de ontwikkeling van allerlei technieken daartoe, dan kunnen we (aldus Amado en Guittet, 1975, p. 1-2) onze eeuw typeren als het tijdperk van de opkomst van communicatiewetenschappen en de ontdekking van allerlei nieuwe communicatiemiddelen. Het onderzoek rond informatie en communicatie, rond interactie en betrekkingen, rond taal en andere symbolen vormt een van de belangrijkste thema's in de sociale wetenschappen. In dit onderzoek neemt belangstelling voor de kleine groep een belangrijke plaats in. Het gezin, de schoolklas en de werkgroep zijn een centraal deel van de dagelijkse werkelijkheid van velen. Communicatie in groepen lijkt zo'n gewone bezigheid, dat men zich zelden realiseert wat er allemaal een rol in speelt. Men staat daar meestal pas bij stil, als deze communicatie problemen oplevert.

Elke communicatie kan men opvatten als een uitwisseling van symbolen en betekenissen, die behalve informatieoverdracht vaak ook beïnvloeding van anderen tot doel heeft en bovendien affectief gekleurd is. Hoe verloopt nu deze uitwisseling van communicaties binnen een groep? Welke dynamiek ligt daarachter en hoe kunnen we deze beter onderscheiden en analyseren?

Geen enkele theorie blijkt op zichzelf voldoende om op zulke vragen uitputtend antwoord te geven. Uit de grote diversiteit van studies over dit groepsverschijnsel blijkt dat het onderwerp communicatie een kruispunt is, waarop verscheidene wetenschapsgebieden elkaar tegenkomen (Amado en Guittet, ib). Uiteenlopende terreinen als de ethologie (gedragsleer bij dieren), de cybernetica en systeembenadering, de psychoanalyse en de linguïstiek behandelen dit onderwerp zo verschillend, dat het nauwelijks te geloven is, dat ze over hetzelfde deel van de sociale werkelijkheid gaan (ib.).

Een probleem bij de bespreking van communicatie in groepen is, dat er zo veel definities van dit begrip bestaan en dat er zo weinig overeenkomst is over welke definitie het bruikbaarst is. Dance (1970) bijvoorbeeld voerde een inhoudsanalyse uit op 95 definities van het begrip communicatie die hij gepubliceerd vond in verschillende wetenschapsgebieden. Uit deze analyse bleek dat men communicatie in al die theorieën op heel wat verschillende wijzen definieerde (wat een bron van mogelijke communicatiestoornissen!) en dat onderzoekers vanuit deze verscheidenheid aan definities uiteenlopende en tegenstrijdige richtingen ingeslagen zijn. Een aantal van deze richtingen zal ik nader bespreken, voor zover deze verhelderend zijn voor het hoofdthema "communicatie in groepen".

Ik zal in dit hoofdstuk de diverse onderwerpen en theoretische richtingen min of meer in "historische" volgorde behandelen: eerst theorieën, waarin communicatie opgevat wordt als een proces van informatieoverdracht (paragraaf 6.2), dan theorieën, waarin het hoofdaccent ligt op de interactie en wisselwerking tussen communicerende personen (paragraaf 6.3), met een uitstapje naar wat men in het dagelijks spraakgebruik onder communicatie verstaat, en later in dit hoofdstuk ook enkele hoofdthema's uit de recente systeem- en communicatietheorie (paragraaf 6.6). Daartussendoor zal ik aandacht besteden aan open en gesloten communicatie (paragraaf

6.4) en zal ik aangeven uit welke gedragsvormen defensieve en non-defensieve communicatie bestaan (paragraaf 6.5).

Later in het hoofdstuk zal ik het betrekkingsniveau in communicatie verhelderen aan de hand van de Roos van Leary (paragraaf 6.7) en zal ik ingaan op de rol die diskwalificaties in communicatie spelen.

Aan het slot van het hoofdstuk zal ik verhelderen hoe het betrekkingsniveau en het bestaansniveau met elkaar verweven kunnen zijn. Dit doe ik aan de hand van het thema "erkenning" en het thema "vriendschap".

6.2 Communicatie opgevat als informatieoverdracht

6.2.1 Enkele algemene principes

Men spreekt van communicatie, wanneer iemand via informatieoverdracht iemand anders beïnvloedt. Zulke beïnvloeding vindt ook tussen dieren plaats, maar die communicatie zullen we buiten beschouwing laten. Een simpele manier om communicatie te verhelderen, is het hierna volgende schema van Lasswell (1952, p. 12). Lasswell stelt voor, om communicatieproblemen te doordenken vanuit vijf kernvragen: wie? zegt wat? hoe? tegen wie? met welk effect? Met behulp van deze vijf vragen kunnen we communicatief gedrag weergeven in het volgende schema:

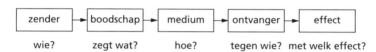

Figuur 6.1   Schema van communicatie volgens Lasswell

In 1952 voegt Shannon aan dit schema twee begrippen toe: encodering en decodering. Met *encodering* wordt bedoeld dat de zender zijn boodschap vertaalt in een daartoe geëigende symbolische vorm, meestal de spreektaal, maar ook gebarentaal en dergelijke. Met *decodering* wordt het omgekeerde bedoeld: de symboolvorm wordt "ontcijferd" en terugvertaald in een bepaalde betekenis. Het schema van Shannon ziet er als volgt uit:

Figuur 6.2   Schema van communicatie volgens Shannon

In dit tweede schema komt echter het verschil tussen boodschap (wàt er gecommuniceerd wordt) en kanaal (hoe er gecommuniceerd wordt) niet helder genoeg tot uiting. Daarom geef ik de voorkeur aan een combinatie van de twee schema's:

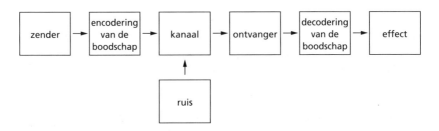

Figuur 6.3 Communicatie als informatieoverdracht

a de zender wenst een bepaalde informatie te communiceren; hij is de bron van de boodschap

b de informatie wordt geëncodeerd, dat wil zeggen vertaald in bepaalde symbolen (bijvoorbeeld taal)

c deze boodschap brengt hij over via een bepaald medium (bijvoorbeeld stembanden) dat tevens het kanaal bepaalt (bijvoorbeeld het auditief kanaal) en dat de signalen (bijvoorbeeld geluidstrillingen) overbrengt

d terwijl de signalen het kanaal passeren, zijn ze gevoelig voor storende invloeden. Zo'n storing wordt meestal aangeduid met de term ruis (*"noise"*)

e de ontvanger neemt de signalen inclusief de ruis waar

f hij decodeert (ontcijfert) de signalen

g die hij een bepaalde betekenis geeft (effect): interpretatie van de boodschap.

Zeven stappen dus voor er van een succesvolle informatieoverdracht gesproken kan worden (Lindgren, 1973, p. 305). Dat is heel wat. We zijn nu beter in staat, om een aantal communicatieproblemen te lokaliseren. Laat ik er enkele van noemen.

6.2.2 Gebrekkige communicatie

Men spreekt van effectieve communicatie, wanneer de ontvanger de uitgezonden boodschap op dezelfde wijze interpreteert als de zender bedoeld heeft. Laten we met behulp van het schema eens bekijken, wat zoal effectieve communicatie kan bedreigen.

1   Voor de zender is wellicht niet duidelijk, welke informatie hij zal gaan communiceren: welke bedoelingen, welke ideeën, welke gevoelens hij duidelijk zal gaan maken aan iemand anders. Misschien is hij er juist op uit, om bepaalde gedachten en gevoelens verborgen te houden.

2   De encodering kan gebrekkig zijn: het vertalen van zijn bedoelingen, ideeën of gevoelens in een vorm die geschikt is om door een ander begrepen te worden. Misschien kan hij ze niet goed onder woorden brengen en kan het zijn dat de gekozen boodschap niet meer overeenstemt met zijn bedoelingen of dat hij een dubbele boodschap tegelijkertijd gaat uitzenden, met andere woorden dat de boodschap niet helder is of ondubbelzinnig.

3   Ook kan zijn woordgebruik verschillen van dat van de ontvanger (Argyle, 1969, p. 76-77):
    a   wellicht gebruikt hij woorden, waaraan ieder een andere interpretatie kan geven. Zo zal ieder wel iets anders verstaan onder een "grote" stad of een "goede" student.
    b   wellicht hecht hij een andere emotionele betekenis aan de gebruikte woorden. Dit is eerder gewoonte dan uitzondering, wanneer de gesprekspartners tot groepen met verschillende ideologieën behoren. De woorden "socialisme" en "arbeider" bijvoorbeeld hebben verschillende bijbetekenissen in verschillende groepen, met name gevoelsmatig.
    c   ook kan de communicatie gebrekkig blijven, omdat sommige gebruikte woorden of termen ingebed zijn in een verschillend theoretisch referentiekader en dus verschillende theoretische betekenissen hebben.

Heel wat politieke en ideologische verschillen worden ondersteund door zulke verschillen in woordgebruik. Wanneer een rechts-georiënteerde politicus spreekt van een "kapitalist", denkt hij meestal aan een grote groep mensen, inclusief een aantal relatief arme mensen, die zakelijke activiteiten financieren en op gang brengen door het riskeren van een deel van hun eigen geld. Een links-georiënteerde politicus zal eerder denken aan een klein aantal niet op hun bedrijf aanwezige bezitters die niet werken, maar wel winsten opstrijken. Deze twee betekenissen verschillen in alle drie genoemde opzichten. Er is heel wat verbale interactie voor nodig om deze drie soorten stoornissen te ontrafelen.

4   Tijdens het overbrengen van de boodschap kunnen ook storingen optreden: ruis. Ruis is elk element, dat stoort in het communicatieproces. Meestal wordt onder ruis alleen verstaan: elke storing die in

het kanaal optreedt, zoals achtergrondgeluiden vanuit de omgeving, spraakproblemen (bijvoorbeeld stotteren), irritante gewoonten (bijvoorbeeld mompelend praten) en andere zaken die afleiden.

5   In bredere zin kunnen we ook van ruis spreken bij de zender: bepaalde attitudes, vooroordelen en zijn referentiekader kunnen een belemmering vormen voor effectieve communicatie, evenals gebrekkige taalvaardigheid.

6   Ook bij de ontvanger kunnen deze bronnen van ruis bestaan: ook zijn houdingen, zijn achtergrond, zijn referentiekader en zijn ervaringen kunnen verhinderen, dat hij de boodschap juist decodeert.

7   Het kan ook zijn, dat de ontvanger de boodschap op juiste wijze decodeert, maar onjuist interpreteert, dat wil zeggen anders interpreteert dan de zender heeft bedoeld. Dit is waarschijnlijk de vaakst voorkomende bron van misverstanden in interpersoonlijke communicaties. Omdat bedoelingen alleen bekend zijn aan de persoon die ze ervaart, en tot de "binnenwereld" van de zender behoren, zullen deze bedoelingen van de zender niet altijd duidelijk zijn aan de ontvanger. De zender communiceert niet altijd, wat hij bedoelt (vgl. punt 1 en 2 hierboven); voor hem zijn z'n bedoelingen wel rechtstreeks duidelijk, maar voor de ontvanger hoogstens indirect.

Communicatie is zelden een eenvoudig lineair proces (Remmerswaal, 1992, p. 140):

Zender A ⎯⎯⎯⎯⎯⎯⎯⎯⎯⎯⎯⎯→ Ontvanger B

maar verloopt meestal als volgt:

Figuur 6.4   Vervormingshoek in communicatie

De vervormingshoek wordt onder andere veroorzaakt doordat informaties of signalen vaak meervoudig te interpreteren zijn.

De kloof tussen wat de zender bedoelt en wat de ontvanger denkt dat de zender bedoelt, wordt niet zo vaak bepaald door woordgebruik, grammaticale formulering van de zin of gebrek aan verbale vaardigheid, maar vaker door emotionele en sociale bronnen van "ruis". Men is bijvoorbeeld zo bezig met zichzelf of met wat men van plan is te gaan antwoorden, dat men niet goed luistert naar wat de ander zegt. Bovendien speelt ook hier selectieve waarneming een rol: men hoort bijvoorbeeld slechts die gedeelten van de boodschap, die men verwacht te horen.

En ten slotte wordt het zuiver interpreteren van een boodschap nog eens extra bemoeilijkt door het feit dat elke boodschap twee aspecten heeft: een inhoudsaspect en een betrekkingsaspect. Ik kom hier op terug in paragraaf 6.6.

6.3 Communicatie als interactie

In het dagelijks spraakgebruik (Lindgren, 1973, p. 302) wordt over communicatie meestal simpel gedacht: ieder communiceert of probeert dat; sommigen begrijpen deze communicaties, anderen niet. En men communiceert, om een ander iets mee te delen: informatie, gevoelens, eisen of argumenten.

Dat communicatie heel wat ingewikkelder is, heb ik in het voorafgaande al enigszins aangetoond. De simpele alledaagse visie laat heel wat vragen onbeantwoord. Bijvoorbeeld waarom communiceren mensen eigenlijk, waarom zijn mensen er soms op uit om in hun communicatie hun gevoelens eerder te verbergen dan te uiten, waarom communiceren mensen die soms eigenlijk niets te zeggen hebben, waarom communiceren mensen soms misleidende of onjuiste informatie?
Antwoorden op zulke vragen kunnen we pas vinden, als we communicatie anders opvatten dan in het alledaagse spraakgebruik. Laten we daarom wat langer stilstaan bij de verschillen tussen wat men onder communicatie verstaat in dit alledaagse spraakgebruik (a) en in communicatietheorieën (b). Lindgren vat dit als volgt samen:

a   Veel mensen denken over communicatie vooral in termen van wat het hun oplevert: het uitwisselen van informatie, het uiten van gevoelens, het stellen van eisen, het vernemen van nieuws, enzovoort. In zo'n opvatting is communicatie ons gereedschap en hulpmiddel: het staat ons ten dienste en wij zijn er de meester van.

Bauer (1964) heeft erop gewezen, dat communicatie in het alledaagse spraakgebruik vaak opgevat wordt als een poging tot het beïnvloeden of manipuleren van iemand anders. Daarbij denkt men al te snel dat de ander de gecommuniceerde informatie wel zal accepteren en dienovereenkomstig zal handelen. Dit is echter eerder indoctrinatie dan communicatie. Vergelijk de teksten van reclames en advertenties.

Dit is een eenzijdige en bovendien individualistische opvatting die maar tot op beperkte hoogte geldig is, want ze houdt er geen rekening mee, dat heel veel neveneffecten van communicatie soms belangrijker zijn dan de inhoudelijke boodschap en dat communicatie heel wat meer functies heeft dan het overbrengen van informatie alleen.

b   De theoreticus, aldus Bauer, vat communicatie eerder op als interactie. Hij spreekt pas van communicatie, wanneer de ontvanger daar op een min of meer actieve wijze bij betrokken is, bijvoorbeeld door aandacht te schenken door middel van luisteren, kijken, proberen te begrijpen of het leveren van een eigen aandeel aan het gesprek. Er is pas interactie en dus communicatie, wanneer beide partijen zich door elkaar laten beïnvloeden. Tegenover de meer alledaagse opvatting van communicatie als een eenrichtingsproces, benadrukt de wetenschapper de wederzijdse beïnvloeding en het interactionele karakter van communicatie.

Een simpel voorbeeld hiervan: al op het niveau van de lengte van de spreektijd stemmen gesprekspartners zich op elkaar af. Lindgren (1973, p. 305) noemt als voorbeelden van zulke wederzijdse beïnvloeding een tweetal studies van Matarazzo. In een eerste studie (Matarazzo e.a., 1964) werd de lengte van de spreektijd in gesprekken tussen twee personen in een interviewsituatie gevarieerd. In de loop van een interview van 45 minuten zorgde Matarazzo ervoor dat de ene spreker aanvankelijk commentaar gaf van plm. 5 seconden, later in het interview van plm. 10 seconden en ten slotte weer van plm. 5 seconden. Zoals in figuur 6.5 te zien is, resulteert deze toename van 100% in spreektijd van de ene gesprekspartner in een soortgelijke toename in spreektijd van de andere gesprekspartner (zie situatie 1). In een tweede interviewsituatie manipuleerde Matarazzo de spreektijd van de ene spreker in omgekeerde volgorde: eerst 10, dan 5 en daarna weer 10 seconden. Ook hier zien we dat de gesprekspartner zijn spreektijd hierbij aanpaste (zie situatie 2 in figuur 6.5). In een derde interviewsituatie zorgde Matarazzo voor weinig variatie in de spreektijd van de ene spreker: daarmee correspondeerde even weinig variatie in de spreektijd van de andere partner (zie situatie 3 in figuur 6.5).

Een soortgelijk verband stelden Matarazzo en Wiens (1967) vast tussen de pauzes, die gesprekspartners tijdens een gesprek in acht nemen. In dit tweede onderzoek varieerden zij de hoeveelheid tijd die verstrijkt tussen het uitgesproken zijn van de ene gesprekspartner en het stellen van de volgende vraag door de interviewer. Ook hier werd een wederzijdse beïnvloeding vastgesteld: hoe langer de interviewer wachtte met het stellen van zijn vragen, hoe langer de andere gesprekspartner wachtte met zijn antwoorden.

Deze onderzoekers verklaren deze verschijnselen in termen van de sociale leertheorie, waarin de deelnemers aan het gesprek voor elkaar als model fungeren. Het wederkerige effect kan ook opgevat worden als het tot stand komen van een norm tussen de leden van deze groep van twee personen (Lindgren, ib.).

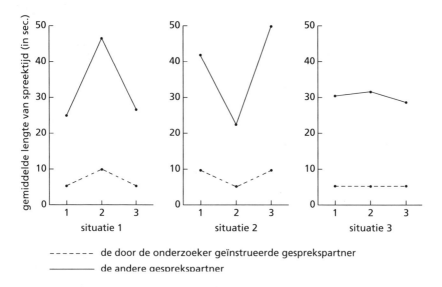

------- de door de onderzoeker geïnstrueerde gesprekspartner

————— de andere gesprekspartner

Figuur 6.5   Variaties in spreektijd tussen twee gesprekspartners in een interviewsituatie, waarbij de lengte van de spreektijd van een gesprekspartner door de onderzoeker systematisch werd gevarieerd (Matarazzo e.a., 1964)

Omdat ik communicatie opvat als interactie (en niet louter als informatie-overdracht), wordt nu duidelijk dat ik in de eerste gedeelten van dit hoofdstuk communicatie dus te eenzijdig heb voorgesteld. Ik moet het eerder gegeven schema aanvullen met zijn spiegelbeeld (zie figuur 6.6):

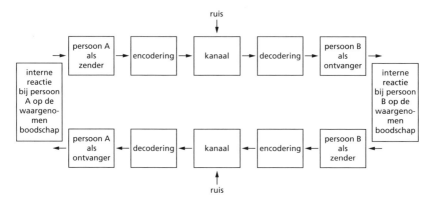

Figuur 6.6   Communicatie als interactie

Pas door de reactie van persoon B, dus pas door de wisselwerking tussen persoon A en persoon B, kunnen we van communicatie spreken. Toch heeft zelfs dit uitgebreidere schema nog een nadeel: het kan de misleidende indruk wekken, dat alles in een bepaalde volgorde gebeurt, terwijl in werkelijkheid alles gelijktijdig schijnt plaats te vinden (Johnson, 1973, p. 98-99). In interpersoonlijke communicatie is elke persoon zowel zender als ontvanger en zullen dit zenden en ontvangen vaak gelijktijdig plaatsvinden: men kan tegelijkertijd spreken en aandachtig letten op de non-verbale reacties van de andere persoon.

Wanneer twee mensen elkaar zien, beïnvloeden ze voortdurend elkaars waarnemingen en verwachtingen. Interpersoonlijke communicatie kan dan ook breed gedefinieerd worden als elk verbaal of non-verbaal gedrag dat door een andere persoon waargenomen kan worden (Johnson, ib.). Met andere woorden communicatie is heel wat meer dan alleen uitwisseling van gesproken boodschappen. Omdat elke gedragsvorm communicatieve waarde kan hebben, stelt Watzlawick (1970, p. 42) zelfs: men kan niet niet-communiceren, want men kan zich niet niet-gedragen.

Omdat alles wat men doet in aanwezigheid van anderen door die anderen opgevat kan worden als een communicatie, moeten we onderscheid maken tussen *bedoelde* en *onbedoelde* communicatie. Communicatie kan pas effectief zijn, wanneer de bedoelde en de onbedoelde communicatie elkaar ondersteunen, of (in termen van schema 6.4): wanneer de vervormingshoek zo klein mogelijk is.

Ik wil communicatie niet zo breed definiëren als Watzlawick, die elk gedrag communicatie noemt. Het is gebruikelijk om interpersoonlijke communicatie op te vatten als een proces van wisselwerking tussen een zender en een ontvanger, waarbij de zender een bepaalde reactie bedoelt op te roepen. Zoals ik al aangaf, betekent deze opvatting niet dat communicatie altijd bestaat uit een in de tijd onderscheidbare reeks van gebeurtenissen, waarin iemand een boodschap uitdenkt en uitzendt en iemand anders de boodschap ontvangt en interpreteert. Interpersoonlijke communicatie is een proces, waarin iedere betrokkene ontvangt, zendt, interpreteert en conclusies trekt en dit alles tegelijkertijd zonder een duidelijk begin en einde (Johnson en Johnson, 1975). Alle communicatie impliceert het uitwisselen van symbolen, waaraan bepaalde betekenissen worden toegekend. Deze symbolen kunnen zowel verbaal als non-verbaal zijn. Het uitwisselen van ideeën, ervaringen en dergelijke tussen twee of meer mensen is pas mogelijk, wanneer alle betrokkenen uitgaan van dezelfde betekenisverlening aan deze symbolen. Technischer uitgedrukt: wanneer voor de encodering dezelfde regels en gewoonten gebruikt worden als voor de decodering.

6.4 Open en gesloten communicatie

Een goede indicatie voor het groepsklimaat kan men vinden in het type communicatie tussen de groepsleden, met name in de mate van openheid dan wel geslotenheid van de communicaties. Naar een idee van Johnson en Johnson (1975) zijn hierin vijf aspecten te onderscheiden (zie bijgevoegd schema):

1   een inhoudsaspect
2   een tijdsaspect
3   de mate van onthulling van gevoelens
4   de mate van onthulling van persoonlijke informatie
5   de mate van onthulling over de onderlinge relaties.

Het groepsklimaat is opener naarmate groepsleden:

1   vaker ter sprake brengen wat persoonlijk voor hen belangrijk is
2   in wat ze zeggen méér uitgaan van wat er "hier en nu" gebeurt of wat ze "hier en nu" ervaren
3   in sterkere mate gevoelens inbrengen en gevoelens van elkaar benutten als waardevolle informatie die de groep verder kan helpen in haar functioneren
4   vaker persoonlijke informatie, zoals eigen houdingen, eigen waarden, eigen ervaringen en dergelijke ter sprake brengen
5   vaker openlijk aandacht besteden aan de onderlinge relaties tussen de groepsleden.

Het groepsklimaat is geslotener naarmate groepsleden:

1   onpersoonlijk blijven in hun communicaties zonder persoonlijk belang of zonder naar iemand te verwijzen
2   in het algemeen blijven praten in de vorm van generalisaties en dergelijke
3   niet of nauwelijks eigen gevoelens ter sprake brengen en deze gevoelens irrelevant of ongepast achten voor het functioneren van de groep
4   niets persoonlijks tegen elkaar zeggen, maar in plaats daarvan blijven spreken over theorieën, intellectualisaties, analyses, generalisaties of andere abstracte ideeën
5   niet ingaan op de onderlinge relaties tussen de groepsleden.

Deze twee "portretten" van een open en een gesloten relatie vormen uiteraard twee uitersten, waar veel tussenvormen van mogelijk zijn met vloeiende overgangen. Dit wordt tot uitdrukking gebracht in het schema op de volgende pagina.

Schema open en gesloten communicatie in groepen
(naar Johnson en Johnson, 1975, p.243)

	INDIRECTE COMMUNICATIE ◄– – – – gesloten communicatie			DIRECTE COMMUNICATIE open communicatie – – – – ►
1 *inhoud*	naar iemand verwijzend, onpersoonlijk, geen direct persoonlijk belang (bijv. generalisaties, grapjes)	sommige groepsleden brengen ter sprake wat persoonlijk belangrijk voor hen is		alle groepsleden brengen ter sprake wat persoonlijk belangrijk voor hen is
2 *tijdsaspect*	geen tijdsaspect, bijv. generalisaties, grappen	verre verleden of verre toekomst	recent verleden of nabije toekomst	hoofdnadruk op het onmiddellijke "hier en nu"
3 *onthulling van gevoelens*	gevoelens komen niet of zelden ter sprake en worden irrelevant en ongepast geacht voor het functioneren van de groep		gevoelens worden ingebracht en benut als waardevolle informatie, die de groep kan helpen in haar functioneren	
	geen	enige	meer	vaak en veel
4 *onthulling van persoonlijke informatie*	geen persoonlijke informatie; de gesprekken gaan over abstracte ideeën, over theorieën, over intellectualisaties, analyses of generalisaties		eigen houdingen, waarden, ervaringen, voorkeuren etc. komen ter sprake en krijgen de aandacht	
	onpersoonlijk	steeds persoonlijker >		vaak en veel
5 *onthulling over onderlinge relaties*	de relaties tussen de groepsleden komen niet of zelden ter sprake; de gesprekken gaan over ... (zie hierboven bij 4)		de relaties tussen de groepsleden komen openlijk ter sprake en krijgen de aandacht	
	nooit	zelden	méér	vaak en veel
	◄– – – – – gesloten relaties			open relaties – – – – – ►

6.5 Defensieve en non-defensieve communicatie

Wat kan eraan gedaan worden om communicatie effectief en zinvol te laten verlopen? Een van de belangrijkste richtlijnen hiervoor is het ontwikkelen van een gespreksklimaat van wederzijds vertrouwen. Zo'n ontwikkeling bevorderen we door gedragsvormen die openheid stimuleren en defensiviteit verminderen.

Precies hierover heeft de sociaal-psycholoog Gibb (1961) geschreven toen hij het had over *defensieve communicatie*. Defensief gedrag, zo stelt Gibb, ontstaat wanneer men zich bedreigd voelt of een bedreiging verwacht. Hij noemt een zestal concrete gedragsvormen die defensiviteit oproept en geeft daarbij telkens ook aan welke gedragsvormen zulke defensiviteit verminderen.

Gedragsvormen die defensiviteit oproepen		Gedragsvormen die defensiviteit verminderen
1 beoordeling	versus	beschrijving
2 dwang	versus	probleemgerichtheid
3 manipulatie	versus	spontaniteit
4 onverschilligheid	versus	empathie
5 superioriteit	versus	gelijkwaardigheid
6 overtuigd zijn van eigen gelijk	versus	voorlopigheid

Hieronder volgt een toelichting op elk van deze gedragsvormen. Eerst de linkerkolom:

1   *Beoordeling:* het geven van waardeoordelen, met name negatieve oordelen, het veroordelen van de gesprekspartner, het maken van verwijten, de schuld geven, vaak gegoten in zogeheten "jij-taal".

2   *Dwang:* druk op de ander uitoefenen, door deze te overrompelen of te gaan overtuigen met een stroom van overredende argumenten; een ander zeggen hoe deze zich moet gedragen; weten wat goed voor een ander is, vóóraf al (ongeacht wat het contact met de ander op zal leveren) besloten hebben hoe de oplossing van een probleem eruitziet, zodat de ander zich gedwongen voelt om ja te zeggen en nauwelijks een andere keuzemogelijkheid heeft.

3   *Manipulatie:* proberen de ander op een verborgen en indirecte wijze iets duidelijk te maken of tot ander gedrag aan te zetten, bijvoorbeeld via geveinsde emotie, door schijnargumenten of door voor te spiegelen dat iets in het belang van de ander is terwijl het vooral gaat om eigenbelang. Een speciale vorm van manipulatie is de "psychologi-

sche sandwich" van lof-kritiek-lof: eerst iets aardigs zeggen, dan een klap geven en ten slotte weer iets aardigs (bijvoorbeeld zeggen dat je het beste voorhebt met de ander); de ander op indirecte wijze voor het eigen karretje spannen; werken met een verborgen agenda.

4   *Onverschilligheid:* geheel voorbijgaan aan de gevoelens van de ander; hem bejegenen als een object; geen eigen betrokkenheid of persoonlijke inzet; gebrek aan zorg.

5   *Superioriteit:* laten merken dat men méér is dan de ander, dat men zich boven hem verheven voelt, meer macht heeft, de zaken beter doorziet en dergelijke. Zo'n opstelling creëert gevoelens van minderwaardigheid bij de ander.

6   *Overtuigd zijn van eigen gelijk:* een belerende houding aannemen; laten merken dat je precies weet wat goed en wat fout is; er zeker van zijn dat je gelijk hebt en dat jouw manier van handelen de enig juiste is; suggereren dat de anderen stom zijn door er zo zeker van te zijn dat je alles al weet.

Hiertegenover staan communicatieve gedragsvormen, die juist géén defensief gedrag oproepen, maar bijdragen aan een gespreksklimaat van wederzijds vertrouwen.

1   *Beschrijving:* het louter beschrijvend weergeven van wat je hebt waargenomen of van hoe je je voelt zonder een waardeoordeel hierover te geven en zonder van de ander te eisen dat hij zijn houding of gedrag verandert; het geven of vragen van informatie zonder impliciete beschuldiging (beeldvorming zonder oordeelsvorming). Voorbeeld: beschrijven van wat het jou zelf doet hoe een ander is; vaak gegoten in zogeheten "ik-taal".

2   *Probleemgerichtheid:* bereidheid om samen een probleem te verkennen en vanuit een gezamenlijke probleemomschrijving een oplossing zoeken. De oplossing staat dus niet van tevoren vast, zodat de ander ruimte gelaten wordt om bij te dragen aan het besluit of om een eigen besluit te nemen.

3   *Spontaniteit:* eerlijk en open gedrag zonder bijbedoelingen of verborgen agenda's; rechtstreeks zeggen wat er in je omgaat, wat je denkt, wat je voelt.

4   *Empathie:* je inleven in de gevoelens en de situatie van de ander; zorg tonen voor zijn gevoelens, voor hoe hij is en voor wie hij is; respect voor de ander als persoon.

5   *Gelijkwaardigheid:* de ander laten merken dat je op gelijke voet met

hem wilt communiceren, dat je wilt samenwerken in wederzijds vertrouwen en respect; elkaar gelijke waarde toekennen als persoon, ook
al bestaan er verschillen in talenten, deskundigheid, status of macht.
Dus ook al bestaat er ongelijkheid, dan hoeft dit nog geen ongelijk-
waardigheid te betekenen.

6   *Voorlopigheid:* niet dogmatisch zijn; ook al heb je een eigen mening
    toch deze als voorlopig presenteren; achter de eigen gewoonten en
    vanzelfsprekendheden een vraagteken durven zetten; open staan voor
    nieuwe ideeën en suggesties; interesse tonen voor wat je nog niet
    weet; bereidheid rekening te houden met het oordeel van de ander.

Het zal duidelijk zijn dat de gedragsvormen die defensiviteit oproepen en
versterken, de onderlinge communicatie negatief beïnvloeden. Ze leiden
tot gesloten communicatie, tot blokkades en tot verlies aan motivatie, ze
roepen weerstand op, zetten aan tot een spiraal van wederzijds wantrouwen en verlagen het gevoel van eigenwaarde van de ander. De andere
gedragsvormen die defensiviteit verminderen zijn constructiever, omdat ze
uitnodigen tot participatie en open communicatie, stimuleren tot verandering, de motivatie versterken en de basis leggen voor een klimaat van
wederzijds vertrouwen. Deze niet-defensieve houding ligt ook ten grondslag aan feedback (zie hoofdstuk 8).

6.6   Hoofdbegrippen uit de systeem- en communicatietheorie

Uit deze benadering wil ik enkele hoofdthema's schetsen.

6.6.1 Inhoud en betrekking

Communicatie is een verschijnsel met verscheidene niveaus. Communicatie verliest aan betekenis, wanneer men slechts aandacht heeft voor één
niveau, bijvoorbeeld door de communicatie uit haar context te lichten. In
elk geval zijn twee niveaus gelijktijdig aanwezig: het inhoudsniveau en het
betrekkingsniveau. Het *inhoudsniveau* betreft de informatie, de inhoud, het
bericht. Op *betrekkingsniveau* wordt aangegeven hoe de inhoud moet worden opgevat door degene voor wie deze bestemd is en geeft de zender indirect aan hoe hij zichzelf ziet in de relatie tot de ander. Korter geformuleerd:
het inhoudsniveau betreft *wat* er gezegd wordt en het betrekkingsniveau
hoe het gezegd wordt. Zo zijn er tientallen manieren om iemand te vragen
een deur te sluiten. Al deze berichten hebben ongeveer dezelfde informatieve inhoud, maar op betrekkingsniveau kunnen ze variëren van een
vraag, een vriendelijk verzoek, een suggestie of een bevel tot botte machtsuitoefening.

Voor de tussenmenselijke communicatie is het betrekkingsaspect van minstens zo grote betekenis als het inhoudsaspect. Het inhoudsaspect bestaat

uit de overgedragen informatie en uit "wat met zoveel woorden" gezegd is. Het betrekkingsaspect is communicatie op meta-niveau en verwijst naar hoe de boodschap moet worden opgevat. Op deze wijze doet het een appèl op een bepaald type betrekking.

In deze betrekkingen zijn twee hoofdtypen te onderscheiden: *complementaire* en *symmetrische betrekkingen.* Men spreekt van een symmetrische betrekking, wanneer de partners gelijkwaardige posities innemen en zich als gelijken gedragen.
Men spreekt van een complementaire betrekking, wanneer de partners een verschillende positie innemen, waarbij de één superieur ("one up") en de ander ondergeschikt (*"one down"*) is. Voorbeelden van zulke betrekkingen, waarbij de één complementair leidend en de ander complementair volgend is, zijn de ouder/kind relatie, de arts/patiënt relatie, de leraar/leerling-relatie en dergelijke.
Symmetrische relaties bergen het risico in zich van escalatie, want elk van de partners kan steeds proberen de ander een slag vóór te blijven en te overtroeven, in een poging te laten zien dat hij niet voor de ander onderdoet. Dit vormt de basis van wedijver, rivaliteit, competitie en dergelijke.
Een goed hulpmiddel om meer zicht te krijgen op deze relatievormen is de zogeheten "Roos van Leary" (zie paragraaf 6.7).

Problemen en conflicten tussen mensen liggen in veel gevallen niet op het niveau van de inhoud, maar op dat van de betrekking. Bij meningsverschillen wordt vaak eindeloos getwist over de vraag "wie heeft er gelijk?" (inhoudsniveau), terwijl de eigenlijke vraag luidt: "wie heeft het voor het zeggen? wie is de baas?" (betrekkingsniveau).
De enige manier om dit probleem op te lossen is een gesprek over de communicatie. Betrekkingsproblemen kunnen namelijk nooit op inhoudsniveau worden opgelost. Het communiceren over de communicatie noemt Watzlawick *meta-communicatie.*

6.6.2 Nogmaals het betrekkingsniveau

Tijdens hun communicatie laten mensen voortdurend merken wat ze van de ander vinden, hoe ze willen dat de ander met hen omgaat en in het bijzonder hoe ze willen dat de ander hen ziet. Dit gebeurt echter allemaal zelden met woorden. Hiervoor zijn non-verbale signalen belangrijk. Via gebaren, lichaamshouding, stemintonatie en dergelijke geven mensen tijdens hun interactie doorlopend commentaar op wat ze zelf zeggen of op wat tegen hen gezegd wordt. Vooral met zulk non-verbaal gedrag verduidelijkt men dus aan elkaar welk type relatie men wenst. We vatten dit alles samen onder de term betrekkingsniveau in de communicatie.

Wanneer we dit niveau wat specifieker bekijken, merken we dat het gaat om meer boodschappen die tegelijkertijd worden uitgezonden:
— een zelfomschrijving: "zo zie ik mezelf"

— een omschrijving van de ander: "zo zie ik jou"
— een relatiedefinitie: "zo zie ik onze relatie".

Zo kan iemand die zichzelf ontzettend de moeite waard vindt, op non-verbale wijze de boodschap uitzenden "ik ben geweldig goed" (zelfomschrijving) en tegelijk daarmee aangeven "jij bent klein en zwak" (omschrijving van de ander) en "kijk naar mij op, bewonder mij" (relatiedefinitie). Ter illustratie nog een voorbeeld: iemand die zich erg afhankelijk opstelt, zendt wellicht onuitgesproken de volgende boodschappen uit:
— "ik ben zwak, ik heb hulp nodig" (zelfomschrijving)
— "jij bent sterker dan ik" (omschrijving van de ander)
— "jij moet mij helpen en leiding geven" (relatiedefinitie).

In de zelfomschrijving gaat het om de presentatie van het eigen zelfbeeld. Omdat er in onze westerse cultuur een taboe ligt op verbale zelfpresentatie (iedereen heeft geleerd een hekel te hebben aan opscheppers), neemt men meestal zijn toevlucht tot non-verbale (dus onuitgesproken) signalen. In deze zelfpresentatie gaat het meestal om een gewenst zelfbeeld. Wanneer anderen voldoende ingaan op de hiermee verbonden relatiedefinitie ("zie mij ook zo") en dus dit zelfbeeld bevestigen en erkennen, ontwikkelt men een gevoel van eigenwaarde. Op deze behoefte aan erkenning kom ik uitgebreid terug in paragraaf 6.9.

Anders gezegd: het betrekkingsniveau in communicatie bestaat uit:
1   een zelfomschrijving ("zo zie ik mezelf in relatie tot jou") en
2   een gedragsopdracht ("zie mij ook zo en ga met mij deze relatie aan").

Zelfomschrijving en gedragsopdracht vormen samen een relatievoorstel aan de ander en zijn zo een poging om de relatie te controleren.
De ander kan dit relatievoorstel:
— aanvaarden
— verwerpen of
— negeren.

Bij aanvaarding of verwerping is de communicatie duidelijk en ondubbelzinnig: de betrokken gesprekspartners weten waar ze aan toe zijn met elkaar.
De kern van negeren is dat B de keuze vermijdt tussen het aanvaarden of verwerpen van het relatievoorstel. Dit negeren kan hij doen door gebruik te maken van diskwalificaties (zie paragraaf 6.8).

Behalve dat we in elke relatie bezig zijn te regelen hoe we benaderd willen worden (via het doen van relatievoorstellen), zijn we op elk moment van de relatie tevens bezig onszelf te situeren als volgend, als leidend of als gelijke. Omdat niemand in zijn eentje de relatie kan bepalen, is de reactie van de ander medebepalend voor hoe de uiteindelijke vorm van de relatie eruitziet.

Globaal zijn er drie mogelijkheden:
1 de ander accepteert mijn relatievoorstel: ik ben dan leidend en de ander is volgend
2 de ander verwerpt mijn relatievoorstel en doet een eigen voorstel: de ander stelt zich als gelijke op
3 ik accepteer het relatievoorstel van de ander: ik ben dan volgend en de ander is leidend.

Men spreekt van een *complementaire relatie*, wanneer de partners een verschillende positie innemen, waarbij de één leidend (*"one up"*) en de ander volgend (*"one down"*) is. Dit gebeurt bij de mogelijkheden 1 en 3 hiervoor. Voorbeelden van zulke relaties, waarin de één complementair leidend en de ander complementair volgend is, zijn de groepsbegeleider/groepslid-relatie, de ouder/kind-relatie, de arts/patiënt-relatie, de leraar/leerling-relatie, de manager/ondergeschikte-relatie.

Men spreekt van een *symmetrische relatie*, wanneer de partners gelijke posities innemen en zich als gelijken gedragen. Dit gebeurt bij de tweede hierboven genoemde mogelijkheid. Symmetrische relaties bergen echter het risico in zich van escalatie, want beide partners willen niet voor de ander onderdoen en kunnen daarom proberen de ander steeds één slag voor te blijven en te overtroeven. Juist dit sterke streven naar gelijkheid in relaties tot een ander kan dus aanleiding vormen voor openlijke conflicten. Men spreekt dan van competitie, rivaliteit of machtsstrijd. Ook een ruzie vol verwijten en tegenverwijten vormt een voorbeeld van symmetrische escalatie. Zo'n symmetrisch conflict wordt niet zo vaak op betrekkingsniveau uitgesproken, maar wordt wel zichtbaar op inhoudsniveau in het elkaar steeds willen overtroeven of elkaar geen gelijk willen geven. Daarbij wordt de inhoud relatief steeds minder belangrijk. Immers, waar het ook over gaat, de regel lijkt steeds "ik ben het niet met je eens". Omdat op betrekkingsniveau berichten worden uitgewisseld over hoe men wil dat de ander zich opstelt in de relatie, spreken sommige auteurs van een strijd om de controle van de relatie. Deze relatiecontrole kan zelfs het karakter van een machtsstrijd krijgen. De strijd om de relatiecontrole kan zich ook afspelen rond verschillen in interpunctie: als een strijd om hoe de werkelijkheid gezien moet worden.

Samenvattend kunnen we zeggen dat het betrekkingsniveau elk gedrag omvat, waarmee twee of meer mensen relaties tot stand brengen, onderhouden, verzorgen, becommentariëren, controleren, corrigeren en integreren. Met welke gedragingen men dit kan doen, bespreken we in paragraaf 6.7.

6.6.3 Interpunctie

Vooral in beginnende groepen ontstaat nogal eens een strijd over hoe de werkelijkheid of de feiten gezien moeten worden. We noemen dit een strijd rond verschillen in *interpunctie*. Meestal gaat elk groepslid stilzwijgend uit van de vooronderstelling dat er slechts één "echte", "ware", "juiste" werkelijkheid is, namelijk de werkelijkheid die men zelf waarneemt, en dat de andere groepsleden deze visie op de werkelijkheid delen. Ieder is geneigd zijn eigen ordening (interpunctie) in een reeks gebeurtenissen aan te brengen en deze ordening wordt zelden onder woorden gebracht. Toch stemmen deze interpuncties niet altijd overeen: de werkelijkheid is anders naar gelang de eigen rol en de positie, die men in die werkelijkheid inneemt. Als een ander groepslid een afwijkende betekenis toekent aan de werkelijkheid of aan de feiten of een andere kijk blijkt te hebben op de context van de interactie, is een tweetal "verklaringen" favoriet: die ander is kwaadwillig of hij is gek (*"bad or mad"*). In allerlei varianten zijn dit dan ook de twee meest voorkomende beschuldigingen die door de lucht vliegen, zodra een communicatie tussen enkele personen begint af te brokkelen.

Anders gezegd: het is meestal mogelijk om op meer manieren tegen de werkelijkheid (de "feiten") aan te kijken. De werkelijkheid is meestal zo complex, dat ieder slechts een beperkt gedeelte daarvan ziet. Ik vond hiervan een treffende illustratie in een oud gedicht.

Zes blinde wijze Indiërs
vonden een olifant
ze wilden weten wat het was
en voelden met hun hand.

De eerste voelde aan een tand
en zei: "Ik zeg u thans
dit monster van een olifant
lijkt sprekend op een lans".

De tweede voelde aan een zij
dat duurde wel een uur
toen riep hij blij: "Aha,
dit beest lijkt op een muur!"

De derde voelde aan een voet
en zei: "Doe niet zo sloom,
er is geen twijfel mogelijk,
dit beest is als een boom".

De vierde kneep eens in de slurf
en werd opeens doodsbang,
"Die zogenaamde olifant,
dat is een slang!"

De vijfde voelde aan een oor
en zei: "Dat is niet mis,
dit dier is werkelijk uniek
omdat het waaiervormig is".

De zesde kreeg het staartje beet
en zei nog even gauw:
"Wat kletsen jullie allemaal,
dit beest lijkt op een touw".

Zo blijkt maar weer uit dit verhaal
hoe moeilijk "weten" is:
de blinden hadden allemaal gelijk
en toch had elk het mis.

(Met dank aan Rob Keukens)

De "clou" zit uiteraard in de laatste twee regels: elk had voor zich gelijk en toch had elk het mis. De realiteit is dat er verschillende opvattingen omtrent één verschijnsel bestaan. De werkelijkheid kan nu eenmaal niet uit één beginsel verklaard worden, omdat ze bestaat uit vele aspecten en gebieden, die nooit alle tegelijk waargenomen kunnen worden. In groepen kan het echter lang duren eer men inziet en toegeeft dat de eigen waarneming en zienswijze beperkt zijn.

Ruzies over hoe de "werkelijkheid" gezien moet worden, lopen vaak uit op stereotiepe beschuldigingen over en weer, waarbij de ander als ziek of gek of vol kwade bedoelingen afgeschilderd wordt. Wat hier ziek is, is echter niet een van beide partners, maar hun interactiepatroon dat gekenmerkt wordt door blindheid voor hoe hun communicatie feitelijk verloopt. Watzlawick spreekt in zo'n geval van *betrekkingsblindheid*.

6.6.4 De vijf axioma's

In zijn basisboek *De pragmatische aspecten van de menselijke communicatie* heeft Watzlawick (1970) de kern van zijn theorie in een vijftal axioma's samengevat. Ik geef hier een samenvatting van, waarbij ik deels leun op de formuleringen van Annie Mattheeuws (1977).

1   *Alle gedrag is communicatie, je kunt niet niet-communiceren.*

Anders gezegd: je bent altijd bezig te beïnvloeden, besef dit.

2   *Elke communicatie bevat een inhouds- en een betrekkingsaspect.*

Anders gezegd: terwijl ik iets zeg, zeg ik iets over hoe ik wil dat de ander met mij omgaat.

De betrekking bepaalt voor een groot deel de betekenis van de inhoud. De communicatie van dit betrekkingsaspect is identiek met het begrip *meta-communicatie.*

3   *Het karakter van een betrekking is afhankelijk van de interpunctie van de reeksen communicaties tussen de communicerende personen.*

Anders gezegd: wat ik bedoel is niet per se waar voor een ander.

Ieder is geneigd zijn eigen ordening (interpunctie) in een reeks gebeurtenissen of interacties aan te brengen en deze interpuncties (ofte wel visies op de werkelijkheid) stemmen niet altijd overeen. Er is maar zelden één "echte", "ware", "juiste" werkelijkheid. De werkelijkheid doet zich anders voor, al naar gelang de eigen rol en positie die men daarin inneemt.

4   *Mensen communiceren zowel digitaal als analoog.*

Anders gezegd: mensen beïnvloeden met woorden en vooral zonder woorden.

Digitale communicatie betreft de tekens (abstracte symbolen) en de woorden, waarvan we met zijn allen afgesproken hebben wat het betekent, bijvoorbeeld wat de letters "b-o-e-k" aanduiden.

Analoge communicatie verwijst naar de niet-verbale communicatie, de betekenis die de zender en ontvanger impliciet overdragen in hun communicatie. Analoge communicatie heeft haar wortels in veel oudere fasen van de evolutie en bezit een grotere geldigheid dan de jongere digitale vorm van verbale communicatie.

Wanneer de twee communicatiecodes niet met elkaar overeenstemmen (niet congruent zijn), is de non-verbale meestal sterker en overtuigender.

5   *Elke uitwisseling van communicaties is ofwel symmetrisch ofwel complementair.*

Anders gezegd: wie heeft het voor het zeggen? wie laat het voor het zeggen hebben?

Een symmetrische relatie is gebaseerd op gelijkheid en een streven naar een zo gering mogelijk verschil tussen betrokkenen.

Een complementaire relatie is gebaseerd op verschil in posities, waarbij beide posities elkaar aanvullen. Daarnaast is er nog een derde relatietype: de meta-complementaire relatie, dat ik hier verder niet zal bespreken.

6.7 De Roos van Leary (betrekkingsniveau)

Leary heeft in 1957 een model gepubliceerd waarmee relaties tussen mensen in kaart gebracht kunnen worden: de zogenaamde Roos van Leary. Dit model kan behulpzaam zijn voor het verkrijgen van meer zicht op het betrekkingsniveau.

Dit model is echter niet de verdienste van Leary alleen, maar van vijf psychologen die samenwerkten in de Kaiser Foundation onderzoeksgroep die in 1947 opgericht was aan de universiteit van Berkeley (Californië). Tot zijn collega's behoorden onder andere LaForge en Suczek, die ook in dit boek een rol spelen. Voor onderzoeksdoeleinden hebben ze *The Interpersonal Checklist* ontwikkeld (LaForge en Suczek, 1955). Dit is een vragenlijst die aansluit op de Roos van Leary. Deze lijst heb ik vertaald en als *Vragenlijst Interpersoonlijk Gedrag* in paragraaf 6.11.2 opgenomen. Het cirkelvormige interactiemodel dat als Roos van Leary bekend is geworden is het resultaat van bijna tien jaar gezamenlijk onderzoek. Zo is de voorstelling van het model in de vorm van een "roos" niet een verdienste van Leary, maar de reeds genoemde LaForge. Dat Leary in 1957 zijn boek *The interpersonal diagnosis of personality* onder alleen zijn naam heeft uitgebracht heeft dan ook nogal wat ergernis veroorzaakt. Toch zal ik in onderstaande tekst steeds spreken van de Roos van Leary, omdat het model onder deze naam bekend is geworden.

6.7.1 De Roos van Leary

Uit veel onderzoeken in de sociale wetenschappen naar menselijke relaties komen telkens twee hoofddimensies naar voren:
1   een dimensie rond macht en invloed
2   een dimensie rond intimiteit en affectie.

Dat wil zeggen, wanneer mensen met elkaar omgaan, speelt er enerzijds steeds iets van controle en dominantie of het ontbreken daarvan, en anderzijds iets van persoonlijke afstand of nabijheid.

De eerste dimensie betreft de mate waarin mensen invloed op elkaar uitoefenen. Aan het ene uiterste van deze dimensie vinden we "veel invloed" (macht, overheersing, dominantie), aan het andere uiterste "weinig invloed" (volgzaamheid, onderwerping). De ene kant van deze dimensie wordt vaak Boven-gedrag genoemd, de andere kant Onder-gedrag. Voorbeelden van Boven-gedrag zijn:
—   initiatief nemen
—   hulp en advies geven
—   organiseren
—   leidinggeven
—   verantwoordelijkheid dragen
—   naar macht of succes streven
—   onafhankelijke, zakelijke opstelling.

Voorbeelden van Onder-gedrag zijn:
—   afhankelijkheid tonen
—   afwachten
—   instemmen met initiatief van anderen
—   om raad vragen

— passief of hulpeloos zijn
— onzeker zijn
— onderdanig zijn
— ontzag hebben.

De tweede dimensie betreft de vraag naar hoe persoonlijk of afstandelijk de betrokkenen met elkaar omgaan. Op deze dimensie gaat het meer om vragen van samenwerking of tegenwerking, sympathie of antipathie, affectie of afwijzing, liefde of haat, harmonie of conflict en alle varianten hiertussen. Aan het ene uiterste van de samenwerkingskant plaatsen we coöperatieve gedragingen als ondersteunen, helpen en assisteren; aan het andere uiterste allerlei gedragingen, waarmee men zich afgrenst in een relatie. De ene kant van deze dimensie wordt vaak Samen-gedrag genoemd, de andere kant Tegen-gedrag. De termen "Samen" en "Tegen" hebben echter gevoelsmatige bijbetekenissen: "Samen" klinkt positief en "Tegen" klinkt negatief. Zulke bijbetekenissen en waardeoordelen wil ik vermijden. Daarom geef ik zelf sterk de voorkeur aan twee neutrale termen. Ik benoem de twee polen op deze dimensie als Naast-gedrag en Tegenover-gedrag. De oorspronkelijke termen zijn *"supporting"* en *"opposing"*.
Voorbeelden van Naast-gedrag zijn:
— opbouwend zijn
— iedereen een kans willen geven
— welwillend zijn
— instemmen
— steunen
— aanmoedigen
— vriendelijk zijn.

Voorbeelden van Tegenover-gedrag zijn:
— confronteren
— streng zijn
— open en direct zijn
— assertiviteit
— kritiek uiten
— klagen
— onafhankelijke opstelling.

Leary heeft zijn model gebaseerd op deze twee dimensies: de "Boven-Onder" dimensie tekent hij verticaal, de "Tegenover-Naast" dimensie horizontaal. Door er een cirkel om heen te tekenen ontstaat een verdeling in vier sectoren. Elk sector is weer in twee helften te verdelen. Zo ontstaan de acht sectoren van de Roos. Zie figuur 6.7. In het oorspronkelijke model was elk van deze acht sectoren weer in twee helften onderverdeeld, zodat het volledige model een cirkel met zestien sectoren kent. Dat is nuttig voor onderzoeksdoeleinden. Maar voor dagelijks gebruik is de indeling in acht sectoren het handigst.

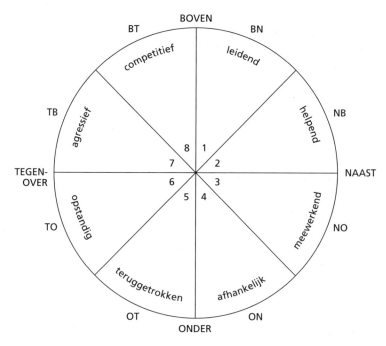

Figuur 6.7   Versimpelde weergave van de roos van Leary, met acht sectoren in plaats van de oorspronkelijke zestien

6.7.2 Groepsgedrag in termen van de Roos

1   De sector Boven-Naast (BN): leidend gedrag

In de sector BN vallen de volgende gedragingen: initiatief nemen, als expert optreden, de procedure bewaken, in de gaten houden dat de groep niet afwijkt van het thema, de groep wijzen op het belang van het nemen van een besluit, informatie geven, stimuleren, adviseren, evalueren en suggesties geven. Ieder groepslid kan zulk gedrag inzetten. Toch zal vooral de leider dit doen. Het zijn dan ook typisch de gedragingen die horen bij taakgericht leiderschap. De taakgerichte leider brengt ordening aan, verschaft richtlijnen, geeft suggesties, informatie, uitleg, advies. Hij bewaakt en stimuleert de voortgang van de groepsactiviteit. Hij toont zich energiek, gaat voorop en geniet een zeker gezag. Hij zal de eigen mening doorzetten. Verdere gedragingen die bij dit type leiderschap horen zijn: het gesprek beginnen en structureren, oplossingen aangeven, de orde handhaven, de tijd bewaken, beslissingen nemen en normen stellen. Soms heeft hij de neiging om anderen de eigen mening in de mond te leggen.

In het meest ongunstige geval wordt hij in dit taakleiderschap autoritair-onderdrukkend, afdwingend, ongeduldig, schoolmeesterachtig en dergelijke en zal hij geen tegenspraak accepteren. Ook ligt de mogelijkheid op de loer dat hij bij de vervulling van deze rol de groepsleden te afhankelijk van zich maakt.

Non-verbaal gedrag: energiek, vooruit zitten, woorden vaak met gebaren onderstrepen, de anderen indringend aankijken.

2   De sector Naast-Boven (NB): helpend gedrag

In deze sector vallen gedragingen als aanmoedigen, steunen, stimuleren van anderen en brengen van warmte in de groep. Groepsleden met zulk gedrag nodigen iedereen uit tot samenwerking. Ze hebben moeite met agressie of protest in de groep. Ze proberen de sfeer en het moreel van de groep hoog te houden. Soms treden ze bemoederend en beschermend op voor groepsleden die ze als zwak of hulpbehoevend ervaren, maar zulke bemoeizucht kan ook irritatie oproepen. Hoewel elk groepslid zulk gedrag kan vertonen, vinden we in deze sector vooral het gedrag van de sociaal-emotionele leider, dat wil zeggen het type leider dat groot belang hecht aan een goed sociaal-emotioneel klimaat in de groep. Zo'n leider is niet in de allereerste plaats gericht op taakvervulling, maar op de mensen en de sfeer in de groep. Hij geeft warmte, vriendelijkheid en persoonlijke aandacht aan de groepsleden. Hij staat open voor hen, ondersteunt hen, steekt hen een hart onder de riem, beschermt en vangt op waar dat nodig is. Hij is behulpzaam en weet nabij te zijn. Hij toont zich als een zorgzame ouder, met moederlijke of vaderlijke trekken, in de goede zin van het woord. Hij roept op tot solidariteit, tot harmonie en tot het serieus nemen van elkaar. Hij heeft moeite met groepsleden die de harmonie verstoren en conflicten veroorzaken. Met zijn eigen agressie weet hij niet zo goed raad, want die lijkt taboe bij deze rol. Er gaat van deze leider een bemoedigende kracht uit. Vaak blijkt ook innerlijk evenwicht. Hij kan anderen goed op hun gemak stellen, troosten, bemoedigen. Hij zal positieve dingen over de groep opmerken en uitnodigen tot samenwerking. In extreme vorm kan dit tot een karikatuur worden. Dan zal men gedreven worden door hoge idealen van dienstbetoon en zorg voor anderen en zal men bijvoorbeeld méér beloven dan men in feite kan waarmaken. Er dreigt dan de valkuil dat het gedrag als weldoener vooral gericht is op het oogsten van waardering en dankbaarheid.

Non-verbaal gedrag: vriendelijk kijken, veel oogcontact zoeken, knipogen, de ander vriendelijk aanraken (schouderklop, door het haar strijken).

3   De sector Naast-Onder (NO): meewerkend gedrag

In deze sector treffen we het gedrag van groepsleden die op een vriendelijke en sociabele manier meedoen aan de groep. Ze hebben soms wel wat steun nodig van de sociaal-emotionele leider. Soms leunen ze wat tegen hem aan. Ze zullen bijdragen aan het bijleggen van conflicten door tegenstanders bij elkaar te brengen. Ze laten waardering en bewondering merken en dragen op bescheiden wijze mee aan de warmte en de sfeer in de groep. Hun opstelling kan een ontspannende werking uitoefenen, juist omdat van hen niet zo'n kracht of druk uitgaat als van de leiders die bij sector 1 (BN) en sector 2 (NB) beschreven is. Omdat samenwerking voor hen zo belangrijk is zullen ze zonder protest orders aannemen.

Ze drukken respect uit voor de leider en conformeren zich snel aan de groep. Ze wijzen soms op conventies en normen. Ze praten niet gauw uit naam van zichzelf (geen Ik-taal) en gebruiken eerder "wij"-, "je"-, of "iedereen"-taal. In het groepsdynamische proces zijn het de klassieke toedekkers van conflicten. Daardoor remmen ze soms de dynamiek in de groep af. Anderzijds brengen ze door hun optimisme en hun vriendelijkheid ook vaak toenadering teweeg tussen groepsleden die tegenover elkaar staan. In hun denken passen ze zich bij anderen aan en zijn ze weinig origineel. Ze hebben de neiging zich te conformeren. In extreme vorm zijn ze hulpeloos, afhankelijk en geheel overgeleverd aan de goodwill van anderen. Ze zullend dan angstvallig elke vorm van vijandigheid, onafhankelijkheid of macht vermijden, en krampachtig conflicten toedekken.

Non-verbaal gedrag: beleefd erbij zitten, naar de anderen opkijken, veel jaknikken en veel glimlachen, gedienstig zijn, vijandigheid, protest en kritiek worden met verlegenheid genegeerd.

4   De sector Onder-Naast (ON): afhankelijk gedrag

Het groepslid dat vanuit deze sector in de groep participeert, vertoont meestal zachtaardig gedrag. Hij aanvaardt leiding, conformeert zich en voert de orders uit. Hij is de trouwe medewerker, die vertrouwen schenkt. Hij wil in de groep graag leren en iets van anderen aannemen. Hij is een volgzame discipel die gemakkelijk iets op gezag aanneemt. Hij toont meestal een min of meer zwijgende instemming. Hij toont zich bij dit alles nogal afhankelijk. Hij verlangt leiding, uitleg, structuur of programma. Op vragen antwoordt hij dat hij het niet weet of niet kan. Hij wil met iedereen instemmen. Hij zegt heel weinig en zit er vriendelijk bij. Hij is het type van de trouwe medewerker die akkoord gaat met wat voorgesteld wordt, die de uitvoering wel op zich wil nemen, de ja-knikker, de volgzame discipel, de zwijgende instemmer. Alvorens met een eigen initiatief te komen zal hij eerst instemming zoeken van de leiding en het anders maar liever nalaten. Dit heeft wel tot gevolg dat hij manipuleerbaar wordt, want van hem is geen weerbare of assertieve opstelling te verwachten. Hij is ook betrekkelijk gemakkelijk te intimideren. In extreme vorm kan dit gedrag vervormd raken tot ruggegraatloze braafheid, karakterloos conformisme en vlucht voor de eigen verantwoordelijkheid.

Non-verbaal gedrag: timide, afwachtende houding, luisteren naar de ander, ogen neergeslagen of weg kijken, zuchten, huilen, blozen, verlegen glimlachen, antwoorden met gebaren in plaats van met woorden (jaknikken, nee schudden, schouders ophalen).

5   De sector Onder-Tegen (OT): teruggetrokken gedrag

Het groepslid dat we in deze sector aantreffen zendt naar de groep als het ware de boodschap uit dat een mens ook het recht heeft om het niet zo goed te weten, niet "ja" en niet "nee" te kunnen zeggen, zich gereserveerd op te stellen of in de schulp te kruipen. Hij blijft liever bij zichzelf en zal zichzelf zeker niet overschreeuwen. Toch voelt hij zich niet zo happy in de groep, maar hij laat het tonen van verzet of het uiten van kritiek liever over aan groepsleden die zich in sector TO of TB thuis voelen. Daar kan hij dan zwijgend mee instemmen. Verder hoort bij zijn gedrag eerder dat hij kritiek incasseert en zich schuldig voelt. Hij is geneigd om falen van de groep aan zichzelf te wijten. Hij kan daardoor (impliciet en onbedoeld) de schuldvraag in de groep aan de orde stellen. Hij kan fungeren als zwijgend signaal dat niet iedereen zich tevreden voelt in de groep. Hij zal ongerechtvaardigd optimisme niet delen. Zwijgers in de groep vertonen vaak dit teruggetrokken gedragspatroon. Ze merken dat ze het niet kunnen volgen, maar voelen ook dat ze geen waardevolle bijdrage kunnen inbrengen. Toch sluimert er onbehagen over de gang van zaken en vooral over het eigen tekort daarbij. Door hun ontevredenheid wekken ze soms de wrevel van anderen, die bijvoorbeeld zeggen: "als je ontevreden bent, doe dan tenminste zèlf iets!", waarop dan het antwoord is "maar dat kàn ik juist niet". In extreme vorm ontstaat een gedragspatroon van zelfverloochening waarbij men zichzelf stelselmatig de grond in boort, of van slachtofferschap waarbij men zich geheel isoleert en hoogstens wat klagerige geluiden laat horen.

Non-verbaal gedrag: de ander niet aankijken, in elkaar gedoken zitten, triest kijken, zuchten, snikken, huilen, antwoorden met gebaren in plaats van met woorden (jaknikken, schouder ophalen).

6 De sector Tegen-Onder (TO): opstandig gedrag

Protest aantekenen kan een belangrijke functie in de groep zijn. Dit kan de vorm aannemen van weerstand tegen wat je niet wilt. Het protesterende groepslid demonstreert de eigen autonomie en claimt het recht om zich tegen niet-geaccepteerde indringing te verzetten. Deze vorm van zelfbeveiliging kan de anderen in de groep zelfs tot model dienen, vooral hen die zich al te vlot aanpassen. De boodschap luidt: "biedt weerstand aan pogingen van anderen die je willen inkaderen". En: "ga niet met elke trend mee". Hij slikt en pikt het niet, stelt vragen en wil dat er beter wordt gewogen en getoetst. Hij voorkomt te gemakzuchtige oplossingen. Het is echter de vraag of hij zelf met constructieve tegenvoorstellen komt. Een waakzame figuur die kritisch distantie houdt: daarmee kan men een groep feliciteren. Constructieve opstandigheid brengt heel wat creativiteit in de groep. Hij moet wel verduren dat traditiebewakers en ordehandhavers hem willen afstraffen of de mond snoeren. Sociaal-psychologisch onderzoek heeft uitgewezen dat de groep meestal veel energie steekt in zo'n groepslid, waarbij gepoogd wordt hem bij de groep te houden. Wanneer hij daar alsmaar niet op ingaat, wordt hij uiteindelijk verworpen.

In extreme vorm kan het gedrag van een TO-groepslid naar voren komen als negativisme, bijvoorbeeld als kritiek op autoriteiten, wantrouwen naar initiatieven van anderen, opstandigheid, gebrek aan bereidheid om zich te laten overtuigen, uitlokken van conflicten, deviantie, tegenstemmen bij voorstellen, zich niet storen aan conventies en regels in de groep, belachelijk maken van "groepsgevoelens" of van positieve gevoelens van groepsleden, sarcastisch weigeren van hulp, geslotenheid (weinig over zichzelf vertellen) en cynisch commentaar op anderen en de groep.

Non-verbaal gedrag: de ander in de gaten houden, pinnig boos gezicht,

7   De sector Tegen-Boven (TB): agressief gedrag

In tegenstelling tot het groepslid dat vanuit sector TO ("opstandig") handelt, gaat het groepslid van deze sector er aanvallend tegenaan. Hij zal actief bestrijden wat niet in orde is. Hij wil rotte plekken wegsnijden en ondeugdelijkheden te lijf gaan. Hij zal normen en discipline eisen, en laat zien dat anderen tekort schieten. Dan zal hij sancties voorstellen en niet aarzelen om deze toe te passen. Hij kan streng moraliseren. Hij zorgt voor strijd in de groep en dat kan af en toe nodig zijn. In een situatie waarin de groep als geheel in de aanval moet tegen een doel buiten de groep, is hij zeer waardevol. Hij is goed in het verwoorden van de kritiek die in de groep leeft. Tegelijk kan hij een solidaire bondgenoot zijn, maar dan wel op een actief-kritiserende manier. Wanneer de groep merkt dat hij medeverantwoordelijkheid aanvaardt, wordt hij in beginsel gewaardeerd. De agressie kan tot functie hebben dat de sociale orde in de groep gerespecteerd en gehandhaafd wordt en dat de afspraken gevolgd worden, tot nut van allen. Er kan echter ook bestraffend en hautain gedrag bijkomen en dan wordt deze opstelling minder functioneel, omdat ze nutteloos allerlei interpersoonlijke conflicten in het leven roept.   Een andere ongunstige ontwikkeling is gelegen in dwangmatig vechten, agressie om de agressie, vijandigheid, kleinerend optreden en de ander "doodslaan" met argumenten.

Non-verbaal gedrag: de ander slaan, aanvallen, pijn doen, trappen, vechten, dreigend aankijken, vuisten ballen van woede, mimiek van kwaadheid.

8   De sector Boven-Tegen (BT): competitief gedrag

Een groepslid dat optreedt vanuit deze sector weet zichzelf inspirerend te presenteren. Hij is vol zelfvertrouwen als iemand die bovenaan staat. Hij imponeert met zijn prestaties of met eigenschappen die in deze groep bewondering wekken. Hij houdt er van zichzelf centraal te stellen en de aandacht van de groep op zich te vestigen. Vaak is hij iemand met een hoge status in de groep. Gewoonlijk zal men van hem zeggen: "hij hééft iets", en hij is zich daar ook van bewust. Vaak is het iemand op wie de groep trots is. Dat sluit precies aan op wat hij wil: dat de groep trots op zichzelf is. Men moet echter niet van hem verwachten dat hij voorop loopt bij noodzakelijke veranderingen. In verband hiermee ligt iemand vermanen of iemand "de les lezen" wel in zijn lijn. Ook dit kan een belangrijke groepsfunctie zijn. Hij is echter nauwelijks ontvankelijk voor kritiek die anderen op hem hebben. Zulke kritiek zal hij het liefst negeren. Om zijn hoge status te handhaven kan hij de concurrent worden van de taakgerichte leider (sector 1), de andere hoge statusfiguur. Mocht de taakgerichte leider tijdelijk uitvallen of er even naast zitten dan zal hij als eerste het roer overnemen, maar hij is er niet op uit om dit blijvend te doen. Hij toont weinig interesse voor anderen of voor samenwerking met anderen aan de groepstaak. Zijn humor voelt egocentrisch aan. In negatieve vorm kan zijn gedrag het karakter krijgen van narcisme en arrogantie.

Non-verbaal gedrag: rechtop staan of zitten, sceptisch kijken als een ander iets goeds over zichzelf zegt wanneer een ander het initiatief neemt: gapen, wegkijken, signalen van verveling en ongeduld geven.

Bronvermelding: bij het schrijven van deze paragraaf heeft een tekst van Van Lente (1991) als uitgangspunt gediend. Ik heb deze tekst bewerkt en aangevuld.

6.7.3 Kwaliteiten en valkuilen in de Roos van Leary

Een bijzonder aspect van het model is dat het gedrag in elke sector kan variëren in sterkte. In de binnenring van de cirkel staat het gedrag in milde vorm, in de buitenring wordt het gedrag van die sector in extreme vorm beschreven. Voor elke sector wordt in de theorie het gedrag in vier sterktes beschreven. Een voorbeeld. De sector BN (Boven-Naast) die rechtsboven in de cirkel te vinden is benoemt dit gedrag in de volgende vier gradaties:
1   kan opdrachten geven
2   houdt van verantwoordelijkheid
3   baast over anderen; domineert
4   dictatoriaal.

De binnenringen vallen ook te benoemen als de kwaliteiten van die sector, terwijl de buitenste ring de valkuilen daarvan vormt, in de zin die Ofman (1992) daaraan geeft. Kwaliteiten kunnen als ze overdreven sterk ingezet worden, dus als ze "te veel van het goede" worden, vervormd raken. Zo kan de kwaliteit zorg vervormd raken tot bemoeizucht, moed tot roekeloosheid, kracht tot doordrammen, flexibiliteit tot met alle winden meewaaien, idealisme tot fanatisme, respect voor gezag tot kritiekloos jaknikken, empathie tot softe sentimentaliteit, zich profileren tot arrogantie, enzovoort. Zo'n vervorming noemt Ofman de valkuil van die kwaliteit. Zulke vervormingen worden ook beschreven in de Roos van Leary.
In het overzicht op de volgende pagina geef ik van elke sector de belangrijkste kwaliteiten en valkuilen.
In de beschrijving volg ik de sectoren weer "met de klok mee".

Sector in de Roos	Binnenringen (Kwaliteiten)	Buitenste ring (Valkuilen)
1 BN: leidend	opdrachten geven taakgericht leiden structureren ordenen organiseren verantwoordelijkheid accepteren initiatieven nemen naar macht streven krachtig optreden	autoritair dictatoriaal afdwingen geen tegenspraak dulden geen rekening houden met anderen domineren gewichtig doen
2 NB: helpend	hulp bieden voor anderen zorgen steunen aanmoedigen solidariteit harmonie met iedereen goede maatjes vriendelijk	proberen ieder te troosten en te bemoedigen "over-aardig" te vergevingsgezind opdringerig bemoeizuchtig bezitterig overdreven bezorgd
3 NO: mee-werkend	samenwerkingsgezind hartelijk vol begrip zich goed aanpassen bij an- deren vriendelijk toegeeflijk bewonderen en waarderen van anderen	het met iedereen eens zijn makkelijk te beïnvloeden te snel akkoord gaan conflicten toedekken iedereen gelijk geven behaagziek allemansvriend met eeuwige glimlach altijd toegeven subassertief
4 ON: afhankelijk	dankbaar anderen bewonderen vol respect voor anderen leiding aanvaarden orders uitvoeren opkijken naar anderen zich conformeren welwillend instemmen het anderen naar de zin willen maken naïef	goedgelovig makkelijk manipuleerbaar zich afhankelijk opstellen zonder ruggegraat laat anderen beslissen vluchten voor verantwoor- delijkheid braafheid hulpeloos: wil dat anderen voor hem zorgen
5 OT: terugge-trokken	bereidwillig gehoorzamen bescheidenheid twijfel toelaten onzeker kritisch op zichzelf	zich voor zichzelf schamen sterke twijfel aan zichzelf schuw, timide masochisme (zichzelf de grond in boren)

Sector in de Roos	Binnenringen (Kwaliteiten)	Buitenste ring (Valkuilen)
	schuldgevoelig schuchter, verlegen gereserveerd	zich isoleren onderdanigheid zwijgzaam a-sociaal
6 TO: opstandig	klagen wanneer dat nodig is gevoelig snelgeraakt protest aantekenen weerstand bieden zich sceptisch tonen waakzaamheid kritische distantie tonen benadrukken van verschillen tussen zichzelf en anderen individualistisch zich pas met veel moeite laten overtuigen discussie uitlokken	tegen van alles rebelleren negativisme verzet om het verzet zich verschansen in wan- trouwen cynisme wrok verbittering vergeeft moeilijk zich isoleren
7 TB: agressief	streng zijn uitgesproken maar eerlijk kritisch zijn aanvallen strijd in de groep brengen vastberadenheid openheid en eerlijkheid directheid actief verzet vasthouden aan regels straffen	wreed en onhartelijk bot sarcastisch vaak boos dwangmatig vechten agressie om de agressie kleinerend optreden vernederen anderen "doodslaan" met argumenten vijandigheid
8 BT: competitief	voor zichzelf zorgen assertief onafhankelijk zakelijk imponeren vol zelfvertrouwen haantje de voorste zich presenteren als iemand die bovenaan staat concurreren met anderen in de groep kritiek op de leider anderen imponeren met zijn prestaties of eigenschappen trots op zichzelf	koud en zonder gevoel berekenend egoïsme arrogantie narcisme te veel zichzelf showen zichzelf overschreeuwen zichzelf overschatten opscheppen, bluffen snobisme

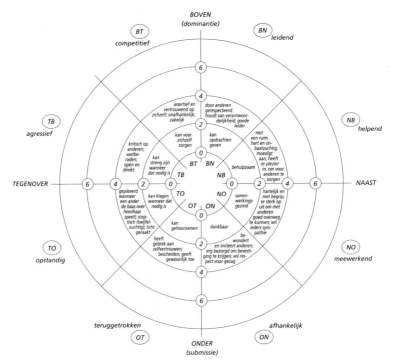

Figuur 6.8   Kwaliteiten in de Roos van Leary

Figuur 6.9   Valkuilen in de Roos van Leary

6.7.4 Het betrekkingsniveau in de Roos

Hieronder geef ik nog een ander overzicht van de acht sectoren in de Roos van Leary. Nu geef ik per sector een samenvatting van de relatiedefiniëring die uit die sector voortvloeit. Ook hier volg ik de sectoren "met de klok mee".

1   De sector Boven-Naast (BN): leidend gedrag (taakgericht leiden, structureren)

Zelfdefinitie:	ik ben sterker, beter dan jij; ik overzie "het", ik ben belangrijk en competent.
Definitie van de ander:	jij bent zwak en hulpbehoevend, jij kunt mijn mening gebruiken.
Relatiedefinitie:	jij moet naar mij luisteren, jij moet aandacht aan mij schenken.

2   De sector Naast-Boven (NB): helpend gedrag (samenbinden, zorgen, steunen, vriendelijkheid)

Zelfdefinitie:	ik evenwichtig, betrouwbaar en sympathiek, ik ben vriendelijk en beschikbaar.
Definitie van de ander:	jij bent ook evenwichtig en sympathiek, jij bent de moeite waard.
Relatiedefinitie:	wij mogen elkaar graag, vertrouw op mij.

3   De sector Naast-Onder (NO): meewerkend gedrag (waarderen, begrip tonen)

Zelfdefinitie:	ik ben vriendelijk en meegaand, ik ben aardig en geduldig.
Definitie van de ander:	jij bent ook vriendelijk en aardig.
Relatiedefinitie:	vind mij aardig; zeg maar wat je wilt, ik ben tot alles bereid.

4   De sector Onder-Naast (ON): afhankelijk gedrag (afhankelijkheid, volgzaamheid, ruimte laten)

Zelfdefinitie:	ik ben zwak en gewillig, ik heb hulp nodig, ik ben onzeker.
Definitie van de ander:	jij bent steviger dan ik, jij weet het vast beter dan ik.
Relatiedefinitie:	jij moet mij helpen en leiding geven.

5   De sector Onder-Tegen (OT): teruggetrokken gedrag (ook: twijfel, onzekerheid)

Zelfdefinitie:	ik doe alles verkeerd, het is mijn eigen schuld, ik ben onwaardig.
Definitie van de ander:	jij bent bedreigend.
Relatiedefinitie:	bemoei je maar niet met mij, keur me af.

6   De sector Tegen-Onder (TO): opstandig gedrag (weerstaan)

Zelfdefinitie: ik ben anders dan anderen, ik heb niemand
                            nodig, ik ben tegen.

Definitie van de ander: jij bent onbetrouwbaar, jij mag mij niet, jij deugt
                            niet.

Relatiedefinitie: verwerp me, haat me maar, beschouw jezelf als
                            afgekeurd.

7   De sector Tegen-Boven (TB): agressief gedrag (kritiseren, aanvallen, corrigeren)

Zelfdefinitie: ik ben kwaad, bedreigend.

Definitie van de ander: jij bent vijandig en waardeloos, jij bent slecht of
                            fout.

Relatiedefinitie: wees bang voor mij, vrees mij.

8   De sector Boven-Tegen (BT): competitief gedrag (imponeren, concurreren, streng zijn)

Zelfdefinitie: ik ben beter dan wie ook, ik vertrouw alleen op
                            mezelf, alleen ik ben belangrijk.

Definitie van de ander: jij bent vijandig en zwak, jij bent minder.

Relatiedefinitie: kijk naar mij en voel je minderwaardig, heb
                            ontzag voor mij.

6.7.5 Welk gedrag wordt door elke sector opgeroepen

Uitgangspunt in het model van Leary en zijn collega's is: gedrag roept gedrag op. Hiervoor zijn drie algemene principes:

—   Boven-gedrag roept
     Onder-gedrag op,

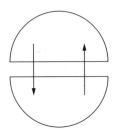

—   Tegenover-gedrag roept
     Tegenover-gedrag op,

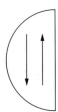

— Naast-gedrag roept
  Naast-gedrag op.

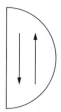

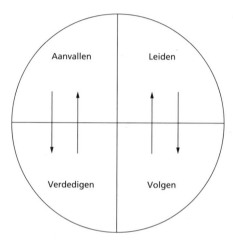

Figuur 6.13   Twee complementaire patronen in de Roos van Leary

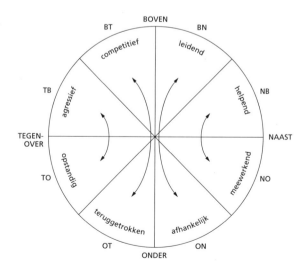

Figuur 6.14   Vier complementaire patronen in de Roos van Leary

Uit het model volgt dat de volgende complementaire patronen het meest voorkomen in groepen:
— leidend-afhankelijk, en omgekeerd: afhankelijk-leidend
— helpend-meewerkend, en omgekeerd: meewerkend-helpend
— competitief-teruggetrokken, en omgekeerd: teruggetrokken-competitief
— agressief-opstandig, en omgekeerd opstandig-agressief.

Uit onderzoek is echter gebleken dat ook het patroon competitief-agressief, en omgekeerd agressief-competitief in groepen vaak voorkomt, ook al past dit niet helemaal in het algemene patroon.

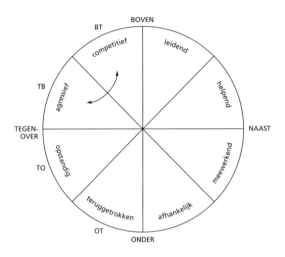

Figuur 6.15 BT-gedrag roept vaak TB-gedrag op en omgekeerd

Wat betreft symmetrie komen de volgende patronen in groepen het meest voor:
— meewerkend-meewerkend ("naast"-"naast");
— afhankelijk-afhankelijk ("naast"-"naast");
— agressief-agressief ("tegenover"-"tegenover");
— competitief-competitief ("tegenover"-"tegenover").

Hierin zien we weer het algemene patroon: "naast"-gedrag van de één wordt meestal beantwoord met "naast"-gedrag van de ander. En "tegenover"-gedrag van de één roept meestal nieuw "tegenover-gedrag bij de ander op.

Hieronder geef ik een overzicht van opgeroepen reacties per sector. Daaruit blijkt dat er ook reacties zijn die niet in het algemene patroon passen, dat eerder ter sprake kwam.

Sector in de Roos	Opgeroepen reacties
1 BN: leidend	gehoorzaamheid afhankelijkheid respect waardering concurrentie kritische aanvallen verzet
2 NB: helpend	waardering aanvaarding bewondering vertrouwen overgave irritatie afschuw
3 NO: meewerkend	hulp waardering bewondering sympathie vriendelijkheid irritatie
4 ON: afhankelijk	steun leiding bescherming gedrag dat steun en houvast belooft dominantie agressie irritatie afwijzing
5 OT: teruggetrokken	afstand kritiek agressie spot neerkijken op de ander afkeuring bestraffing negeren arrogantie leiderschap

Sector in de Roos	Opgeroepen reacties
6 TO: opstandig	afstraffing autoritair gedrag kwaad worden negeren verwerping veroordelen achterdocht irritatie bijval
7 TB: agressief	angst schuldgevoel autoritair gedrag terugtrekken passief verzet huilen onderwerping vijandigheid opstandigheid
8 BT: competitief	bewondering tegen hem opzien onderwerping verveling afgunst vernedering minderwaardigheid zich klein voelen bedreiging wantrouwen

6.8 Diskwalificaties

Wanneer twee gesprekspartners het niet met elkaar eens kunnen worden, maar dit niet openlijk willen toegeven, kunnen ze hun toevlucht nemen tot een hele reeks van diskwalificaties. Een *diskwalificatie* is een "techniek", waarmee je iets kunt zeggen zonder het echt te zeggen, waarmee je iets kunt ontkennen zonder duidelijk "nee" te zeggen, waarmee je met iemand van mening kunt verschillen zonder dit openlijk te laten merken. Enkele bekende diskwalificaties zijn: stilte en zwijgen (waarbij de spreker denkt "wie zwijgt, stemt toe", maar dat valt nog te bezien), ontwijken door bijvoorbeeld over iets heel anders te gaan praten, indirect reageren door bijvoorbeeld tegen een andere persoon te gaan praten, generaliseren, zijdelings reageren door slechts te reageren op een onbelangrijk detail, vertonen van ziektesymptomen (bijvoorbeeld plotselinge hoofdpijn), enzovoort.

Omdat, zoals uit deze opsomming blijkt, diskwalificaties vaak en in zoveel vormen, ook in groepen, voorkomen, wil ik bij dit onderwerp wat langer stilstaan. In de hierna volgende beschrijving sluit ik aan op Koks en Olthof (1978a en 1978b), die in een heldere studie over het verschijnsel dubbelzinnige communicatie een goede analyse van diskwalificaties en hun pragmatische aspecten opgenomen hebben.

Zoals al eerder in dit hoofdstuk opgemerkt, kan men op betrekkingsniveau spreken van het regelen van de onderlinge betrekking via relatiedefinities en reacties daarop. Men kan het relatievoorstel van de ander aanvaarden, verwerpen of negeren. Bij negeren vermijdt partner B de keuze tussen het aanvaarden of verwerpen van het relatievoorstel van A. B doet in plaats daarvan allebei tegelijk: hij zegt ja èn nee tegen het aangeboden relatievoorstel. Zo wordt A door B in verwarring gebracht; A weet niet meer waar hij aan toe is en wat B er nu van vindt.

Diskwalificaties zijn nu "operationele technieken", om iemands relatievoorstel te negeren en hem zo in verwarring te brengen. Via diskwalificaties wordt de eigen communicatie ontdaan van elke kwalificatie, dat wil zeggen van ondubbelzinnige aanwijzingen hoe de communicatie opgevat moet worden. Zo zijn diskwalificaties technieken, om niet verantwoordelijk gesteld te kunnen worden voor de eigen communicatie en voor de verwarring in de onderlinge relatie.

Daarom zijn diskwalificaties technieken, waarmee je iets kunt zeggen zonder het echt te zeggen, waarmee je iets kunt ontkennen zonder echt "nee" te zeggen, waarmee je met iemand van mening kunt verschillen zonder dit openlijk toe te geven. Zoals Watzlawick (1970, p.68) opmerkt:
"Het valt niet te verbazen dat dit soort communicatie typisch te hulp wordt geroepen door iedereen die verzeild is geraakt in een situatie waarin hij zich verplicht voelt te communiceren, maar tegelijkertijd de persoonlijke inzet verbonden aan alle communicatie wenst te vermijden".

Het zijn echt niet alleen politieke figuren tijdens tv-interviews die hiervan heel wat staaltjes laten zien. Ook menige vergadering of bespreking kan een aardige bloemlezing opleveren. Wanneer twee gesprekspartners het niet met elkaar eens kunnen worden zonder dat ze dit openlijk willen toegeven, kunnen ze hun toevlucht nemen tot een hele reeks van diskwalificaties, zoals:
— stilte, zwijgen
— ontwijken (bijvoorbeeld over iets heel anders gaan praten)
— indirect reageren (bijvoorbeeld tegen een andere persoon gaan praten: "ik had het niet tegen jou . . .")
— generaliseren
— zijdelings reageren door slechts te reageren op een onbelangrijk detail
— ziektesymptomen (bijvoorbeeld plotseling hoofdpijn krijgen)

— zelf-diskwalificatie, door bijvoorbeeld erg onsamenhangend te gaan praten
— zinnen niet afmaken
— voortdurend wisselen tussen praten in de tegenwoordige tijd en praten in de verleden tijd
— ontkenning, bijvoorbeeld van niet uitgesproken maar wel duidelijk gebleken gevoelens ("hoe kom je erbij, ik ben helemaal niet b-b-bang hoor")
— humor
— verwarringen van de letterlijke en de symbolische betekenis van woorden.

6.9 Over erkennen en niet-erkennen

6.9.1 Erkenning en bestaansniveau

"Een ieder draagt bij aan andermans ontplooiing of vernietiging"

Met deze krasse stelling opent Laing zijn boek *Het zelf en de anderen* (1971, p. 7) en hiermee maakt hij meteen duidelijk, dat er in communicatie naast het inhoudsniveau en het betrekkingsniveau nog een dieper niveau een rol speelt, dat ik wil aanduiden als het *bestaansniveau*. Op dit existentiële niveau gaat het om vragen rond het vinden van erkenning voor de eigen identiteit en om hoe mensen elkaars zelfgevoel bevorderen of ondermijnen. Door andermans vertrouwen in de eigen emotionele reacties en de eigen waarneming te ondermijnen, kunnen mensen inderdaad elkaars leven in woord en daad ruïneren. Dit vindt plaats via (pathogene) communicatie.

Voor het opbouwen van een eigen identiteit heeft men anderen nodig: alleen door relaties met anderen kan men een beeld opbouwen van wie men zelf is. Hora (1959) bracht dit als volgt onder woorden:

"om zichzelf te begrijpen, moet men begrepen worden door een ander; om door een ander begrepen te worden, moet men de ander begrijpen".

Of in de woorden van Buber (1962, geciteerd in Laing, 1971, p. 89):

"het leven van de mensen onderling rust op twee pijlers, maar eigenlijk is het er slechts één: ieders verlangen om door zijn medemensen erkend te worden als dat wat hij is, ja, als dat wat hij kan worden en om daarin gesterkt te worden, en voorts 's mensen vermogen zijn medemensen op die manier te erkennen en te sterken"

en:

"men kan een samenleving menselijk noemen naar de mate waarin haar leden elkaar erkennen".

Ieder menselijk wezen, of het nu om een kind of om een volwassene gaat, schijnt er behoefte aan te hebben iets voor een ander te betekenen, dat wil zeggen een plaatsje in andermans wereld in te nemen (Laing, p. 125). Dat de ene mens de ander in zijn totaliteit erkent, is een ideale mogelijkheid, die maar zelden verwezenlijkt wordt. Erkenning is eerder een kwestie van "in meerdere of mindere mate".

Je kunt op verschillende manieren iemands bestaan of bepaalde aspecten in iemands bestaan onderschrijven of niet onderschrijven. Onderschrijven kan gebeuren door een hartelijke glimlach (visueel), een handdruk (tactiel), een sympathiebetuiging (auditief), enzovoort. Met zo'n erkenning verlenende reactie geef je blijk begrip te hebben voor de betekenis van andermans gedrag voor hem en ook voor jou. Er is dan sprake van een rechtstreekse reactie die ter zake is en zich op dezelfde "golflengte" bevindt als de handeling die deze reactie opriep (Laing, p. 90).

Het geringste teken van herkenning bevestigt jouw aanwezigheid in andermans wereld. *"Je zou geen duivelser straf kunnen bedenken"*, schreef William James al in 1890, *"dan dat je iemand, als dat fysiek mogelijk was, op de samenleving zou loslaten en dat werkelijk niemand in die samenleving zijn bestaan zou opmerken."* Wanneer men geen erkenning voor het eigen optreden vindt, kan dat de zelfontplooiing enorm fnuiken. Bij elke handeling in aanwezigheid van anderen speelt de bedoeling een beeld van zichzelf te geven (zelfpresentatie): een aangeven van hoe men zichzelf ziet en dus ook van hoe men door anderen gezien wenst te worden. In de ene periode van de eigen levensloop wil men graag, dat dit aspect erkend wordt en wel op déze manier, in een andere periode moet het weer dàt aspect zijn en wel op die manier. Verleent de omgeving iemand steeds maar geen erkenning en wordt de ontplooiing van zo iemand daardoor ernstig gestoord, dan kunnen we dat gedrag van de omgeving schizogeen noemen (Laing, p. 91). Enkele onderzoeken hebben inmiddels uitgewezen dat er heel wat gezinnen zijn, waarin bitter weinig echte erkenning van elkaars bestaan is, niet tussen de ouders onderling en niet van de ouders tegenover het kind. Wat je in zulke gevallen wel veel ziet, zijn interacties die gekenmerkt worden door quasi-erkenning, door een optreden dat de indruk wekt dat het bestaan van het kind of aspecten van dat bestaan erkenning vinden, terwijl dit in werkelijkheid niet het geval is. Dit gebeurt bijvoorbeeld wanneer ouders erkenning verlenen aan een fictie, iets waarvoor men het kind houdt, waarbij het kind zoals het in werkelijkheid is helemaal niet aan de orde komt (vgl. Guus Kuijer, *Het geminachte kind*, 1980). Dit gaat dan zo in zijn werk, dat jarenlang in plaats van het echte zelf een vals zelf de aandacht krijgt, omdat het kind een rol moet vervullen in het "fantasiesysteem" van de ouders en bepaalde tekorten van de ouders door het kind moeten worden opgevuld (vgl. Richter, 1971).

Dit jarenlang geen erkenning vinden kan op heel subtiele manieren gebeuren. In bijna elk gezin worden bepaalde eigenschappen van het kind sterk gestimuleerd, maar andere niet eens opgemerkt, zodat die zelden tot ontplooiing kunnen komen. Zo langzamerhand weten we allemaal wel, hoe meisjes en jongens gesocialiseerd worden tot de stereotiepe vrouwen- en mannenrollen en dus tot karikaturen van wat ze eigenlijk zouden kunnen zijn (vgl. ook Richter, 1978, p. 26-53). Wanneer jarenlang in plaats van het echte zelf een vals zelf de aandacht heeft gekregen, komt degene die hiervan het slachtoffer is, in een scheve positie te verkeren. En iemand in een scheve positie heeft last van schuld-, schaamte- en angstgevoelens wanneer hij zich anders gedraagt of wil gedragen dan in die scheve positie geboden is.

Als voorbeelden van niet-erkennen noemt Laing veel zaken, die ik besproken heb onder diskwalificaties (zie paragraaf 6.8) en andere pathologische communicaties, zoals paradoxen en dubbele bindingen, die ook de Palo-Alto-groep (onder anderen Watzlawick) uitgebreid beschreven heeft. Laing sluit met zijn theorie dus sterk aan op de systeem- en communicatietheorie, maar voegt er een derde niveau aan toe: het bestaansniveau, naast het inhouds- en betrekkingsniveau.

Bij de bespreking van het betrekkingsniveau kwam al ter sprake dat mensen elkaar op non-verbale wijze een omschrijving van zichzelf presenteren en dat deze zelfomschrijving een belangrijk deel is van het relatievoorstel dat men graag geaccepteerd wil zien.

Nu is het beeld dat mensen van zichzelf presenteren lang niet altijd hetzelfde als het beeld dat ze van zichzelf hebben. Men probeert meestal aan anderen een iets gunstiger beeld van zichzelf te presenteren: een soort "verbeterde versie". Dit gepresenteerde zelfbeeld ligt dichter bij hoe men zou willen zijn dan bij wat men in feite is.
Men doet dit om van zichzelf een positiever zelfbeeld te handhaven (bijvoorbeeld dat men "geslaagd is in het leven"), maar vooral om de kans te vergroten dat men door anderen geaccepteerd wordt en zo erkenning krijgt. Vanwege dit belang van acceptatie en erkenning zal men zijn zelfpresentatie willen beschermen tegen "ontmaskering" en gezichtsverlies.

In zijn studie *The presentation of self in everyday life* (1959) gebruikt Goffman in verband met het verschil tussen de zelfpresentatie en het privé-zelfbeeld de begrippen *"frontstage"* en *"backstage"* uit de theaterwereld.
Dit is het verschil tussen enerzijds hoe men zich presenteert "op het podium van de alledaagse interactie" en anderzijds zoals men is "op het gebied achter de coulissen". Dit "gebied achter de coulissen" is aan anderen slechts zelden bekend, want het bevat aspecten van de eigen persoon die men liever verborgen houdt, zoals mogelijke angsten en twijfels aan zichzelf. Ook gevoelens van schaamte, minderwaardigheid en zwakte kunnen hieronder vallen. Wanneer anderen de zelfpresentatie dreigen te ontmaskeren en het privé-domein dreigen binnen te dringen, zullen de meeste

mensen in eerste instantie *defensief* reageren. Via afweer probeert men het territorium van het privé-domein te verdedigen. Daartoe staat een hele reeks van *verdedigingsmechanismen* ter beschikking, zoals rationalisatie, projectie, verdringing, regressie, vermijding en apathie.

Omdat de term "verdedigingsmechanismen" zo negatief klinkt, geef ik de voorkeur aan de term "levenstechnieken": manieren om zichzelf staande te houden in bedreigende omstandigheden.

Het bestaansniveau is nauw verbonden met het betrekkingsniveau. Laat ik deze drie niveaus nog eens aangeven, teneinde de begrippen erkenning en niet-erkenning scherper te kunnen plaatsen.

Op *inhoudsniveau* kan men op drie manieren reageren op het *inhoudsaspect van de communicatie* van de ander:
— aanvaarden en instemmen met die inhoud: "ja" zeggen; het ermee eens zijn
— afwijzen en het duidelijk niet eens zijn met die inhoud: "nee" zeggen
— diskwalificeren van die inhoud: geen ja en geen nee, of allebei een beetje; kortom vaag blijven.

Op *betrekkingsniveau* zijn er ook drie reactiemogelijkheden op het relatievoorstel van de ander:
— bevestigen van de positie van de ander in de relatie: een duidelijk "ja"
— verwerpen van die positie: een duidelijk "nee"
— negeren: ja en nee tegelijk, of geen van beide door niet te reageren.

Op *bestaansniveau* gaat het om *de omschrijving van zichzelf en de ander*, dus om het zelfbeeld van elk.

Dit hangt nauw samen met het betrekkingsniveau: negeren van het relatievoorstel van de ander betekent meestal ook een negeren van het verzoek van de ander om gezien te worden zoals deze zichzelf ziet. In elke communicatie wordt op bestaansniveau deze zelfomschrijving, deze zelfdefinitie, erkend of niet erkend, zoals al eerder in deze paragraaf beschreven.

Aanvaarden (inhoudsniveau) en bevestigen (betrekkingsniveau) zijn vormen van erkenning (bestaansniveau). Dit zal duidelijk zijn, evenals dat diskwalificeren (inhoudsniveau) en negeren (betrekkingsniveau) vormen van niet-erkennen (bestaansniveau) zijn. Afwijzing (inhoudsniveau) en verwerping (betrekkingsniveau) zijn ook vormen van niet-erkennen, maar impliceren tegelijk een zekere mate van erkenning. Ook al reageer je afwijzend op een handeling of communicatie van een ander, dan kun je toch die handeling of die communicatie accepteren voor wat die is en daar geldigheid aan toekennen ("valideren"), mits jouw reactie direct is en niet ontwijkend. Sommige vormen van afwijzing houden dus een zekere mate van erkenning in, want datgene wat afgewezen wordt, wordt toch maar waargenomen en er wordt op gereageerd. Rechtstreekse afwijzing is dus zeker niet synoniem met onverschilligheid (Laing, p. 90).

Samenvattend:

Inhoudsniveau	Betrekkingsniveau	Bestaansniveau
– aanvaarden	– bevestigen	– erkennen
– afwijzen	– verwerpen	– miskennen
– diskwalificeren	– negeren	– niet-erkennen
van de inhoud van de communicatie van de ander	van de positie van de ander in de betrekking	van het beeld dat de ander van zichzelf heeft

Nog een slotopmerking: zoals beschreven aan het begin van paragraaf 6.8 lijkt het alsof diskwalificaties vooral voorkomen op betrekkingsniveau. Dit is echter niet zo. Diskwalificaties kunnen op alle drie niveaus voorkomen:
— men kan de inhoud diskwalificeren van wat men zelf en van wat de ander zegt
— men kan het eigen relatievoorstel of het relatievoorstel van de ander diskwalificeren
— men kan het eigen zelfbeeld of het zelfbeeld van de ander diskwalificeren.

Ter voorkoming van spraakverwarring lijkt het mij zuiverder om de term diskwalificatie te reserveren voor het inhoudsniveau, om op betrekkingsniveau te spreken van negeren en op bestaansniveau van niet-erkennen.

6.9.2 Drie aspecten van erkenning

De Amerikaanse psycholoog Schutz (1975) heeft drie basisthematieken beschreven die van belang zijn voor de fundamentele behoefte aan erkenning. Deze basisthematieken omschrijft hij als *inclusie, controle* en *affectie* (vgl. paragraaf 5.5).
Elk van deze drie heeft rechtstreeks te maken met het gevoel van eigenwaarde. Het zijn dan ook drie bouwstenen voor het zelfrespect dat men heeft en dat men via interpersoonlijke communicatie verder ontwikkelt.

1 Bij *inclusie* gaat het om het gevoel mee te tellen, erbij te horen en serieus genomen te worden. Het is de vraag naar basiserkenning: om tenminste opgemerkt en geaccepteerd te worden en om erkenning dat men er is. Schutz spreekt van het gevoel van *"significance"*: het gevoel dat men van belang is voor anderen en betekenis voor hen heeft.

2 Bij *controle* gaat het om de vraag naar invloed, de vraag om te kunnen bepalen wat er gebeurt, om greep te hebben op de omstandigheden.

Schutz spreekt van het gevoel van *"competence"*: tot iets in staat te zijn, iets kunnen presteren, iets gedaan kunnen krijgen.

Hier gaat het om de vraag naar erkenning voor wat men kan, voor wat men beheerst, en voor kwaliteiten, deskundigheden en prestaties. De vraag dus om goed gevonden te worden. Dit is direct van invloed op het gevoel van onafhankelijkheid en van zelfvertrouwen, omdat het een stimulans betekent voor het gevoel zelf iets te kunnen.

3 Bij *affectie* gaat het om de vraag naar genegenheid. Schutz spreekt van het gevoel van *"loveability"*: beminnenswaard, aardig, sympathiek gevonden te worden. En bovenal het gevoel gewaardeerd te worden om wie men is als persoon.

Telkens gaat het om de vaag naar erkenning:
— bij inclusie om de erkenning *dat* men er is
— bij controle om de erkenning voor *wat* men kan
— bij affectie om de erkenning voor *wie* men is als persoon.

Elk van deze drie basisthematieken heeft Schutz trouwens ook uitgewerkt naar het betrekkingsniveau. Ik geef hiervan een korte schets:

— *inclusie* betreft de grenzen van de relatie:
   niet alleen wie hoort erbij en wie hoort er niet bij ("binnen of buiten"), maar ook: welke aspecten van de persoon kunnen in deze relatie aan bod komen en welke niet; deze thematiek speelt vooral in de oriëntatiefase (vgl. paragraaf 5.5.2).
— *controle* betreft de vragen: "wie is 'up', wie is 'down'?, wie is leidend, wie is volgend?"; kortom, thema's als macht, gezag, invloed en relatiebepaling spelen hierbij de hoofdrol.
   Vergelijk de verticale dimensie in de Roos van Leary ("Boven - Onder"); deze thematiek speelt vooral in de machtsfase (vgl. paragraaf 5.5.3).
— *affectie* betreft het regelen van de onderlinge nabijheid en afstand, ofte wel het aspect "dichtbij of veraf"; hierbij horen thema's als affiliatie, samenwerking, sympathie, antipathie en intimiteit.
   Vergelijk de horizontale dimensie in de Roos van Leary ("Samen - Tegen"); deze thematiek speelt vooral in de affectiefase (vgl. paragraaf 5.5.4).

Met deze drie begrippen op betrekkingsniveau heeft Schutz een heldere theorie over groepsontwikkeling geformuleerd. Ik heb daar aandacht aan besteed in paragraaf 5.5.

6.10 Betrekkingsniveau: intermezzo over vriendschap

Vriendschap is een duurzame relatievorm, die méér omvat dan alleen wederzijdse waardering en sympathie. Aan het slot van dit hoofdstuk wil ik enige ideeën op papier zetten over hoe vriendschap raakt aan het betrekkingsniveau en het bestaansniveau.

Hoewel vriendschap meestal begint met sympathie "op het eerste gezicht", gaat de persoonlijke betrokkenheid van vrienden op elkaar veel verder dan van sympathieke kennissen. Vrienden kennen elkaar beter: ze kennen van elkaar niet alleen méér positieve en negatieve eigenschappen, maar ook "centralere" eigenschappen en kenmerken. Van kennissen kent men meestal slechts de meer oppervlakkige en "perifere" eigenschappen, zoals uiterlijke kenmerken, meningen, opinies, gewoonten, karakteristieke manieren van reageren en dergelijke. Tot de centralere eigenschappen, die vrienden van elkaar kennen, reken ik onder andere waarden, gevoelens, ervaringen, hoe men situaties en personen beleeft en hoe men over zichzelf denkt (zelfbeeld). Zulke centrale eigenschappen zijn niet zo gauw rechtstreeks zichtbaar en kenbaar vanuit het openlijk gedrag.

Geldt voor sympathie dat deze gebaseerd is op vooral positieve eigenschappen die men bovendien relatief gemakkelijk tijdens interactie kan leren kennen, vriendschap berust op een diepergaande kennis en waardering voor elkaar. Een waardering die overeind blijft ondanks negatieve eigenschappen die men ook van elkaar kent, maar van elkaar accepteert of minstens met elkaar kan bespreken.

Vriendschap begint soms met een "schok van herkenning", alsof een ander je ineens ziet, zoals je "werkelijk" bent: zoals je jezelf in een bepaalde situatie (bijvoorbeeld als onzeker) beleeft, achter conventies, achter beleefdheden, achter de eigen zelfpresentatie. Of soms begint vriendschap met het merken dat een ander echt om je geeft en met je lot begaan is.

Naarmate vriendschap toeneemt, verdiept en verbreedt het contact zich. Verdieping, naarmate men méér van elkaars "binnenwereld" deelt en gedrags- en persoonsaspecten van elkaar leert kennen die normaal gesproken tot de eigen intieme "binnenwereld" behoren, zoals verlangens, angsten, fantasieën en dergelijke. Verbreding naarmate men elkaar op meer levensterreinen leert kennen. Daarbij worden gelijkenissen èn verschillen geleidelijk steeds duidelijker. Sommige verschillen zijn zo wezenlijk dat ze tot conflicten en crisissen kunnen leiden, maar deze hoeven geen breekpunt te vormen, als men waardering kan blijven voelen voor ieders eigenheid en men kan afzien van de eis dat de ander net zo moet zijn, denken en voelen als zichzelf. Zulke conflicten en crisissen durft men trouwens aan te gaan, juist vanwege de ervaring dat men elkaar de moeite waard vindt. Ten aanzien van als neutraler beleefde anderen zal men wel uitkijken om daar zoveel energie in te investeren!

Een belangrijk deel van de interactie tussen vrienden bestaat uit wat men aan elkaar toevertrouwt aan eigen ideeën, gevoelens, belevingen, ervaringen, plannen, verlangens en dergelijke. Dit noemen psychologen "zelfonthullingen" of zelfmededelingen (onder anderen Jourard, 1964; Culbert, 1967). *Zelfonthulling* is het geven van privé-informatie over zichzelf aan één of meer anderen. Dit kan gaan over wat men persoonlijk ervaren heeft, wat men gefantaseerd of gedroomd heeft, wat men van de toekomst hoopt of verwacht, of wat men op het moment zelf denkt of voelt ten aanzien van andere personen. Kortom, mededelingen over eigen ervaringen en over hoe men zich voelt.

De eerste onderzoeker die zich met de achtergronden en effecten van zelfonthulling heeft beziggehouden, was Sidney Jourard (1964). Hij stelde dat zelfonthulling leidt tot toenemende sympathie en waardering voor elkaar. Inderdaad bleek in onderzoek, dat men over het algemeen meer waardering en sympathie voelt voor mensen die persoonlijke zaken over zichzelf vertellen, dan voor mensen die dit niet doen.

Toch ligt dit verband tussen zelfonthulling en sympathie ingewikkelder. Te veel zelfonthulling kan even onaangepast zijn als te weinig (vgl. Yalom, 1978, p. 266). Een grote mate van zelfonthulling zal een niet voorbereide ontvanger afschrikken. Zelfonthulling leidt dus alleen tot sympathie, wanneer dit zorgvuldig en geleidelijk plaatsvindt. Te snelle zelfonthulling kan angst en afweer oproepen en zal de afstand tussen de betrokkenen eerder vergroten dan verkleinen.

Freedman, Carlsmith en Sears (1978, p. 193-194) wijzen op een wederkerigheidsnorm die ook voor zelfonthulling geldt: we hebben de meeste sympathie en waardering voor hen, die in hun zelfonthulling evenveel of even weinig intimiteit aanhouden als wijzelf. Iemand die intiemer over zichzelf vertelt dan men zelf wenst te doen, dreigt het eigen privé-domein (territorium) binnen te dringen en zal men proberen af te weren. Maar omgekeerd zal men zich in de kou voelen staan en zich erg kwetsbaar voelen, als men méér over zichzelf verteld heeft dan de ander bereid is te doen.

Ik dreig echter af te dwalen. Ik wil terug naar het eigenlijke onderwerp van deze paragraaf: vriendschap.

Hoewel vriendschap nauwelijks door psychologen onderzocht en beschreven is en we (volgens Harlow) meer hebben aan dichters en romanschrijvers of (volgens Van Ussel) aan wijsgerig antropologen, wil ik toch een poging tot nadere beschrijving wagen.

Van liefde, en naar mijn oordeel ook van vriendschap, is volgens Van Ussel (1975, p. 155) pas sprake, zodra "een grens wordt overschreden". Hiermee bedoelt hij een grens tussen de "openbare leefwereld" en de "intieme leefwereld": een grens tussen zoals men is in de ogen van anderen (en zoals men zich ook aan anderen presenteert) en zoals men voor zichzelf is. Dit is hetzelfde onderscheid dat ik al eerder aangaf tussen het "openlijke zelfbeeld" en het "privé-zelfbeeld" (zie paragraaf 6.9.1). Vriendschap is een wederkerige en door beide partners begeerde grensoverschrijding, waarbij elk zich aan de ander wil laten kennen zonder uiterlijke rollen en zonder afweermechanismen. Zo'n kwetsbare opstelling kan intense gevoelens oproepen, variërend van angst tot intense blijdschap (Van Ussel). Hapert er wat aan de vriendschap, dan sluit men zich weer af en trekt men zich weer terug in de eigen schelp van afweervormen, van rollen en van een formele opstelling.

Het is moeilijk om aan te geven wat het eerst komt: de zelfonthulling of de gevoelens van vriendschap. Zoals hiervoor al aangegeven, suggereren Amerikaanse auteurs dat wederkerige zelfonthulling leidt tot vriendschap, maar ik denk dat evenzeer het omgekeerde geldt. Gevoelens van vriendschap en van zich op zijn gemak voelen bij elkaar, versterken de wens zichzelf te laten kennen, in het vertrouwen dat de ander er geen misbruik van zal maken.

Fundamenteel voor vriendschap is dat men niet alleen zichzelf "openbaart" zoals men als persoon is, maar ook dat men daardoor als persoon gevormd wordt en eigenschappen tot ontwikkeling kan brengen, die daarvóór nog onvermoed waren. Zo wist ik van mezelf niet, dat ik me zó betrokken, zó blij, zó sterk, maar ook zó eenzaam, zó kwaad, zó verdrietig, zó klein kon voelen, totdat ik echte vrienden ontdekt en gevonden had. Vriendschap kan in elkaar ieders beste kanten wakker roepen. Met de woorden van Joni Mitchell (1973, in haar song *"All I want"*):

"all I really want our love to do
is to bring out the best in me and in you too"

Mensen kunnen bij elkaar heel wat goede en slechte eigenschappen "wakker" roepen: liefderijke en hatelijke, vriendschappelijke en vijandige eigenschappen, vertedering en vernedering, ondersteuning en onderdrukking, koestering en geweld. En dit des te sterker naarmate men méér op elkaar betrokken is. Vriendschap roept niet alleen de beste kanten in elk van beiden wakker, maar is ook een vorm om kanten van zichzelf die men liever verbergt beter te leren accepteren. Een ander toe te staan zich te leren kennen, zoals men is achter het uiterlijk van de eigen zelfpresentatie en als zodanig door een ander geaccepteerd te worden, is een belangrijke hulp ook zichzelf te accepteren en een gevoel van eigenwaarde op te bouwen en te verstevigen.

Intimiteit betekent zo het met een ander kunnen delen van behoeften en tekortkomingen die men in zichzelf tegenkomt, waarbij eigen zwakke kanten, eigen armoede en schraalheid, eigen twijfels en angsten er mogen zijn. Méér nog: pas door zichzelf toe te staan zulke kanten van zichzelf aan de ander te tonen, kan de intimiteit aan rijkdom winnen. Zo omschreven, vormt intimiteit een heel wezenlijk aspect van vriendschap. Hieraan gaat vaak wel een pijnlijke strijd vooraf, want het zich zo volledig openstellen voor een ander roept veel herinneringen wakker aan oude vernederingen in vroegere kwetsbare situaties en aan daarbij opgelopen pijn en leed.

In zijn betoog over liefde en intimiteit stelt Van Ussel (1975) dat liefde, en ik wil daaraan toevoegen: ook vriendschap, alleen tussen gelijken mogelijk is en pas in volle vorm, wanneer beiden een hoge mate van zelfwaardering hebben. Hiermee suggereert Van Ussel dat zelfwaardering voorafgaat aan liefde of vriendschap. Uit wat ik eerder in deze paragraaf schreef, zal duidelijk geworden zijn dat naar mijn mening evenzeer het omgekeerde geldt: dat een grotere zelfwaardering juist een gevolg is van vriendschap, want gewaardeerd worden als persoon betekent dat men geaccepteerd wordt zoals men is en omdat men zo is, met de fraaie èn minder fraaie eigenschappen. Zulke diepe waardering en erkenning van elkaar als persoon vormen een belangrijke overwinning op de "tragische eenzaamheid" (Kierkegaard) die menig menselijk levenslot kenmerkt.

Terwijl sympathie erkenning betekent van "perifere" eigenschappen dicht aan de "oppervlakte" die al vrij snel in interactie duidelijk worden, betekent vriendschap de erkenning van enkele zeer centrale persoonseigenschappen. Nu zal totale erkenning zeldzaam of onmogelijk zijn. In de ene vriendschap zal men zich in enkele bepaalde centrale eigenschappen erkend voelen, in een andere vriendschap in andere centrale eigenschappen. Naarmate men zich verder ontwikkelt als persoon, zal ook het patroon van vriendschappen kunnen veranderen. Door na te gaan wie de goede vrienden waren gedurende een langere periode, zeg van tien jaar of langer, kan men ook een beeld krijgen van hoe de eigen identiteit zich in die periode ontwikkeld heeft, dat wil zeggen van verschuivingen in welke centrale eigenschappen men voor zichzelf belangrijk vond.
Het niet kunnen vinden van centrale erkenning kan de zelfontplooiing enorm fnuiken. Laing (1971) verwijst naar het universele menselijke verlangen voor een ander iets te betekenen en een plaats in de belevingswereld van een ander in te nemen (zie paragraaf 6.9). Dit verlangen komt in feite neer op ieders behoefte aan erkenning, dat wil zeggen om door anderen gezien en geaccepteerd te worden zoals men zichzelf ziet. Het niet verlenen van zulke erkenning en het aan een ander weigeren van een zinvolle plaats in de eigen leefwereld noemt Laing vernietigend. In deze betekenis merkt hij dan ook aan het begin van zijn studie *Het zelf en de anderen* (1971, p. 7) op: "een ieder draagt bij aan andermans ontplooiing of vernietiging".

In deze paragraaf zijn drie vormen van bijdragen van zulke ontplooiing aan bod gekomen. In elk daarvan speelt erkenning een belangrijke rol:
a   sympathie, die ik wil aanduiden als perifere erkenning,
b   vriendschap, die ik wil aanduiden als centrale erkenning, en
c   liefde, eveneens een vorm van centrale erkenning, die echter nog verder gaat dan bij vriendschap, omdat ze méér persoonsaspecten, méér levensdomeinen, méér intimiteit en een vollediger delen van elkaars leefwereld betreft.

6.11 Verbinding met de praktijk

6.11.1 Oefening: "niet-defensieve communicatie"

INSTRUCTIE

Deze oefening is bedoeld om te oefenen in twee typen communicatie en vooral ook om zelf te ervaren hoe elk type aanvoelt, wanneer men in de rol van "slachtoffer" zit.

Het gesprek zal gaan over "communicatiegewoonten op de werkplek". In elke organisatie bestaan naast de formele taakvereisten en formele communicaties ook een groot aantal gewoonten en informele communicaties. Er zijn heel wat informele manieren waarop de medewerkers met de taken en met elkaar omgaan. Sommige gewoonten zult u als prettig ervaren, terwijl u wellicht andere gewoonten vervelend vindt en deze wat u betreft best mogen veranderen.

De trainer verdeelt de groep zo dadelijk in drietallen. Ieder groepje van drie interviewt elkaar over zulke gewoonten op de eigen werkplek. Het gesprek verloopt in twee ronden volgens hierna te geven richtlijnen. Daartoe dient u vooraf te beslissen wie van uw drietal kiest voor rol A, wie voor rol B en wie voor rol C.
Het gesprek vindt plaats tussen A en B.
Daarbij is C observator, die tevens de tijd mag bewaken. Als observator let C op de non-verbale communicatie (vooral de verschillen in non-verbale reacties) en op het betrekkingsniveau.

1   In de eerste ronde wordt B geïnterviewd door A. A gebruikt in dit gesprek een aantal defensiviteit oproepende gedragsvormen op een subtiele wijze. Deze ronde duurt 6 minuten.

2   Hierna volgt een korte nabespreking van 2 minuten, waarbij B aangeeft hoe hij dit gesprek ervaren heeft.

3   In de tweede ronde wisselt men van rol: nu wordt A geïnterviewd door B. B gebruikt in dit gesprek zoveel mogelijk gedragsvormen die defensiviteit verminderen.
Ook deze ronde duurt 6 minuten.

4   Hierna volgt een korte nabespreking van 2 minuten, waarin A aangeeft hoe hij dit gesprek ervaren heeft.

5   Daarna volgt een nabespreking van 4 minuten in het drietal, waarin C zijn observaties inbrengt en waarbij de effecten van de twee communicatiestijlen met elkaar vergeleken worden. Tevens legt men een verband met de gebruikelijke stijl van communiceren op de eigen werkplek.

Aantekeningen:

6.11.2 Vragenlijst interpersoonlijk gedrag (VIG)

AANWIJZINGEN

In deze vragenlijst beschrijft u hoe u zich opstelt in sociale relaties. Het invullen gaat het helderst wanneer u één bepaalde relatie van uzelf voor ogen hebt, bijvoorbeeld een bepaalde relatie op uw werk. Maak dus vooraf een keuze hierin.

Lees de hierna volgende lijst van interpersoonlijke gedragsvormen door en omcirkel telkens het cijfer van elk woord of zinnetje dat een goede typering geeft van uw opstelling in de gekozen relatie.

De zinnetjes staan in de derde persoon geformuleerd, want u kunt deze vragenlijst ook gebruiken om het interpersoonlijke gedrag van iemand anders te typeren.

1	kan opdrachten geven	7	erg bezorgd om bevestiging te
2	kan voor zichzelf zorgen		krijgen
3	hartelijk en met begrip	8	geeft altijd advies
4	bewondert en imiteert anderen	9	verbitterd
5	is het met iedereen eens	10	met een ruim hart en onbaat-
6	schaamt zich voor zichzelf		zuchtig

11	opschepperig	40	baast over anderen
12	zakelijk	41	zachtmoedig
13	kan streng zijn wanneer dat	42	bescheiden
	nodig is	43	gehoorzaamt te bereidwillig
14	koud en zonder gevoel	44	overbeschermend
15	kan klagen wanneer dat nodig is	45	vaak onvriendelijk
16	samenwerkingsgezind	46	door anderen gerespecteerd
17	klagerig	47	rebelleert tegen van alles
18	kritisch op anderen	48	gepikeerd, wanneer een ander de
19	kan gehoorzamen		baas over hem speelt
20	wreed en onhartelijk	49	assertief en vertrouwend op
21	afhankelijk		zichzelf
22	dictatoriaal	50	sarcastisch
23	dominerend	51	verlegen
24	er sterk op uit om met anderen	52	egoïstisch
	goed overweg te kunnen	53	sceptisch (twijfelzuchtig)
25	moedigt anderen aan	54	open en direct
26	heeft er plezier in om voor	55	koppig
	anderen te zorgen	56	te gemakkelijk te beïnvloeden
27	vastberaden maar rechtvaardig		door anderen
28	aan één stuk door vriendelijk	57	denkt slechts aan zichzelf
29	mild ten aanzien van een fout	58	te toegeeflijk aan anderen
30	goede leider	59	lichtgeraakt en makkelijk
31	dankbaar		gekwetst
32	behulpzaam	60	probeert ieder te troosten en te
33	kan fouten van anderen niet		bemoedigen
	verdragen	61	geeft gewoonlijk toe
34	onafhankelijk	62	vol respect voor gezag
35	houdt van verantwoordelijkheid	63	wil dat ieder hem sympathiek
36	heeft gebrek aan zelfvertrouwen		vindt
37	laat anderen besluiten nemen	64	zal ieder geloven
38	vindt iedereen aardig		
39	houdt ervan om verzorgd te		
	worden		

SCOREFORMULIER VRAGENLIJST INTERPERSOONLIJK GEDRAG

AANWIJZINGEN

1   Breng de gegevens uit de ingevulde vragenlijst over op het scoreformulier op de volgende bladzijde door de omcirkelde cijfers uit de vragenlijst ook op de volgende bladzijde te omcirkelen.

Tel in elke rij en in elke kolom hoeveel nummers er omcirkeld zijn.

Tel dan de rijtotalen en de kolomtotalen op: deze twee optellingen moeten hetzelfde eindgetal opleveren.

Dit eindgetal geeft het aantal aangegeven kenmerken aan (afgekort als AAK-score).

2 Nog meer rekenwerk: vermenigvuldig het aantal omcirkelingen per rij met het getal dat er rechts in de tabel naast staat (dus maal 1, maal 2, maal 3 of maal 4).

Tel dan deze vier produkten op.
Deel daarna deze produktensom door AAK.
Het daaruit resulterende getal geeft de gemiddelde intensiteit van de omcirkelde kenmerken aan (afgekort als GIN-score: gemiddelde intensiteit).

3 Voor de interpretatie van de AAK- en GIN-scores, zie blz. 155.

SCOREFORMULIER VRAGENLIJST INTERPERSOONLIJK GEDRAG

BN	BT	TB	TO	OT	ON	NO	NB	n	
1	2	13	15	19	31	16	32		x 1
30	12	18	48	36	4	3	10		
35	34	27	53	42	7	24	25		
46	49	54	59	61	62	63	26		x 2
8	11	33	9	41	21	28	29		
23	52	45	17	43	37	38	44		
40	57	50	55	51	39	56	58		x 3
22	14	20	47	6	64	5	60		x 4
									+
BN	BT	TB	TO	OT	ON	NO	NB	^ AAK	

som

som [ ] gedeeld door AAK [ ] is GIN: [ ]

PROFIELFORMULIER VRAGENLIJST INTERPERSOONLIJK GEDRAG

De acht segmenten

AANWIJZINGEN

Elk van de acht segmenten in de Roos van Leary wordt aangeduid met een combinatie van twee letters: BN, BT, TB, TO en dergelijke. Deze lettercombinaties staan in de hierna volgende figuur in het midden en rond de buitenrand. Ze staan ook onder aan het scoreformulier op de voorgaande bladzijde.

Schrijf de score van elke lettercombinatie op het scoreformulier van de vorige bladzijde over op het profielformulier van deze bladzijde in het midden van de cirkel bij de overeenkomende letters.

Plaats dan in elk segment een duidelijke stip door het + teken, dat overeenkomt met de score op dat segment. De scoremogelijkheden staan per ring in de cirkel aangegeven.

Verbind nu deze stippen met een stevige lijn: zo krijgt u een grafisch profiel van uw posities op de Roos van Leary. Dit geeft uw interactiestijl weer in de door u gekozen relatie.

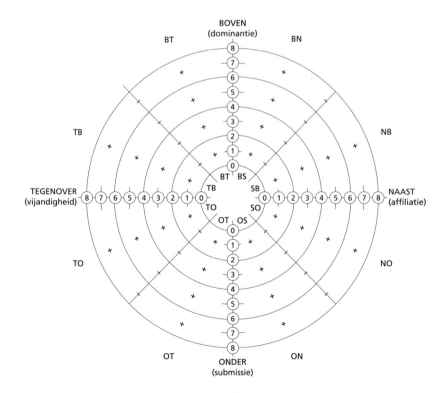

Om uw profiel beter te kunnen interpreteren is hier het figuur van de vorige bladzijde nog eens getekend, maar nu met vermelding van de items uit de vragenlijst. U kunt ook in deze cirkel uw profiel tekenen, op dezelfde wijze als in de vorige cirkel.

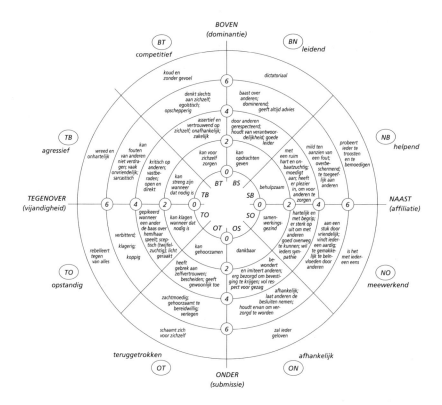

INTERPRETATIE

De segmenten in de rechterhelft van de cirkel geven aan in hoeverre u uzelf beschreven hebt als *affiliatief* (de "Naast"-pool van Leary); de segmenten in de linkerhelft als *vijandig* (de "Tegenover"-pool van Leary).

De segmenten in de bovenste helft van de cirkel geven aan in hoeverre u uzelf omschreven hebt als *dominant* (de "Boven"-pool van Leary); de segmenten in de onderste helft als *submissief* (de "Onder"-pool van Leary).

Hoge scores (meer naar de buitenkant) wijzen op negatievere zelfomschrijvingen dan lage scores.

175

SAMENVATTEND PROFIEL VRAGENLIJST INTERPERSOONLIJK GEDRAG

De dimensies van dominantie en affiliatie

AANWIJZINGEN

Bereken de dominantie (DOM) en affiliatiescores (AFF) door in de hierna volgende twee regels uw acht lettercombinatiescores van uw scoreformulier in de hokjes aan te brengen en de daarbij aangegeven berekeningen te maken. Het resulterende getal kan negatief zijn.

BT ☐ + BN ☐ − OT ☐ − ON ☐ = ☐ DOM

NB ☐ + NO ☐ − TB ☐ − TO ☐ = ☐ AFF

De aldus berekende DOM- en AFF- scores noteert u daarna in de hierna volgende twee hokjes buiten de cirkel.

Zoek de bij deze scores behorende posities op de twee cirkelassen. Maak daarna het balkje zwart vanaf het cirkelmidden tot aan de posities van uw score op elke as. Zo ontstaat een L-vormig profiel.

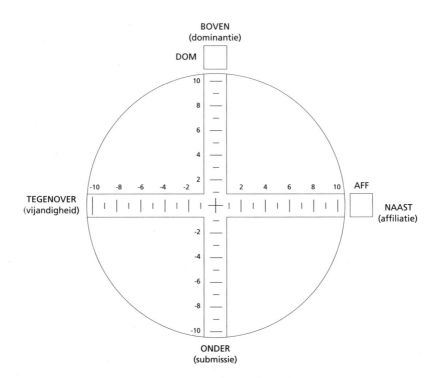

BOVEN
(dominantie)

DOM

TEGENOVER
(vijandigheid)

NAAST
(affiliatie)

AFF

ONDER
(submissie)

INTERPRETATIE DOM- EN AFF-SCORES

De twee scores vatten de belangrijkste informatie samen van hoe u uzelf op deze vragenlijst beschreven hebt. Ze vormen twee wezenlijke aspecten van uw interpersoonlijke gedrag:

— de mate waarin u uzelf als dominant, dan wel als submissief omschrijft
— de mate waarin u uzelf als affiliatief, dan wel als vijandig omschrijft.

Anders gezegd: uw basishoudingen tegenover macht en tegenover intimiteit.

Samenvattend:

schaal	score	zelfom-schrijving	
DOM		hoog +	ik neem het initiatief, geef leiding, overtuig, beheers en domineer anderen voor mijn eigen doeleinden
DOM		hoog −	ik volg, geef toe, maak mezelf klein, pas me aan, gehoorzaam en onderwerp me aan anderen op een afhankelijke manier
AFF		hoog +	ik sympathiseer, vergeef, ben het met anderen eens, wil graag hun affectie winnen
AFF		hoog −	ik wantrouw, rebelleer, klaag, verwijt, voel me kwaad tegenover anderen op een zelfgerichte manier

Voor wie nog méér over zichzelf te weten wil komen, volgen hierna de interpretaties van nog twee scores: de AAK- en de GIN-scores.

1 AANTAL AANGEGEVEN KENMERKEN (AAK-SCORE)

AANWIJZINGEN

Schrijf onder de linker grafiek de AAK-score, die u al berekend hebt (zie rechts onder aan de tabel op het scoreformulier). Maak dan het balkje vanaf onderaan zwart tot aan de positie van uw score (als een thermometer).

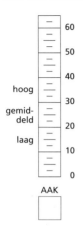

INTERPRETATIE

Omdat het invullen van de vragenlijst beschouwd kan worden als een vorm van communicatie, zou het aantal kenmerken dat u aangegeven hebt een index kunnen zijn van uw communicatiebereidheid: uw bereidheid om uzelf "bloot te geven" en te onthullen aan anderen, die uw scores zouden kunnen zien.

Op deze manier geredeneerd kan een lage score wijzen op een aarzeling om zichzelf aan anderen te laten kennen, terwijl een hoge score wijst op een bereidheid tot openheid.

N.B. (1): de aanduidingen "hoog", "gemiddeld" en "laag" zijn gebaseerd op scores uit een onderzoek bij psychologiestudenten.

N.B. (2): het aangegeven hebben van méér kenmerken betekent over het algemeen ook het omcirkeld hebben van meer zelfkritische kenmerken (zie hierna bij GIN-score).

2 GEMIDDELDE INTENSITEIT (GIN-SCORE)

AANWIJZINGEN

Schrijf onder de rechter grafiek de GIN-score, die u al berekend hebt op het score-formulier. Maak dan het balkje vanaf onderaan zwart tot aan de positie van uw score (als een thermometer).

INTERPRETATIE

Omdat de kenmerken op elk van de acht vragenlijstschalen ge-rangschikt zijn naar hun intensiteit, geeft deze score een aan-wijzing voor het gemiddelde intensiteitsniveau van de aange-geven kenmerken. Zo is op schaal BS bijvoorbeeld kenmerk 1 ("kan opdrachten geven") minder intens dan kenmerk 22 ("dictatoriaal").

Een hoge score wijst op een sterke mate van zelfkritiek, omdat deze het resultaat is van negatievere zelfomschrijvingen.

6.11.3   Interveniëren vanuit de Roos van Leary

1   Lees de tekst over de Roos van Leary (paragraaf 6.7) en vul de Vragenlijst Inter-persoonlijk Gedrag in (paragraaf 6.11.2).

2   Haal je een groepssituatie voor ogen waarin je begeleider was en die niet goed liep. Noteer die situatie in enkele trefwoorden.

3   Beschrijf vanuit welke sector in de Roos van Leary je intervenieerde (c.q. je de groepsbegeleider zag interveniëren).

4   Wat zou jij (c.q. de groepsbegeleider) hebben kunnen doen om de negatieve spiraal te doorbreken? Vanuit welke andere sectoren in de Roos van Leary waren interventies mogelijk geweest? Beschrijf mogelijke interventies vanuit minstens vier sectoren.

5   Welke weerstanden / blokkades / allergie kom je bij jezelf tegen wanneer je dit andere gedrag zou vertonen. Met andere woorden: wat belemmert jou?

6.11.4   Toepassing Leary-profiel op leraargedrag

In hun dissertatie "Ordeproblemen bij beginnende leraren" hebben Hans Créton en Theo Wubbels (1984) de Roos van Leary gebruikt om interpersoonlijke stijlen van leraren en de reactiepatronen van leerlingen te beschrijven.
Ze hanteren in hun versie van de Leary-roos iets andere termen voor de acht sectoren:

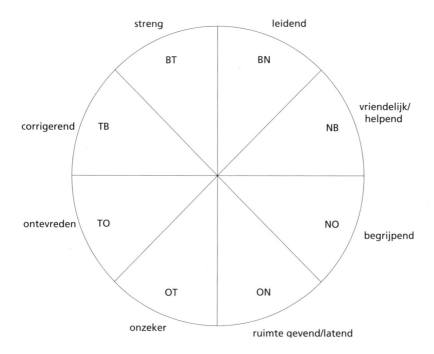

In hun onderzoek hanteerden ze een vragenlijst die sterk lijkt op de lijst uit paragraaf 6.11.2. Zowel hun lijst als onze lijst zijn gebaseerd op de "Interpersonal Checklist" van LaForge en Suczek (1955).
Met name wat ze ontdekt hebben over interactiestijlen van beginnende en ervaren leraren is interessant. Ook bleken ze in staat om in termen van de Roos van Leary verschillen aan te geven tussen goede en slechte leraren (althans zoals leerlingen hen beleven).

Hierna geef ik ook de profielbeelden bij elke besproken interactiestijl, zodat u makkelijker een vergelijking kunt maken met het profiel dat u in de vorige paragraaf van uzelf berekend hebt.

De volgende profielen zullen aan bod komen:
van twee typen beste leraar:
• type 1: de ruimtegevende leraar
• type 2: de duidelijkheid-biedende leraar
en van drie typen slechtste leraar:
• type 3: de te strenge leraar
• type 4: de leraar die geen orde heeft en bij wie de sfeer agressief is
• type 5: de leraar die geen orde heeft en bij wie de sfeer tolerant is.

1 De gemiddelde leraar (met drie tot
   tien jaar leservaring):
   – relatief hoge score op sectoren
      BN (leidend)
      NB (vriendelijk)
      en NO (begrijpend)
   – lage scores op OT (onzeker)
      en TO (ontevreden).
   Kenmerkend voor het leraarschap is
   dat de leraar zich vooral bevindt in
   "up"-posities: als deskundige tegenover de lerende en in de rol van
   helper en stimulator.

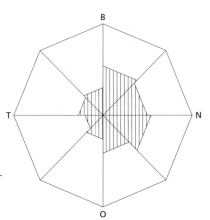

2 De beginnende leraar vergeleken met de ervaren leraar:

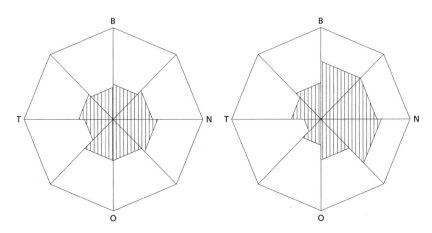

De beginnende leraar   De ervaren leraar

   – op de sectoren BN (leidend) en OT (onzeker) zijn de verschillen het grootst.
     Beginnende leraren vertonen in de ogen van hun leerlingen veel méér OT-
     gedrag (onzeker gedrag) en veel minder BN-gedrag (leidend gedrag) dan
     ervaren leraren

- er zijn geen of slechts geringe verschillen in de sectoren ON (ruimte geven) en BT (streng)
- er zijn middelgrote verschillen in de sectoren TO (ontevreden), TB (corrigerend), NO (begrijpend) en NB (vriendelijk/helpend).

Steeds zien we het gegeven: ervaren leraren vertonen méér "Samen"- en minder "Tegen"-gedrag dan beginnende leraren.

3 Verschuivingen in leraarsgedrag in de eerste zes jaren van de beroepscarrière: de lengte van de pijlen geeft de grootte van de verschuiving aan, dat wil zeggen is evenredig met het verschil in gemiddelde score tussen meer ervaren en beginnende leraren.

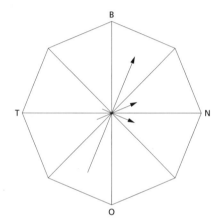

1   van OT (onzeker)   naar BN (leidend)
    • treedt aarzelend op   • kan goed leiding geven
    • maakt een onzekere indruk   • treedt zelfverzekerd op
                                       • heeft gezag
                                       • ziet wat in de klas gebeurt

(N.B. de OT-score is tevens een maat voor wanorde in de klas).

2   van TO (ontevreden)   naar NB (vriendelijk/helpend)
    • dreigt met straf   • heeft een prettige sfeer in de klas

3   van TB (corrigerend)   naar NO (begrijpend)
    • met hem kun je gemakkelijk   • er valt met hem te praten
      ruzie krijgen   • als je iets te zeggen hebt, luister hij naar
    • is driftig   je
    • verbiedt   • als je het oneens met hem bent, kun
                                         je dat met hem bespreken

Samenvattend kunnen we stellen dat *ervaren* leraren *meer leidinggevend* gedrag vertonen dan beginnende leraren. Ze leggen duidelijker uit en bij hen wordt er door de leerlingen volgens henzelf meer geleerd. Bovendien is *de sfeer in hun lessen ple-*

zieriger en stellen ze zich meer luisterend op ten opzichte van de leerlingen. Ten slotte bieden ze de leerlingen meer eigen verantwoordelijkheid en zelfstandigheid. Daarentegen zijn *beginnende* leraren meer onzeker en hebben deze meer wanorde in hun lessen. Waarschijnlijk dreigen ze mede daardoor meer met straf en krijgen ze meer ruzie met leerlingen.

4   De (gemiddeld) beste leraar en de (gemiddeld) slechtste leraar:

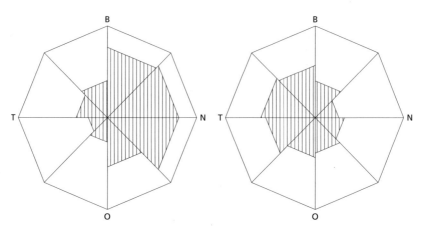

De beste leraar   De slechtste leraar

In vergelijking met de gemiddelde leraar vertoont de beste leraar *meer* gedrag uit de vier N-sectoren (BN, NB, NO en ON), waarbij vooral het leidend, vriendelijk en begrijpend gedrag sterker is. De beste leraar vertoont *minder* gedrag uit de vier T-sectoren (OT, TO, TB en BT) dan de gemiddelde leraar.

Als we de slechtste leraar vergelijken met de gemiddelde leraar, valt op dat de slechtste leraar minder gedrag vertoont uit de vier N-sectoren en méér gedrag uit de vier T-sectoren.

5   Twee typen beste leraar:

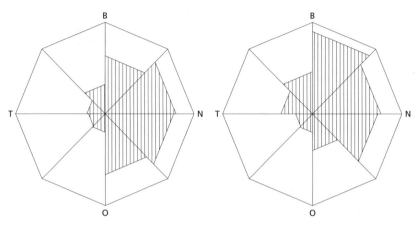

De "ruimtegevende"   De "duidelijkheid-biedende"
beste leraar   beste leraar

Karakteristiek voor het leerlingenbeeld van hun beste leraar op VWO, HAVO en MAVO is dat dit veel leidend (BN), vriendelijk (NB) en begrijpend (NO) gedrag en weinig onzeker (OT), ontevreden (TO) en corrigerend (TB) gedrag bevat.

In de leerlingenbeelden zijn twee typen te onderscheiden:

1   de meer vriendelijke, begripvolle en ruimtegevende leraar, en
2   de meer duidelijkheid-biedende, zelfverzekerde, gezaghebbende en strenge leraar.

ad 1   de ruimtegevende leraar biedt relatief veel NB (vriendelijk), NO (begrijpend) en ON (ruimte gevend/latend) gedrag;

ad 2   de duidelijkheid-biedende leraar valt op door het sterke NB (vriendelijk) en NO (begrijpend) gedrag èn het sterke BN (leidend) en BT (streng) gedrag.

6   Drie typen slechtste leraar:

In de leerlingenbeelden van de slechtste leraar kunnen we drie typen onderscheiden. Bij twee daarvan is wanorde het meest karakteristieke aspect van de klassesituatie, hetgeen inhoudt dat de OT-sector sterk gevuld is. Deze twee typen komen vooral voor bij beginnende leraren.

Daarentegen is bij een derde type de OT-sector nauwelijks gevuld: dit patroon is vooral verbonden met een gespannen stilte in de klas. Créton en Wubbels hebben deze nooit bij een beginnende leraar geconstateerd, maar wel bij meer ervaren leraren. We beginnen onze bespreking met dit derde type.

Type 1: de te strenge slechtste leraar:

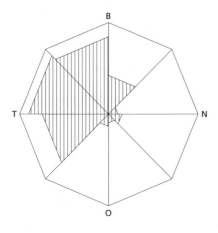

Karakteristiek voor deze leraar is dat de sfeer in de klas gespannen en onderdrukkend is. Het patroon van de (in de ogen van de leerlingen) veel te strenge leraar wordt gekenmerkt door zeer veel TO, TB en BT gedrag en zéér weinig OT, ON, NO en NB gedrag. Deze leraar is erg streng, wordt gemakkelijk kwaad en is vaak zuur en ontevreden. Hij is niet vriendelijk, heeft weinig begrip voor leerlingen, geeft weinig ruimte en is in het geheel niet onzeker. Van wanorde in zijn lessen is geen sprake. De klassesituatie kent een onderdrukkende werksfeer.

De "te strenge" slechtste leraar

Een variatie op dit type vertoont ditzelfde gedrag maar in minder uitgesproken mate: de leraar "voor wie het allemaal niet meer zo nodig hoeft" of "die het verder wel voor gezien houdt". Ook hier geldt vooral gedrag in de sectoren TO, TB en BT, maar minder sterk dan bij de te strenge leraar.

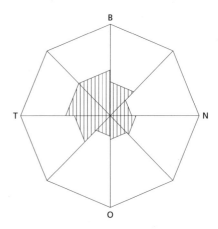

De leraar "voor wie het allemaal niet meer zo nodig hoeft"

7   Type 2: de slechtste leraar die geen orde heeft en bij wie de sfeer agressief is:

Karakteristiek voor een leraar met dit gedragspatroon is, dat in de klas wanorde heerst, waarbij leraar en leerlingen agressief op elkaar reageren. Dit patroon wordt gekenmerkt door

- veel OT-gedrag (onzeker),
- TO-gedrag (ontevreden)
- TB-gedrag (corrigerend).

De leraar valt vaak driftig uit tegen zijn leerlingen en dreigt vaak met straf; desondanks blijft de wanorde groot. Het agressieve klimaat wordt versterkt door het strenge gedrag, bijvoorbeeld lage cijfers bij beoordelingen.

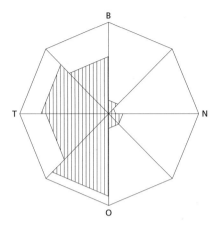

8   Type 3: de slechtste leraar die geen orde heeft en bij wie de sfeer tolerant is:

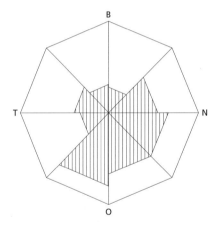

Karakteristiek voor de leraar met dit gedragspatroon (dat evenals het vorige type veel voorkomt bij beginnende leraren), is dat in de klas wanorde heerst met een gemoedelijk karakter. Kenmerkend voor dit patroon:

- veel OT-gedrag (onzeker)
- veel ON-gedrag (ruimte gevend/ latend)
- veel NO-gedrag (begrijpend).

Het is het interactiepatroon van de goedmoedige leraar die geen orde kan houden.

185

6.11.5   Richtlijnen voor onvruchtbare communicatie

---

1   Bedenk terwijl de ander spreekt alvast wat je zelf daarna zult zeggen; luister niet.

2   Zoek voortdurend naar de verschilpunten met je gesprekspartners en laat de overeenkomsten angstvallig met rust.

3   Als jouw mening niet wordt geaccepteerd, zeg dan met een kwaad gezicht dat de anderen niet voldoende hun best deden om jou te begrijpen.

4   Val een ander aan op zijn voorbeelden. Vergelijkingen gaan altijd mank, je kunt ze dus altijd kraken.

5   Gebruik veel vreemde woorden. Een ander kan je dan niet altijd volgen en durft niet te bekennen dat hij die "dure" woorden niet kent.

6   Zeg vooral nooit dat je iets niet weet of begrijpt. Bombardeer liever je tegenstanders plat met je eigen principes.

7   Als je geen gelijk krijgt, leid het gesprek dan naar een gebied waar je toevallig zelf veel van weet.

8   Geef je minachting te kennen wanneer een ander iets niet blijkt te kennen. Houd zorgvuldig de schijn hoog dat je zelf van alles op de hoogte bent, ook als je er niets van weet.

9   Verbeter vooral telkens de spreek- en taalfouten die een ander maakt. Dan wordt hij onzeker en komen jouw kansen beter te liggen.

10   Val je tegenstander dikwijls in de rede. Hij raakt er vroeg of laat de draad door kwijt.

(Bron onbekend)

WERKSUGGESTIE

1   bedenk zelf nog enkele richtlijnen van dit type
2   ga bij deze richtlijnen na wat er gebeurt op inhoudsniveau en op betrekkingsniveau
3   maak hierbij gebruik van de Roos van Leary en de termen van Gibb over defensieve communicatie
4   leg ook verbanden met het thema "diskwalificaties".

6.11.6 Oefening "open en gesloten communicatie"[2]

1   De begeleider/docent begint met een onderwijsleergesprek over het thema "open en gesloten communicatie".
    Hij vraagt groepsleden om associaties bij het woord "open" en daarna om associaties bij het woord "gesloten".
    Hij geeft aan dat de mate van openheid in communicatie tot uitdrukking komt in een vijftal aspecten: een inhoudelijk aspect, een tijdsaspect, de mate van onthulling van gevoelens en van persoonlijke informatie en aandacht voor de onderlinge relaties.
    Het schema van paragraaf 6.4 kan hierbij een goede richtlijn bieden.

2   Hij vraagt twee vrijwilligers voor een korte demonstratie. Hij vraagt hun een kort gesprek van plm. twee minuten te voeren dat zo dicht mogelijk aan de "gesloten kant" van het continuum ligt. Daarbij hebben de andere groepsleden tot taak om te letten op voorbeelden in het gesprek die niet aan de opdracht tot gesloten communicatie voldoen. Na de twee minuten geven groepsleden hierover feedback.
    Indien nodig laat de begeleider/docent een ander tweetal vrijwilligers dit nog eens doen.

3   Stap 2 wordt herhaald met twee andere vrijwilligers maar nu met een kort gesprek dat zo dicht mogelijk aan de "open kant" van het continuum ligt. Groepsleden geven weer feedback.

4   De groep wordt verdeeld in een binnenkring en een buitenkring ("viskom"). De binnenkring begint een groepsgesprek van plm. 10 minuten, dat zoveel mogelijk uit "gesloten communicatie" bestaat.
    De buitenkring observeert en reageert via non-verbale feedback door een hand op te steken zodra een van de mensen in de buitenkring merkt dat een opmerking op "open communicatie" lijkt. De leden van de binnenkring staat het vrij om deze feedback te gebruiken of te negeren.

5   Beide groepen krijgen enkele minuten om "stoom af te blazen" en te reageren. De begeleider/docent verheldert de communicatie die heeft plaatsgevonden via het schema van paragraaf 6.4.

6   Stap 4 wordt herhaald met twee wijzigingen: binnenkring en buitenkring wisselen van positie en het gesprek zal nu zoveel mogelijk uit "open communicatie" bestaan.
    Daarna weer "stoom afblazen".

---

2   This structured experience was adapted by permission from *The Relationship Contraption*, by William Barber, by permission from NTL.

7   In een algemene nabespreking wordt ingegaan op leerpunten uit deze ervaring en op toepassingsmogelijkheden van wat men geleerd heeft, zowel in
deze groep als in relaties daarbuiten.

Totale tijdsduur: plm. 1^1/$_2$ à 2 uur.

INLEIDING BIJ DE OEFENING "HET STELLEN VAN OPEN EN NEUTRALE VRAGEN"

Gesloten vragen zijn vragen die met "ja" of "nee" moeten worden beantwoord of
vragen waarin het antwoord reeds gegeven is (zogeheten suggestieve vragen). De
vraag moet meer reactie uitlokken dan alleen maar "ja" of "nee". De ander moet zo
ruim mogelijke kans krijgen om zijn eigen mening te geven.

Andere typen gesloten vragen zijn:
*   vragen die de ander voor een keuzeprobleem of dilemma plaatsen
*   strikvragen
*   ironische vragen
*   sarcastische vragen.

Het zal duidelijk zijn dat ook deze typen vragen vermeden dienen te worden.
Een goede open vraag is: "Wat vindt u van ...?".
Een veel gemaakte fout is, dat men zo'n vraag verandert in: "Wat denkt u van ...?".
Denken is wat anders dan vinden. Denken is een verstandelijke activiteit. Vinden is
een mengsel van cognitie en emotie. Bij een denkvraag is de kans groot dat de ander
een intellectualistisch betoog gaat ophangen.

HET STELLEN VAN VRAGEN: VALKUILEN

1   Te weinig neutraal te werk gaan
2   Te weinig rekening houden met het onderwerp
3   Te weinig letten op de mogelijkheden van de informatiegever
4   Te weinig letten op wat al is gezegd
5   Te weinig letten op de motivatie van de ander.
(N.B. Elk van deze valkuilen wordt gedetailleerd uitgewerkt in de bijlage bij de oefening).

HET STELLEN VAN VRAGEN: RICHTLIJNEN

1   Zorg dat de gestelde vragen worden begrepen:
pas u zoveel mogelijk aan bij het taalgebruik van de ander.
2   Stel geen vragen die door de gesprekspartner als irrelevant beschouwd kunnen
worden.
3   Geef af en toe een ordening of samenvatting.
Dit houdt het geheel overzichtelijk. Bovendien kan men zo nagaan of men tot
dan toe alles goed begrepen heeft.
4   Neem geen genoegen met onvoldoende of vage informatie:
blijf tactisch doorvragen zolang men onvoldoende informatie heeft over een
bepaald punt of denkt iets nog niet goed begrepen te hebben.
5   Maak geen onverwachte sprongen in het gespreksonderwerp:

tracht zoveel mogelijk te zorgen voor een geleidelijke overgang van het ene naar het andere punt in het gesprek.

6   Stel eenduidige vragen, dat wil zeggen vragen waarbij meteen duidelijk is welke informatie u zoekt. Immers, vragen waarop meer soorten antwoorden kunnen volgen, maken het voor de ondervraagde moeilijk, maar ook voor de vragensteller, omdat hij naar antwoorden moet luisteren die hij eigenlijk niet zoekt en daaruit een selectie moet maken om de rode draad van het gesprek vast te houden.

7   Wees zeer spaarzaam met gesloten vragen en stel zoveel mogelijk open vragen.

6.11.7   Oefening "het stellen van open en neutrale vragen"

AANWIJZINGEN

1   De oefening vindt plaats in drietallen:
A is de vragensteller, B is de informatiegever, C is observator.

2   In het drietal leest ieder vooraf in stilte de checklist met valkuilen door (zie bijlage op bladzijde 166) en kruist aan waar zijn mogelijke valkuilen liggen bij het stellen van vragen.
Ieder legt hierbij ook verband met de leerdoelen, die hij al eerder geformuleerd heeft.
Tijdsduur: plm. 5 minuten.

3   A en B voeren nu een gesprek van 10 minuten, waarbij A vragen stelt aan B. Voorstel voor onderwerp: "Hoe gaat jouw organisatie om met conflicten en wat voor stijl van communicatie is daarbij typerend?"

4   Tijdens dit gesprek observeert C hoe A het gesprek voert en vragen stelt. Hij noteert zijn observaties op de valkuilenlijst.

5   Na het gesprek bekijkt B ook deze valkuilenlijst en kruist hij aan welke punten van toepassing waren op A.

6   C en B geven nu feedback op A.
A vergelijkt deze feedback met zijn vooraf aangekruiste leerpunten (zie stap 2).
Neem voor deze stap plm. 5 minuten.

7   Hierna wisselen: A wordt B, B wordt C en C wordt A.
Weer 10 plus 5 minuten.

8   Plenaire nabespreking van plm. 5 à 10 minuten over leerpunten en ontdekkingen uit deze oefening.

Totale duur van de oefening: plm. 45 minuten.

189

BIJLAGE BIJ OEFENING 6.11.6 "HET STELLEN VAN OPEN EN NEUTRALE VRAGEN"

CHECKLIST : VALKUILEN BIJ HET STELLEN VAN VRAGEN

1   Te weinig neutraal te werk gaan
a   aspecten of onderwerpen noemen die nog niet door de informatiegever of in de startvraag naar voren zijn gebracht
b   het suggereren van een bepaald antwoord
c   het interpreteren door de vragensteller
d   het bekritiseren van de informatiegever
e   vragensteller is te veel met zijn eigen gedachten en interesses bezig.

2   Te weinig rekening houden met het onderwerp
a   onvoldoende afbakening van het onderwerp
b   te veel doorvragen op zijpaden.

3   Te weinig letten op de mogelijkheden van de informatiegever
a   onduidelijk vragen
b   te moeilijk vragen
c   te hoog tempo
d   te veel tegelijk vragen/samengestelde vragen
e   de ander geen of onvoldoende tijd geven om na te denken of het antwoord te formuleren (te snel opvullen van de stiltes door de vragensteller)
f   in de rede vallen.

4   Te weinig letten op wat al is gezegd
a   te veel doorvragen
b   te weinig doorvragen of te weinig aansluiten bij wat al is gezegd.

5   Te weinig letten op de motivatie van de ander
a   te ver doorvragen (wordt pijnlijk/vervelend)
b   onvoldoende tijdbewaking
c   te weinig afwisseling in het gesprek
d   pijnlijke vragen stellen
e   kritisch reageren op antwoorden.

6.11.8   Oefening "vriendschapskeuzen"

1   Ieder schrijft individueel twee teksten voor "een contactadvertentie". De ene tekst begint met: "Gezocht een goede vriend/vriendin, die . . . ."; de andere tekst begint met "Aangeboden een goede vriend/vriendin, die . . . ."
In elke tekst brengt men tot uitdrukking welke wensen en behoeften men heeft bij een vriend/vriendin en wat men persoonlijk van belang vindt in vriendschap.

2   Deze teksten worden ingeleverd bij de begeleider/docent of bij een tweetal

"wijze groepsleden". Zij zullen tijdens een korte pauze deze teksten lezen en proberen mensen op grond van de vraag en het aanbod aan elkaar te koppelen. Zo worden tweetallen gevormd.

3   In deze tweetallen praat men eerst over de teksten van de eigen "advertenties" en wat elk daarin tot uitdrukking heeft gebracht over wat hij wezenlijk vindt voor vriendschap.
Daarna gaat dit gesprek verder over de volgende vragen:
- wat schept afstand, wat schept nabijheid in vriendschap
- wat schept afstand, wat schept nabijheid in deze groep
- wat kan elk van ons bijdragen aan een sfeer van grotere openheid en nabijheid in deze groep.
(Tijdsduur van deze stap: 30 minuten)

Suggesties voor andere vragen of onderwerpen:
- Sta stil bij een vroegere vriendschap. Denk aan een vriend/vriendin die je vroeger had, maar die je nu niet meer ziet. Wat maakte deze persoon tot een vriend/vriendin? Hoe gingen jullie uit elkaar? Wat droeg bij aan de verwijdering?
- Sta stil bij wie je vrienden/vriendinnen waren op drie momenten in je leven: op dit moment, tien jaar geleden en twintig jaar geleden. Wie zijn "gebleven", wie zijn "afgevallen"? Via de veranderingen in het netwerk van je vrienden/vriendinnen kun je ook iets te weten komen over hoe jouw identiteit zich in de loop van de jaren ontwikkeld heeft en welke verschuivingen zijn ontstaan in wat je belangrijke eigenschappen vindt van jezelf en van anderen. Ook waar je erkenning voor zoekt is waarschijnlijk in deze jaren veranderd. Praat met elkaar over deze aspecten.
- Sta stil bij de relatie met je beste vriend/vriendin op dit moment. Ga eens na hoe de verschillende communicatieniveaus in jullie verhouding spelen:
  • inhoudsniveau: waar praten jullie het liefst over en wat doen jullie het liefst samen?
  • procedureniveau: hoe zorgen jullie voor het onderlinge contact?
  • betrekkingsniveau: hoe zou je jullie onderlinge relatie het liefst omschrijven? Zoek een metafoor (een beeldspraak), waarmee je jullie onderlinge verstandhouding kunt typeren.
  • bestaansniveau: welke aspecten van jou krijgen erkenning in deze vriendschap en aan welke aspecten van de ander geef jij erkenning?
  • contextniveau: in hoeverre speelt de omgeving een rol in jullie vriendschap?
  • ethisch niveau: hebben jullie wel eens conflicten, welke waarden en normen zijn dan in het geding, welke vriendschapscode hebben jullie opgebouwd?
  • zingevingsniveau: ga na in hoeverre in jullie vriendschap aspecten doorspelen die lijken op een "karmische ontmoeting" (vgl. paragraaf 4.10).

4   Plenair gesprek, waarin de belangrijkste antwoorden op de vragen uit stap 3 uitgewisseld worden.

6.11.9   Vragen op bestaansniveau

Parallel aan de Roos van Leary heeft Cuvelier een zogeheten "axenmodel" opgesteld van menselijke betrekkingen. Daarbij heeft hij de menselijke interactievormen ondergebracht in zes sectoren. Elke sector staat voor een bepaalde type relatie ofte wel een bepaald type betrekking. Ook zijn model leent zich voor het aangeven van verbindingen tussen het betrekkingsniveau en het bestaansniveau. Voor elke sector van zijn model heeft hij een aantal vragen geformuleerd die verwijzen naar het bestaansniveau. Deze vragen volgen hierna.

7 Communicatie in groepen

7.1 Observatie van communicatie

Alle communicatie in groepen verloopt tussen individuen en is daarom interpersoonlijke communicatie. Deze individuen vormen echter geen losse verzameling, maar een groep. Dit kenmerk voegt nog een extra aspect toe aan wat in het vorige hoofdstuk over communicatie besproken is, want de context van de groep zal de communicatie beïnvloeden. In dit hoofdstuk wil ik een aantal communicatieprocessen beschrijven, die binnen groepen kunnen plaatsvinden.

Ieder kan dagelijks observeren dat in groepen sommige leden meer aan het woord zijn dan andere. Bovendien, dat deze groepsleden zich meer tot sommige leden richten dan anderen. In dit hoofdstuk zal ik aangeven, wat voor bijzondere consequenties dit heeft voor groepen.

Wanneer we een bepaalde groep gedurende lange tijd observeren, zullen we merken dat er bepaalde regelmatigheden te zien zijn in de communicatie tussen de groepsleden, met andere woorden dat hun communicatie volgens bepaalde patronen verloopt. Zulke regelmatigheden en patronen vormen de communicatiestructuur van de groep.

Deze communicatiestructuur hangt samen met enkele andere groepsaspecten, zoals de onderlinge statusverdeling binnen de groep. Groepsleden zijn geneigd hun communicatie meer te richten tot groepsleden met een hogere dan met een lagere status. Wanneer er tussen twee groepsleden twijfels bestaan of hun status gelijk is, zien we vaak dat ze geneigd zijn communicatie met elkaar te vermijden, of dat ze verwikkeld raken in een competitieve rivaliteit. In de bespreking verderop (vooral in paragraaf 7.5) zal ik aangeven dat zulke verbanden te maken hebben met hoe groepsleden een status opbouwen in groepen en met enkele andere factoren, zoals affectiviteit en macht.

Zoals zojuist al aangegeven, ligt aan de observeerbare communicatieprocessen in een groep een communicatiestructuur ten grondslag. De eenvoudigste manier om deze structuur op het spoor te komen, is het noteren van de *interactiefrequenties*, dat wil zeggen het registreren hoe vaak ieder groepslid zich richt tot elk ander groepslid. Wanneer men dit gedurende langere tijd observeert, krijgt men een redelijk betrouwbaar overzicht van de interactiefrequenties. Wanneer men daarbij bovendien de observaties zo genoteerd heeft, dat men niet alleen weet hoe vaak iemand het woord genomen heeft, maar ook precies tot wie hij zich gericht heeft, heeft men tevens een overzicht van hoe vaak ieder aangesproken is. Bepaalde groepsleden krijgen meer communicaties tot zich gericht dan andere. Uit beide frequenties: van het actieve gespreksgedrag en van het aangesproken worden, kan men een redelijk betrouwbaar beeld samenstellen van de communicatiestructuur binnen de groep: wie het meest spreekt, wie de meeste belangstelling krijgt, tussen wie de meeste gesprekken verlopen en ook aanwijzingen voor coalities en subgroepen, wie overgeslagen wordt, enzovoort.

Veel meer informatie over de communicatiestructuur in een groep krijgen we natuurlijk, als we ook het inhoudelijke gespreksverloop observeren. Dan kunnen we verdere systematische verschillen en patronen tussen de groepsleden op het spoor komen. Sommige groepsleden brengen vaak meningen naar voren, terwijl anderen vaker vragen stellen of zich oneens tonen met ingebrachte meningen.

Om zulke aspecten systematisch te observeren, heeft Bales (onder andere 1970, maar in een eerdere versie al in 1950) zijn bekend geworden methode van *interactie-procesanalyse* ontworpen. De kern van deze methode vormt zijn categorieënsysteem: zie figuur 7.1.

Met dit systeem wordt elke interactie in de groep geclassificeerd. Elke gedragseenheid, of deze nu verbaal is of non-verbaal, wordt ondergebracht in een van deze categorieën en geturfd. Bovendien wordt van elke gedragseenheid genoteerd van wie dit uitging en tot wie het gericht was. De zo vastgelegde observaties kunnen op een aantal manieren geanalyseerd worden; een van die manieren is het opstellen van een "wie spreekt tot wie"-matrix. Veel van de studies die hierna besproken worden, zijn gebaseerd op analyses via zo'n matrix.

Omdat dit categorieënsysteem zo'n brede toepassing gevonden heeft, wil ik het nader bespreken.
De bovenste helft en de onderste helft vormen elkaars spiegelbeeld: de categorieën 1 en 12 horen bij elkaar, evenals 2 en 11, 3 en 10, 4 en 9, 5 en 8, en ten slotte 6 en 7.
Deze paren staan rechts in figuur 7.1 aangegeven met de letters a tot en met f. De betekenis van deze letters is vermeld onder aan figuur 7.1.

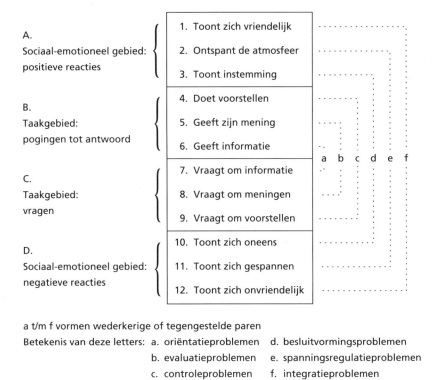

A.
Sociaal-emotioneel gebied:
positieve reacties
{
1. Toont zich vriendelijk
2. Ontspant de atmosfeer
3. Toont instemming

B.
Taakgebied:
pogingen tot antwoord
{
4. Doet voorstellen
5. Geeft zijn mening
6. Geeft informatie

C.
Taakgebied:
vragen
{
7. Vraagt om informatie
8. Vraagt om meningen
9. Vraagt om voorstellen

D.
Sociaal-emotioneel gebied:
negatieve reacties
{
10. Toont zich oneens
11. Toont zich gespannen
12. Toont zich onvriendelijk

a b c d e f

a t/m f vormen wederkerige of tegengestelde paren
Betekenis van deze letters: a. oriëntatieproblemen   d. besluitvormingsproblemen
                             b. evaluatieproblemen   e. spanningsregulatieproblemen
                             c. controleproblemen   f. integratieproblemen

Figuur 7.1 Categorieën voor interactie-procesanalyse, naar Bales

(Noot: in de eerste versie van 1950 heette categorie 1: toont zich solidair, en categorie 12: toont antagonisme).

Belangrijk in dit schema is de groepering van de categorieën in de vier deelgebieden, die links in figuur 7.1 staan aangegeven. Twee van deze deelgebieden (gebieden A en D) hebben het sociaal-emotionele klimaat in de groep tot onderwerp, terwijl de twee andere deelgebieden (B en C) het taakgerichte gedrag in de groep betreffen. Het categorieënsysteem van Bales geeft dus aan beide aspecten (het "proces" en de "taak") evenveel aandacht.

Ik zal de afzonderlijke categorieën apart toelichten (Bales, 1950, Appendix):

1   *Toont zich vriendelijk*
    omvat gedrag als hulpverlenen, anderen belonen, de status van anderen verhogen, solidariteit tonen.

2   *Ontspant de atmosfeer*
    lachen, grapjes maken, tevredenheid tonen, spontane uitingen van ontspanning en opluchting.

3   *Toont instemming*
zich eens tonen, passieve en actieve acceptatie, akkoord gaan, begrip
tonen, zich laten overtuigen.

4   *Doet voorstellen*
suggesties geven voor mogelijke handelwijzen, zonder de autonomie
van de ander aan te tasten; pogingen om het samenwerkingsproces te
sturen.

5   *Geeft zijn mening*
een evaluatie of een analyse bieden of een wens tot uiting brengen;
ergens een evaluerend oordeel over geven.

6   *Geeft informatie*
bijdragen tot oriëntatie, herhalen, verduidelijken of bevestiging
geven; kortom, iets kenbaar maken.

7   *Vraagt om informatie*
om oriëntatie, opheldering, herhaling of bevestiging vragen; kortom,
vragen om iets kenbaar te maken.

8   *Vraagt om meningen*
om opinies, evaluatie, analyse of om het uiten van wensen vragen;
kortom, zoeken naar een evaluatief oordeel, ofwel via open en algemene vragen (bijvoorbeeld "wat vinden jullie ervan?"), ofwel via specifieke vragen naar opmerkingen.

9   *Vraagt om voorstellen*
suggesties voor mogelijke handelwijzen vragen, naar sturing zoeken.

10   *Toont zich oneens*
weerstand of verweer tonen, hulp weigeren, hulpbronnen achterhouden.

11   *Toont zich gespannen*
zich terugtrekken uit de groepsinteractie, uitingen van ongeduld, van
geagiteerd zijn of van angst, schaamte of schuld.

12   *Toont zich onvriendelijk*
tonen van antagonisme, verlagen van de status van anderen, zichzelf
verdedigen of zichzelf op overdreven wijze poneren; tonen van kop-
pigheid, agressie of intolerantie.

Na deze bespreking van de twaalf interactiecategorieën van Bales zal het
duidelijk zijn dat het leren observeren volgens deze methode heel wat oefening vergt. Wie zich in deze observatiemethode wil bekwamen, kan het

best beginnen met een sterk vereenvoudigde versie die slechts bestaat uit de vier deelgebieden:

A positieve sociaal-emotionele reacties
B taakgedrag: pogingen tot probleemoplossing
C taakgedrag: vragen om probleemoplossing
D negatieve sociaal-emotionele reacties

Uiteraard heeft Bales zelf vaak zijn uitgebreide versie gebruikt. Om de observatiegegevens van diverse studies met elkaar te kunnen vergelijken, is het gebruikelijk om de resultaten weer te geven in de vorm van percentages. Een overzicht van deze percentages voor elke categorie voor een bepaalde groepsbijeenkomst heet een interactieprofiel. In figuur 7.2 geef ik een voorbeeld van zo'n interactieprofiel (naar Bales, 1955, p. 33).

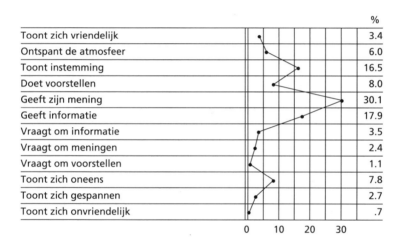

	%
Toont zich vriendelijk	3.4
Ontspant de atmosfeer	6.0
Toont instemming	16.5
Doet voorstellen	8.0
Geeft zijn mening	30.1
Geeft informatie	17.9
Vraagt om informatie	3.5
Vraagt om meningen	2.4
Vraagt om voorstellen	1.1
Toont zich oneens	7.8
Toont zich gespannen	2.7
Toont zich onvriendelijk	.7

0   10   20   30

Figuur 7.2   Interactieprofiel van een kleine discussiegroep (Bales, 1955)

Zo'n profiel is volgens Bales (1955) typerend voor de interactie in kleine discussiegroepen. Ongeveer de helft (56%) van de gedragingen bestaat uit pogingen tot probleemoplossing met betrekking tot de taak (gebied B), terwijl de overige 44% bestaat uit positieve reacties, negatieve reacties en vragen. De reacties fungeren als een voortdurende feedback op in hoeverre de oplossingspogingen acceptabel zijn. Er zijn ongeveer tweemaal zoveel positieve als negatieve reacties (gebied A 25.9%, respectievelijk gebied D 11.2%). Dit wijst erop dat de groepsleden een gemeenschappelijke situatiedefinitie delen en in staat zijn tot oplossingspogingen die overeenstemmen met de groepsdoelen.

Interactieprofielen zijn handig om verschillen tussen groepen in beeld te brengen. Men kan ook vergelijkingen maken tussen verschillende bijeenkomsten van een en dezelfde groep en zo de groepsontwikkeling nagaan.

Bales heeft zulke profielen ook gebruikt om verschillende leiderschapsstijlen te beschrijven.

7.2 Communicatiestructuur

In een van de eerste grote studies met behulp van interactie-procesanalyse heeft Bales (1952) de observaties van een aantal groepen in gevarieerde situaties gecombineerd. Toen hij de groepsleden ordende naar het aantal gedragseenheden waarin ze het initiatief namen, bleek dat de actiefste groepsleden tevens de meeste communicaties ontvingen. Bovendien was er niet alleen een duidelijk verschil tussen de initiatiefnemers en de overige groepsleden met betrekking tot het aantal van hun communicaties, maar ook met betrekking tot de inhoud van hun communicaties. De initiatiefnemers gaven meer informatie en spraken vaker hun mening uit, terwijl de opmerkingen van de weinig-communicerenden vaker in de categorieën "instemming tonen", "zich oneens tonen" en "vragen om informatie" vielen (Secord en Backman, 1964, p. 291-292).

Zulke kenmerken van communicaties in groepen worden mede bepaald door de grootte van de groep, door individuele verschillen tussen groepsleden, door de bezigheden en de taak van de groep, door de omstandigheden waaronder de groep functioneert, door groepsnormen en door de verdeling van macht en status en van sympathieën en antipathieën in de groep (ib.). Een aantal van deze factoren zal ik hierna bespreken.

7.3 Groepsgrootte

Zelden zal een groep een onbeperkte hoeveelheid tijd ter beschikking hebben. Daarom zal er bij toenemende groepsgrootte voor elk groepslid minder gelegenheid zijn, om binnen de beschikbare tijd zoveel te spreken als hij wil. In een kleine groep heeft ieder groepslid meer gelegenheid voor een inbreng in het gesprek. Bij het toenemen van de groepsgrootte zullen de spraakzame groepsleden even spraakzaam blijven of zelfs nog spraakzamer worden en laten de stillere groepsleden zich meer op de achtergrond dringen, zodat het verschil tussen spraakzame en zwijgzame groepsleden nog groter wordt.

Twee onderzoeken wijzen op de tendens dat naarmate de groep groter wordt, de actiefste groepsleden steeds actiever worden in vergelijking met de andere groepsleden (Stephan en Mishler, 1952; Bales en Borgatta, 1955). Ook de inhoud van de communicatie verandert met wijziging in groepsgrootte.
Zo wijzen andere onderzoeken erop, dat groepsleden in kleinere groepen meer tevredenheid vertonen en zich minder vaak oneens tonen. In een kleinere groep kan ieder meer aan de discussie bijdragen; met name de stil-

lere groepsleden krijgen dan meer kansen om zich uit te spreken. In grotere groepen vinden de stillere leden vaak dat aan hun inbreng onvoldoende aandacht besteed is, zodat zij vaker (achteraf) ontevreden zijn met het groepsbesluit. De groepsgrootte zal slechts zelden rechtstreeks de oorzaak zijn van succes of mislukking in het vervullen van de groepstaak, maar kan wel indirect daarop van invloed zijn. De groepsgrootte blijkt namelijk effecten te hebben op enkele belangrijke aspecten van groepsgedrag, zoals op de interacties tussen de groepsleden, op de relaties tussen de groepsleden en op het leiderschap. Ik zal deze drie aspecten hieronder nader toelichten.

7.3.1 Groepsgrootte en interacties tussen de leden

Goldstein, Heller en Sechrest (1966, p. 339) vatten een aantal conclusies uit onderzoeken als volgt samen.

Naarmate de groep groter wordt, blijkt dat
— het verschil tussen de leden die veel zeggen en de leden die weinig zeggen, steeds groter wordt
— het verschil tussen hoeveel de groepsleider zegt en hoeveel het gemiddelde groepslid zegt steeds groter wordt (Stephan en Mishler, 1952)
— er een tendens is, dat ieder groepslid minder zegt en minder bijdraagt aan de interactie, omdat er per groepslid minder spreektijd beschikbaar is (Bales en Borgatta, 1955)
— er een steeds groter wordend aantal groepsleden is, dat weinig bijdraagt aan de groepsinteractie (Kelley en Thibaut, 1954)
— steeds meer leden gevoelens van bedreiging en geremdheid ervaren (Gibb, 1954).

Bales en Borgatta (1955) hebben onderzocht hoe de groepsgrootte van invloed is op de interactie in op probleemoplossing gerichte groepen. Daartoe lieten zij de groep toenemen van twee naar zeven leden. Zij observeerden duidelijke veranderingen in de interactie: naarmate de groep groter wordt, is er een sterkere neiging tot een mechanische en meer onpersoonlijke werkwijze met betrekking tot het inbrengen van informatie, exploreert men minder sensitief de standpunten van de anderen en zijn er meer rechtstreekse pogingen tot het uitoefenen van controle over anderen en tot het bereiken van een oplossing.

7.3.2 Groepsgrootte en relaties tussen de leden

De groepsgrootte heeft ook effecten op de relaties tussen de groepsleden en op het groepsklimaat en kan zo ook van invloed zijn op succesvolle taakvervulling. Enkele gegevens uit de groepsdynamica worden door Goldstein, Heller en Sechrest (1966, p. 340-343) als volgt samengevat:

— grote conferentiegroepen blijken meer storingen te verwerken te hebben dan kleine (Miller, 1950)

— hoe groter de groep, hoe minder de groepsleden het gevoel hebben er echt bij te horen (Miller, 1950)

— hoe groter de groep en dus hoe minder gelegenheid tot gespreksinbreng, hoe vaker de groepsleden gevoelens van frustratie ervaren (Miller, 1950)

— in een vergelijking tussen vijfpersoons en twaalfpersoonsgroepen blijken in de grotere groepen minder consensus en meer gevoelens van ontevredenheid (Hare, 1952)

— grote groepen vertonen minder cohesie dan kleine (Seashore, 1954)

— in grote groepen vormen en versterken zich eerder subgroepen (Hare, 1962)

— hoe groter de groep, hoe duurzamer de status van de leden en de hierarchie binnen de hele groep (Hare, 1962)

— hoe kleiner de groep, hoe sterker zich affectieve banden tussen de leden ontwikkelen en versterken (Coyle, 1930, en Kinney, 1953).

Diverse auteurs concluderen op grond van hun onderzoeken in op probleemoplossing gerichte groepen, dat vanuit het perspectief van de groepsleden vijfpersoonsgroepen het vaakst harmonieus samenwerken (Hare, 1952; Bales, 1954; Slater, 1958). In groepen die kleiner zijn, klagen de leden erover dat de groep te klein is, ook al heeft ieder meer spreektijd beschikbaar. Wellicht dat men zich dan meer gedwongen voelt om te participeren.

In groepen die groter zijn dan vijf leden, klaagt men dat de groep te groot is. Dit is wellicht te wijten aan het gebrek aan spreektijd voor ieder: men heeft onvoldoende gelegenheid tot volledige participatie. Een groep van vijf heeft bovendien het voordeel dat er door het oneven aantal geen impasse mogelijk is tussen twee evengrote subgroepen èn dat de groep groot genoeg is om gemakkelijk en snel van rol te wisselen (Hare, 1976, p. 229). Conclusie: de optimale groepsgrootte ligt bij vijf leden.

7.3.3 Groepsgrootte en leiderschap

In de groepsdynamica zijn ook enkele verbanden aangetoond tussen toenemende groepsgrootte en het tot ontwikkeling komen van leiderschap. Niet alleen daalt de gemiddelde spreektijd per groepslid naarmate de groep groter wordt, er treedt ook een wijziging op in de verdeling van de spreektijd. In de grafiekjes (figuur 7.3) van Bales e.a. (1951) valt te zien dat bij het groter worden van de groepen de positie van het groepslid met rangnummer 1 relatief steeds belangrijker wordt.

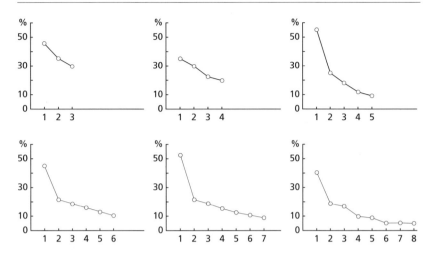

Figuur 7.3 Participatie in groepen van verschillende grootte (drie t/m acht leden) naar Bales e.a., 1951. De participatiemate van elk groepslid is uitgedrukt in percentages van zijn aandeel in de totale groepsinteractie

Naarmate de groep groter wordt, valt er een toenemende tendens te zien tot centralisatie: tot het naar voren komen van een "leider". De kloof tussen de *"top participator"* en de anderen wordt steeds groter en een steeds groter aantal groepsleden komt minder aan hun trekken; hun inbreng blijft onder het groepsgemiddelde (Hare, 1976, p. 219-220).

Ook andere onderzoeken bevestigen zulke verbanden tussen toenemende groepsgrootte en tot ontwikkeling komend leiderschap. Een aantal conclusies hieruit wordt samengevat door Goldstein, Heller en Sechrest (1966, p. 340).

Zo blijkt dat naarmate de groep groter wordt:
— steeds meer van wat gezegd wordt, gericht wordt tot de groepsleider en steeds minder tot de andere groepsleden (Miller, 1950)
— de leider steeds meer zijn opmerkingen richt tot de groep als geheel en steeds minder tot specifieke individuen in de groep (Miller, 1950)
— het communicatiepatroon zich neigt te centraliseren rond de leider, via wie de meeste communicatie verloopt (Miller, 1950)
— de leiderrol aan zwaardere en talrijkere eisen moet voldoen (Hemphill, 1950)
— de groepsleden sterker accepteren dat de begeleiding meer leidergecentreerd in plaats van groepsgericht wordt (Hemphill, 1950)
— er minder gelegenheid is voor wie dan ook van de "gewone" groepsleden om een leiderschapspositie in te nemen (Hemphill, 1950).

In kleine groepen van vier of vijf leden heeft ieder voldoende gedragsruimte en kunnen de capaciteiten van ieder voldoende tot hun recht komen. Maar in grotere groepen zullen alleen de krachtiger leden ruimte nemen om hun ideeën en capaciteiten naar voren te brengen, omdat die situatie niet voldoende ruimte toelaat voor het "herbergen" van alle groepsleden (Carter, Haythorn, Shriver en Lanzetta, 1951, p. 260).

Vanuit zulke onderzoeksresultaten uit de groepsdynamica blijkt dat men groepsgrootte niet rechtstreeks in verband moet brengen met taaksucces van de groep, maar alleen voor zover deze grootte van invloed is op de interacties tussen de leden, de interpersoonlijke relaties en de leiderschapsstructuur (Goldstein, Heller en Sechrest, 1966, p. 341).

Hoewel deze gegevens uit een niet-therapeutische context afkomstig zijn, lijkt de gedachtengang dat groepsgrootte niet rechtstreeks van invloed is op therapeutisch succes, maar alleen voor zover deze functioneel doorwerkt in andere belangrijke groepsdimensies, ook van toepassing op therapeutische groepen. Als een van deze dimensies gebruikte Castore (1962) de verbale interactie van elk groepslid met alle andere groepsleden. In een onderzoek bij therapiegroepen observeerde hij deze verbale interactie in groepen, die varieerden van 5 tot 20 leden. Hij constateerde een drastische terugval in de verbale interactie van elk groepslid met alle andere groepsleden, zodra de groep groter werd dan 8 leden. Een tweede drastische terugval observeerde hij, zodra de groep groter werd dan 16 leden. Hij concludeert dan ook: voor therapiegroepen, die bestaan uit cliënten die moeilijkheden hebben in de interactie met anderen, lijken de beste therapeutische mogelijkheden aanwezig, als ze bestaan uit acht of minder leden (vgl. Goldstein, Heller en Sechrest, 1966, p. 341-343).

7.4 Individuele verschillen

Enkele malen sprak ik al van spraakzame en zwijgzame groepsleden. Hoewel het natuurlijk voor een deel van de andere groepsleden en van enkele groepseigenschappen afhangt hoeveel en wat ieder wenst te communiceren, zijn er aanwijzingen dat er individuele verschillen zijn in "communicatiebereidheid". Zo heeft Goldman-Eisler (1951) de hypothese onderzocht dat "iedere persoon een constante verhouding handhaaft tussen hoeveel hij praat en hoeveel hij zwijgt, ongeacht met wie hij in interactie is"; met andere woorden, dat mensen die graag veel aan het woord zijn, dit in veel situaties zullen doen en dit geldt ook voor mensen die liever weinig aan het woord zijn. Deze hypothese werd door haar via onderzoek bevestigd. Dit onderzoek was echter beperkt van opzet en we dienen haar conclusie dan ook hoogstens op te vatten als een sterke aanwijzing in die richting.

Ieder schijnt voor zichzelf een soort "bovengrens" te hanteren, die hij liever niet overschrijdt. Klein (1956, p. 166-167) merkt hierover op: het lijkt alsof ieder groepslid voor zichzelf een tijdsnorm in gedachten heeft waarop hij recht heeft, zodat hij, wanneer hij merkt dat hij in de eerste helft van de bijeenkomst te veel of te weinig gesproken heeft, zijn mate van spraakzaamheid zal wijzigen in de tweede helft van de bijeenkomst, ten-einde over het geheel genomen toe te komen aan de hoeveelheid communicatie die hij zichzelf toestaat.

Uit zo'n observatie blijkt wel dat er meer meespeelt dan alleen individuele persoonlijkheidsfactoren: de spraakzaamheid hangt in sterke mate ook af van de relatie tussen de gesprekspartners. Zo observeerden Borgatta en Bales (1953), dat hoe lager de inbreng van anderen was, des te hoger de eigen inbreng was. In een andere studie onderzocht Bales hoeveel gespreks-partners met elkaar communiceerden die aanvankelijk vreemden voor elkaar waren en die de instructie kregen om elkaar beter te leren kennen (Bales en Hare, 1965). Ook hier bleek, dat de communicatielengtes omge-keerd evenredig waren. Met andere woorden, als de ene partner veel aan het woord was, verminderde de andere zijn gespreksinbreng. Maar in gesprekken tussen mensen die elkaar al goed kennen, gaat dit juist niet op: daarin worden de lengtes van de gespreksbijdragen juist meer gelijk aan elkaar, alsof ze hiervoor een gemeenschappelijke norm ontwikkeld hebben.

Borgatta en Bales (1953) onderzochten nog méér. Vooraf stelden ze van groepsleden de gebruikelijke mate van communicatie vast. Op basis van deze gegevens stelden ze drie nieuwe soorten groepen samen: groepen die bestonden uit "hoge bijdragers" (dat wil zeggen mensen, die vaak of lang-durig aan het woord waren), groepen van "lage bijdragers" en gemengde groepen van "hoge", "lage" en "gemiddelde bijdragers" . Via observatie stelden de onderzoekers vast dat de lage bijdragers in een homogene groep iets frequenter aan het woord waren dan daarvóór, omdat ze meer kans daartoe kregen in een groep, waarin niemand verbaal domineerde, maar ze spraken toch niet zoveel als de hoge bijdragers. In hun eigen homogene groepen waren de hoge bijdragers minder frequent aan het woord dan daarvóór, vermoedelijk vanwege de simpele reden dat er een grens is aan wat binnen de gegeven tijd gezegd kan worden. De gemengd samengestel-de groepen vertoonden de meeste interactie, omdat ieder op het door hem gewenste niveau kon spreken. Zulke gegevens bevestigen weliswaar de hypothese van Goldman-Eisler, dat ieder een karakteristiek niveau van spraakzaamheid heeft dat bij hem past, maar vullen deze hypothese aan met de conclusie, dat dit niveau tot op zekere hoogte beïnvloed wordt door de niveaus van spraakzaamheid die karakteristiek zijn voor de andere groepsleden. De verschillen in inbreng in de groepsinteractie zijn dus maar voor een deel toe te schrijven aan individuele verschillen; deze verschillen worden versterkt of verzwakt door de spraakzaamheid van wie er nog meer in de groep zitten (Klein, 1956, p. 28).

7.5 Status en invloed

Het feit dat sommige groepsleden meer aan het woord zijn dan andere, heeft enkele belangrijke gevolgen. Want ofschoon elke opmerking die in de groep gemaakt wordt, door ieder gehoord kan worden, wordt zo'n opmerking meestal gericht tot een bepaald groepslid. De ontvanger van zo'n opmerking zal op zijn beurt ertoe geneigd zijn, om zijn antwoord te richten tot degene die hem heeft aangesproken. Spraakzame groepsleden vormen dus een sterkere stimulans voor de groep en voor elkaar dan zwijgzame leden. Groepsleden zullen hun reacties en antwoorden vooral richten tot de spraakzame leden, om te laten merken of ze het er wel of niet mee eens zijn of om een bepaald punt verder uit te werken, enzovoort. Dit betekent, dat groepsleden die vaak aan het woord zijn, ook vaker aangesproken worden door de anderen. Ieder groepslid neigt ertoe, om zich vooral te richten tot de spraakzame groepsleden. En omdat de zwijgzame leden nu eenmaal zwijgzaam zijn, zal de gesproken interactie dus vooral verlopen tussen de meer spraakzame leden (Klein, 1956, p. 29).

Communicatie in groepen wordt ook medebepaald door de machtsverdeling binnen de groep en door statusverschillen tussen de groepsleden. Dit verband tussen status en communicatie is wederzijds: niet alleen dat statusverschillen leiden tot communicatieverschillen, maar ook dat verschillen in spraakzaamheid leiden tot statusverschillen. Het is alweer Bales geweest, die erop gewezen heeft dat groepsleden die veel initiatief vertonen, een hogere status toebedeeld krijgen in groepen: de andere groepsleden zien hen als de personen met de beste ideeën en met de productiefste bijdragen. Hij constateerde dan ook een stevige correlatie tussen participatiefrequentie en status (Bales, 1953). Ook Norfleet (1948) stelde een sterk verband vast tussen de mate van participatie en het door medegroepsleden als productief beoordeeld worden.

In deze onderzoeken van Bales en Norfleet werd productiviteit subjectief gemeten, namelijk via de meningen van de groepsleden over elkaar, en blijkt niet duidelijk of de spraakzame groepsleden ook werkelijk, dus volgens objectieve criteria, productiever zijn. Dit laatste heeft Riecken (1958) nader onderzocht door tijdens een probleemdiscussie in sommige groepen het spraakzaamste groepslid een hint te geven voor de beste oplossing en in andere groepen het zwijgzaamste groepslid. Ik wil de resultaten van dit onderzoek in vier punten samenvatten:

1   De eerste conclusie van Bales en Norfleet werd bevestigd: het groepslid dat het meest aan het woord is, wordt door de anderen in de groep gezien als degene, die het meest heeft bijgedragen aan de probleemoplossing.

2   Het spraakzaamste groepslid kreeg vaker zijn oplossingsvoorstel geaccepteerd dan het zwijgzaamste groepslid, ook al had deze in sommige groepen de beste informatie en de beste suggesties. Doorslaggevend in de beïnvloeding van de groep is dus niet de kwaliteit van de informatie of van de suggesties als zodanig, maar de verworven status als spraakzaamst groepslid. Wel bleek dat meer spraakzame groepsleden

een betere strategie gebruiken dan zwijgzame leden in hun pogingen om een voorstel geaccepteerd te krijgen: ze gebruiken méér en gevarieerder argumenten en baseren hun voorstellen op méér informatie, zodat ze meer weten te overtuigen.

3 "Hoe accuraat zijn de groepsleden in het beoordelen van wie het meest tot de groepsoplossing bijgedragen heeft ?" Groepsleden kunnen tamelijk nauwkeurig de rangorde aangeven van hoeveel ieder aan de discussie bijgedragen heeft. Maar hier komt iets bij. Met name in kortdurende groepen en in de beginfasen van langerdurende groepen hebben groepsleden de neiging om kwantiteit met kwaliteit te verwarren. Dus om de kwaliteit van ieders bijdrage gelijk te stellen aan hoeveel hij gesproken heeft en te denken, dat wie het meest gepraat heeft ook de beste dingen gezegd heeft. Een gevolg hiervan is dat men geneigd is om de kwaliteit van wat de spraakzame leden zeggen te overschatten en van wat de zwijgzame leden zeggen te onderschatten.

4 Riecken ging ook na, wat er in groepen gebeurde, waarin het voorstel van een zwijgzaam groepslid toch geaccepteerd werd. Het bleek, dat dit alleen lukte, wanneer hij de steun gekregen had van een spraakzamer groepslid. In enkele groepen bleek dit meer spraakzame groepslid in de totale groepsrangordening het "tweede groepslid" te zijn, die Bales aanduidt als de sociaal-emotionele specialist. Ik kom hier zo op terug.

Status in groepen wordt dus sterk meebepaald door de mate van participatie en (toegeschreven) productiviteit en minder door de mate van populariteit of geliefdheid. Bales (1953) stelde vast, dat degene die volgens observaties het meest actief geweest was, tevens de persoon was van wie de medegroepsleden vonden, dat hij de beste ideeën had, maar dat deze "beste-ideeën-man" niet de persoon was die men het meest mocht, integendeel. Al na enkele groepsbijeenkomsten ontstaat er een differentiatie tussen taakgerichtheid en sociaal-emotionele gerichtheid. In hoofdstuk 10 zal ik hier nader op ingaan. Degene die het meest participeert, wordt vaak de *taakspecialist* en degene die op hem na het meest participeert (het "tweede groepslid") de *sociaal-emotionele specialist*. Productiviteit leidt tot een hogere status. Welke rol sympathie speelt in groepscommunicatie zal ik in paragraaf 7.6 aangeven.

Er zijn dus verbanden tussen spraakzaamheid, initiatief vertonen en het verwerven van status in de beginfase van een groep. Deze verbanden blijven vaak doorwerken in latere fasen, omdat de spraakzame en actieve groepsleden elkaar ondersteunen in hun hoge status, tenzij zich een rivaliteit tussen hen ontwikkelt. Klein (1956, p. 30) wijst erop dat het verband tussen spraakzaamheid en status niet alleen verklaard kan worden uit het feit dat andere groepsleden zich vooral tot de meer spraakzame leden richten, maar ook vanuit het misverstand dat spraakzaamheid en productiviteit synoniem zijn (vgl. Riecken hierboven). Dit misverstand, dit denken dat de veelpratende groepsleden ook het productiefst zijn, draagt bij tot versterking van hun status.

De belangrijkste onderzochte verbanden tussen communicatie en status worden door Klein en door Secord en Backman als volgt samengevat:

— er is een zichzelf bekrachtigend verband tussen een actieve positie in de communicatiestructuur en een hoge positie in de statusstructuur van de groep, want spraakzame leden worden meestal ook als productief beoordeeld (Secord en Backman, 1964, p. 296)
— groepsleden met een lage status vinden vaak van zichzelf dat ze niet zulke goede suggesties en voorstellen doen als leden met een hoge status (Klein, 1956, p. 38)
— de communicaties in de groep worden vaker gericht tot groepsleden met een hogere of gelijke status dan tot leden met een lagere status (Secord en Backman, 1974, p. 295)
— spraakzame leden spreken vaker tot elkaar en bekrachtigen zo elkaars positie in de groep (Klein, 1956, p. 37)
— wanneer twee groepsleden er niet zeker genoeg over zijn of hun status gelijk is, zijn ze geneigd communicatie met elkaar te vermijden, vooral als ze beiden een tamelijk lage positie bezetten in de statushiërarchie (Secord en Backman, 1974, p. 295).

7.6 Sympathieën en antipathieën in de groep

Hoeveel groepsleden met elkaar communiceren en met name tot wie men zich richt, hangt natuurlijk ook af van de sympathieën en antipathieën die ze voor elkaar voelen. Elders (in paragraaf 2.3.1) heb ik de interactie-hypothese van Homans genoemd, die (kort samengevat) erop neerkomt dat toename in interactie meestal gepaard gaat met toenemende gevoelens van genegenheid en vriendschappelijkheid. En het omgekeerde gaat natuurlijk ook op: wanneer men bepaalde personen sympathiek vindt, zal men ook meer interactie met hen aangaan. Men zal dus méér communiceren met groepsleden die men sympathiek vindt en minder met wie men antipathiek vindt. Logisch eigenlijk. (Dat dit echter niet altijd opgaat, heb ik beschreven in deel I).
Onder de factoren die onderlinge gevoelens van sympathie en attractie bepalen is vooral gelijkheid (of veronderstelde gelijkheid) de belangrijkste: gelijkheid van houdingen, gelijkheid van opvattingen, gelijkheid van bepaalde persoonlijkheidskenmerken en gelijkheid in sociale achtergrond.

Klein (1956, p. 29-30) voegt hieraan toe, dat ook de mate van spraakzaamheid hierin meespeelt: spraakzame leden voelen meer sympathie voor elkaar dan voor zwijgzame leden. In een onderzoek naar de inhoud van de communicaties tussen veel en weinig sprekende groepsleden vond Mills

(1953) bevestiging hiervoor. Actieve groepsleden ondersteunen elkaar vaker. Dit betekent dat actieve groepsleden ook op deze manier elkaars invloed in de groep bekrachtigen.

7.7 Communicatie en conformiteit

In het begin van de jaren vijftig heeft Festinger met een aantal collega's, waaronder Back, Schachter, Thibaut en Kelley, een aantal hypothesen getoetst over communicatieprocessen in groepen. Daarbij richtten de onderzoekers zich met name op de volgende drie soorten communicatie:

1 communicatie vanuit een druk tot conformiteit in groepen
2 communicatie ten behoeve van de taakvervulling en het bereiken van de groepsdoelen
3 communicatieprocessen, die te maken hebben met het sociaal-emotionele klimaat.

Hieronder zal ik met name ingaan op communicatie en druk tot conformiteit. Hierover merkte Festinger (1950) op dat de druk tot conformiteit in groepen kan voortkomen uit twee bronnen:

1 uit pogingen om een sociale werkelijkheid te handhaven
2 uit pogingen tot het bereiken van het groepsdoel.

Allereerst het begrip "sociale werkelijkheid". Wanneer men geen ondubbelzinnige en objectieve criteria heeft om de geldigheid van opvattingen en meningen vast te stellen, vertrouwt men meestal op de "sociale werkelijkheid", dat wil zeggen op wat "anderen ervan vinden", om meer zekerheid te krijgen. Dit speelt ook in groepen. Wanneer in de groep de meningen echter te sterk uiteenlopen, biedt de groep een te wankele basis. Vandaar dat er in groepen vaak druk wordt uitgeoefend in de richting van uniformiteit in opvattingen en het handhaven van consensus hierover, zeker als het onderwerpen betreft die voor de groepsleden van belang zijn.

Als tweede bron van druk tot conformiteit noemt Festinger de pogingen tot het bereiken van het groepsdoel. Wanneer zulke conformiteit daarvoor wenselijk of noodzakelijk geacht wordt, zal ook om deze reden de groep pressie uitoefenen tot conformiteit.
De groep kan dit op twee manieren proberen te bereiken:

1 door communicatie te richten op afwijkende groepsleden met de bedoeling hen tot verandering van mening te brengen
2 door leden met afwijkende meningen te verwerpen of uit te sluiten.

Beide mogelijkheden kunnen in groepen voorkomen. Het blijkt dat groepen aanvankelijk de eerste manier gebruiken en de "deviant" in de groep onder sociale druk zetten. Zolang er nog een redelijke kans bestaat dat de deviant van gedachten verandert, zullen groepen de neiging hebben om hun communicatie vooral op deze deviant te richten. Als dit niet lukt, zullen groepen overgaan op de tweede manier: het negeren, isoleren of uitstoten van het afwijkende groepslid. Zo heeft Festinger aangetoond dat er een sterkere pressie op de deviant wordt uitgeoefend naarmate deze meer afwijkt. En Schachter (1951) toonde aan dat deze pressie sterker is in groepen naarmate de cohesie hoger is en naarmate het onderwerp, waarover de afwijkende mening gaat, van groter belang is voor de groep. Ik wil hierna wat langer stilstaan bij dit onderzoek van Schachter.

In zijn onderzoek maakte Schachter gebruik van drie "medeplichtigen", dat wil zeggen betaalde rolspelers. In elke groep plaatste hij, zonder dat de groepsleden dit wisten, drie onderzoeksmedewerkers die elk een eigen rol speelden: een deviant, die een standpunt inneemt dat sterk afwijkt van het groepsstandpunt, een gematigde, die hetzelfde standpunt inneemt als de andere groepsleden, en een glijder ("slider"), die in het begin van de groepsdiscussie hetzelfde standpunt inneemt als de deviant, maar in de loop van de discussie zijn standpunt wijzigt in de richting van de groepsmeerderheid.

De mate van acceptatie of verwerping stelde Schachter onder andere vast via een sociometrische vragenlijst. Aan het eind van elke groepsbijeenkomst werd aan elk groepslid gevraagd om op een vragenlijst een rangorde aan te geven van alle groepsleden volgens het criterium "hoe graag wil je met hem in de groep blijven". Laag in deze rangorde plaatsen is een aanwijzing voor verwerping.

Het onderzoek resulteerde in de volgende conclusies:

1 groepsleden, die volharden in een afwijkende mening ("devianten"), worden sterker verworpen dan groepsleden die aanvankelijk een afwijkende mening verkondigen, maar deze geleidelijk wijzigen in de richting van de groepsmeerderheid
2 de verwerping van de deviant is sterker in groepen met een belangrijke taak
3 de verwerping van de deviant is sterker in groepen met een hoge cohesie.

Bovendien blijkt uit observatiegegevens dat de hoeveelheid communicatie die tot de deviant gericht is, voortdurend toeneemt tijdens de groepsbijeenkomst, met name in groepen met hoge cohesie en in groepen met een belangrijke taak.

Op dit gegeven is echter één uitzondering, namelijk in groepen waarin zowel de cohesie als het belang van de taak hoog zijn. In zulke groepen neemt aanvankelijk de hoeveelheid communicatie tot de deviant toe, maar na een bepaald punt valt een sterke afname te constateren. Dit verschijnsel kan verklaard worden vanuit de verwerping door de groep. Zolang de deviant nog door de andere groepsleden geaccepteerd wordt, neemt de communicatie naar hem toe, maar vanaf het moment dat hij door de groepsleden verworpen begint te worden wordt hij niet langer als "één van ons" beschouwd en wordt hij steeds meer genegeerd en buitengesloten.

Dat de groepsleden met de meest extreme opinies in groepen aanvankelijk de meeste communicatie naar zich toe trekken is later bevestigd in ander onderzoek (onder anderen Festinger en Thibaut, 1951, en Emerson, 1954).

7.8 Co-participatie

Ook het begrip "co-participatie" kan meer zicht bieden op communicatie-patronen in een groep. Wat is deze "co-participatie"? Wie een groepsbij-eenkomst voor enige tijd observeert kan vaak een aantal fasen in de inter-actie onderscheiden. Zo kan een groep een bepaald onderwerp soms een tijdlang op een apathische manier bespreken, maar daarna overgaan tot een levendiger gesprekstoon. Daarna komt wellicht een ander onderwerp ter sprake op weer een andere gesprekstoon, enzovoort. Sommige groepsle-den zullen actiever zijn tijdens bepaalde interactiefasen en passiever zijn tijdens andere fasen. Wanneer nu twee (of meer) groepsleden beiden actief zijn in dezelfde fasen en in andere fasen beiden passief zijn, spreken we van *co-participatie*. Deze groepsleden participeren dan te zamen. Stock en Thelen (1958, p. 84-91) bespreken een onderzoek van Ben-Zeev naar enke-le achtergronden van co-participatie. Hieronder wil ik de hoofdzaken sa-menvatten.

Uit het onderzoek bleek een verband tussen co-participatie en sociometri-sche keuze. Dit betekent dat groepsleden geneigd zijn te co-participeren met de groepsleden waarvoor ze een persoonlijke voorkeur hebben. Dit verband was echter tamelijk zwak. Bij nadere analyse bleek dat een aantal groepsleden juist niet co-participeert met andere groepsleden van hun per-soonlijke voorkeur. Er moet dus méér aan de hand zijn. Om dit op het spoor te komen ging de onderzoeker uit van enkele basisbegrippen uit de theorie van Bion. Bion onderscheidt vier sociaal-emotionele klimaten in groepen, die hij aanduidt als "basisassumpties". Bion onderscheidt "afhan-kelijkheid", "vechten", "vluchten" en "paarvorming" (vgl. paragraaf 9.2). In sommige interactieperioden kan het overheersende sociaal-emotionele klimaat getypeerd worden als "vechten"; dan valt veel rivaliteit te zien, het niet met elkaar eens zijn, dominantie, doordrukken van eigen meningen, vijandigheid en andere negatieve gevoelens. In andere interactieperioden kan het overheersende sociaal-emotionele klimaat getypeerd worden als "paarvorming": warmte, verbondenheid, vriendelijkheid, ondersteuning, onderlinge overeenstemming en dergelijke.
De onderzoeker hanteerde een vragenlijst waarmee vastgesteld kan worden voor welk sociaal-emotioneel klimaat men een persoonlijke voorkeur heeft. Deze persoonlijke voorkeur heet "valentie".
Nu blijken groepsleden met een hoge valentie voor "paarvorming" vooral te participeren in interactieperioden, waarin het sociaal-emotionele kli-maat in de groep gekleurd is door warmte, betrokkenheid en dergelijke. Daarentegen blijken groepsleden met een hoge valentie voor "vechten" vooral te participeren in interactieperioden waarin het sociaal-emotionele

klimaat in de groep opvalt door vijandigheid, het niet met elkaar eens zijn en dergelijke.

Dit werkt door in de co-participatie. Anders gezegd: groepsleden met een sterke voorkeur voor "paarvorming" co-participeren vooral met leden waarvoor ze een sociometrische voorkeur hebben. En groepsleden met een sterke voorkeur voor "vechten", co-participeren vooral met leden voor wie ze geen sociometrische voorkeur hebben.

Op grond van zulke onderzoeksgegevens concluderen Stock en Thelen tot twee soorten co-participatie:

— samenwerking aan een gezamenlijke taak met groepsleden voor wie men een sociometrische voorkeur heeft en van wie men gelooft dat ze gelijke opvattingen hebben
— competitie of conflict met personen voor wie men juist geen voorkeur heeft en van wie men gelooft dat ze andere opvattingen hebben, die niet-acceptabel en wellicht bedreigend zijn.

Beide soorten co-participatie lijken noodzakelijk in groepen en zullen elkaar dan ook afwisselen. Uit dit onderzoek wordt ook duidelijk dat het groepsklimaat een rol speelt in de mate van participatie van de groepsleden. Sommige groepsleden zullen vooral participeren in een bepaald type groepsklimaat (zoals van "paarvorming") en andere groepsleden in een ander type groepsklimaat (zoals van "vechten").

7.9 Non-participatie

Tot slot van dit hoofdstuk over communicatie in groepen wil ik aandacht besteden aan het verschijnsel van *non-participatie*. In groepen komt vaak voor dat enkele groepsleden niet of nauwelijks participeren: de zwijgzame groepsleden. Het is onjuist om non-participatie alleen toe te schrijven aan individuele eigenschappen, ook al spelen deze zeker wel mee. Doerbecker en Doets hebben in een tweetal onderzoeken (1972 en 1974) nagegaan in hoeverre groepsfactoren een rol spelen. Ik wil in deze paragraaf hun hoofdconclusie samenvatten en toelichten. Na zorgvuldig onderzoek komen ze tot de conclusie dat de mate van participatie vooral samenhangt met de positie in de groep en nauwelijks met individuele kenmerken.

Participatie werd nagegaan op verscheidene aspecten. De belangrijkste twee aspecten betreffen het verschil tussen objectieve en subjectieve participatie. Enerzijds de mate van participeren volgens objectieve maatstaven en het oordeel van anderen (de leiding van de groep en andere groepsleden), anderzijds de mate van participatie volgens de eigen beoordeling, dus de mate waarin men zelf vindt dat men participeert.

In de onderzochte groepen bleek dat op grond van objectieve participatiescores ongeveer 10% van de groepsleden weinig of niet meedeed. Uiteraard kan dit getal in andere groepen anders liggen.

De onderzoekers gingen na in welke mate persoonskenmerken een rol spelen. Ze hadden de verwachting dat
— groepsleden met een lage zelfwaardering,
— groepsleden met een geringe affiliatiebehoefte,
— groepsleden die zichzelf als weinig actief beschouwen,
— groepsleden met sociale angst, en
— groepsleden die weinig assertief zijn,
ook minder zouden participeren dan groepsleden die hoog scoren op deze dimensies. Deze verwachting kwam niet uit.

In hun onderzoek betrokken Doerbecker en Doets ook variabelen rond de positie in de groep en enige belevingsvariabelen, zoals in hoeverre men zich op z'n gemak heeft gevoeld en in hoeverre men vindt dat men er iets van opgestoken heeft.

Hun onderzoek resulteerde in de volgende conclusies:
1   met betrekking tot objectieve participatie blijken groepspositiekenmerken een hoofdrol te spelen. Geringe participatie hangt samen met een lage positie op de dimensies van taak en macht.
2   met betrekking tot subjectieve participatie blijken vooral de belevingsvariabelen "je op je gemak voelen" en "er iets van opsteken" erg belangrijk te zijn en in mindere mate ook de positie in de groep op de taakdimensie.
   Met andere woorden, naarmate groepsleden zich minder op hun gemak voelden, minder het gevoel hadden er iets van op te steken en een lagere positie innamen op de taakdimensie, waren ze ook minder tevreden over hun eigen mate van participatie.
   En ook omgekeerd: meer tevredenheid over deze participatie, naarmate men zich meer op z'n gemak gevoeld had, er meer van opgestoken had en een hogere positie ingenomen had op de taakdimensie.

Wat in deze resultaten opvalt, is het geringe belang dat persoonskenmerken blijkbaar spelen bij participatie en het grote belang van groepsfactoren, zoals de positie in de groep.

Bij de conclusies dient wel de volgende kanttekening geplaatst te worden. Het is vanuit de opzet van dit onderzoek niet mogelijk om vast te stellen wat oorzaak is en wat gevolg. Op het eerste gezicht kan men geneigd zijn te concluderen dat lage posities in de taakstructuur en de machtsstructuur van de groep leiden tot geringe participatie. Maar het omgekeerde kan evengoed gelden, dat geringe participatie tot een lage positie in de groep leidt.

Aan het slot van hun onderzoek formuleren Doerbecker en Doets een zevental vuistregels. Daarvan wil ik er hier één noemen. Ze pleiten ervoor de participatie en dus ook de macht in de groep zoveel mogelijk te spreiden door ieder groepslid vanaf de eerste bijeenkomst voldoende ruimte voor eigen inbreng te bieden.

"Voorkom zoveel mogelijk, dat de beschikbare deelnemingsruimte gevuld wordt door een paar dominante leden. ... Een ongelijke machtsverdeling zou wel eens een vrij wetmatige uitkomst kunnen zijn van groepsprocessen die 'aan zichzelf worden overgelaten' " (Doerbecker en Doets, 1974, p. 31-32).

8 Feedback in groepen

8.1 Feedback[3]

Feedback is een mededeling aan iemand, die hem informatie geeft over hoe zijn gedrag wordt waargenomen, begrepen en ervaren. De mate waarin feedback gegeven wordt en de effectiviteit ervan worden sterk bepaald door de sfeer van vertrouwen in de groep en tussen de betrokken personen.

De positieve werking van feedback:

— Het ondersteunt en bevordert positief gedrag, omdat dit erkend wordt. Bijvoorbeeld: "door jouw heldere analyse heb je ons werkelijk geholpen het probleem duidelijker te zien".
— Het corrigeert gedrag dat de betreffende persoon en de groep niet verder helpt of dat niet voldoende aansluit bij de eigenlijke bedoeling. Bijvoorbeeld: "het zou mij meer geholpen hebben, wanneer je jouw mening niet voor jezelf had gehouden, maar die open had uitgesproken".
— Het verduidelijkt de relaties tussen personen en helpt om de ander beter te begrijpen. Bijvoorbeeld: "Harry, ik dacht dat we niet konden samenwerken, maar nu zie ik dat we elkaar goed aanvoelen".

Naarmate alle groepsleden meer en meer bereid zijn elkaar mede hulp te geven, zullen de mogelijkheden toenemen om van elkaar te leren. Alleen op deze manier is het mogelijk om de perceptie en beleving door anderen te vergelijken met de zelfperceptie.

---

3 De paragrafen 8.1, 8.2 en 8.3 zijn met toestemming overgenomen uit Jan Remmerswaal, *Begeleiden van groepen*, Bohn Stafleu Van Loghum, Houten, 1992.

— Men laat anderen merken hoe men over zichzelf denkt en voelt.
— Men vertelt aan iemand anders, hoe men over hem denkt en voelt (confrontatie).
— Men zegt tegen elkaar, hoe men over zichzelf en over de ander denkt en voelt (feedback-dialoog).

De feedback-informatie kan op verschillende manieren gegeven worden:

bewust:	instemmend knikken,	of *onbewust:*	inslapen
spontaan:	"enorm bedankt"	of *in antwoord op een vraag:*	...? "Ja, het heeft geholpen"
verbaal:	"nee"	of *non-verbaal:*	de kamer uitgaan
formeel:	beantwoorden van een vragenlijst	of *informeel:*	schouderklopje

8.2 Regels voor feedback

Feedback moet aan de volgende voorwaarden voldoen.
Beschrijvend: in tegenstelling tot evaluerend, veroordelend, interpreterend of naar motieven zoekend.
Door de eigen reactie te beschrijven laat men de andere persoon vrij om deze informatie naar eigen goeddunken al dan niet te gebruiken. Door waardeoordelen en moraliseringen achterwege te laten, vermindert men bij de andere persoon de behoefte om defensief en verdedigend te reageren en de aangeboden informatie af te wijzen.
Specifiek: in tegenstelling tot algemeen. Bijvoorbeeld: tegen iemand zeggen dat hij dominant is, helpt hem minder dan te zeggen: "Juist toen we op het punt stonden een besluit te nemen, luisterde je niet naar wat anderen zeiden en voelde ik me onder druk gezet om jouw argumenten te accepteren omdat ik bang was dat je me zou aanvallen".
Rekening houdend met de behoeften van zowel de ontvanger als de gever van feedback: feedback kan destructief zijn wanneer het alleen onze eigen behoeften dient en geen rekening houdt met de behoeften van de ontvangende persoon.
Bruikbaar: gericht op gedrag waar de ontvanger iets aan kan veranderen. Wanneer iemand daarentegen gewezen wordt op een tekortkoming, waarover hij zelf geen invloed heeft, voelt hij zich alleen nog maar meer gefrustreerd.
Gewenst: in tegenstelling tot afgedwongen. Feedback is het meest zinvol wanneer de ontvanger zelf de vraag geformuleerd heeft, waarop de observator hem antwoordt.
Op het juiste moment: in het algemeen is feedback effectiever naarmate de tijd tussen het betreffende gedrag en de informatie over de effecten van dit gedrag korter is. Hierbij moet men echter rekening houden met andere

omstandigheden, zoals de bereidheid van de persoon om zulke informatie te horen en de beschikbare steun van anderen.

Duidelijk en precies geformuleerd: probeer concreet en helder te zijn.

Correct: wanneer de feedback gegeven wordt in een trainingsgroep hebben zowel de gever als de ontvanger de mogelijkheid om te checken in hoeverre de feedback nauwkeurig is, door de andere groepsleden om hun indrukken te vragen: "is dit de indruk alleen van hem of delen anderen dezelfde ervaring?" Op deze wijze kunnen mogelijke onjuistheden en misverstanden vermeden worden.

8.3 Het Johari-venster

Het *"Johari Window"*, genoemd naar de auteurs Joe Luft en Harry Ingham, is een eenvoudig grafisch model, dat de veranderingen verduidelijkt in hoe iemand zichzelf ziet en hoe hij door anderen gezien wordt in de loop van een groepsproces (figuur 8.1).

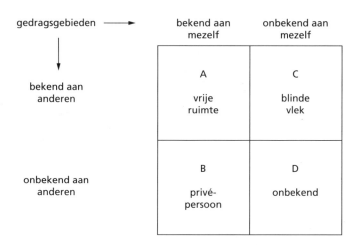

Figuur 8.1   Het Johari-venster

Kwadrant A:
is het gebied van de vrije activiteit, de ruimte waarin ik mij vrij kan bewegen; mijn dagelijkse optreden naar buiten; mijn gedrag en mijn motivaties die anderen van mij zien en waar ik zelf weet van heb.

Kwadrant B:
is dat gedeelte van mijn gedrag, dat ikzelf ken en waarvan ik mij bewust ben, maar dat ik nog niet aan anderen heb laten zien of dat ik verborgen wil houden. Dit gedeelte van mijn gedrag is dus voor anderen onzichtbaar.

Kwadrant C:
is de blinde vlek in de zelfwaarneming, dat wil zeggen dat gedeelte van

mijn gedrag dat voor anderen zichtbaar en herkenbaar is, maar waarvan ik mezelf niet bewust ben. Hieronder vallen onder andere onderdrukte en niet meer bewuste gewoonten. Spottend wordt dit gebied ook wel eens het "slechte adem"-gebied genoemd (*"bad breath" area*).

Kwadrant D:
betreft processen die zich in het onbewuste afspelen en die dus noch aan mijzelf, noch aan anderen bekend zijn. Dit is het gebied waarop de psychotherapie soms werkt (vooral de psychoanalyse), maar dat in groepen meestal niet aan bod komt.

Met behulp van dit model kan de situatie van een beginnende groep als volgt weergegeven worden: het gebied van de "vrije ruimte" is erg klein en de gebieden B en C domineren.
De trainingsdoelen, die met behulp van feedback-processen bereikt kunnen worden, zijn: gebieden B en C kleiner maken en gebied A uitbreiden. Dus het vergroten van de vrije ruimte van ieder groepslid en het ophelderen van blinde vlekken.

De methoden om de vrije ruimte A te vergroten zijn vooral:
— informatie prijsgeven over jezelf: zelfonthulling (*"selfdisclosure"*): verkleint gebied B
— feedback vragen en krijgen: verkleint gebied C.

De mate waarin dit mogelijk is, wordt sterk bepaald door de motivatie tot leren en de leercapaciteiten van het individu en de groep.

Technieken en methoden daarvoor zijn:
— het zelfbeeld van anderen accepteren en serieus nemen
— zelf vertellen wanneer de eigen grenzen bereikt zijn
— bereidheid om je zelfkennis te vergroten, waardoor ook de bereidheid feedback te geven en te ontvangen toeneemt
— daardoor krijg je de zekerheid dat men bereidwillig en zonder vooroordelen naar je wil luisteren
— ook vermindert daardoor de weerstand tegen gedragsveranderingen en de angst voor het werken aan de achtergronden daarvan
— het wordt mogelijk om over de eigen situatie te reflecteren en nieuwe, op de toekomst gerichte activiteiten uit te proberen
— door feedback ervaar je je eigen invloed op anderen, ook de invloed van je non-verbale gedrag.

8.4 Feedback in een breder perspectief

In de wereld van groepswerk en groepstrainingen heeft feedback al snel een beperkte betekenis gekregen: de betekenis die we in voorgaande paragrafen aangegeven hebben. Het is zinvol om ook stil te staan bij de oorspronkelijke betekenis van dit begrip. Het verschijnsel feedback kunnen we op veel meer plaatsen tegenkomen, onder andere in de levende natuur, maar ook in door mensen bedachte systemen als organisaties en zelfs in allerlei apparatuur. Levende systemen, organisaties en zelfregulerende apparatuur kennen feedback als een bron van informatie over het eigen functioneren. Ze verwerken niet alleen informatie over de externe omgeving, maar ook signalen over het eigen functioneren in die omgeving, waartoe ook informatie over de bereikte effecten hoort. Het systeem kan deze tweede informatiestroom gebruiken om bijtijds afwijkingen te corrigeren. Zo kunnen we feedback in brede zin dus omschrijven als teruggekoppelde informatie over de mate waarin het systeem zijn doelstellingen bereikt. Letterlijk betekent feedback dan ook terugvoeding, terugmelding, terugkoppeling. Het gaat dus om een proces, dat op zijn beginpunt terugkeert: een proces dat circulair verloopt. Vooral in de cybernetica (de studie van meet- en regeltechniek) heeft feedback een helder omschreven betekenis, die verwijst naar processen van zelfregulering in natuurlijke organismen en in mechanische systemen. Als zelfregulerend mechanisme is feedback overal aanwezig in de levende natuur. Pas via de omweg der techniek kregen we dit in de gaten. Met de bouw van steeds complexer wordende apparatuur kwam men op het spoor van zulke zelfregulerende controlemechanismen. Een bekend voorbeeld is de kamerthermostaat van een centrale-verwarmingsinstallatie. Via een ingebouwde thermometer zendt deze thermostaat informatie over de kamertemperatuur terug naar de ketel, waardoor deze een signaal krijgt om harder of zachter te gaan branden. Zo kan men een tamelijk constante kamertemperatuur handhaven, zonder steeds zelf de ketel aan of uit te hoeven zetten.

Aan de hand van dit voorbeeld van de verwarmingsthermostaat kunnen we tevens enkele belangrijke stappen van het feedback-proces toelichten. De gewenste kamertemperatuur kan men vooraf instellen: dit is de *nagestreefde waarde*. De feitelijke kamertemperatuur verandert echter voortdurend door allerlei omgevingsinvloeden. Een *verschil tussen nagestreefde waarde en feitelijke waarde* zet het feedback-mechanisme in werking. De controlefunctie van de thermostaat bestaat allereerst uit het meten van het verschil tussen deze twee waarden. Belangrijk daarbij is dat het feedback-mechanisme al in werking treedt bij relatief kleine afwijkingen om al te grote schommelingen in het systeem te vermijden.

Behalve *normen* (nagestreefde waarden) heeft elk systeem ook marges rond deze normen, die aangeven hoe ver afwijkingen van de norm zijn toegestaan. Zulke marges heeft het systeem nodig om niet bij elke afwijking al tot correcties over te moeten gaan. Een flexibel systeem heeft het vermogen om, wanneer nodig, zijn marges te verruimen en om zijn norm te wijzigen. Een rigide systeem heeft dit vermogen niet en houdt strak vast aan eenmaal gekozen marges en normen. Dit kan ook gelden voor groepen. Voor groepen staat het stellen van marges en normen mede onder invloed van de directe sociale omgeving, zoals maatschappelijke omstandigheden of invloeden uit de omringende organisatie.

In de systeembenadering wordt onderscheid gemaakt tussen twee soorten feedback: *negatieve* en *positieve feedback*.

1   Wanneer de afwijking binnen de toelaatbare marges valt, laat het systeem zijn norm in stand en wordt de feedback negatief genoemd.

2   Wanneer de afwijking buiten de toelaatbare marges valt, kan het systeem zijn norm veranderen of integendeel juist nog strakker formuleren. Wanneer het systeem zijn norm verandert, wordt de feedback positief genoemd.

Bij negatieve feedback komt het systeem in actie om het verschil tussen feitelijke waarde en nagestreefde waarde zo klein mogelijk te houden. Via deze vorm van feedback handhaaft het systeem zijn stabiliteit en toestand van evenwicht. Bij positieve feedback past het systeem zijn norm (de nagestreefde waarde) aan aan de feitelijke situatie en wordt de informatie gebruikt om tot een nieuwe norm te komen (in termen van ons eerdere voorbeeld: de thermostaat wordt bijvoorbeeld op een hogere of een lagere waarde ingesteld). Positieve feedback stimuleert dus tot verandering.

De termen positieve en negatieve feedback zijn op zichzelf neutraal van betekenis. Ze geven alleen aan of verandering wordt bevorderd of tegengegaan. Of deze veranderingen als positief dan wel als negatief gewaardeerd worden, hangt van andere factoren af.

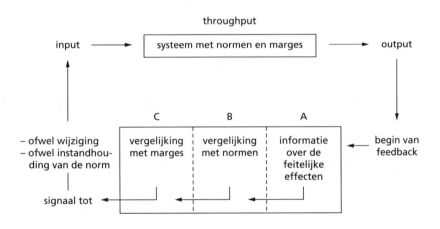

Figuur 8.2   Schema van het feedback-mechanisme

Het feedback-mechanisme doorloopt vier stadia:

1   vaststelling van de feitelijke situatie

2   vergelijking van deze feitelijke situatie met de nagestreefde waarde (de norm)

3   als de feitelijke situatie afwijkt van de norm, nagaan of deze afwijking binnen de tolerantiemarges rond de norm valt of daarbuiten

4   signaal tot wijziging of instandhouding van de norm.

Laten we deze vier stadia van feedback eens nader uitwerken op de besproken vormen van negatieve en positieve feedback (ontleend aan Koks en Olthof, 1978a, p. 5-7).

Het systeem (de groep, een subgroep of een bepaald groepslid) kan de norm op vier manieren in stand houden. Er zijn dus vier manieren van negatieve feedback:

1 het doorloopt de eerste drie feedback-stadia en komt tot de conclusie dat de geconstateerde afwijking binnen de gestelde grenzen en marges valt

2 het is blind voor de feiten: wil de feiten niet zien, verdraait deze of neemt selectief waar; het neemt de feitelijke effecten dus niet serieus

3 het wil niet toetsen aan de norm: het houdt de norm zo impliciet en vaag, dat er geen toetsing kan plaatsvinden

4 het kan de marges eindeloos breed maken, zodat alle of de meeste feitelijke effecten erbinnen vallen.

Het systeem (de groep, een subgroep of een bepaald groepslid) kan ook op vier manieren tot verandering van de norm komen. Er zijn dus vier manieren van positieve feedback:

1 het doorloopt de eerste drie feedback-stadia en komt tot de conclusie dat de geconstateerde afwijking buiten zijn grenzen en marges valt

2 het kan geen onderscheid maken in de mate van belangrijkheid van de feiten: het neemt alle feiten serieus

3 het toetst elk feit aan de letterlijke betekenis en formulering van de norm

4 het maakt zijn marges zo nauw, dat alle feitelijke effecten een afwijking betekenen en de marges overschrijden.

Zowel negatieve als positieve feedback kunnen dus te eenzijdig gehanteerd worden. Eenzijdig gebruik van negatieve feedback leidt tot rigiditeit in het systeem, waardoor het systeem nooit of bijna nooit verandert. Eenzijdig gebruik van positieve feedback leidt tot chaos in het systeem, waarbij het systeem voortdurend wijzigt en zich aanpast bij de minste of geringste aanleiding. Tussen deze twee uitersten plaatsen we flexibel functionerende systemen, die een mengvorm van positieve en negatieve feedback hanteren, met andere woorden soms wel en soms niet de norm veranderen.

— Naarmate de groep meer blind is voor de feiten (2),
— minder de norm wil toetsen (3) en
— haar marges breder maakt (4),
des te eenzijdiger maakt ze alleen gebruik van negatieve feedback.
Dit kan tot uiting komen op twee totaal verschillende manieren: ofwel in de vorm van groepen die geen enkele afwijking van hun leden accepteren, ofwel in de vorm van groepen die alles van hun leden accepteren. In het ene geval blijft de groep strak vasthouden aan de eenmaal gekozen norm. In het andere geval wordt geen enkele norm expliciet gemaakt en lijkt als enige norm te gelden: "alles mag" of "alles moet kunnen". Beide typen

groepen zijn als een verankerd schip in ruwe wateren (alleen de lengte van de ankerketting varieert van zeer strak tot extreem los) en het schip zal vergaan zodra ruw weer opsteekt. Zulke groepen worden gekenmerkt door rigiditeit.

— Naarmate de groep alle feiten zonder onderscheid serieuzer neemt (2),
— de norm letterlijker hanteert (3) en
— haar marges nauwer maakt (4),

des te eenzijdiger maakt ze gebruik van positieve feedback. Groepen die bij elke afwijking van hun leden gaan twijfelen en hun doelen en activiteiten ter discussie gaan stellen, hanteren eenzijdig positieve feedback. Elke afwijking is dan voldoende om de groep van haar norm te brengen. Zulke groepen zijn als een stuurloos schip in ruwe wateren, dat uiteindelijk op de klippen loopt en vergaat. Zulke groepen worden gekenmerkt door chaos.

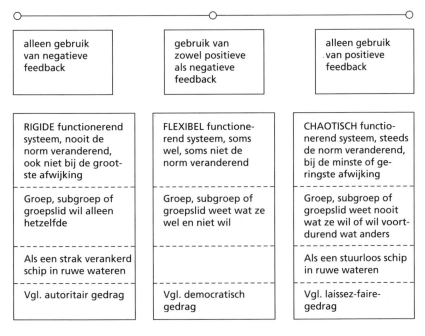

Figuur 8.3   Drie vormen van feedback-hantering

Wanneer een groep van beide feedback-vormen gebruik maakt, functioneert ze flexibel. Een flexibel systeem kent soepele grenzen en kan zijn normen in stand houden of veranderen, wanneer het dat zelf wil of wanneer de omstandigheden dit nodig maken.

We kunnen deze drie typen groepen ook in verband brengen met drie bekende leiderschapsstijlen:

1   Autoritair geleide groepen lijken het meest op de groepen waarin op

rigide wijze gebruik gemaakt wordt van negatieve feedback. De groep of de leider wil steeds alleen hetzelfde.

2 Laissez-faire geleide groepen lijken het meest op groepen waarin op eenzijdige wijze gebruik gemaakt wordt van positieve feedback. De groep of de groepsleden weten nooit wat ze willen of willen voortdurend iets anders, waarbij wat vandaag geldt morgen weer op zijn kop kan staan. Chaos is het gevolg.

3 Democratisch geleide groepen functioneren flexibel en zullen soms wel en soms niet de norm veranderen en dus afwisselend beide feedback-vormen hanteren.

8.5 Interpersoonlijke feedback

Voor het geven van feedback is een groot aantal technieken, oefeningen en hulpmiddelen ontwikkeld, zie bijvoorbeeld Sbandi (1970), Stemerding (1975), Wieringa (1975), Oomkes (1976) en Antons (1976).

Zoals al blijkt uit figuur 8.2 omvat interpersoonlijke feedback heel wat meer dan alleen het ontvangen van deze informatie over de feitelijke effecten van het eigen gedrag, ofte wel (zoals dat heet) "hoe je bij de ander overkomt". Bovendien verwachten de anderen vaak "dat je er iets mee doet". Wanneer we het algemene feedback-schema vertalen naar de situatie van interpersoonlijke feedback, krijgen we het schema van figuur 8.4:

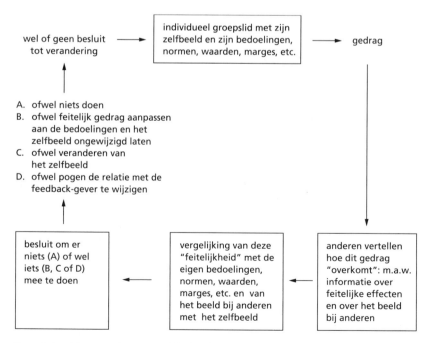

Figuur 8.4   Schema van interpersoonlijke feedback

De vier genoemde stadia van het feedback-mechanisme:
1   vaststelling van de feitelijke effecten
2   vergelijking van deze effecten met normen
3   vergelijking van deze effecten met marges rond de normen
4   signaal tot al dan niet bijsturing
kunnen we ook toepassen op feedback tussen groepsleden.
In trainingsgroepen bedoelt men meestal alleen het eerste stadium: het vaststellen van hoe men bij anderen "overkomt". Deze informatie over het beeld dat men bij anderen oproept, kunnen we benoemen als informatie over de feitelijke effecten.

Maar er zijn nog drie stadia, die meestal niet aangegeven worden in literatuur over interpersoonlijke feedback. We kunnen ze als volgt aangeven:
stadium 2: vergelijking van de geconstateerde "feitelijkheid" met de eigen bedoelingen, waarden, normen, marges en dergelijke, evenals een vergelijking van dit beeld dat men bij anderen opgeroepen heeft met het eigen zelfbeeld
stadium 3: vaststellen van hoe ernstig men deze afwijkingen inschat
stadium 4: besluit om er niets (A) dan wel iets (B) mee te doen.

Het besluit (B) om er iets mee te doen kan op drie manieren vorm krijgen:
—   aanpassen van het feitelijk gedrag aan de eigen bedoelingen en het zelfbeeld ongewijzigd laten
—   veranderen van het zelfbeeld, bijvoorbeeld in een positieve richting
—   pogen om de relatie met de feedback-gever te wijzigen. Een voorbeeld hiervan is het opbouwen van een vertrouwensrelatie met de feedback-gever, waarbinnen men persoonlijke informatie over zichzelf uitwisselt (zelfonthulling). Het andere uiterste kan ook: de relatie met de feedback-gever tot een minimaal contact reduceren.

De gegeven feedback is nooit neutraal, maar gekleurd door de persoon die feedback geeft (zijn normen, zijn waarden, zijn zelfbeeld) en door de relatie tussen de feedback-gever en de feedback-ontvanger. Hoe persoonlijker deze relatie is, des te groter de waarschijnlijkheid dat de feedback-ontvanger zal besluiten er "iets" mee te doen. Ook omgekeerd: wanneer de feedback-gever erg waardevolle of erg pijnlijke dingen gezegd heeft, zal dit waarschijnlijk leiden tot een verbetering, respectievelijk verslechtering van de relatie tussen beide betrokkenen.

8.6   Feedback en confrontatie

Egan (1970) geeft de volgende omschrijving: confrontatie vindt plaats zodra één persoon gewild of ongewild iets doet of zegt tegenover een andere persoon, dat ertoe leidt dat die andere persoon gaat nadenken over een bepaald aspect van zijn gedrag en gestimuleerd wordt tot verandering.

Berenson onderscheidt vijf typen confrontatie (maar eigenlijk zijn het er drie, want 1, 2 en 3 horen bij elkaar):

1 ervaringsgerichte confrontatie:
   degene die confronteert, laat merken hoe hij de ander ervaart en richt de aandacht op inconsequenties of verschillen.
   Hij kan bijvoorbeeld confronteren met:
   a een verschil dat hij ervaart tussen twee tegenstrijdige uitspraken of gevoelens van de ander
   b een tegenstelling tussen de inhoud van wat een ander zegt en de toon (of lichaamshouding) waarmee de ander dat zegt
   c een verschil tussen hoe hij de ander waarneemt en ervaart en wat de ander over zichzelf zegt.

2 sterktegerichte confrontatie:
   is gericht op kwaliteiten waar de andere persoon zich te weinig bewust van is.

3 zwaktegerichte confrontatie:
   is gericht op zwaktes of pathologie waar de andere persoon zich te weinig bewust van is.

4 didactische confrontatie:
   is gericht op verheldering van onjuiste of onvolledige informatie, zoals onjuistheden in wat de ander over zichzelf denkt of nog niet weet over zichzelf
   (voorbeelden: het bieden van uitslagen van testgegevens of informatie over reële mogelijkheden en onmogelijkheden).

5 handelingsgerichte confrontatie:
   is gericht op het stimuleren tot actie. Zet de ander aan tot constructief handelen en tot het ontmoedigen van een passieve levensinstelling.

Uit onderzoek blijkt dat effectieve hulpverleners 1 en 2 vaker gebruiken, terwijl minder effectieve hulpverleners vaker gericht zijn op zwaktes van de cliënt.

DOELEN VAN HELPENDE CONFRONTATIE
De belangrijkste doelen van helpende confrontatie zijn:

1 de geconfronteerde in dieper contact brengen met zijn eigen ervaring, en

2 het scheppen van een situatie waarin het voor de geconfronteerde mogelijk wordt om gedragsaspecten van zichzelf te onderzoeken en te wijzigen, wanneer zulke gedragsaspecten de eigen groei en ontwikkeling belemmeren.

VOORWAARDEN VOOR HELPENDE CONFRONTATIE
Er zijn drie soorten condities die bepalen of een confrontatie behulpzaam is of niet:

— condities die te maken hebben met degene die confronteert
— condities die te maken hebben met de geconfronteerde

— condities in de omstandigheden tussen hen beiden, zoals de groep waarin ze deelnemen.

1   *Condities bij degene die confronteert*
De confrontatie is behulpzamer wanneer degene die confronteert:
a   een goede relatie heeft met de geconfronteerde (of op z'n minst gevoelig is voor de kwaliteit van hun relatie)
b   een basishouding van acceptatie laat merken naar de geconfronteerde
c   zijn confrontaties als suggesties of verzoeken formuleert en niet als eisen
d   zijn confrontaties richt op concreet zichtbaar gedrag en niet op onzichtbare motieven
e   zijn confrontaties constructief formuleert en niet negatief
f   zijn confrontaties in heldere en directe woorden formuleert
g   feiten als feiten, vermoedens als vermoedens en gevoelens als gevoelens verwoordt en deze drie niet door elkaar haalt.

2   *Condities bij degene die geconfronteerd wordt*
Wanneer men geconfronteerd wordt, zal men waarschijnlijk meer baat hebben bij zo'n confrontatie:
a   naarmate men die meer kan opvatten als een uitnodiging om naar zichzelf te kijken
b   naarmate men meer benieuwd is om te weten hoe men door anderen ervaren wordt
c   naarmate men makkelijker tijdelijke twijfel of onzekerheid bij zichzelf kan toestaan, die het gevolg kan zijn van een confrontatie
d   naarmate men in staat is om op meer verschillende manieren op confrontatie te reageren in plaats van steeds op eenzelfde stereotiepe manier (zoals altijd elke confrontatie als waarheid accepteren of altijd als waardeloos afwijzen).

3   *Condities in de groep*
Confrontatie zal een positiever effect hebben naarmate in de groep sterker een klimaat van acceptatie en vertrouwen heerst.
Confrontatie wordt ook positiever ontvangen wanneer het past bij de doelstellingen van de groep. (Zo hebben vergadergroepen een ander type doelstelling en is confrontatie daar niet op zijn plaats.)

Het is ook goed dat de groep beseft dat sommige gedragsvormen, die dat niet lijken toch heel confronterend kunnen zijn voor enkele groepsleden. Bijvoorbeeld: het uitwisselen van gevoelens van tederheid kan heel confronterend zijn voor sommigen, wanneer zij dit in hun alledaagse leven heel weinig ervaren.

Samenvattend:
naarmate de confrontatie liefdevoller gegeven wordt, dat wil zeggen met

gevoeligheid voor de ander en vanuit een wens tot behulpzaamheid, en de confrontatie ook in deze sfeer ontvangen kan worden, zal het resultaat waarschijnlijk positiever zijn. Maar volledig zeker kunnen we hier niet over zijn. Daarom is het steeds raadzaam om de geconfronteerde te vragen hoe de confrontatie aangekomen is.

8.7 Intermezzo: feedback en solidarisering

Onder de "regels voor goede feedback", die in de diverse handboeken en ook in dit boek (paragraaf 8.2) gegeven worden, wordt vaak ook aangegeven dat de feedback zo gegeven moet worden, dat de feedback-ontvanger vrij is om te beslissen wat hij ermee zal doen. Eerlijk gezegd wantrouw ik dit een beetje. Zulke vrijblijvendheid zal namelijk eerder vervreemding en isolering in de hand werken dan verbondenheid en solidariteit. Mensen die echt om elkaar geven en met elkaar solidair zijn, gaan niet zo vrijblijvend met elkaar om. Die worden kwaad of teleurgesteld als de ander zich niets aantrekt van wat zij tegen hem zeggen en ze zullen deze gevoelens ook laten merken. Maar al te vaak werkt feedback helaas anders: de feedback-gever "deponeert" zijn indruk bij iemand anders en die ander moet maar zien wat hij ermee doet (ook al klinkt het zo mooi als "elkaar vrij laten"). Zulke feedback leidt niet tot gevoelsmatige betrokkenheid op elkaar (soms wel, maar vaak niet), maar zet de ontvanger ervan eerder aan tot denken en twijfelen over zichzelf met het risico van vervreemding.

Solidarisering daarentegen betekent betrokkenheid, ook al leg je daarmee een claim op elkaar. Bij doodlopende feedback zie ik nogal eens het tegendeel gebeuren:
— dat men denkt "je hebt het recht niet, om dat te zeggen", maar deze gedachte niet uitspreekt
— dat men zegt "zo ben ik altijd" en daarmee de kracht van het moment wegneemt
— dat men de interactie ontkent door te zeggen "het ligt aan jou" of, nog sterker, "dat zegt meer over jou dan over mij, met andere woorden, dat is jouw probleem"
— dat men helemaal niet reageert ; maar dit is ook een reactie, namelijk van "klets maar door" of "val dood".

Zulke reacties of "niet-reacties" zijn eigenlijk diskwalificaties, waarbij men elkaar in de kou laat staan.

Natuurlijk bestaat er ook goed gebruik van interpersoonlijke feedback. Maar ik vermoed, dat het niet alleen aan de concrete personen ligt, wanneer feedback destructief gebruikt wordt, maar dat er iets scheef zit in dit interpersoonlijk feedback-mechanisme zelf: de tendens tot individualiseren, in plaats van er een gemeenschappelijke zaak van maken.

Constructief gebruik van feedback kàn wel een startpunt zijn voor solidarisering, als men het er niet bij laat zitten, als het in een breder kader terechtkomt, als het gebruikt wordt als een injectie in de relatie, als het gebruikt wordt als signaal om bijtijds te ontdekken dat er tussen ons mensen iets scheef zit, in plaats van dat er iets scheef zit bij één persoon.

Maar wat dan met de projectie die in de feedback kan zitten?
Ja, nogal wiedes, dat de feedback-gever ook veel over zichzelf vertelt en dus projecteert. Ik denk daar nu zo over: zulke projectie is niet "vies", is niet iets wat uitgebannen en vermeden moet worden. Eerder omgekeerd. Projecteren doet ieder toch; dan liever openlijk en uitgesproken. Dit liever nog versterken dan verdoezelen, want dat is de dood in de pot. Dat stopt de beweging die misschien net op gang kwam. Dus: geef maar feedback, ook al bevat deze een dosis projectie. Maar haak niet af en blijf bij wat er daarna gebeurt. Gezonde mensen reageren daar wel op, worden kwaad of blij of teleurgesteld. Juist deze gevoelsmatige reacties tonen hoe men op elkaar betrokken is, in hoeverre men bereid is zich door een ander te laten raken en bereid is om dat serieus te nemen en daar echt op in te gaan. Kortom: gevoelsmatige reacties kunnen aanzet zijn tot solidarisering en betrokkenheid.

Vooral de Gestaltbenadering van Perls in therapie- en trainingsgroepen gaat nogal eens uit van zijn beruchte "Gestalt-gebed", dat (enigszins overdreven) eindigt met: "als we elkaar tegenkomen, dan is dat mooi; maar als we elkaar niet tegenkomen, pech gehad". Het is nu juist deze mentaliteit, die ik verafschuw in destructief gebruik van interpersoonlijke feedback, zo van "zie maar wat je ermee doet". Nee, niks daarvan, ik heb er belang bij dat jij er wèl wat mee doet, en jij hebt er belang bij dat ik er wat mee doe. Laat die belangen maar duidelijk worden. Dit kan leiden tot strijd, maar zulke strijd heeft de kiem van solidarisering in zich. En, wie weet, monden deze belangen uit in een gezamenlijk belang.

8.8 Feedback op groepsniveau

In het voorafgaande gaf ik al aan dat naar mijn mening in de wereld van groepstrainingen feedback een te beperkte betekenis heeft gekregen. Niet alleen beperkt men feedback in zulke groepen meestal tot de eerste stap: het observeren en meedelen van de feitelijke toestand, maar ook wordt dit aspect nog eens ingeperkt tot het individuele gedrag van groepsleden tegenover elkaar. Zo verdwijnt het zicht op de groep naar de achtergrond. In deze trainingsopvatting is feedback vooral een methode voor leren over het eigen gedrag. Al heel vroeg in de leertheorieën over trainingen neemt deze opvatting over feedback een centrale plaats in. De enige verwijzing naar het groepsniveau valt te bespeuren in opmerkingen over het groepsklimaat, dat voor feedback het gunstigst is. Immers, de mate waarin interpersoonlijke feedback gegeven wordt en de effectiviteit ervan, worden mede bepaald door een sfeer van vertrouwen of wantrouwen in de groep. Zo wordt er wel eens op gewezen, dat het feedback-mechanisme in trainingsgroepen een hoge mate van individuele autonomie en een gevorderde groepsontwikkeling vereist, waarin voldoende vertrouwen, zekerheid en bescherming aanwezig zijn, om anders bedekt gehouden gevoelens uit te spreken. Hoewel dit soort verwijzingen naar het groepsklimaat terecht is, vind ik dat het hoofdaccent nog te veel blijft liggen op het individuele gedrag. Zelf wil ik de groep meer centraal stellen.

Het zal intussen duidelijk zijn, dat naar mijn opvatting de gebruikelijke interpersoonlijke feedback slechts een beperkt aspect van het hele feedback-mechanisme dekt. Systemen gebruiken (vooral negatieve) feedback, om tot een interne stabiliteit te geraken. Ook voor Sbandi (1970), die feedback in trainingsgroepen bespreekt, is het feedback-mechanisme een regulatiesysteem van de totale groep en niet slechts een gebeurtenis tussen individuele personen.

Feedback speelt niet alleen een rol in trainingsgroepen. Wanneer we feedback opvatten in de brede betekenis die ik hiervoor in paragraaf 8.4 beschreven heb, kunnen we het feedback-mechanisme in alle typen groepen onderkennen. Tot dit feedback-mechanisme op groepsniveau behoren namelijk alle groepsactiviteiten die gericht zijn op vermindering van de discrepantie tussen wensen of doelen en de realisering daarvan. Geformuleerd in de eerder gebruikte termen: alle activiteiten, die gericht zijn op verkleining van het verschil tussen de nagestreefde toestand en de feitelijke toestand. Ook al wat ik in paragraaf 9.4 schrijf over conformiteit aan groepsnormen valt onder de controlefunctie van het feedback-mechanisme.

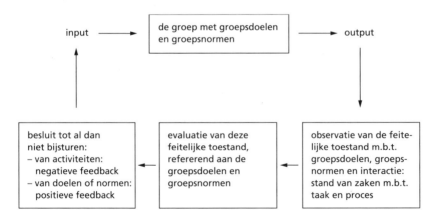

Figuur 8.5   Schema van het feedback-mechanisme, toegepast op groepen

De feedback-kring begint in groepen met het formuleren van de groepsdoelen en met het expliciteren van de groepsnormen. Daarna komen de vier andere stadia van het feedback-mechanisme:

1 Het verzamelen van informatie over de feitelijke gang van zaken in de groep en over de mate, waarin de doelen gerealiseerd worden. Zulke informatie verkrijgt de groep door zorgvuldige observatie van het wat en het hoe van de groepsinteractie: de productiviteit van de groep en de wijze waarop de groep intern functioneert. Kortom, het bekende tweetal van aandacht voor de taakkant en aandacht voor de proceskant.

2 De volgende stap in de feedback-kring bestaat uit het toetsen van de feitelijke gang van zaken aan de gewenste toestand: de doelen en de normen. Deze activiteit wordt meestal met *evaluatie* aangeduid.

3 De derde stap is de vaststelling of de geconstateerde afwijkingen binnen of buiten de toegestane marges vallen. Als de afwijkingen van het doel en van de normen te groot zijn, kan de groep overgaan tot de vierde stap.

4 Het besluit om ofwel de activiteiten te wijzigen en bij te sturen, ofwel de doelen en normen aan te passen.

Wanneer de groep de activiteiten en de inzet bijstuurt in de richting van de eerder geformuleerde doelen en normen, is er sprake van negatieve feedback. Wanneer de groep haar doelen en normen bijstelt en afstemt op de feitelijke situatie, is er sprake van positieve feedback. Tot de laatste stap in de feedback-kring op groepsniveau behoren ook alle groepsactiviteiten waarmee conformiteit van de groepsleden afgedwongen en gereguleerd wordt (een vorm van negatieve feedback). Kortom, de processen die in paragraaf 9.4 ter sprake komen.

8.9 Verbinding met de praktijk

8.9.1 Feedback-oefening[4]

DOELEN

1 bevorderen van een klimaat van vertrouwen, gevoel van eigenwaarde en positieve bekrachtiging in een kleine groep

2 ervaren van het geven en ontvangen van positieve feedback op een niet-bedreigende manier.

GROEPSGROOTTE

zes tot twaalf mensen die al enige tijd bij elkaar in een groep zitten.

---

4 Reproduced from *A Handbook of Structured Experiences for Human Relations Training*, Vol. IV, by J.W. Pfeiffer and J.E. Jones (Eds.). Copyright © 1973 by Pfeiffer and Company. San Diego, CA. Used with Permission.

BENODIGDE TIJD

voor het schrijven van de feedback ongeveer 30 minuten, daarna ongeveer vijf minuten per deelnemer en ten slotte ongeveer 30 minuten voor verwerking.

RUIMTELIJKE INDELING

een lokaal dat groot genoeg is om ongestoord en in een sfeer van privacy te kunnen schrijven.

PROCEDURE

1   De begeleider/docent begint met een inleiding in de volgende trant: "Vaak doet een klein geschenk meer plezier dan een groot. Toch zijn we er soms zo bezorgd over dat we geen grote dingen voor elkaar kunnen doen, dat we de kleine dingen vergeten die ook heel zinvol kunnen zijn. In deze feedback-oefening gaat het om het geven van zo'n klein geschenk aan ieder ander groepslid."

2   De begeleider/docent nodigt iedere deelnemer uit om net zoveel stukken papier te maken als er groepsleden zijn en hierop voor elk groepslid een bericht te schrijven.
    Het bericht dient zo geschreven te worden dat dit de ander een positief gevoel over zichzelf geeft en zijn gevoel van eigenwaarde verstevigt.

3   De begeleider/docent geeft enkele voorbeelden van zulke waarderende feedback en geeft ook enkele aanwijzingen, bijvoorbeeld:
    -   probeer ieder terug te geven wat je als een sterk punt van hem ziet, waarom je hem graag beter zou willen leren kennen of waarom je blij bent dat hij in de groep zit
    -   schrijf je bericht in de "ik-vorm"
    -   probeer specifiek te zijn
    -   probeer persoonlijk te zijn, dat wil zeggen iets te schrijven dat alleen bij die persoon past
    -   schrijf iets voor ieder in de groep, ook al ken je niet ieder even goed
    -   vergeet niet je naam als afzender te vermelden.

4   Nadat ieder klaar is met het schrijven van zijn briefjes, vraagt de begeleider/docent om deze dicht te vouwen en om op de buitenkant de naam te zetten voor wie het briefje bestemd is. Daarna worden de briefjes uitgedeeld.

5   Wanneer ieder zijn briefjes gelezen heeft, nodigt de begeleider/docent ieder uit om het briefje voor te lezen dat het meest indruk heeft gemaakt en om te vertellen over de eigen ervaringen tijdens deze oefening.

VARIATIES

—   de inhoud kan uitgebreid worden tot twee berichten: een positief en een negatief bericht (een gedragsaspect waar de ander nader aandacht aan dient te besteden)
—   telkens wordt één groepslid in de schijnwerpers gezet. Terwijl hij zich bezint

op de vraag welke feedback hij mogelijk zal ontvangen, schrijven de andere groepsleden briefjes voor hem
— in plaats van briefjes kunnen symbolische geschenken gegeven worden
— aanvulling: ieder denkt na over wat hij in de rest van de groepsbijeenkomsten zelf kan proberen te doen om het vertrouwen in elkaar te vergroten. Dit schrijft ieder op. Daarna volgt een groepsgesprek hierover.

8.9.2 Oefening "groepsfeedback"[5]

DOELEN

1 het verzamelen van evaluatiegegevens over de effecten van een leerprogramma op een tijdstip dat het nog mogelijk is om in dit programma wijzigingen aan te brengen
2 bestuderen van groepsprocessen en groepsverschijnselen in de rol van deelnemer en in de rol van observator.

GROEPSGROOTTE
tussen 10 en 24 deelnemers.

BENODIGDE TIJD
ongeveer 1½ uur.

BENODIGD MATERIAAL

1 voor elke deelnemer een blanco systeemkaart (plm. 15 x 20 cm) en een pen
2 voor elke deelnemer een observatielijst (zie eind van deze oefening).

RUIMTELIJKE INDELING
een lokaal dat groot genoeg is om subgroepen te laten werken zonder dat deze elkaar storen.

PROCEDURE

1 Vorm twee even grote subgroepen. De ene subgroep heet A, de andere groep heet B.

2 Leden van groep A krijgen systeemkaarten en pennen met de instructie om in één helft van het lokaal te gaan zitten en onafhankelijk te werken, terwijl de leden van groep B nadere instructies krijgen.
De leden van groep A moeten op één kant van de systeemkaart minstens twee positieve opmerkingen schrijven over het leerprogramma dat ze tot nu toe gevolgd hebben, en op de andere kant van de kaart minstens twee negatieve opmerkingen.

3 Leden van groep B krijgen pennen en exemplaren van de observatielijst. Elk lid

---

5 Reproduced from *The 1973 Annual Handbook for Group Facilitators*, by J.E. Jones and J.W. Pfeiffer (Eds.). Copyright © 1973 by Pfeiffer and Company, San Diego, CA. Used with permission.

krijgt een gedeelte van deze lijst toebedeeld. Vanuit de vragen van dat gedeelte moet hij straks groep A observeren. Als groep B groter is dan vijf leden worden per gedeelte van de lijst twee (of meer) leden aangewezen.
Dit gesprek vóóraf duurt ongeveer 10 minuten.

4   Groep A gaat nu in een kring zitten in het midden van het lokaal en de leden van groep B gaan verspreid daaromheen zitten.
De leden van groep A krijgen de instructie om hun reacties te geven op het leerprogramma tot nu toe. Elk groepslid heeft daarbij drie verantwoordelijkheden: (1) minstens één van zijn opmerkingen van elke kant van zijn kaart kenbaar te maken, (2) ervoor zorgen dat hij begrepen wordt èn (3) horen wat elk ander groepslid zegt.
Dit groepsgesprek duurt ongeveer 20 minuten.

5   Groep A heeft als extra taak om het eens te worden over drie positieve en drie negatieve kenmerken.
(N.B. vooral deze groepstaak biedt de meeste gegevens voor de observatoren.)

6   Hierna geven de leden van groep B hun observaties. De begeleider/docent herinnert de leden van groep B aan de criteria voor het effectief geven van feedback (zoals: wees specifiek, wees beschrijvend in plaats van veroordelend, richt je op veranderbaar gedrag, ga na of je begrepen bent, enzovoort.) èn vraagt hun om kort te zijn in het rapporteren van hun observaties, terwijl groep A luistert.
Daarna kunnen leden van groep A kort reageren op deze observaties.
Deze fase van feedback en reacties duurt ongeveer 15 minuten.

7   De groepen veranderen nu van positie. Leden van groep B schrijven nu hun reacties op het leerprogramma op en leden van groep A worden nu procesobservatoren.
Het is het beste om nu een ander tweetal vragen te gebruiken, bijvoorbeeld "wat heb je tot nu toe vooral geleerd in dit programma, zowel in persoonlijk als in beroepsmatig opzicht?", terwijl als tweede vraag kan gelden "wat heb je tot nu toe vooral gemist... enzovoort."
De extra taak kan gelijk blijven aan wat bij punt 5 beschreven staat.

8   De observaties lopen nu iets anders. Iedere observator let nu op één groepslid van de binnenkring en gebruikt daarbij alle vijf thema's van de observatielijst.
De observator moet zó gaan zitten dat hij de te observeren persoon goed kan zien, dus ook de non-verbale signalen goed kan opmerken.
De feedback in deze ronde wordt ook persoonsgericht gegeven.

9   Na het afsluiten van deze tweede ronde vraagt de begeleider/docent om opmerkingen over procesverschillen tussen de twee rondes.
Daarna kan hij met de groep mogelijke verbeteringen voor het komende gedeelte van het leerprogramma doorspreken.

BIJLAGE BIJ OEFENING 8.9.2

Oefening "groepsfeedback": observatieformulier

Noteer op dit formulier de verbale en non-verbale gedragsvormen van specifieke groepsleden op het gedeelte van het formulier dat aan jou toegewezen is. Laat je bij je observaties leiden door de opmerkingen en vragen die bij jouw gedeelte staan vermeld.

Probeer je aandacht te richten op de *processen* die zich tijdens de groepsbijeenkomst afspelen en minder op de *inhoud* van wat gezegd wordt.

Stel je voor dat je een procesconsulent bent die door deze groep uitgenodigd is om haar te helpen bij het verbeteren van haar groepsfunctioneren.

1   Structuur
—   hoe organiseert de groep zich voor het werken aan de taak?
—   welke grondregels worden zichtbaar?
—   welke leiderschapsgedragingen vertoont men?
—   hoe komen besluiten tot stand?
—   hoe gaat men om met informatie?

2   Klimaat
—   hoe is de psychologische atmosfeer van de bijeenkomst?
—   hoe gaat men om met gevoelens (in tegenstelling tot meningen)?
—   welke non-verbale gedragsvormen bieden aanwijzingen voor veranderingen in het klimaat?
—   hoe komt in het stemgebruik van de groepsleden een gevoelstoon tot uiting?

3   Procesbevordering
—   hoe zijn de groepsleden van invloed op de groepsontwikkeling?
—   begeleidt en stuurt de groep haar eigen proces?
—   welke groepsopbouwende gedragsvormen zijn te zien? (zoals stille leden in het gesprek betrekken, harmonie brengen bij conflict, belonen van deelname en dergelijke).

4   Dysfunctioneel gedrag
—   welke gedragsvormen hinderen de groep in het voltooien van de groepstaak?
—   welk anti-groepsgedrag valt te zien? (zoals blokkeren, aandacht trekken, domineren, zich terugtrekken en dergelijke)
—   welke communicatiepatronen ontwikkelen zich die dysfunctioneel zijn voor de groep?

5   Convergentie
—   hoe maakt de groep de overgang van uiteenlopende onafhankelijke oordelen naar een gezamenlijk standpunt?
—   welke gedragsvormen stimuleren tot overeenstemming?
—   welk consensus-zoekend gedrag valt te zien?
—   welke gedragsvormen belemmeren het komen tot overeenstemming?

8.9.3 Oefening "Johari-venster": feedback en open gedrag in groepen[6]

DOELEN

1   beschrijven van open en gesloten gedrag in termen van het Johari-venster
2   opsporen van bevorderende en remmende krachten die van invloed zijn op het uitwisselen van feedback
3   stimulans bieden tot het ontwikkelen van open gedrag in de groep door bevorderen van feedback.

GROEPSGROOTTE
acht tot twaalf leden.

BENODIGDE TIJD
ongeveer $2^1/_2$ uur.

BENODIGD MATERIAAL

1   witte papiervellen op afficheformaat (flapover-formaat), viltstift, plakband
2   zelfbeoordelingsformulieren Johari-venster (voor elke deelnemer)
3   pennen
4   indien gewenst ook een model van het Johari-venster voor elke deelnemer.

RUIMTELIJKE INDELING
een lokaal dat groot genoeg is om comfortabel in subgroepen te kunnen werken zonder elkaar te hinderen.

PROCEDURE

1   De begeleider/docent begint met een mini-lezing voor de plenaire groep over het geven en ontvangen van feedback en bespreekt daarbij het model van het Johari-venster. Hij kan daarbij een kopie uitdelen van het model van het Johari-venster of hij kan ervoor kiezen om het raam te illustreren op bord of flapover.
    Belangrijk in deze mini-lezing is dat hij benadrukt hoe het gebied A op twee manieren vergoot kan worden en openheid bevorderd kan worden:
    – door het verkleinen van het BV-gebied (Blinde Vlek: het gebied dat onbekend is aan jezelf; gebied C)
    – door het verkleinen van het P-gebied (Privé-gebied: het gebied dat onbekend is aan anderen; gebied B).
    Daarbij legt hij nadruk op het belang van feedback in dit proces.

2   De begeleider/docent deelt de "zelfbeoordelingsformulieren Johari-venster" uit.

3   Hij stelt dat één van de doelen die de deelnemers in een groep kunnen hebben

---

6   Reproduced from *The 1973 Annual Handbook for Group Facilitators*, by J.E. Jones and J.W. Pfeiffer (Eds.). Copyright © 1973 by Pfeiffer and Company, San Diego, CA. Used with permission.

het ontdekken van kanten van zichzelf is waarvan ze zich tot dan toe niet bewust waren, met andere woorden het verkleinen van de Blinde Vlek.

Een van de manieren om dit te doen is het krijgen van feedback. In het Johari-venster zal de verticale lijn naar rechts opschuiven naarmate het gebied van de Blinde Vlek kleiner wordt.

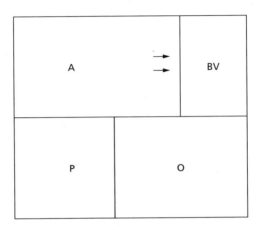

De begeleider/docent illustreert dit kleiner worden van het "Blinde Vlek"-gebied op bord of flapover.

4   De begeleider/docent vraagt ieders aandacht voor het eigen zelfbeoordelings-formulier. Hij wijst op de schaalverdeling boven aan het formulier, die loopt van 1 tot 9. Deze schaal geeft de mate aan waarin men om feedback vraagt.

Hij vraagt ieder om na te denken over de eigen beleving van de afgelopen groepsbijeenkomsten en zich met name die momenten te herinneren dat men benieuwd was naar hoe men werd gezien door andere groepsleden. Hij vraagt hun hoe vaak ze dit wilden weten.

5   De begeleider/docent vraagt de deelnemers om op de schaalverdeling boven aan het formulier aan te geven in welke mate men feitelijk om feedback gevraagd heeft op die groepsbijeenkomsten.

Hij benadrukt dat men niet moet beoordelen hoe vaak men behoefte gevoeld heeft aan feedback, maar hoe vaak men er *feitelijk* om gevraagd heeft.

Daarna vraagt hij om een verticale lijn te trekken vanuit het aangegeven punt boven aan het "venster" naar beneden tot aan de onderkant.

6   De begeleider/docent suggereert dat een ander doel van de deelnemers in de groep wellicht bestaat uit een opener communicatie over zichzelf door het onthullen van enkele aspecten van zichzelf die men meestal voor zich houdt of door het vertellen van hoe men anderen ervaart, zoals in het geven van feed-back aan die anderen.

Hierbij gaat het om het verkleinen van het gebied van de "Privé Persoon" (P-gebied).

De begeleider/docent illustreert hoe de horizontale lijn in het raam zakt wanneer het Privé-gebied kleiner wordt.

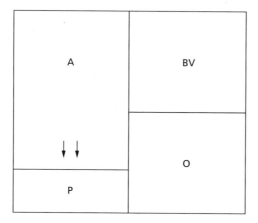

7   De begeleider/docent geeft aan dat naarmate de gebieden BV en P kleiner worden, het gebied A (de vrije ruimte) groter wordt en daarmee ook de openheid voor anderen.

Hij vraagt hun opnieuw op het zelfbeoordelingsformulier te kijken en te letten op de schaalverdeling van 1 tot 9 aan de linker kantlijn. Deze schaal geeft de mate aan waarin men zichzelf onthult aan de groep of de mate waarin men feedback geeft aan anderen.

Hij vraagt hun na te denken over de beleving van de afgelopen groepsbijeenkomsten en zich met name die momenten te herinneren dat men de behoefte voelde om eigen gevoelens of gedachten over zichzelf te vertellen of om feedback aan anderen te geven.

8   Hij vraagt hun daarna om een positie te kiezen op de schaalverdeling aan de linker kantlijn en zo de mate aan te geven waarin men feitelijk iets van zichzelf onthuld heeft in de groep of waarin men feitelijk feedback gegeven heeft.

Het is van belang op deze schaal alleen de mate van feitelijk gegeven feedback of feitelijk gedane zelfonthulling weer te geven en niet de mate waarin men van plan was dit te doen.

Wanneer men deze positie op de schaal heeft aangegeven, trekt men een horizontale lijn van links naar rechts door het "venster" op het formulier.

9   Op dit moment kan de begeleider/docent het gebruik van het Johari-venster illustreren door het bespreken van enkele voorbeelden van verschillende ramen.

10   De groep wordt nu verdeeld in subgroepen van drie of vier leden.

11   De begeleider/docent vraagt aan de deelnemers om plm. 30 minuten tijd te nemen voor het uitwisselen van de getekende Johari-vensters van ieder in de

subgroep. Hij stimuleert tot het vragen en geven van feedback aan elkaar met betrekking tot ieders zelfbeoordeling. Daarbij kan men een vergelijking maken tussen hoe men zichzelf beoordeeld heeft en hoe men door anderen waargenomen wordt.

12 Wanneer deze uitwisseling afgerond is, is het de taak van elke subgroep om zich te bezinnen op de vraag welke krachten in de groep het vragen of geven van feedback in de groep vergemakkelijken of bemoeilijken.
Elke subgroep moet een lijst opstellen van zulke bevorderende en remmende krachten. Men heeft plm. 15 minuten voor deze taak.

13 Na plm. 45 minuten vraagt de begeleider/docent om weer in de plenaire groep plaats te nemen en de informatie van de subgroepen uit te wisselen.
Hij vraagt hun om de verschillende lijsten van de subgroepen samen te voegen tot één lijst van krachten.
Hij richt het gesprek op de vraag welke stappen de groep zou kunnen zetten teneinde de bevorderende krachten te versterken en de tegenwerkende krachten te verminderen.
De begeleider/docent kan de groep de suggestie geven dat de groep als geheel of groepsleden afzonderlijk afspraken maken met elkaar en deze afspraken vastleggen in de vorm van een contract met elkaar.

ZELFBEOORDELINGSFORMULIER JOHARI-VENSTER

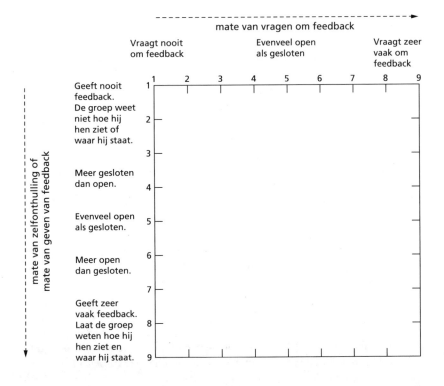

8.9.4 Confrontatie-oefening[7]

DOELEN

1 groepsleden leren elkaar op constructieve wijze te confronteren
2 stimuleren tot het geven van méér feedback
3 stimuleren tot het delen van de ervaringen die samenhangen met het geven en ontvangen van feedback.

GROEPSGROOTTE

tussen de zes en veertien deelnemers. De groep moet al enige tijd bestaan, zodat de deelnemers elkaar al redelijk kennen.

BENODIGDE TIJD

ongeveer $1\frac{1}{2}$ uur. Kan echter uitgebreid worden.

PROCEDURE

1 De begeleider/docent leidt de oefening in door een kort gesprek over het doel en de werking van confrontatie. De tekst van paragraaf 8.6 kan hiervoor een goed uitgangspunt vormen.

2 De begeleider/docent vraagt ieder in de groep om enige minuten de tijd te nemen om in stilte na te gaan welke groepsleden hem het meest "puzzelen" of bezighouden. Hij vraagt daarna of ieder voor zichzelf hierin een keuze wil maken.

3 Elk groepslid spreekt nu om de beurt zijn confrontatie uit. Dit doet hij door eerst het andere groepslid aan te spreken en daarna het gedrag dat hem "puzzelt" van de persoon te beschrijven. Daarvoor kan hij het best de volgende formulering gebruiken: "De persoon die mij het meest 'puzzelt' (of verbaast of bezighoudt) in deze groep is ... Wat mij het meest aan jou 'puzzelt' is ..."

4 De aangesproken persoon kan op drie manieren reageren. Er wordt benadrukt dat hij vrij is om uit deze drie te kiezen:
1 hij kan aangeven dat hij hier niet dieper op in wil gaan
2 hij kan nader uitleggen of nader verkennen wat dit "puzzelende" gedrag te maken heeft met zijn persoonlijke binnenwereld
3 hij kan nader onderzoeken wat het "puzzelende" gedrag te maken heeft met de relatie tussen hem en de feedback-gever.

5 Nadat ieder in de groep zijn confrontatie uitgesproken heeft, kan de begeleider/docent de oefening uitbreiden met de opmerking: "Ik ben er zeker van dat er nog meer groepsleden zijn waarvan het gedrag jou evengoed 'puzzelt'. Wil iemand dit in de groep inbrengen?" Hierna wordt deelname aan de oefening vrijwillig en krijgt de interactie geleidelijk een minder strakke structuur.

7 Reproduced from *The 1973 Annual Handbook for Group Facilitators*, by J.E. Jones and J.W. Pfeiffer (Eds.). Copyright © 1973 by Pfeiffer and Company, San Diego, CA. Used with permission.

9 Groepsprocessen en groepsfenomenen

9.1 Functionele rollen in groepen

Gedrag in de groep kan bekeken worden vanuit de functie die het schijnt te hebben. Er zijn drie functies mogelijk:
als een groepslid iets zegt,
— probeert hij dan vooral de groepstaak voltooid te krijgen?
— probeert hij dan vooral de relaties te verbeteren of wrijvingen tussen groepsleden bij te leggen?
— probeert hij vooral een privé-behoefte te vervullen of een privé-doel te bereiken zonder te letten op de groepsproblemen? (zelfgericht gedrag).

In het Amerikaans worden deze drie gedragsvormen *"task-, maintenance and selforiented behavior"* genoemd. Naarmate de groep zich verder ontwikkelt en elk groepslid zich meer identificeert met het groepsdoel, zal er minder zelfgericht gedrag en meer taakgedrag of groepshandhavingsgedrag te zien zijn. We kunnen dus vaak zien dat in groepen zich functionele rollen ontwikkelen, die (vaak onuitgesproken) groepsdoelen dienen, zodat de groep haar werk kan voortzetten. Elke rol bestaat uit pogingen van het groepslid om het op gang komende sociale systeem van de groep verder te ontwikkelen.

De rollen zijn onder te verdelen naar de hierboven al genoemde hoofdfuncties:

— taakrollen (*"task roles"*): van belang voor het uitvoeren van de groepstaak

— groepshandhavings- en groepsvormingsrollen (*"group building and maintenance roles"*): vooral gericht op het verbeteren van het sociaal-emotionele klimaat in de groep, namelijk voor het versterken en in stand houden van het groepsgebeuren; deze groep rollen zal ik in het vervolg aanduiden als procesrollen

— daarnaast is nog een groep gedragsvormen te noemen, die juist niet functioneel zijn: dysfunctionele rollen (negatieve rollen), die vooral bestaan uit zelfgericht gedrag, dat ingaat tegen constructieve participatie aan de groep.

In de volgende paragrafen geef ik het overzicht van functionele rollen, zoals dat voor het eerst ontwikkeld is door Benne en Sheats (1948).

9.1.1 Taakrollen ("task roles")

1 *initiatief en activiteit ("initiating activity"):*
voorstellen van oplossingen, geven van suggesties, inbrengen van nieuwe ideeën, opnieuw definiëren van het probleem, het probleem op een nieuwe manier aanpakken, het anders ordenen van het materiaal

2 *zoeken van informatie ("seeking information"):*
vragen om verheldering van suggesties, vragen om verdere informatie of feiten

3 *zoeken van meningen ("seeking opinion"):*
proberen van groepsleden los te krijgen wat ze denken of wat ze voelen, zoeken van verheldering van waarden, voorstellen of ideeën

4 *geven van informatie ("giving information"):*
het bieden van feiten of generalisaties, het verbinden van eigen ervaringen met het groepsprobleem om daardoor bepaalde punten te verhelderen

5 *geven van een mening ("giving opinion"):*
uitspreken van een mening of overtuiging over eerdere voorstellen, niet zozeer met betrekking tot de feitelijke inhoud, maar eerder over de waarde (of waardeloosheid) van die voorstellen

6 *uitwerking ("elaborating"):*
verhelderen, voorbeelden geven of betekenissen ontwikkelen, proberen zich voor te stellen hoe een voorstel zal uitpakken als dat voorstel aangenomen wordt, verwarringen ophelderen, termen definiëren

7 *coördineren ("coordinating"):*
aantonen van verbanden tussen verschillende ideeën of voorstellen, proberen ideeën of voorstellen samen te brengen, proberen de activiteiten van verschillende subgroepen of groepsleden met elkaar te verenigen

8 *samenvatten ("summarizing"):*
samentrekken van verwante ideeën of voorstellen, het tot slot van een groepsdiscussie opnieuw formuleren van de gedane suggesties, een conclusie of een voorstel tot besluit aan de groep aanbieden.

9.1.2 Procesrollen ("group building and maintenance roles")

9 *aanmoedigen ("encouraging"):*
vriendelijk zijn, warmte en belangstelling tonen, bereid zijn tot antwoord aan anderen, waardering uitspreken voor anderen en hun ideeën, openlijk instemmen en accepteren van bijdragen van anderen

10 *"deuropener", "wegbereider" zijn ("gatekeeping"):*
het voor een ander groepslid mogelijk maken om ook een groepsbijdrage te leveren door bijvoorbeeld te zeggen: "We hebben nog niets van Jos gehoord", of: "Jan wilde wat zeggen, maar kreeg de kans niet", of door beperkingen in de spreektijd voor te stellen, zodat ieder de kans krijgt om gehoord te worden

11 *formuleren van de regels en procedures ("standard setting"):*
formuleren van groepsnormen of -regels, die gebruikt kunnen worden voor de keuze van het gespreksonderwerp, voor de werkwijze van de groep of voor het evalueren van de groepsbesluiten; de groep eraan herinneren besluiten te vermijden die in tegenspraak zijn met de groepsregels

12 *volgen ("following"):*
meegaan met de groepsbesluiten, bedachtzaam accepteren van andermans ideeën, als luisterpubliek dienen tijdens de groepsdiscussie

13 *onder woorden brengen van het groepsgevoel ("expressing group feeling"):*
samenvatten van het gevoel dat in de groep te bespeuren is, beschrijven van de reacties van groepsleden op ideeën of voorstellen, meedelen van observaties en van onopgemerkt gebleven reacties van groepsleden (onbewuste reacties).

9.1.3 Zowel taak- als procesrollen ("both task and maintenance roles")

14 *evalueren ("evaluating"):*
de groepsbesluiten toetsen aan de procedures en regels, het vergelijken van wat de groep bereikt heeft met het groepsdoel

15 *diagnostiseren ("diagnosing"):*
vaststellen van bronnen van moeilijkheden, vaststellen van wat de geschiktste volgende stap is, analyseren van wat de groep in zijn vooruitgang blokkeert

16 *consensus uitproberen ("testing for consensus"):*
tentatief vragen naar de groepsmening om uit te vinden of er voldoende overeenstemming van mening bereikt gaat worden voor het nemen van een besluit; proefballonnetjes oplaten om de groepsmening te testen

17 *bemiddelen ("mediating"):*
harmoniseren, verschillende standpunten met elkaar verzoenen, voorstellen van compromisoplossingen

18 *spanning verminderen ("relieving tension"):*
uitlaat vinden (bijvoorbeeld door humor) voor overheersende negatieve gevoelens, kalmeren, tot rust brengen, "olie op de golven gieten", een gespannen situatie in een bredere context plaatsen.

9.1.4 Dysfunctionele rollen (negatieve rollen) ("types of nonfunctional behavior")

19 *agressief gedrag ("being aggressive"):*
de eigen status proberen te vergroten door het bekritiseren of beschuldigen van anderen, vijandigheid tonen tegen de groep of tegen een groepslid, pogingen de eigenwaarde of status van andere groepsleden te kleineren, pogingen tot voortdurend domineren

20 *blokkeren ("blocking"):*
de voortgang van de groep doorkruisen door uitwijken naar randproblemen, vertellen van privé-ervaringen die niets te maken hebben met het groepsprobleem, hardnekkig doorargumenteren op slechts één punt, afwijzen van ideeën zonder er eerst over te willen nadenken

21 *zelfbelijdenissen ("self-confessing"):*
de groep als klankbord gebruiken voor zuiver persoonlijke, niets met
het groepsdoel te maken hebbende gevoelens of gezichtspunten

22 *rivaliteit ("competing"):*
met anderen wedijveren om de productiefste of beste ideeën, vliegen
afvangen, overtroeven, "punten scoren", het meest aan het woord
willen zijn, de grootste rollen willen spelen, in een goed blaadje willen komen bij de leider

23 *sympathie zoeken ("seeking sympathy"):*
pogingen om andere groepsleden te verleiden tot sympathie met
eigen problemen en lotgevallen, klagen over de eigen situatie, de
eigen ideeën kleineren (zielig doen) om zo ondersteuning van de
anderen te verkrijgen

24 *stokpaardjes ("special pleading"):*
alleen die voorstellen inbrengen of ondersteunen, die te maken hebben met eigen lievelingsopvattingen of filosofietjes

25 *de clown uithangen ("horsing around"):*
geintjes blijven maken, naäpen, gekke gezichten trekken, en daardoor
het werk van de groep steeds weer opnieuw onderbreken

26 *aandacht trekken ("seeking recognition"):*
proberen de aandacht naar zich te trekken door luid of buitensporig
praten, door extreme ideeën of door ongewoon gedrag

27 *demonstratief terugtrekken ("withdrawal"):*
ongeïnteresseerd of passief gedrag, het gedrag beperken tot uiterste
formaliteiten, dagdromen, *"doodling"* (tekeningetjes zitten maken),
met anderen zitten fluisteren over totaal andere onderwerpen (stoor-
zender zijn), ver afwijken van het thema.

Met betrekking tot de taak- en procesrollen dien ik op te merken, dat al de
genoemde rolfuncties tegelijk ook leiderschapsfuncties zijn. Dat wil echter
niet zeggen, dat al deze rollen door slechts één persoon vervuld worden. In
hoeverre veel groepsleden deze rollen vervullen, hangt af van de leiderschapsstijl, het type activiteit van de groep en weerstanden tegen bepaald
rolgedrag.
Met betrekking tot de negatieve rollen wil ik waarschuwen voor misbruik:
gebruik deze classificatie niet om beschuldigend de vinger op te heffen
tegen een bepaald groepslid dat dysfunctioneel gedrag vertoont. Het is veel
zinvoller om zulk gedrag op te vatten als symptoom voor het verschijnsel,
dat de groep niet voldoende in staat is om individuele behoeften door
groepsgerichte activiteit te bevredigen. Bovendien zal ieder zulke gedragingen anders kunnen interpreteren; ook spelen het groepsthema en de

groepsomstandigheden een rol. Zo kan bijvoorbeeld een agressieve bijdrage onder bepaalde omstandigheden op positieve wijze de atmosfeer ophelderen of de groep nieuwe impulsen geven. Als regel kan men stellen, dat elke groep beter en succesvoller kan werken, als haar groepsleden:

— zich meer bewust worden van welke rolfunctie op een gegeven moment nodig is

— zich meer bewust worden van de mate waarin zij door concreet gedrag de groep kunnen helpen, om aan die behoefte te voldoen

— een zelf-training beginnen om het gedrag voor deze rolfuncties te verbeteren en vaardigheden in te oefenen in het werkelijk vervullen van zulke functies.

9.2 Gedragsvormen (Bion)

De tot nu toe beschreven processen hebben vooral te maken met de werkpogingen (zoals het oplossen van taakproblemen) en de handhavingspogingen van de groep. Maar zoals we al bij de dysfunctionele gedragsvormen zagen, zijn er in groepen krachten werkzaam die het werk verstoren en die een soort emotionele "onderwereld" of "onderstroom" vormen in het groepsgebeuren. Deze onderliggende emotionele basispunten veroorzaken allerlei emotionele gedragsvormen, die een effectief groepsfunctioneren in de weg kunnen staan. Deze gedragsvormen kunnen echter niet ontkend of weggewenst worden, maar moeten herkend en erkend worden in de samenhang met hun oorzaken. In de groep als geheel moeten condities gecreëerd worden voor het kanaliseren van deze emotionele energie in de richting van de groepswerkzaamheden.

Elk groepslid zoekt antwoord op enkele emotionele basisvragen. Elk daarvan kan oorzaak worden van zelfgericht gedrag. Wat zijn deze emotionele basisvragen?

1 *Vragen rond de doelen en behoeften:*
Wat wil ik van deze groep? Kunnen de groepsdoelen in overeenstemming gebracht worden met mijn doelen? Wat moet ik de groep bieden?

2 *Vragen rond identiteit en groepslidmaatschap* (Schutz spreekt van "inclusie"):
Wie ben ik in deze groep? Waar pas ik in? Welk soort gedrag is hier acceptabel? Welke van mijn vele rollen moet ik spelen? En vooral: Hoor ik erbij?

3 *Vragen rond macht, controle en beïnvloeding* (Schutz spreekt van "controle"):
Hoeveel macht en invloed heb ik? Wie heeft er macht en invloed over mij? Wie zal controleren wat we doen? Door wie zal ik me laten beïnvloeden?

4 *Vragen rond intimiteit* (Schutz spreekt van "affectie"):
Hoe "open" kan ik zijn? Hoeveel van mezelf, van mijn opvattingen

en vooral van mijn gevoelens kan (of moet) ik in deze groep tonen? Hoe persoonlijk zullen we met elkaar omgaan? Hoe "nabij" zullen we tot elkaar komen? Hoeveel kunnen we elkaar vertrouwen? Hoe kunnen we een dieper niveau van vertrouwen bereiken?

In antwoord op deze vragen ontwikkelt elke groep een aantal basisassumpties, die te observeren zijn aan emotionele gedragsvormen. Deze basisassumpties zijn uitgebreid beschreven door Bion (1961; zie ook deel III, Remmerswaal, 1994). Te zamen met het werkklimaat (wat er gedaan wordt) vormen de basisassumpties (hoe er gewerkt wordt) de cultuur van de groep. Bion onderscheidt drie basisassumpties: *"dependency"*, *"fight-flight"* en *"pairing"*. Deze basisassumpties zijn aan de groepsleden niet bewust, maar voor een goede observator zijn ze wel te herkennen aan de hand van hoe er gewerkt wordt. De basisassumpties van Bion betreffen vooral de hiervoor genoemde dimensies oriëntering tegenover gezag (controle) en van intimiteit (affectie).

Hoe komen deze emotionele basispunten van gezag en intimiteit tot uiting in observeerbaar gedrag?

9.2.1 Vechtgedrag ("fight")

Op gespannen situaties wordt gereageerd met aanvallen en agressie (en niet, hetgeen ook mogelijk is, met adaptatie, aanpakken van het probleem of leren van het probleem).

Gedragsvormen: aanvallen, agressies, rivaliteit, bespotten, ironiseren, negatieve gevoelens tonen, domineren, eigen mening of werkwijze doordrukken zonder te letten op anderen.

9.2.2 Vluchtgedrag ("flight")

De groep als geheel of enkele groepsleden proberen zich door vlucht aan de gestelde taak te onttrekken. Men kan fysiek de groep verlaten (gewoon vertrekken), maar zich ook op subtielere manieren terugtrekken, bijvoorbeeld door de problematiek van de situatie te ontkennen, door op een ander thema over te stappen of door te gaan "procederen" (dat wil zeggen eindeloos te gaan praten over te volgen procedures, zodat geen tijd meer overblijft voor het eigenlijke onderwerp) zonder te proberen om klaar te komen met de onbevredigende situatie of om deze te veranderen.

Gedragsvormen: problemen ontwijken, terugtrekken, geintjes maken, van het thema afdwalen, overintellectualiseren, "procederen", vluchten voor onprettige gevoelens.

9.2.3 Paarvorming ("pairing")

Zoeken van steun bij één of enkele groepsleden en zo een emotionele subgroep vormen, waarin de leden elkaar beschermen en ondersteunen. Binnen zo'n subgroep kan men vrij zijn gevoelens en angsten uitdrukken; uitvinden, hoe anderen zich voelen en door deze gedeelde gevoelens het besef van inadequaatheid en schuld kwijtraken. De groepsleden bevorderen of ondersteunen paarvorming van enkele groepsleden, als ze verwachten dat daardoor de groepssituatie beter hanteerbaar zal worden. In dat geval wordt aan een enkel paar (subgroepje) tijdelijk de leiding in handen gegeven, terwijl de overige groepsleden zich dan door vlucht of terugtrekking kunnen onttrekken aan elke activiteit. Men hoopt, dat door het bevorderen van paarvorming een nieuwe oplossing van het groepsprobleem verwacht kan worden. Het betreffende paar (subgroep), dat reëel gezien niet aan deze verwachting kan beantwoorden, kan dan verantwoordelijk gesteld worden voor de mislukking en teleurstelling.

Gedragsvormen: vriendelijk zijn, intimiteit, ondersteuning, overeenstemming, emotionele subgroep vormen waarin de leden elkaar steunen en beschermen. Het tegendeel is: onpersoonlijk zijn, gereserveerd, op een afstand, koel.

9.2.4 Afhankelijkheid ("dependency")

Leunen op de gezagsfiguur in de groep, zoals de leider of de trainer.
De groep zoekt iemand of iets buiten zichzelf voor bescherming of leiding. Dit "iets" kunnen ook regels, procedures of reglementen zijn. We kunnen dus zeggen, dat de groep dan volledig gefixeerd is op de leider en aanneemt, dat hij almachtig is en alles moet weten. Voldoet de leider niet aan deze verwachtingen (zoals bijvoorbeeld in een trainingsgroep), dan wordt geprobeerd op iets anders te steunen: op andere groepsleden, op een autoriteit buiten de groep, op een taak, een dagindeling, een procedure of op een structuur.

Gedragsvormen: wachten op ondersteuning of maatregelen van de leider, voortdurend zoeken naar structurering en definiëring van wat er aan de hand is, leunen op gezagsvertegenwoordigers (niet alleen de leider; ook regels, procedures of reglementen).

9.2.5 Tegenafhankelijkheid ("counter-dependency")

Deze categorie heeft Bion pas later aan zijn basisassumpties toegevoegd. Vanuit de gefrustreerde afhankelijkheidsverwachtingen ontstaan agressies, die zich uiten in rebellie en opstandigheid, en destructieve tendensen. Vooral de trainer wordt aangevallen. De twee basisassumpties "fight" en "flight" staan in nauw verband met deze tegenafhankelijkheid.

Gedragsvormen: rebellie, verzet tegen structureringspogingen, opstandigheid, weerstand tegen gezag (niet alleen tegen de leider, maar ook tegen de regels, procedures of reglementen).

In het algemeen zou men kunnen stellen, dat de groepsontwikkeling naar grotere emotionele rijpheid verloopt van "afhankelijkheid" via "fight-flight" naar "pairing". Maar dit beeld is te simpel en onjuist: uit onderzoek concludeert Thelen, dat de productiefste groep alle genoemde emotionele tendenties bevat. Dit betekent dat de groepssamenstelling van bijzonder belang kan zijn. Thelens bevinding wordt begrijpelijker als we even stilstaan bij de groepsbijdragen die elk van de emotionele tendenties kan leveren: "fight" brengt vitaliteit in het groepsproces en leidt tot sterke emotionele betrokkenheid en stimuleert creativiteit. Afhankelijkheid is adequaat wanneer de groep niet voldoende competentie bezit en dus behoefte heeft aan andere hulpbronnen. Bovendien draagt afhankelijkheid bij tot organisering en structurering via procedures. "Flight" kan de groep wegvoeren van "fight"-situaties die te moeilijk te hanteren zijn of die de groep opblazen. Bovendien draagt "flight" bij tot werk op cognitief niveau. Paarvorming draagt bij tot de cohesie-banden, die de groepssterkte en solidariteit vormen. Een vitale produktieve groep belichaamt een combinatie van alle emotionele tendenties. Elk heeft zijn plaats binnen het totaalbeeld.

Of een bepaalde emotionele respons van een enkel groepslid een constructieve of destructieve bijdrage vormt, hangt af van de omstandigheden waarin de groep op dat moment verkeert. Net als voor de taakrollen en procesrollen geldt ook hier, dat er een nauw verband bestaat tussen denken en voelen, tussen cognitieve niveaus in de groep en emotionele niveaus, algemeen gezegd: tussen de taak en het proces.

Niet alleen de groepsleden, maar ook de groep als geheel werkt tegelijkertijd op werkniveau en op emotioneel niveau. *Wat* er gedaan wordt, is altijd gekoppeld aan *hoe* het gedaan wordt. Elke scheiding tussen dit hoe en dit wat is kunstmatig en kan alleen voor analyse-doeleinden tijdelijk uit elkaar gehaald worden. Het verband tussen individuele ontwikkeling (met name de ontwikkeling van kind tot volwassene) en groepsontwikkeling wordt door Bion nadrukkelijk gezien; daarom is Bions theorie te typeren als een psychoanalytische theorie. Volgens sommigen bezit de ontwikkeling van een groep duidelijke analogieën met de psychosociale ontwikkeling van het kind. De basisassumpties van Bion zijn dan ook te vinden in elke pas samengestelde groep; het duidelijkst in een trainingsgroep.

Het is duidelijk, dat de analogieën tussen ontwikkelingspsychologie en groepsontwikkeling veel kritiek opgeroepen hebben en dat ze niet door alle groepsdynamici geaccepteerd worden. Een bijzondere moeilijkheid is om deze gedragsvormen nauwkeurig te operationaliseren. Ziet men echter deze theorie als een heuristisch model, dat bepaalde (hoewel niet alle) aspecten van groepsontwikkeling kan verklaren, dan kan deze theorie waardevol en zinvol worden.

9.3 Groepsnormen

In elke groep bestaan regels die bepalen welk gedrag goed of fout, beleefd of onbeleefd, toegestaan of verboden, gewenst of ongewenst is. Ze geven aan welk gedrag in deze groep "normaal" of "abnormaal" gevonden wordt. Deze regels heten normen. *Groepsnormen* zijn doorgaans onuitgesproken gedragsregels, die voor ieder in de groep gelden. Overtreding van de groepsnormen wordt meestal opgemerkt en door de groep afgekeurd. Dit kan ook gebeuren door het aanstootgevende gedrag te negeren. Men noemt een norm een groepsnorm, wanneer het niet een gedragsnorm is die in de omringende omgeving net zo bestaat. Enkele voorbeelden van zulke groepsnormen:

— we beginnen op tijd
— ieder moet ongeveer evenveel zeggen
— we moeten redelijk blijven en niet emotioneel worden
— wat besproken wordt, blijft onder ons
— besluiten moeten uitgevoerd worden
— we vermijden conflicten
— we nemen pas een besluit als ieder zich erin kan vinden.

Normen zijn gebaseerd op *waarden*, dat wil zeggen waarderingen die men hecht aan bepaalde gedragsvormen. Dit kunnen positieve of negatieve waarderingen zijn. Negatieve waarderingen verwijzen naar gedrag dat juist vermeden dient te worden. Als de vermijding heel sterk is, spreekt men van taboes. Een taboe is een heel sterke gedragsnorm van het "doe nooit"-soort. Zo zijn in de meeste groepen bepaalde onderwerpen niet bespreek-baar: de zogenoemde "taboe-onderwerpen". Dit zijn gespreksthema's die opvallen door hun afwezigheid of die wel eens genoemd zijn, maar dood-gezwegen werden door de overige groepsleden. Soms komen zulke taboe-onderwerpen wel aan bod in de "wandelgangen" of in subgroepjes, ofte wel het informele circuit.

Normen vergemakkelijken het samenwerken en de omgang met elkaar in de groep, omdat ieder weet wat hij van de andere groepsleden mag ver-wachten en wat er van hem verwacht wordt. Hoewel normen meestal gel-den voor de hele groep, zijn er soms normen die alleen voor bepaalde men-sen in de groep gelden. Verder zal soms opvallen dat bepaalde normen veel strenger bewaakt worden dan andere.
Een belangrijk kenmerk van groepsnormen is de gemeenschappelijkheid. Dit betekent dat in de meeste groepen afwijken van de norm niet is toege-staan. Wijkt iemand toch van de groepsnorm af, dan zal op hem sterke druk uitgeoefend worden om zich aan te passen. Blijft de afwijker weigeren zich aan te passen, dan stoppen de andere groepsleden op een bepaald moment meestal met hun pogingen om hem tot ander gedrag te brengen en zullen ze hem volledig negeren of uit de groep zetten. Omdat zulke psy-chologische of fysieke uitstoting meestal erg pijnlijk gevonden wordt, zul-len mensen meestal tot het uiterste proberen om dit te voorkomen. Hierin zien we een belangrijke reden voor conformiteit aan de groepsnormen.

9.4 Conformiteit aan groepsnormen

Wanneer groepen langere tijd bestaan, valt vaak op dat de groepsleden opvallend veel op elkaar gaan lijken wat betreft hun opvattingen, houdin-gen, waarden en ook gedrag, en dat ze dus een zekere mate van uniformiteit vertonen. Deze uniformiteit is sterker in langdurige en duurzame groepen dan in kortstondige groepen, zodat het voor de hand ligt om te veronderstellen, dat deze uniformiteit toeneemt naarmate de groep langer bestaat. Maar we kunnen evengoed andersom redeneren: dat namelijk een groep duurzamer is naarmate de leden van het begin af aan al meer op elkaar lijken.

Hoe dit ook zij, groepen spelen hierin ook een actieve rol door pressie uit te oefenen tot conformiteit. Groepen oefenen met name een actieve druk uit op haar leden om te conformeren aan de groepsnormen, die ze ontwikkeld hebben. Zulke groepsnormen betreffen niet alleen regels voor het openlijk zichtbare gedrag, maar ook voor wenselijk of onwenselijk geachte opvattingen en stellingname. Groepsnormen reguleren dus in belangrijke mate hoe groepsleden zich gedragen en hoe ze praten, denken en voelen.

Bij groepspressie tot conformiteit gaat het om actieve beïnvloedingsprocessen tussen groepsleden. Sommige groeperingen erkennen openlijk dat ze dit doen en beschouwen het ook als een legitieme functie, met name groepen met een politieke of religieuze kleur. Veel groepen zetten hun leden onder druk tot handelen volgens expliciet geformuleerde groepsnormen. Deze eis tot conformiteit hoeft meestal niet expliciet gerechtvaardigd of gelegitimeerd te worden. Ook informele groepen ontwikkelen groepsnormen, die uniformiteit en gelijkheid onder de groepsleden bevorderen. Vooral groepen met een hoge cohesie kunnen een sterke druk uitoefenen op elk lid dat probeert af te wijken. Verder is uit onderzoek van sociaal-psychologen gebleken dat de tendens om meningen en pressie van anderen te accepteren sterker is naarmate:

— de anderen stelliger en eensgezinder in hun mening zijn
— de situatie onduidelijker of dubbelzinniger is
— het groepslid zelf onzekerder is en minder zelfvertrouwen heeft in zijn eigen meningen en opvattingen
— er een vrij groot, maar ook weer niet al te extreem groot verschil is tussen de eigen mening en die van anderen
— het groepslid zich er meer van bewust is, dat de anderen in de gaten hebben dat zijn mening of gedrag verschilt van het hunne.

Waarom conformeren groepsleden eigenlijk aan de groepsnormen? Hiervoor is een aantal redenen te noemen:

— uit angst om als afwijker gezien te worden en op grond daarvan afgewezen of buitengesloten te worden.
— vanwege persoonsattractie en groepscohesie: men zal zich eerder en sterker conformeren aan anderen die men sympathiek vindt of aan een groep, waarvan men graag lid wil worden of blijven.
— op grond van pogingen tot vermijding van een cognitief conflict. Als een aantal mensen zich in eenzelfde omgeving bevindt, zullen ze over het algemeen aannemen dat er slechts één juiste beschrijving van de situatie of van het meest gewenste gedrag in die situatie is. Als men dan merkt dat anderen deze situatie anders beleven of definiëren, ervaart men een cognitief conflict. Moet men afgaan op de eigen op-

vattingen of op die van anderen? Hoewel mensen verschillend op zo'n conflict reageren, wordt zo'n verschil tussen zichzelf en de anderen meestal als onprettig ervaren.

— uit vertrouwen in de juistheid van het standpunt van de meerderheid dan wel uit twijfel aan de juistheid van het eigen standpunt.

Het kan verhelderend zijn erop te wijzen dat ook door deze vier motieven dezelfde twee lijnen lopen die we al eerder in dit boek tegengekomen zijn: enerzijds taakgerichtheid, anderzijds sociaal-emotionele gerichtheid. Bij het derde en vierde motief spelen vooral taakgerichte, instrumentele redenen. Uit instrumentele redenen maakt men van anderen gebruik als bronnen van informatie om tot een correcte interpretatie van de situatie te komen.

Bij het eerste en tweede motief spelen echter sociaal-emotionele, relatiegerichte redenen, zoals de angst uit de boot te vallen, de angst om wat anderen wel van je zullen denken als je er een afwijkende mening of afwijkend gedrag op na houdt, of de behoefte om graag bij anderen te horen, die men op prijs stelt.

Wie vooral gevoelig is voor de instrumentele en taakgerichte motieven zal de deskundigheid en competentie van anderen belangrijk vinden, terwijl zij die vooral gevoelig zijn voor de sociaal-emotionele en relatiegerichte motieven de persoonlijke attractie tot de groep van belang zullen achten.

Tot slot wil ik een viertal functies vermelden die door conformiteit aan de groep gediend worden:

— het helpt de groep haar doelen te bereiken en zich als groep te handhaven
— het helpt de groep geldende meningen of gedragsvormen te verkrijgen
— het helpt de groepsleden tot een nauwkeuriger oordeel te komen over de eigen vaardigheden door zichzelf beter te kunnen vergelijken met anderen
— het helpt de groep haar relatie tegenover de sociale omgeving te bepalen.

9.5 Besluitvorming[8]

9.5.1 Enkele besluitvormingsmanieren

Een groep die haar doel wil bereiken is voortdurend bezig met het voorbereiden en nemen van besluiten: belangrijke en minder belangrijke, eenvoudige en moeilijke, juiste en foutieve besluiten, maar steeds besluiten. De manier waarop besluiten genomen worden, tekent de aard van de

---

8   Met toestemming overgenomen uit Jan Remmerswaal, *Begeleiden van groepen*, Bohn Stafleu Van Loghum, Houten, 1992.

onderlinge relaties tussen de groepsleden en laat soms zien hoe irrationeel de machtsverhoudingen in een groep kunnen liggen. Het is soms verbazingwekkend om te zien hoe groot de invloed is van wat informatie hier, een duidelijke tegenwerping daar, een uiting van instemming of afkeur, van jaloezie of bewondering, van minachting of welwillendheid, op het te nemen besluit. Het is dan ook niet verwonderlijk dat verschillende groepen moeilijkheden hebben met dit proces van besluitvorming. Sommige groepen komen zelfs helemaal niet meer vooruit, zodra ze een besluit moeten nemen. Dan zien we vaak het volgende gebeuren.

"PLOPS" (NATTE SNEEUW)

Een groepslid doet een voorstel, maar niemand gaat daarop in. De voorstellen dwarrelen als natte sneeuw neer in de groep, maar omdat niemand erop ingaat, "smelten" ze ook onmiddellijk weer weg. Deze situatie doet zich vaak voor in nieuwe groepen, die geconfronteerd worden met een grote verscheidenheid aan problemen. Daarnaast in groepen waarin veel leden een ongeveer gelijke macht uitoefenen, waarin een groepslid zich sterk agressief gedraagt of waarin een groepslid er niet in slaagt om zijn voorstel helder en duidelijk onder woorden te brengen.

"TOPIC JUMPING" (VAN DE HAK OP DE TAK)

Het nemen van een besluit wordt bemoeilijkt, omdat steeds overgesprongen wordt op een nieuw gespreksonderwerp of omdat steeds nieuwe, niet terzake doende informaties aangedragen worden. Daardoor wordt het eigenlijke probleem verduisterd en komt de groep in de verleiding om een oplossing te kiezen, die weinig te maken heeft met het oorspronkelijke onderwerp.

Hoe worden nu echter besluiten genomen? Hoe komt men tot overeenstemming en welke moeilijkheden treden hierbij op? Hiervoor zijn verschillende manieren.

1 Zichzelf dit recht toeschrijven ("self-authorized decision")

Iemand meet zich het recht aan om beslissingen te nemen namens de hele groep. Wanneer zo'n besluit voorgesteld wordt, is het voor de groep als geheel vaak gemakkelijker om in te stemmen dan om af te wijzen, ook al zijn enkele groepsleden een andere mening toegedaan. Het besluit komt eigenlijk tot stand omdat enkele groepsleden afzien van hun rechten.

2 Vorming van een tweemansblok ("the handclasp")

Het besluit komt tot stand omdat twee groepsleden zich aaneensluiten en elkaar over en weer ondersteunen. Dergelijke besluiten ontstaan vaak zo plotseling dat de rest van de groep hierdoor verrast wordt en te laat merkt dat ze er een nieuw probleem bijgekregen heeft, namelijk hoe nu een verhouding te vinden op dit machtsblok van twee.

3   *Kliekvorming* ("the clique")
Enige groepsleden leggen zich vóóraf al op een bepaalde oplossing vast. Hoewel zo'n vooraf vastgelegde oplossing op zichzelf heel goed kan zijn, brengt zij vaak toch schade toe aan de groepscohesie en aan het onderlinge vertrouwen.

4   *Meerderheidsbesluit* ("majority rule")
Stemmen als traditionele methode lijkt vaak de enige en beste weg te zijn om onder de gegeven omstandigheden tot een besluit te komen. Men moet hier echter wel bij bedenken dat, ondanks de uitslag van de stemming, de verliezende minderheid tegen het besluit blijft en daarom niet loyaal zal meewerken aan de uitvoering.

5   *Het onder druk zetten van de tegenstanders* ("Does anyone disagree? We all agree, don't we?")
"Is iemand ertegen?" Wanneer een groep met deze vraag geconfronteerd wordt, zullen verscheidene groepsleden het niet wagen hun tegengestelde mening naar voren te brengen, omdat ze bang zijn te weinig steun te zullen vinden. Zo wordt een besluit doorgedrukt, hoewel enkelen daar volstrekt niet mee instemmen en geen gelegenheid hebben gehad om hun mening naar voren te brengen. Zulke pressie kan ook op tegengestelde wijze uitgeoefend worden: "We zijn het er toch allemaal mee eens, nietwaar?" Anders gezegd: "Wil de flinkerd, die het oneens durft te zijn, nu opstaan?"

6   *Schijnbare eenstemmigheid* ("unanimity")
De druk om mee te doen en te conformeren kan zo groot zijn dat een 100% overeenstemming wordt bereikt. Deze overeenstemming is echter schijnbaar, wanneer de meeste groepsleden innerlijk ontevreden zijn met het besluit. Daarom is het mogelijk dat in de praktijk het besluit toch niet uitgevoerd wordt, bijvoorbeeld omdat dan de groepspressie verdwenen is.

7   *Werkelijke overeenstemming* ("consensus")
Het besluit wordt pas genomen, nadat alle groepsleden de mogelijkheid hebben gehad het probleem van alle kanten uitvoerig te exploreren, zodat allen ten slotte het erover eens zijn dat het voorgestelde besluit het beste is dat in de gegeven omstandigheden mogelijk is. Ook zij die het er niet helemaal mee eens zijn, zullen desondanks het besluit steunen en uitvoeren (minstens op voorlopige basis), omdat ze tijdens de besluitvorming voldoende gelegenheid kregen om hun mening naar voren te brengen.

9.5.2 Stappen van besluitvorming

Werkelijke besluitvorming door een groep op basis van overeenstemming is mogelijk en realistisch, maar niet gemakkelijk. Er zijn vijf basisstappen te onderscheiden die een groep dient te volgen om tot een besluit te komen, dat inderdaad de wil van de groep uitdrukt en derhalve ook in de fase van uitvoering nog effectief is. Het is daarom belangrijk om te weten:

1   hoe het komt dat zo'n stap achterwege blijft, dus wat vermeden moet worden
2   wat hindernissen en valkuilen blijken te zijn
3   wat als hulp kan dienen.

Ik zal dit hieronder voor elke stap aangeven.

1   DE NAUWKEURIGE PROBLEEMDEFINIERING (BEELDVORMING)

Als eerste stap moet de groep duidelijk voor ogen krijgen welk probleem er precies door het te nemen besluit moet worden opgelost.

Het probleem moet dus duidelijk gedefinieerd worden; de groep moet een duidelijke kijk krijgen, inzien wat precies de consequenties zijn en zich zo uitgebreid mogelijk oriënteren.

*   *Vermijden:* dit altijd door dezelfde personen te laten doen, bijvoorbeeld wanneer de groep deze taak steeds aan dezelfde commissie overlaat, die automatisch herkozen wordt en nooit rekenschap aflegt van haar doelstellingen.

*   *Valkuilen:* te snel aannemen dat de probleemstelling reeds duidelijk is; abstracte behandeling van het probleem zonder het te betrekken op concrete situaties; aannemen dat het behandelde probleem voor de groep belangrijk is, zonder dit na te gaan.

*   *Hulpmiddelen:* probeer alle met het hoofdprobleem samenhangende deelproblemen door vragen goed in het oog te krijgen; subgroepen; gezamenlijke discussie. In het algemeen hebben groepen de neiging om te snel over deze eerste stap heen te gaan.

2   HET VOORSTELLEN VAN VERSCHILLENDE OPLOSSINGEN

In deze fase worden (bijvoorbeeld door brainstorming) zoveel mogelijk verschillende voorstellen voor oplossingen verkregen van alle groepsleden.

*   *Vermijden:* dat de voorzitter de groep vastlegt op het uitwerken van de aspecten van slechts één mogelijke oplossing, waarvoor hij vooraf reeds gekozen heeft of waarvoor hij een zekere (soms onbewuste) voorkeur heeft.

*   *Valkuilen:* onvoldoende informatie, gebrek aan ervaring, ongunstige groepsgrootte, formalisme, onvoldoende aandacht voor het sociaal-emotionele klimaat in de groep, de neiging zich te beperken tot twee gepolariseerde voorstellen.

*   *Hulpmiddelen:* schriftelijk vastleggen van alle opkomende ideeën ("brainstorming"), extra informatie, subgroepen, klimaat van vrije meningsuiting ("niets-is-gek-alles-kan"-klimaat), ingelaste stiltes voor individueel nadenken.

3   HET BEKIJKEN VAN EN TOETSEN VAN DE VOORGESTELDE OPLOSSINGEN (OORDEELSVORMING)

In deze fase wordt nagegaan welke van de voorgestelde oplossingen het probleem inderdaad oplossen: het toetsen van de oplossingen op grond van alle beschikbare informatie en feiten, maar ook op grond van vroegere ervaringen, mogelijke consequenties, uitvoerbaarheid, de belangrijkheid van het probleem en de houdingen van de groepsleden.

• *Vermijden:* dat de invloed van de voorzitter of van een ander groepslid zo groot wordt, dat deze verhindert dat een voorstel van deze voorzitter of van dit machtige groepslid werkelijk ernstig getoetst wordt; met als gevolg dat door tijdsdruk, door slecht leiderschap of door machtsverschillen in de groep voorstellen niet kritisch getoetst worden.

• *Valkuilen:* onvoldoende toelichting op de verschillende voorstellen, vóórtijdige stemming, eindeloos gezeur van individuele groepsleden over de voordelen van hun eigen voorstel, voorstellen wegstemmen op basis van antipathie, onvoldoende aandacht voor de sociaal-emotionele processen in de groep.

• *Hulpmiddelen:* een open gespreksklimaat waarin de afzonderlijke groepsleden vrij hun meningen en gevoelens kunnen uiten, inschakelen van ter zake kundigen, kernachtig samenvatten van de verschillende voorstellen en deze ordenen naar kwaliteit.

4 HET KIEZEN VAN ÉÉN OPLOSSING (BESLUITVORMING)

De groep kiest één oplossing of een combinatie van verschillende oplossingen en legt zich daarop vast.

• *Vermijden:* eindeloos blijven exploreren van alle "als" en "maar's" en om een besluit blijven heendraaien.

• *Valkuilen:* onvoldoende oordeelsvorming, gebrek aan helderheid over de werkzaamheid en consequenties van de gekozen oplossing, vóórtijdige stemming, geen "check" of men voldoende overeenstemming bereikt heeft, identificatie van de voorstellen met personen.

• *Hulpmiddelen:* open gespreksklimaat voor vrije uiting van meningen en gevoelens door de afzonderlijke groepsleden, agendering van de bijeenkomst, regelmatige samenvattingen van de discussie, checken van de overeenstemming (bijvoorbeeld door opiniepeilingen).

5 DE PLANNING EN UITVOERING

In deze fase wordt een gedetailleerde planning opgesteld voor het uitvoeren van het genomen besluit. Dit vereist het grondig nagaan van de te verwachten gevolgen en moeilijkheden van de gemaakte keuze en het toetsen of deze keuze adequaat is voor het bereiken van het gestelde doel. Bij het plannen van de uitvoering wordt het getroffen besluit nogmaals goed overdacht. Het kan dan soms blijken dat het beter is om een van de voorafgaande stappen nog eens over te doen.

• *Vermijden:* dat nu het op uitvoeren aankomt, plotseling niemand meer enige verantwoordelijkheid durft te nemen.

• *Valkuilen:* als geen overeenstemming kan worden bereikt; als de individuele consequenties van de voorgestelde uitvoering niet adequaat nagegaan worden en onduidelijk blijft wie voor welk aspect van de uitvoering verantwoordelijk is; als alle verantwoordelijkheid voor de uitvoering naar één groepslid geschoven wordt.

- *Hulpmiddelen:* feedback, commentaar van observatoren en deskundigen, zorgvuldig afwegen, evaluatie van het hele proces van besluitvorming, opnieuw doordenken van de beschikbare informatie, open gespreksklimaat.

9.5.3 Effectiviteit van besluiten

Een groepsbesluit is effectiever, naarmate:
— context en historie van het probleem duidelijker gezien worden
— behoeften en wensen van afzonderlijke groepsleden meer in het besluit meetellen
— het probleem beter geanalyseerd en de doelstelling helderder gedefinieerd wordt
— de deelnemers sterker bij het probleem betrokken zijn
— uit meer alternatieve oplossingsmogelijkheden gekozen kan worden en de te nemen maatregelen vooraf zichtbaar zijn
— meer groepsleden met het besluit kunnen instemmen
— meer groepsleden verantwoordelijkheid willen dragen voor de uitvoering van het besluit
— de groepsleden het effect van hun acties nauwkeuriger kunnen controleren en eventueel bijsturen.

9.6 Conflictstijlen[9]

Coser (1956) definieert het sociale conflict als een strijd om waarden, status, macht en middelen; als een strijd, waarin tegengestelde belangen elkaar neutraliseren, schade toebrengen of uitschakelen. Deze strijd is echter geen negatieve factor in sociale systemen, want ze kan ook positieve functies in tussenmenselijke relaties vervullen. Zoals Coser opmerkt: conflict kan tot functie hebben om scheiding brengende elementen in een relatie opzij te zetten en de eenheid te herstellen. In zoverre conflict een oplossing van spanningen betekent, heeft het stabiliserende functies en wordt het een integrerende component van de relatie. Het is alleen aan de starheid van sociale systemen te wijten, wanneer conflicten bedreigend en destructief worden. De beste bescherming tegen deze negatieve gevolgen van conflicten bestaat uit het officieel toestaan en tolereren van conflicten. Toch is een conflictoplossing niet mogelijk, wanneer gedragsnormen en waardemaatstaven binnen een groep te sterk uiteenlopen.

In groepen uiten conflicten zich vaak in de vorm van oppositie tegen de richting waarin de groep vooruitgaat; anders gezegd, in een stellingname tussen meerderheid en minderheid. In het hierna volgende wordt een reeks manieren geschetst van hoe groepen met conflicten omgaan. Deze conflicthanteringen zijn zo gerangschikt, dat ze in toenemende mate de rijp-

---

9 Met toestemming overgenomen uit Jan Remmerswaal, *Begeleiden van groepen*, Bohn Stafleu Van Loghum, Houten, 1992.

heid van een groep weerspiegelen. Groepsleden hebben immers alleen interesse in de oplossing van conflicten, wanneer ze geïnteresseerd zijn in het voortbestaan van de groep. Onopgeloste conflicten bedreigen de duurzaamheid van een groep.

1 Vermijding

De groep blijft aan de oppervlakte waar geen ernstige conflicten kunnen losbranden; ze negeert de oppositie of onderwerpt zich daar meteen aan; conflicten worden ontkend, verdoezeld en verdrongen.

2 Eliminatie

De opponerende groepsleden krijgen een aanleiding om de groep te verlaten. Dit kan gebeuren door hen op de kop te geven, door laster, door spot, door negeren en te doen of zij niet bestaan. Vanuit de andere partij gezien is dit zo'n slechte manier van omgaan met conflicten, dat de oppositie in de groep zich wel terug moet trekken: "wij geven het op", "wij zijn beledigd", "wij gaan een eigen groep vormen".

3 Onderdrukking

De groep verzet zich met geweld tegen de oppositie en probeert deze uit de weg te ruimen. De meerderheid dwingt de minderheid tot gehoorzaamheid. De minderheid wordt met alle machtsmiddelen onderdrukt en angstig en afhankelijk gehouden; minstens voor enige tijd onderwerpt de zwakkere groep zich hieraan en is ze gehoorzaam onder deze machtsdruk. Vaak nemen echter na verloop van tijd de weerstanden, spanningen en vijandelijkheden zo sterk toe, dat het tot een breuk in de groep komt.

4 Instemming

De meerderheid heerst en bepaalt weliswaar wat er gebeurt, maar de minderheid lijdt niet onder het gevoel de zwakkere te zijn en geeft haar instemming.

5 Coalitievorming

De partijen geven niets op van hun standpunt of bezit, maar sluiten op basis van verstandige berekeningen een verbond om een bepaald gemeenschappelijk doel te bereiken. Het conflict blijft ten volle bewust, maar wordt om zo te zeggen in de ijskast gezet totdat het gestelde doel bereikt is. Blijkt het conflict dan nog onveranderd actueel, dan leeft het opnieuw op.

6 Compromis

Wanneer de strijdende partijen even sterk zijn, dan worden conflicten vaak via compromis opgelost. Elke partij doet zoveel concessies aan de ander, dat het voortbestaan van de groep niet meer in gevaar is. Elk is bereid om iets van zijn voordelen op te geven voor de probleemoplossing in de hoop, dat ten slotte een groter voordeel voor alle betrokkenen bereikt kan worden. De betrokkenen zien weliswaar de noodzaak van zulke concessies in, maar vaak voelt men zich niet bevredigd.

7 Integratie

Deze vorm van conflictoplossing is de beste, maar ook de moeilijkste en zeldzaamste. De elkaar tegensprekende meningen worden bediscussieerd, tegen elkaar afgewogen en opnieuw geformuleerd. De groep als geheel werkt aan een oplossing, die voor allen bevredigend is en die vaak beter is dan elk van de daaraan voorafgaande deeloplossingen en gedeeltelijke bevredigingen.

9.7 Afweer in groepen[10]

Groepen gaan soms door moeizame en pijnlijke perioden heen, waarin eerder sprake lijkt te zijn van terugval dan van vooruitgang. Ook al zijn de groepsleden ieder voor zich best gemotiveerd tot een persoonlijke inzet en tevens bereid tot het vergroten van de eigen vaardigheden, toch schrikt men soms als groep en individueel terug voor de consequenties van de persoonlijke inzet die daarbij hoort. Groepsleden roepen bij elkaar soms heel wat irritaties, angsten, zorgen, schuld, schaamte en andere onbehaaglijke gevoelens op. Nu hebben mensen bijna van nature de neiging om zulke gevoelens te vermijden. Daartoe heeft ieder zijn eigen favoriete manieren. Ieder brengt zijn eigen reeks afweermechanismen mee naar de groep. Omdat deze afweervormen haaks staan op individuele ontwikkeling en groepsontwikkeling, is het van belang ze bijtijds te onderkennen. Hoewel de meeste afweervormen die hierna ter sprake komen door individuen getoond worden, wijzen we er met klem op dat ze óók signalen zijn van wat er op groepsniveau speelt. Zo kunnen ze signalen zijn van groepsafweer.

In aansluiting op Bion (vgl. paragraaf 9.2) onderscheidt Thoresen (1972) globaal drie typen afweergedrag:
1 de persoon beweegt zich naar de conflictbron toe: we spreken dan van vechtgedrag (*"fight defenses"*)
2 de persoon verwijdert zich van de conflictbron: we spreken dan van vluchtgedrag (*"flight defenses"*)
3 de persoon probeert andere groepsleden te manipuleren: we spreken dan van groepsmanipulatie (*"group manipulation defenses"*).

Voorbeelden van elk type:

1 VECHTGEDRAG

Deze afweervormen zijn gebaseerd op de stelling dat de aanval de beste verdediging is.

---

10 Reproduced from *The 1973 Annual Handbook for Group Facilitators*, by J.E. Jones and J.W. Pfeiffer (Eds.). Copyright © 1973 by Pfeiffer and Company, San Diego, CA. Used with permission.

— Strijd met de leider: het groepslid dat de machtsstrijd aangaat met de leider, met hem rivaliseert en hem een hak probeert te zetten, lijkt aan de groep te willen bewijzen hoeveel moed hij heeft, maar is wellicht in feite op de vlucht voor een aspect van zijn eigen gedrag.

— Cynisme: dit kan zich uiten in voortdurende vragen of kritiek op de groepsafspraken en de groepsdoelen, in wantrouwen ten opzichte van echt persoonlijk gedrag van anderen en in aanvallen op groepsleden die sterker zijn en daardoor een bedreiging vormen.

— Verhoor: een stortvloed van vragen om iets aan te tonen of te bewijzen zorgt dat anderen op hun hoede blijven. Een groepslid dat de gewoonte heeft om anderen in de groep steeds uit te vragen, kan er zo in slagen om zelf niet in de schijnwerpers te komen.

2 VLUCHTGEDRAG

De meest gebruikte manieren om een eerlijke, open en persoonlijke communicatie in de groep te vermijden zijn de volgende:

— Intellectualiseren (zoals het steeds geven van psychologische verklaringen): sommige groepsleden verwoorden hun gedachten en gevoelens op zo'n koele, diagnostische of interpreterende manier, dat niemand ooit te weten komt wat er eigenlijk op ervaringsniveau in hen omgaat. Hele groepen kunnen zelfs hun toevlucht nemen tot zulk ontsnappend gedrag, dat er op het oog als waardevolle bijdragen uitziet, maar waarmee men uren kan doorbrengen zonder elkaar een millimeter naderbij te komen.

— Generaliseren: nauw verwant aan intellectualiseren is de neiging van sommigen of zelfs van de hele groep om te blijven spreken in vage, algemene en onpersoonlijke termen zonder deze uitspraken rechtstreeks te betrekken op zichzelf of op specifieke personen in de groep.

— Projectie: eigenschappen die men van zichzelf niet acceptabel vindt, worden bij projectie toegeschreven aan iemand anders, vaak in de vorm van een verwijt. Zo kan iemand die rivaliseert om aandacht van de groep, iemand anders verwijten dat deze te veel tijd van de groep in beslag neemt.

— Rationalisatie: dit is een poging om beroerde of lastige ervaringen te verklaren of goed te praten met mooie redenen in plaats van te kijken naar de werkelijke redenen; voor anderen is echter sneller herkenbaar dat hij dit doet dan voor hemzelf.

— Terugtrekken: men kan zich letterlijk (dus lijfelijk) terugtrekken uit de groep door op te staan en te vertrekken, maar vaker trekt men zich terug door stilletjes te vervallen in eigen overpeinzingen en dagdromen. Soms zie je een hele groep stilvallen na een dramatisch moment of een spannend voorval, alsof ieder aarzelt om opnieuw te investeren. Een andere vorm van zich terugtrekken valt te zien in groepen, die voortdurend praten over gebeurtenissen die vroeger hebben plaatsgevonden in plaats van over wat er hier-en-nu speelt en op tafel ligt.

3 GROEPSMANIPULATIE

Soms manipuleren groepsleden anderen in een speciaal type relatie met hen teneinde zichzelf te beschermen voor een te persoonlijke betrokkenheid of voor een confrontatie.

— Paarvorming (*"pairing"*): groepsleden zoeken steun bij één of twee anderen en vormen zo een emotionele coalitie waarbinnen men elkaar steunt en beschermt.

— "Rode Kruis-gedrag" (*"Red-Crossing"*): iemand anders te hulp komen zonder dat die ander daarom gevraagd heeft, zodra het erop lijkt dat die ander het moeilijk gaat krijgen, lijkt op het uitdelen van verband en pleisters voordat er gewonden gevallen zijn. Zulk "Rode Kruis-gedrag" lijkt te appelleren aan een gewenste groepsnorm van "laten we het veilig houden met elkaar" of van "ik zal jou nu helpen als jij mij later ook helpt".

— "Alle ogen zijn gericht op Kwatta": soms kan een hele groep buitensporig veel tijd besteden aan één enkel groepslid. Door daar alle aandacht op gericht te houden kan ieder in de groep de boot van zichzelf afhouden en zo voor zichzelf een schijnveiligheid creëren. Omdat het groepslid dat centraal staat in zo'n episode tijdelijk alle spanning in de groep naar zich toetrekt en absorbeert, vervult hij eenzelfde functie als een zondebok. Een zondebok wordt echter nog sterker misbruikt, namelijk om de schuld van iets dat slecht loopt op af te wentelen.

(Gebaseerd op Thoresen, 1972)

In deze paragraaf heeft de nadruk gelegen op afweervormen die de gehele groep betreffen, op afweer dus als groepsfenomeen. Ik wil erop wijzen dat er daarnaast een heel scala aan individuele afweermechanismen bestaat, zoals verdringing, rationalisering, regressie, terugtrekken, reactie-formatie, projectie, autisme, identificatie, introjectie, ongedaan maken (zie bijvoorbeeld Freud, 1989).

9.8 Groepsidentiteit

Naarmate groepen zich ontwikkelen, krijgen ze steeds meer een eigen "kleur" en een eigen identiteit. Deze eigenheid van de groep uit zich in een aantal aspecten, die helder geformuleerd zijn door Verwiel (1993) en die ik hieronder op de voet volg:

Haar ontstaansgeschiedenis.
Iedere groep heeft een eigen biografie, een eigen "verhaal" over haar ontstaan en over de gebeurtenissen die haar ontwikkeling bepaald hebben. Naarmate meer groepsleden deze geschiedenis van de groep meegemaakt en met elkaar gedeeld hebben, zal het besef van eigenheid sterker zijn. De wijze waarop mensen zich met elkaar hebben verbonden, bepaalt of de

kracht van de groep geboren kan worden. Dit zal sterker en sneller gebeuren in groepen die ontstaan zijn vanuit sociaal-emotionele behoeften dan in taakgerichte groepen. Want in taakgerichte groepen moeten de leden eerst nog uitvinden wat ze "met elkaar hebben". Sociaal-emotionele groepen ontwikkelen daarom eerder een duidelijke identiteit.

De naamgeving.
De naam (en zeker een bijnaam) kan een heel bepaalde kleur geven aan de identiteit van het individu, waarmee hij zich kan onderscheiden van anderen. Dit geldt ook voor groepen. Het maakt verschil of je deel uitmaakt van "klas 1b", "Greenpeace", "het Camel-team" of "afdeling West 3". Groepsleden hebben een gevoelsmatige verhouding tot deze naam: ze kunnen er trots op zijn of hem liever willen wegmoffelen. De naam kan hen in aanzien doen stijgen of dalen. Niet alleen in de naam, maar vooral in de manier waarop de naam gedragen wordt, wordt iets duidelijk van de groepsidentiteit.

De taak (inhoudsniveau).
Ook de taak kan iets zeggen over de identiteit van de groep. Niet voor niets worden déze mensen bewust of onbewust aangetrokken tot déze taak. En niet voor niets worstelen ze met de uitvoering daarvan. Ze hebben "iets" met deze taak. Als de taak verandert, verandert ook de identiteit van de groep. Groepen zijn immers geneigd hun identiteit af te meten aan de uiterlijke taak waar ze voor staan. De taak stelt eisen aan de interactie en kleurt zo een deel van de identiteit. De taak maakt kwaliteiten van de groepsleden zichtbaar en bepaalt ook welke kwaliteiten en eigenschappen niet zichtbaar zullen worden in de interactie.

De werkwijze (procedureniveau).
De manier waarop de groep haar taak uitvoert, geeft haar iets heel eigens. Is het bijvoorbeeld gewoonte dat ieder 's morgens om 8.00 uur begint of "in de loop van de ochtend"? Het veranderen van zo'n afspraak werkt door op de identiteit. De manier waarop de groepsleden met hun kwaliteiten en energie omgaan, zegt ook iets over hun bewustzijn van die kwaliteiten en over hoe ze de groep beleven. Het procedureniveau kunnen we dan ook opvatten als een reeks afspraken en middelen om de groepsidentiteit te laten functioneren.

De communicatie in de groep (interactieniveau).
Op dit niveau van de groepssamenstelling, de relaties en de onderlinge betrekkingen ligt de kern van de groepsidentiteit. De manier waarop de groepsleden met elkaar omgaan, alsmede hun contact en verbinding dan wel blokkades hierin bepalen tevens sterk hoe ze omgaan met de kwaliteiten die in de groep sluimeren. Op het interactieniveau komen de individuele identiteiten elkaar wezenlijk tegen. Hier liggen de belangrijkste aangrijpingspunten èn blokkades voor de ontwikkeling van de groepsidentiteit. De kracht van de groepsidentiteit komt tot uitdrukking in de mate waarin

de groepsleden erin slagen om gezamenlijk hun onderlinge relaties te benoemen en te verhelderen.

De persoonlijke drijfveren (bestaansniveau).
Wat mensen persoonlijk drijft, kan in groepen als levensthema herkend worden. Door deze levensthema's met elkaar te verbinden, wordt het ook mogelijk om de krachten die in de individuele leden schuilen met elkaar te verbinden (dit is tevens karmisch niveau). Soms valt ook het tegendeel te zien: hoeveel en hoe vaak energie verloren gaat, wanneer het niet lukt om deze aansluiting te maken.

De verhouding met de omgeving (contextniveau).
De positiebepaling tegenover de omgeving betekent het vinden van een evenwicht tussen twee krachten: enerzijds krachten in de richting van aanpassing aan deze omgeving, anderzijds krachten in de richting van zich afschermen van deze zelfde omgeving. Juist in het vinden van een eigen antwoord op de druk vanuit de omgeving toont de groep haar innerlijke kracht en eigenheid.

De verbinding op dieper niveau (zingevingsniveau en mythisch niveau).
"Wat brengt deze mensen in essentie bij elkaar?". Uiterlijk lijkt de identiteit zichtbaar te worden op taakniveau en in omgangsvormen, maar in de groep sluimert ook iets van een (deels collectieve) onbewuste dynamiek, waarin de groepsleden een dieperliggende verbinding kunnen ervaren. Groepen ontstaan omdat mensen het aangaan van dat verband als zinnig ervaren, ook al zijn ze zich aanvankelijk nog niet van al deze motieven bewust. De groep schept mogelijkheden om bepaalde wensen en doelen in te vullen die individueel niet of nauwelijks bereikt kunnen worden. Deze zingeving bepaalt dus mede het bestaansrecht en daarmee de identiteit van de groep.

Uit het voorafgaande wordt wellicht al duidelijk dat de identiteit niet voor eens en voor altijd vaststaat, maar zich ontwikkelt te zamen met het levende veranderende karakter van de groep. Al de genoemde aspecten krijgen pas werkelijk betekenis als ze gezien worden tegen de achtergrond van het ontwikkelingsproces van de groep. Groepsontwikkeling kan daarom tevens gezien worden als identiteitsontwikkeling. In deze ontwikkeling vormt de wisselwerking tussen de groepsleden de "dynamo" van de groepsdynamiek. Hierin zijn verscheidene fasen te onderscheiden:

1   Een fase waarin de leden zich nog niet bewust zijn van de structuur van de groep en de daarin spelende verhoudingen en rollen (vgl. de oriëntatiefase, paragraaf 5.5.2). Er komen nog heel weinig gevoelens tot uitdrukking, of het moet zijn het gevoel van angst voor gevoelsexpressie. Men discussieert met name over feiten, ideeën en procedures (vgl. "gesloten communicatie", paragraaf 6.4). In langer bestaande groepen die nog in deze fase verkeren, sluimeren soms onuitgespro-

ken gevoelens van verbittering en teleurstelling en een behoefte aan houvast. Soms uit men dit als een verlangen naar een eigen identiteit als groep.

2   De groepsleden worden zich bewust van hun onderlinge afhankelijkheid en betrokkenheid. Dit kan leiden tot een besef van verbondenheid en gezamenlijke verantwoordelijkheid. De groepsleden beginnen zich bewuster te worden van hun groepslidmaatschap en daarmee van de invloed die dit op hun eigen beleving heeft. Gevoelens komen in dit stadium op indirecte of symbolische wijze tot uitdrukking, bijvoorbeeld via beeldspraken of humoristische toespelingen. Soms ook probeert men het huidige groepsgedrag te verklaren vanuit het verleden als groep.

3   In deze fase zijn de groepsleden zich sterker bewust van de onderlinge betrokkenheid en de dynamiek die dit oproept. Daartoe horen onder andere zicht op welke plek ieder in de groep inneemt, hoe deze posities elkaar aanvullen, welke krachten hen verbinden, hoe ze deze krachten het best kunnen inzetten, en dergelijke. Zodra de groep verder gaat dan alleen terugblikken op haar verleden en de stap durft te zetten naar het uiten van op het moment zelf ervaren gevoelens, begint het begrip groepsidentiteit actief een rol te spelen en tot een verbindende factor te worden. Dit betekent dat de groep haar eigen ontwikkeling en dynamiek gaat beseffen en bewust kan gaan hanteren. Dit kan uitgroeien tot een fase waarin men ondanks de gescheidenheid, ondanks conflicten en ondanks verschillen tot een affectieve eenheid als groep uitgroeit, die gedreven wordt door de wil om beter samen te werken. In deze fase ontstaat er een waardering voor de onderlinge overeenkomsten èn verschillen. De groepsleden beseffen dat ontmoeting plaatsvindt op basis van de overeenkomsten en ontwikkeling op basis van de verschillen. De persoonlijke aandacht voor elkaar groeit zonder dat men onderdompelt in groepsemoties. Men beseft dat de ontwikkeling van de groep alleen verder komt doordat de individuele leden elkaars vooruitgang bevorderen. In deze fase is men tot een autonome groep met een geheel eigen identiteit geworden.

Na deze overwegingen wil ik (in aansluiting op Verwiel, 1993) groepsidentiteit omschrijven als "het levende meeveranderende kader" waarin de groepsleden zich herkennen en waarmee ze op een steeds bewuster niveau richting geven aan hun taak en hun interactie. Hierbij ontstaat een steeds sterker wordende wisselwerking tussen groepsleden en groep. De individuele leden in de groep kunnen alleen door de interactie en het contact met elkaar hun identiteit verder ontwikkelen, terwijl de groep haar identiteit alleen kan ontwikkelen door middel van groepsleden die hun eigen identiteit inzetten in de interactie met elkaar.

9.9 Verborgen agenda's

Groepsleden komen in een groep bij elkaar om heel wat verschillende redenen. De belangrijkste reden is de openlijk geformuleerde en overeengekomen taak die vervuld moet worden. Dit kan een programma of een te halen doelstelling zijn. Maar hieronder spelen vaak ook verborgen agenda's.

We dienen ons te realiseren dat groepen tegelijkertijd op twee niveaus functioneren. Het ene niveau betreft de aangekondigde doelstelling of taak waarvoor de groep bijeenkomt. Dit is de formele bestaansreden en vormt de "open agenda".

Het tweede niveau ligt hieronder en vormt het "verborgen onderleven" van de groep. Schutz (1966) spreekt van de *"interpersonal underworld"*. Hier gaat het om persoonlijke motieven, wensen, aspiraties, emotionele reacties en zorgen van groepsleden en van de groep-als-geheel. Het gaat hier om alle problemen en zorgen die om wat voor reden dan ook niet openlijk op tafel komen, maar toch de voortgang van de groep sterk kunnen beïnvloeden. Vaak staat dit verborgen niveau op gespannen voet met de overeengekomen groepstaak. Men duidt dit tweede niveau vaak aan met de term "verborgen agenda".

We dienen te beseffen dat verborgen agenda's niet beter of slechter zijn dan open agenda's. Beide zijn van belang, omdat ze de groep betreffen. Het heeft dus geen zin om verborgen agenda's te ontkennen of te doen alsof ze niets met de groep te maken hebben.

Gelukkig kunnen groepen tegelijkertijd aan beide agenda's werken. Effectieve groepsbegeleiding houdt hier rekening mee. Een eerste stap in deze richting bestaat uit het onderkennen van verschillende bronnen van verborgen agenda's. Dit werk ik in de volgende paragrafen nader uit. Daarbij zal blijken dat verborgen agenda's soms niet eens bewust zijn aan groepsleden of de groep.

9.9.1 Verborgen agenda's bij de groepsleden

Enkele voorbeelden:

1   Terwijl de groep worstelt met het zoeken van een acceptabele oplossing voor haar problemen, hebben een of enkele groepsleden soms een kant-en-klare oplossing "op zak". Zo'n oplossingsvoorstel wordt echter lang niet altijd meteen ingebracht. Waarschijnlijk zou de groep ook niet meteen zo'n oplossing accepteren, omdat dit zou kunnen betekenen dat één persoon met de eer gaat strijken of competenter zou lijken dan de rest van de groep. Daarom wachten groepsleden met een kant-en-klare oplossing-op-zak meestal een geschikt moment af. Maar als ze ervan overtuigd zijn dat alleen hùn eigen oplossing iets oplost, zullen ze zich afsluiten van de groepsdiscussie en tussentijds

geen bijdrage leveren. Je kunt dan zeggen dat hun verborgen agenda van invloed is op het groepsfunctioneren.

2   De "onzichtbare achterban": elk groepslid maakt ook deel uit van andere relaties buiten de groep en behoort ook tot andere groepen. Soms speelt deze achterban een uitgesproken rol in de keuze voor een bepaald standpunt in de groep en wordt niet openlijk meegedeeld wat de reden daarvoor is. Dit lijkt op het volgende voorbeeld.

3   "Verdeelde loyaliteiten": soms zijn groepsleden tegelijkertijd lid van verschillende groepen met tegengestelde belangen. Men noemt dit ook wel het "twee-petten-probleem". Zolang beide groepen dezelfde lijn volgen is er geen probleem. Maar als de wegen gaan scheiden, voelt het groepslid zich tot een keuze gedwongen. Dit loyaliteitsconflict wordt echter zelden openlijk meegedeeld. Het gedrag van een bepaald groepslid kan daarom voor andere groepsleden onverwacht en onbegrijpelijk overkomen.

4   Met name in commissies en werkgroepen, die uit vertegenwoordigers van verschillende organisaties of afdelingen binnen organisaties bestaan, spelen vaak "onzichtbare achterbannen" en "verdeelde loyaliteiten".

5   Soms hebben enkele groepsleden verborgen agenda's tegen de procedures en werkwijzen van de groep. Ze verzetten zich tegen werkwijzen die hun dominantie aan banden leggen. Het zijn vaak de meest manipulerende en monopoliserende groepsleden die het hardst verzet aantekenen tegen participatie-bevorderende werkvormen en beweren dat de groep tijd verspilt met zulke procedures.

6   Sommige verborgen agenda's hebben te maken met de drie basisbehoeften die Schutz geformuleerd heeft:
    – inclusie: niemand wil buitengesloten worden; ieder wil meetellen en serieus genomen worden
    – controle: sommigen willen graag een sterke invloed uitoefenen op de groep
    – affectie: sommigen hebben een sterke behoefte aan affectie en persoonlijke waardering.

Zulke basisbehoeften worden zelden openlijk uitgesproken en blijven dus "verborgen".
Soms speelt er zich binnen de groep een machtsstrijd af die voortduurt totdat de groep een tijdelijk evenwicht gevonden heeft. Maar dit evenwicht kan verstoord raken wanneer iemand de groep verlaat of er nieuwe groepsleden bij komen en dan begint de strijd opnieuw.

7   Er is ook een aantal verborgen agenda's tegenover de leider. Een daar-

van is het aangaan van strijd met hem. Sommige groepsleden zoeken de competitie of rivaliteit. Natuurlijk kunnen ze dit niet openlijk zeggen. Maar zo'n verborgen agenda komt wel op indirecte wijze aan het licht, bijvoorbeeld door de uitdagende toon waarop zo iemand kritiek levert of door de keuze van het tijdstip waarop hij met zijn kritiek komt (namelijk pas als hij voldoende steun van anderen kan verwachten).

Pas echter op: sommige kritiek op de leider is wel terecht. Niet elke kritiek is een poging tot het realiseren van een verborgen agenda!

8   Hieraan verwant is de verborgen agenda van het groepslid dat niet overweg kan met mensen in gezagsposities. We noemen dit overdracht, omdat dit waarschijnlijk voortkomt uit vroegere levenservaringen met gezagsfiguren. Deze oude emotionele patronen worden later "overgedragen" op latere leidersfiguren. Zo iemand is niet uit op een dominante positie in de groep (zoals in voorbeeld 7), maar zal altijd de strijd aangaan met gezagsfiguren waar hij die ook tegenkomt.

9   Op soortgelijke wijze zijn er groepsleden met een overmatig sterke afhankelijkheidsbehoefte. Ook dit kan overdracht zijn. Hun verborgen agenda bestaat uit het opbouwen van een positie van comfortabele steun en bescherming bij de leider. Zij hebben een overmatig sterke behoefte aan acceptatie.

9.9.2 Verborgen agenda's bij de leider

Ook de leider kan zijn verborgen agenda hebben. Al is het maar om een afschuwelijk lastig groepslid de voet dwars te zetten. Vaker voorkomend is de sterke wens van een leider om de groep te "redden" met een kant-en-klare oplossing, wanneer naar zijn mening de groep in een impasse dreigt te geraken. Hiermee verhindert hij echter dat de groep haar eigen oplossing vindt.

Op een dieper en soms zelfs onbewust niveau kan zijn verborgen agenda zijn om koste wat het kost zijn positie als leider te handhaven. Een leider met zo'n "agenda" zal er moeite mee hebben om de groep ruimte te laten voor een ontwikkeling naar eigen autonomie, waarbij de groep minder afhankelijk van hem wordt.

Andere leiders hebben verborgen agenda's waarop de behoefte aan bewonderd worden of de behoefte aan dominantie voorkomen zonder dat ze dit zich zelf bewust zijn. Dit valt soms te zien bij bepaalde charismatische leiders.

9.9.3 Verborgen agenda's bij de groep-als-geheel

Verborgen agenda's in de groep-als-geheel vormen signalen van wrijvingen tussen het formele niveau en het informele niveau in de groep, ofte wel tussen het externe systeem en het interne systeem. Drie voorbeelden:

1   het vertragen van werk aan de taak
2   zondebokvorming
3   passief verzet tegenover de leider.

ad 1 Wanneer de taak als te moeilijk ervaren wordt, wanneer aan het vervullen van de taak negatieve gevolgen voor de groep verbonden zijn of wanneer de taak van buitenaf is opgelegd aan de groep of door iemand waar de groep de pest aan heeft, kan de verborgen agenda van de groep bestaan uit het vertragen van het werk aan de taak, hoewel dit nooit openlijk gezegd zal worden. Groepen kunnen heel vindingrijk zijn in het vinden van vluchtpatronen: eindeloze discussie over details, eindeloos wikken en wegen over voorstellen, vaag laten van besluiten, geen afspraken vastleggen over de uitvoering van besluiten, discussie over visies of principekwesties, enzovoort.

ad 2 Wanneer groepen met spanning (intern of extern) te maken hebben, die niet op de bron van die spanning gericht kan worden, zoeken ze vaak een bliksemafleider in de vorm van een zondebok, die de schuld krijgt van het onbehagen. De agressie wordt dan op hem afgereageerd. Soms wordt dit gevolgd door een uitstotingsproces, waarbij iemand letterlijk of figuurlijk uit de groep wordt gezet.

ad 3 Wanneer de leider te dominant is, kan de verborgen agenda van de groep de vorm krijgen van passief verzet tegen hem. Wanneer hij daarna stelling kiest tegen de groep of de groep geen zekerheid biedt over zijn eerlijkheid kan dit ontaarden in actief verzet of muiterij. Soms wordt de formele leider nog slechts gedoogd en volgt de groep in feite een van de informele leiders.

9.10 Verbinding met de praktijk

9.10.1 Oefening "groepsbril"

INSTRUCTIES
Vorm drietallen.
In deze drietallen bespreekt ieder een groep uit de eigen werk- of leefsituatie.

1   Begin met de "topografie" van deze groep tijdens de laatste bijeenkomst. Teken op een groot vel papier hoe ieder toen zat door elke positie met een cirkeltje aan te geven en in dat cirkeltje de naam te schrijven.
    – Geef eerst je eigen positie aan.
    – Geef dan aan wie in de groep de meeste invloed hebben en het meest centraal staan, bijvoorbeeld omdat ze het meest actief zijn. Geef met pijltjes aan welke groepsleden zich tot hen richten. Zijn deze communicatielijnen eenrichtingsverkeer of is de communicatie wederzijds?

- Geef nu aan wie de minste invloed in de groep hebben en met wie zij communiceren.
- Zijn er subgroepen te ontdekken in de communicatiepatronen?

2   Beslis nu welke groepsaspecten je nader wilt verkennen:
- leiderschap, invloed en macht
- normen en waarden
- interactie en participatie
- het groepsproces en het groepsklimaat
- besluitvorming en conflicthantering
- taak- en relatieprocessen
- de fasen van groepsontwikkeling.

De andere twee mensen uit je drietal gaan je op dit zelf gekozen aspect bevragen. Zij oefenen hierbij in het stellen van *groepsgerichte vragen*.

3   Na een halfuur wisselen. Een ander komt nu aan bod met zijn groep.
Totale duur: 1½ uur.

9.10.2   Oefening "beeld van de groep"

Beelden van groepen, negatief en positief	
negatief geladen	**positief geladen**
arena	thuis
broeikas	lotsverbondenheid
bolwerk	bezinningsplaats
tribunaal	vrijstaat
kudde	springplank
moeras	inspiratiebron
duiventil	collectief
donzen bed	markt
supermarkt	werkplaats
klitterig gedoe	kameraadschap
heksenketel	ontmoetingsplaats
gekkenhuis	smeltkroes
blijf van mijn lijf groep	laboratorium
zinkend schip	confrontatieplaats
....	....
....	....
....	....
(zelf beelden toevoegen)	(zelf beelden toevoegen)

n.b. er zijn ook neutrale beelden te bedenken:
schoolklas, ...

Als je zegt dat de groep een ....is, wat heb je dan zien gebeuren in de groep?
Praat dit door in een subgroep (zowel het positieve als het negatieve beeld).
Bedenk als subgroep een non-verbale manier om het beeld dat jullie hebben van de
groep uit te beelden in de plenaire sessie.

9.10.3 Hoe met verborgen agenda's om te gaan

Iedere leider komt vroeg of laat voor het probleem te staan van het zodanig hanteren van verborgen agenda's dat ze de groepsproductiviteit niet verstoren of tot een
falen van de groep leiden.
Doen alsof zulke agenda's niet bestaan en de groep met ijzeren hand besturen, leidt
slechts zelden tot succes. De leider zal hoogstens een apathische instemming met zijn
plan verkrijgen, waar de groepsleden zich niet verantwoordelijk voor voelen, zodat
ze zullen aarzelen bij de uitvoering en geneigd zullen zijn tot conflict (*"fight"*) of
vluchtgedrag (*"flight"*).
Effectief leiderschap kan er veel toe bijdragen dat de groep haar werk op beide
niveaus, zowel op het taakniveau als op het verborgen niveau van de verborgen
agenda's, kan combineren. Zodra de leider inziet dat zijn taak vooral bestaat uit het
ondersteunen van de groep in het toekomen aan haar bestaansreden en doelstelling
(en niet uit het op sleeptouw nemen van de groep in de richting van wat hij wil), kan
hij veel bijdragen aan het probleem van verborgen agenda's. Vanuit dit inzicht is hij
gevoeliger voor de behoeften van de groep en is hij zuiverder in zijn diagnose van
groepsproblemen.

Zo'n leider kan wat hebben aan de volgende suggesties:

1   Houd een open oog voor mogelijke verborgen agenda's. De eerste stap in de
     diagnose van groepsproblemen bestaat uit het erkennen van de mogelijkheid
     van verborgen agenda's op het niveau van het individuele groepslid en van de
     groep-als-geheel.

2   Blijf beseffen dat de groep voortdurend op twee niveaus tegelijk werkt: het
     openlijke niveau van de overeengekomen taak (de open agenda) en het ver-
     borgen niveau van de verborgen agenda's. Daarom zal de groep soms niet zo
     snel vooruitgang boeken als de leider zou willen.

3   Soms kan de leider het de groep makkelijker maken om de verborgen agenda
     boven tafel te krijgen. Hij kan bijvoorbeeld opmerken: "Ik vraag me af of we
     alles gezegd hebben wat we van dit punt vinden. Misschien moeten we tijd
     nemen voor een rondje in de groep, zodat we aanvullingen krijgen."

4   Over het algemeen geldt dat verborgen agenda's veel makkelijker te hanteren
     worden zodra ze boven tafel komen en besproken worden. Maar bedenk ook
     dat voor heel wat verborgen agenda's geldt, dat ze de groep schade kunnen

berokkenen als ze openlijk besproken worden op een moment dat de groep daar nog niet aan toe is. De leider en het groepslid dienen hiervoor gevoelig te zijn en in te schatten wat de groep op een bepaald moment wel of niet aankan.

5   Ga de groep nooit bestraffen of onder druk zetten omdat er verborgen agenda's zijn. Ze zijn er nu eenmaal en vragen om net zoveel energie en aandacht als de officiële groepstaak.

6   Steun de groep in het overwinnen van schuldgevoelens met betrekking tot verborgen agenda's. Naarmate groepen geholpen worden bij het boven tafel brengen van enkele verborgen agenda's en bij het serieus nemen daarvan, zullen schuldgevoelens daarover verminderen en zal de kans toenemen dat er meer van boven tafel komen. De leider zou kunnen zeggen: "We mogen ervan uitgaan dat ieder van ons een eigen kijk heeft en ook eigen dingen wil verwezenlijken met deze groep. Dit is een deel van de vele verschillen waaruit een groep bestaat."

7   Ondersteun de groep bij het uitwerken van manieren om verborgen agenda's aan te pakken, net zoals u de groep ondersteunt bij het vinden van manieren van aanpak voor de officiële agenda. Ook al kunnen methodieken verschillen, vaak bevatten ze basiselementen van een "problem solving"-aanpak, zoals het benoemen van het probleem, het verzamelen van relevante gegevens en het zoeken van een oplossing op basis van deze gegevens. Hierbij geldt dat gegevens over gevoelens en problemen van individuele groepsleden even belangrijk zijn als zakelijke en logische informatie.

8   Ondersteun de groep in het vaststellen van de voortgang met betrekking tot haar rijpheid ("maturity") om met verborgen agenda's om te gaan. Naarmate de groep een grotere rijpheid en kracht ontwikkelt, zal ze een groter aantal verborgen agenda's aankunnen. Korte evaluatiesessies, ofwel in het laatste kwartier van een groepsbijeenkomst of in een apart daarvoor gereserveerde bijeenkomst om de zoveel tijd, kunnen de groep veel goed doen. In zulke sessies kan de groep terugblikken en vaststellen hoeveel vrijer ze is geworden in het bespreken van problemen en hoeveel meer zelfvertrouwen er in de groep als geheel gegroeid is.

10 Leiderschap

10.1 Inleiding

Leiderschap is de meest beschreven groepsrol. In de literatuur bestaan er heel wat opvattingen en theorieën over. In samenvattende overzichten blijkt dan ook dat leiderschap op veel verschillende manieren getypeerd kan worden: de leider als centrum van het groepsgedrag, als bevorderaar van het bereiken van de groepsdoelen, als degene die door de groepsleden als zodanig aangewezen wordt, als degene die het niveau van groepsprestatie verhoogt, als de kern waar groepsprocessen en groepsontwikkeling om draaien, als het meest dominante groepslid, als het groepslid met de meeste invloed en macht, als de persoon aan wie de groepsleden het meest gehoorzamen, enzovoort.

Binnen deze typeringen verdient de opvatting van Redl (1942) aparte vermelding. Hij ziet de leider als de centrale persoon om wie de groepsprocessen zich kristalliseren: via emotionele relaties met de leider komen de
groepsvormingsprocessen tussen de aanstaande groepsleden op gang. Dit
werkt hij uit naar tien verschillende leiderstypen, zoals de patriarchale
heerser, de tiran, het liefdesobject, het object van agressieve impulsen, de
verleider en de held. In deze opvatting is Redl sterk beïnvloed door Freud,
die ik nader besproken heb in deel III (Remmerswaal, 1994).

Zoals al opgemerkt, is er in de literatuur een grote diversiteit aan benaderingen van leiderschap. De belangrijkste daarvan zal ik in deze inleiding
aanstippen en later in dit hoofdstuk uitwerken. Om een eerste zicht hierop
te krijgen vind ik de opmerking van Katz en Kahn (1966) verhelderend, dat
de term leiderschap in de vakliteratuur drie hoofdbetekenissen heeft:

— leiderschap als een persoonlijke kwaliteit: als een eigenschap of een
   reeks eigenschappen van een persoon
— leiderschap als eigenschap van een positie met macht en prestige binnen een sociaal systeem
— leiderschap als gedragscategorie: als een bepaalde reeks gedragsvormen tegenover groepsleden.

Deze driedeling sluit aan op alledaagse opvattingen van een leider als
iemand die bepaalde eigenschappen bezit, die een bepaalde positie binnen
een sociaal systeem inneemt en die zich op een bepaalde manier gedraagt.
In zekere zin kan men elke poging van een groepslid om invloed uit te
oefenen op het gedrag, de motieven, de opvattingen, de waarden, de
gevoelens en dergelijke van één of meer groepsleden zien als een poging
tot leiderschap. Deze kijk op leiderschap betekent dat elk groepslid vroeg of
laat leidersgedrag zal kunnen vertonen.

Toch zullen we personen met relatief weinig invloed geen leider noemen.
We noemen dàt groepslid de leider, dat de meeste invloed heeft op de
andere groepsleden in de door hem gewenste richting en daarbij meer
invloed uitoefent dan ondergaat. Zulke beïnvloeding vindt meestal plaats
binnen de structuur van een sociaal systeem en draagt bovendien bij aan
de stabiliteit van dat systeem. Leiderschap heeft dus ook te maken met een
speciale positie binnen de groepsstructuur. Zowel de alledaagse opvatting
als de vroegste leiderschapsonderzoeken overschatten het belang van de
individuele bijdrage van de leider. In dit vroege onderzoek werd leiderschap te veel opgevat als een persoonlijke kwaliteit van de leider. Er zijn
echter weinig algemene eigenschappen gevonden. Deze benadering heeft
uiteindelijk weinig opgeleverd door onvoldoende aandacht voor de groep
en voor de omstandigheden waarin de groep verkeert.

Later kwam er meer aandacht voor deze situatie waarin de groep verkeert
en kwam men op het spoor van omstandigheden die het ontstaan van een
leiderschapsstructuur bevorderen en omstandigheden die bevorderen dat
bepaalde personen leider worden.

Geleidelijk werd ook steeds duidelijker dat leiderschap voorziet in belangen
en behoeften van de groep en dus een aantal belangrijke groepsfuncties

vervult. Deze functies sluiten aan op het al eerder (onder andere in hoofdstuk 2 en hoofdstuk 4) gemaakte onderscheid tussen taakgerichte en sociaal-emotionele belangen en behoeften. Effectieve groepen voorzien in beide typen behoeften en effectieve leiders vervullen beide functies. Vandaar dat de benadering die zich richt op het leidersgedrag twee gedragsvormen benadrukt: enerzijds gedrag dat bijdraagt aan de vervulling van de taak en het bereiken van het groepsdoel en anderzijds gedrag dat bijdraagt aan de instandhouding en het versterken van de groep. Omdat in deze benadering leiderschap belangrijke functies vervult in de groep, is ze bekend geworden onder de term "de functionele benadering" (zie paragraaf 10.2).

Nog een stap verder vormt het onderzoek naar hoe bepaalde leiderschapsstijlen van invloed zijn op de productiviteit van de groep en de tevredenheid van de groepsleden.

Voor het onderwerp leiderschapsstijlen zal ik uitgaan van het bekende model voor situationeel leiderschap dat gebaseerd is op de contingentietheorie van de Amerikaanse psycholoog Fiedler, aangevuld met recente theorieën van Reddin en van Hersey en Blanchard.

De kern van deze theorieën is tweeledig:
— geboren leiders of managers bestaan niet
— één bepaalde stijl van leiding geven kan niet in àlle situaties effectief zijn.

De basisgedachte is simpel: de juiste stijl van leiding geven is afhankelijk van de situatie. De leider of manager zal zijn manier van leiding geven moeten aanpassen aan de uit te voeren taak en aan de medewerkers die hij hiervoor inzet. Er bestaat dus niet slechts één stijl die voor de betrokken leidinggevende onder alle omstandigheden ideaal is. Er wordt een hoge mate van flexibiliteit en aanpassingsvermogen van hem gevraagd.

Het model van situationeel leiderschap gaat dus uit van het besef dat niet alle situaties op dezelfde manier kunnen worden aangepakt. Integendeel, afhankelijk van de situatie waar hij en de groep zich in bevinden, zal de leider een keuze moeten maken uit een van de mogelijke leiderschapsstijlen. Verderop in dit hoofdstuk bespreek ik welke situatiefactoren in deze keuze doorslaggevend zijn.

Zo zal blijken dat het competentieniveau van de ondergeschikten of van de groepsleden van belang is. Maar er zijn ook andere factoren die een rol spelen, zoals de ontwikkelingsfase van de groep, het type groep, het klimaat in de organisatie, en dergelijke. Ook zal ik stilstaan bij de aard van de taak, waar de groep voor staat.

Hoe vanzelfsprekend dit nu ook klinkt, toch is dit inzicht in "situationeel leiderschap" pas de laatste dertig jaar uitgewerkt. Vóór die tijd werd in de groepsdynamica vooral onderzocht welke persoonskenmerken iemand tot een goed leider maken.

In de praktijk van het model zijn vooral de mate van taakgericht leiding geven en de mate van sociaalgericht leiding geven belangrijk. Een juiste combinatie hiervan leidt tot een optimaal aan de omstandigheden aangepaste stijl van leiding geven. Later in het hoofdstuk komt ook leiding door de groep zelf aan bod; ook daarbij gaat het om een combinatie van de twee typen groepsfuncties.

10.2 Leiderschap en het vervullen van groepsfuncties

10.2.1 Twee hoofddimensies in groepsfuncties

De opvatting dat leiders personen zijn met speciale eigenschappen, is niet bevredigend gebleken. In de jaren vijftig ontstond daarom een nieuwe visie op leiderschap die de nadruk legt op het vervullen van noodzakelijke functies in de groep en op aanpassingsvermogen aan veranderende situaties. Volgens deze opvatting bestaan er verscheidene leiderschapsfuncties, die niet per se door één persoon vervuld hoeven te worden, maar over de groepsleden verdeeld kunnen worden wanneer de omstandigheden veranderen.

Leiderschap wil ik omschrijven als het uitvoeren van al die gedragsvormen die een concrete groep of organisatie helpen in het bereiken van de gewenste resultaten èn die bijdragen aan de levensvatbaarheid van de groep of organisatie, waaronder ik ook het bevorderen van bevredigende interpersoonlijke relaties reken.

In principe kan leiderschap dus vervuld worden door één of meer groepsleden. Situationele aspecten, zoals de aard van de groepsdoelen, de groepsstructuur, de attitudes en behoeften van de groepsleden en de verwachtingen die de externe omgeving oplegt aan de groep, bepalen voor een belangrijk deel welke gedragsvormen op een bepaald moment nodig zijn en wie van de groepsleden die zal vervullen. Er zijn heel wat van die gedragsvormen op te noemen. Toch kunnen deze bijna allemaal ondergebracht worden in twee globale categorieën, die aansluiten bij twee brede doelen die elke groep of organisatie zich stelt:

1 de groepstaak: het bereiken van een specifiek groepsdoel (in de Engelstalige literatuur aangeduid als *"goal achievement"*)
2 het in stand houden van de groep als groep (*"group maintenance"*).

Voorbeelden van 1 zijn:
het initiatief nemen, de aandacht van de groep op het doel gericht houden, verhelderen van het onderwerp, ontwikkelen van een procedureplan, evalueren van het verrichte werk en het beschikbaar stellen van hulpbronnen, zoals expert-informatie. We spreken dan van taakgericht leiderschap. Taakgericht leiding geven betekent dat de leider zijn activiteiten richt op het realiseren van de werkdoelstellingen. Deze gerichtheid wordt uitgedrukt in termen van resultaten. Bijvoorbeeld de benodigde tijd voor een serie handelingen, het succespercentage bij een behandeling of het binnen

een bepaald budget uitvoeren van een opdracht. Het realiseren van de taak kan ook blijken uit de aard en de kwaliteit van beslissingen, het aantal creatieve ideeën dat daadwerkelijk wordt uitgevoerd en de doeltreffendheid van de door een bepaalde afdeling verleende diensten. Taakgerichtheid omvat dus iedere activiteit die gericht is op realisatie van de doelstellingen.

Voorbeelden van 2 zijn:
bemiddelen of verzoenen bij conflicten tussen groepsleden of tussen subgroepen, de interpersoonlijke relaties prettig houden, aanmoediging geven, een minderheid de kans geven om gehoord te worden en het vergroten van de wederzijdse betrokkenheid onder de groepsleden.
(Zie ook paragraaf 9.1 over functionele rollen in groepen.)
Gerichtheid op de mensen kan zich op velerlei manieren uiten. Zo hechten sommige leidinggevenden er veel waarde aan door hun groepsleden te worden geapprecieerd. Gerichtheid op de mensen uit zich ook in het aanvaarden van medeverantwoordelijkheid voor de wijze waarop wordt samengewerkt, zoals dit tot uitdrukking wordt gebracht in vertrouwen, loyaliteit, sympathie en begrip.
Afhankelijk van de mate van sociale gerichtheid van de leider kunnen de reacties van de groepsleden variëren van enthousiasme tot tegenzin, van betrokkenheid tot apathie, van vindingrijkheid tot stompzinnigheid, van toewijding tot onverschilligheid, en van actieve medewerking tot lijdelijk verzet. Hieruit moge duidelijk blijken dat sociaalgericht leiding geven in belangrijke mate kan *bijdragen tot de motivatie* van de groepsleden.

In deze voorbeelden zien we telkens het onderscheid tussen de formele functies van de taakstelling en de psychologische functies van het tegemoet komen aan de emotionele behoeften van de groep en van de groepsleden. Dit sluit aan op het onderscheid uit paragraaf 2.2 tussen taakaspecten en en sociaal-emotionele aspecten in groepen.
Ik kom zo tot het volgende overzicht van samenhangende onderscheidingen:

Formele functies	Psychologische functies
– voortbestaan van de groep in de omgeving	– de groep als groep in stand houden
– extern systeem	– intern systeem
– bereiken van het doel	– het interne groepsfunctioneren
– taakgerichtheid	– sociaal-emotionele gerichtheid
– formele leider	– informele leider
– bewaakt de "output"	– bewaakt de satisfactie
– aandacht voor de formele functies	– aandacht voor de psychologische en persoonlijke functies
– nadruk op produktie	– sensitiviteit
– "job-centered"	– "member-centered"
– sturing	– ondersteuning

Samenvattend kunnen we concluderen dat het kernprobleem van effectieve leiders bestaat uit het vinden van een juist evenwicht tussen twee typen vereisten: aandacht voor de taak en aandacht voor de groepsleden en de groep.

10.2.2 Taakleiderschap en sociaal-emotioneel leiderschap

Ofschoon de groepstaakfuncties en de groepsinstandhoudingsfuncties (de taakrollen en de procesrollen) in principe door elk groepslid vervuld kunnen worden, treedt in veel groepen een soort specialisatie op. In zijn studies over groepsontwikkeling aan het begin van de jaren vijftig observeerde Bales (vgl. hoofdstuk 7), dat vaak een "taakspecialist" en een "sociaal-emotioneel specialist" naar voren komen.

Vaak treedt er in groepen een differentiatie op tussen een groepslid dat druk uitoefent op het vervullen van de taak en een ander groepslid dat tegemoet komt aan de sociale en emotionele behoeften van de groepsleden. Wanneer zo'n specialisatie optreedt, kan de groep alleen effectief functioneren, wanneer zich tussen de twee specialisten een goede afstemming ontwikkelt. De kwaliteit van het groepsfunctioneren hangt af van de relatie tussen beide leiderstypen. Bij duurzame wrijving tussen beide groepsfuncties ontstaat een blijvende scheiding tussen formele en informele groepsstructuur.

Dit specialisatieverschijnsel valt te observeren in uiteenlopende typen groepen:
- In langdurige, formeel georganiseerde groepen (bijvoorbeeld in een bedrijf, een organisatie, of sterker nog: in het leger) waarin een leider aan een groep is toegewezen, moeten de twee basisfuncties (taak en instandhouding) door de officiële leider vervuld worden, wil hij de

groep effectief laten functioneren. Wanneer hij er niet in slaagt om beide functies te vervullen, zal vaak een niet-officiële of informele leider opkomen, die de verwaarloosde basisfunctie op zich neemt. Zo zal wanneer de formele leider taakgericht blijft, vaak een informele leider opkomen, die waakt over de emotionele satisfactie van de groepsleden. Zo'n informele leider is vaak machtiger dan de formele leider, omdat hij de psychologische steun van de groep verkregen heeft. Wil de formele leider effectief met de groep blijven werken, dan zal hij het vaak op een akkoord moeten gooien met de informele leider.

- Ook in gezinnen valt dezelfde specialisatie waar te nemen: gewoonlijk is de vader de "taakspecialist" en de moeder de "sociaal-emotionele specialist". Dit is een wijdverbreid cultureel verschijnsel. Zelditsch (1955) heeft in 56 culturen onderzocht hoe de rolverdeling lag in het kerngezin. In al deze 56 culturen vond hij steeds hetzelfde patroon van differentiatie tussen de rol van taakspecialist en de rol van instandhoudingsspecialist, die bijna overal vervuld werden door de vader respectievelijk de moeder.

In deze voorbeelden zien we steeds het onderscheid tussen de formele functies van de taakstelling en de psychologische functies van het tegemoet komen aan de emotionele behoeften van de groep en van de groepsleden. Op deze plaats wil ik nogmaals terugverwijzen naar het onderscheid dat Homans maakt tussen het externe systeem en het interne systeem van een groep (vgl. paragraaf 2.2). Het externe systeem omvat al die interacties, gevoelens en activiteiten die direct voortvloeien uit de eisen van *"group survival"* en *"goal achievement"*; met andere woorden: de eisen van het voortbestaan van de groep in haar omgeving door het bereiken van het doel. Uit al de pogingen tot aanpassing aan de externe omgeving volgen een werkverdeling en een leiderschapshiërarchie. We kunnen dit de formele groepsstructuur noemen, waarin de taakleider centraal staat, die bewaakt wat er gedaan wordt. Daarnaast is er ook het interne systeem. Dit omvat al die interacties, gevoelens en activiteiten die voortvloeien uit interne groepsproblemen of beter gezegd, het interne groepsfunctioneren. Dit interne systeem ontstaat vanuit het externe systeem en vormt er een reactie op. We noemen dit systeem intern, omdat het niet direct (hoogstens indirect) bepaald wordt door de omgeving. Het groepsgedrag in het interne systeem is een uiting van de wederzijdse gevoelens tussen de leden van de groep. Dit onderscheid tussen het externe en het interne systeem sluit nauw aan op het onderscheid tussen taakleiderschap en sociaal-emotioneel leiderschap.

10.3 Vier basisstijlen in situationeel leiderschap[11]

In de praktijk van het model van situationeel leiderschap zijn vooral de mate van taakgericht leiding geven en de mate van sociaal gericht leiding geven belangrijk. Een juiste combinatie hiervan leidt tot een optimaal aan de omstandigheden aangepaste stijl van leiding geven.

De leider zal soms de nadruk leggen op *taakgerichtheid* (T) en in andere situaties meer op *relatiegerichtheid* (R).

Zowel op de ene dimensie als op de andere dimensie kan zijn inzet hoog of laag zijn.

Dit hoog of laag zijn op de ene dimensie staat los van de mogelijkheid van hoog of laag zijn op de andere dimensie. Zie figuur 10.1.

De combinaties van Taakgerichtheid en Relatiegerichtheid kunnen worden weergegeven in een diagram met twee assen. Op de horizontale as wordt de Taakgerichtheid afgezet en op de verticale as de Relatiegerichtheid.

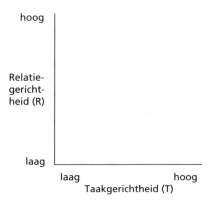

Figuur 10.1   De twee dimensies van taakgerichtheid en relatiegerichtheid

Nu zijn er verschillende combinatiemogelijkheden van taakgericht en relatiegericht leiding geven. Dit zal resulteren in een viertal leiderschapsstijlen, die wij hierna bespreken. Welke daarvan het meeste effectief is, hangt in belangrijke mate af van de situatie. Deze situatiefactoren komen verderop in dit hoofdstuk aan bod.

Als we nu op elke as een tweedeling maken in "hoog" en "laag", ontstaat een vierkant, zoals in figuur 10.2 aangegeven.

Door middel van zo'n tweedimensioneel diagram hebben zowel Reddin, als Hersey en Blanchard een viertal leiderschapsstijlen getypeerd.

---

11 Met toestemming overgenomen uit Jan Remmerswaal, *Begeleiden van groepen*, Bohn Stafleu Van Loghum, Houten, 1992.

	Kwadrant 3	Kwadrant 2
hoge R	lage T	hoge T
	hoge R	hoge R
	Kwadrant 4	Kwadrant 1
lage R	lage T	hoge T
	lage R	lage R
	lage T	hoge T

Figuur 10.2   De vier basisstijlen volgens Hersey en Blanchard

T duidt op taakgerichtheid en R op relatiegerichtheid. De vier vakken geven vier leiderschapsstijlen aan.

Kwadrant 1: hoge taakgerichtheid, lage relatiegerichtheid; dit noemen ze een directieve stijl
Kwadrant 2: hoge taakgerichtheid, hoge relatiegerichtheid; dit noemen ze een overtuigende stijl
Kwadrant 3: lage taakgerichtheid, hoge relatiegerichtheid; dit noemen ze een participerende stijl
Kwadrant 4: lage taakgerichtheid, lage relatiegerichtheid; dit noemen ze een delegerende stijl.

Ik zal elke stijl hierna bespreken.

10.3.1   De directieve stijl

Kenmerken: sterke gerichtheid op de taak, weinig gerichtheid op de mensen.

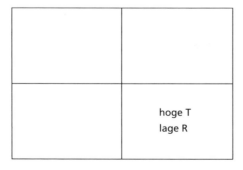

Figuur 10.3   De directieve stijl

De directieve leider heeft de neiging anderen te domineren. Hij deelt instructies uit en eist dat ze worden uitgevoerd zoals hij dat wil. Hij benadrukt de eisen van de taak of de doelstelling, waarbij hij veel verbale aanwijzingen geeft. Onder zijn leiding kan op korte termijn een hoge productiviteit worden bereikt.

Hij beoordeelt de groepsleden naar de mate waarin ze bijdragen aan de taakvervulling. Hij is zeer actief en geeft richting waar hij kan. Hij houdt streng toezicht op de geleverde prestaties.

Enkele verdere trefwoorden:
— vastberaden
— initiërend
— ambitieus
— de taak komt op de eerste plaats.

Nadere typering door Reddin
De vierdeling, waar Hersey en Blanchard hun model op baseren, is oorspronkelijk ontwikkeld door Reddin (1973). Het is daarom interessant om aan te geven hoe Reddin zelf deze leiderschapsstijl beschrijft.

De *kwaliteiten* van een directieve leider vat hij met de volgende trefwoorden samen:
— besluitvaardig, toont initiatief
— vlijtig, energiek
— maakt de dingen af, is betrokken bij de zaak
— beoordeelt kwantiteit en kwaliteit
— bewust van kosten en winst
— bereikt resultaten.

De mogelijke *valkuilen* bij deze stijl vat Reddin als volgt samen:
— kritisch, bedreigend
— neemt alle beslissingen
— handelt zonder overleg
— alleen neerwaartse ("top-down") communicatie
— eist gehoorzaamheid, onderdrukt conflict
— wil onmiddellijke resultaten.

De leider met een directieve stijl wordt meestal gezien als iemand die veel vertrouwen heeft in zichzelf en in de manier waarop hij werkt. Hij is gericht op het verkrijgen van een hoge produktie op korte en lange termijn en weet dit op effectieve wijze te bereiken. Zijn voornaamste vaardigheid is andere mensen ertoe te krijgen te doen wat hij verlangt, zonder onnodige vijandigheid op te wekken.

Deze stijl is populair in het bedrijfsleven. Vaak is deze stijl het kenmerk van managers, die zichzelf door alle rangen van het bedrijf heen hebben opgewerkt en die ernaar gestreefd hebben hun vaardigheid te vergroten door van hun fouten te leren. Hij is meestal ambitieus, kent de bedrijfsmethoden zeer goed, blijft zijn werk de baas en zorgt ervoor dat het gedaan wordt.

Hij heeft meestal weinig sympathie voor medezeggenschap of inspraak. Soms zal hij een participerende benadering aanwenden alvorens hij tot een besluit komt, maar niet erna. Hij weet dat het voordelen kan hebben de ondergeschikten vooraf de gelegenheid tot commentaar te bieden: het kan een goed idee opleveren, het kan hem opmerkzaam maken op de problemen waar hij mee te maken krijgt en de weerstand tegen verandering zal bijna altijd afnemen.

De directieve stijl is doorgaans effectief als de manager verantwoordelijkheid, daadwerkelijke macht en een belonings- en strafsysteem heeft, als hij orders moet geven om het systeem te laten functioneren en als hij meer kennis heeft dan zijn ondergeschikten. Voorts wordt deze stijl vergemakkelijkt als de ondergeschikten verwachten op deze manier geleid te zullen worden en als ze weinig kennis of besluitvormingsbekwaamheid bezitten. De leider met een directieve stijl lijkt op de aanvoerder van een sportteam. Hij vraagt zijn spelers niet wat zij straks zullen gaan doen. Hij zegt het hen. Toch wordt dit geaccepteerd en is het effectief.

Sommigen kunnen door hun charme, hun vooruitziende blik, hun duidelijke bekwaamheid of hun persoonlijke voorbeeld de directieve stijl effectief maken in veel zeer verschillende situaties. Wat er dan gebeurt, is dat de ondergeschikten de stijl accepteren als passend bij hun leider. Niettegenstaande zij hem wellicht "een harde" of "een drijver" zullen noemen, zullen ze hem en zijn plannen toch toegewijd zijn.

10.3.2 De overtuigende stijl

Kenmerken: sterke gerichtheid op de taak, sterke gerichtheid op de mensen.

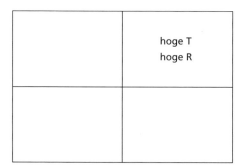

Figuur 10.4   De overtuigende stijl

De overtuigende leider gebruikt, zoals de term al aangeeft, vooral zijn overtuigingskracht om de groepsleden te motiveren. Hij gebruikt een maximum aan taakgerichtheid èn relatiegerichtheid om tot een effectief resultaat te komen, waarbij hij probeert het machtsverschil tussen hem en de groepsleden klein te houden. Hij is persoonlijk in zijn gedrag en stimuleert zo een maximale inzet en betrokkenheid van zijn medewerkers. Hij streeft naar een gezamenlijke aanpak van probleemsituaties, zal daarom inspraak geven in zijn besluitvorming of zijn besluiten toelichten en gelegenheid geven tot het stellen van vragen. Hij heeft dan ook een sterke voorkeur voor open werkoverleg en voor tweerichtingscommunicatie met de groepsleden. Via teamwerk tracht hij de individuele behoeften van hemzelf en van de groepsleden te integreren met de doelstellingen en belangen van de organisatie.

Enkele verdere trefwoorden bij de overtuigende stijl:
— streeft naar het verkleinen van de machtsverschillen
— integreert het individu met de organisatie
— werkt toe naar gemeenschappelijke doelstellingen en verantwoordelijkheden
— weet anderen goed te motiveren.

Nadere typering door Reddin
Reddin geeft de volgende trefwoorden bij deze stijl van leiding geven:
— gebruikt teamwork bij besluitvorming
— maakt gepast gebruik van participatie
— stimuleert tot volledige toewijding aan doeleinden
— moedigt hogere prestaties aan
— . coördineert anderen bij het werk.

Als mogelijke *valkuilen* bij deze stijl noemt Reddin:
— maakt overmatig gebruik van participatie
— meegaand, zwak
— vermijdt beslissingen
— zoekt te veel het compromis.

De overtuigende stijl wordt meestal weerspiegeld in het gedrag van een leider die het als zijn taak ziet om de prestaties van anderen effectief te maximaliseren. Hij stelt hoge produktie- en prestatiemaatstaven, maar erkent daarbij dat hij ten gevolge van individuele verschillen iedereen enigszins anders zal moeten behandelen. Hij is effectief in die zin dat zijn toewijding aan zowel de taak als de relaties voor allen zeer duidelijk is en als een sterke motiverende kracht werkt.

De leider met een overtuigende stijl beschouwt onenigheid en conflict als noodzakelijk, normaal en passend. Hij onderdrukt, ontkent en vermijdt het conflict niet. Hij gelooft dat verschillen besproken kunnen worden, dat een conflict kan worden opgelost en dat toewijding het resultaat zal zijn. Ofschoon het moreel van zijn team hoog is, is hij niet alleen maar een "moreel-bouwer". Hij is geen "slavendrijver", maar zijn team werkt hard. Hij wil niet dat vergissingen verdoezeld worden door een teambesluit.

De leider met een overtuigende stijl kent zijn taak en wil dat anderen de hunne kennen. Hij schept een situatie waarin de werkeisen de leider niet blind maken voor de behoeften van anderen.

Dit type leiding krijgt vaak de vorm van team-management. De leider gelooft in de wederzijdse afstemming van de functies en hij tracht een soepel functionerend, efficiënt werkend team tot stand te brengen. Hij brengt veel dingen aan de gang door groepsactie. Vaak wordt hij gezien als een vernieuwer, maar in feite is het zijn team dat de ideeën produceert en daardoor verkrijgt hij toewijding. Hij streeft naar het vergroten van betrokkenheid. Hij weet hoe individuele behoeften en organisatiedoeleinden gecombineerd kunnen worden.

Hij werkt vooral goed als er geen machtsverschillen bestaan tussen hemzelf en de anderen en als met name deskundigheid invloed heeft.

10.3.3 De participerende stijl

Kenmerken: lage gerichtheid op de taak, hoge gerichtheid op de mensen. De leider legt een hoofdaccent op het aankweken van goede onderlinge betrekkingen tussen hem en de groep en tussen de groepsleden onderling.

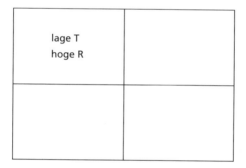

Figuur 10.5   De participerende stijl

De participerende leider beoordeelt de groepsleden naar het begrip dat ze voor elkaar hebben. Hij is wezenlijk gericht op mensen. De groepsleden in zijn groepen werken goed met elkaar samen. Hij beloont hen doorgaans door het uitspreken van erkenning en waardering.

Hij accepteert in hoge mate de mensen zoals ze zijn. Hij schept plezier in gesprekken als een middel om de groepsleden beter te leren kennen. Daardoor krijgt hij vaak nuttige informatie van hen. Er is hem veel gelegen aan warme, hartelijke onderlinge verhoudingen. Zijn eigen zelfvertrouwen is gebouwd op steun en waardering vanuit zijn naaste omgeving.

Enkele verdere trefwoorden bij de participerende stijl:

— informeel, rustig, sympathiek, aanvaardend, goedkeurend
— mensen komen op de eerste plaats
— nadruk op de persoonlijke ontwikkeling van de groepsleden
— schept een veilige sfeer.

Nadere typering door Reddin

Bij deze stijl van leiding geven horen voor Reddin de volgende trefwoorden:

— houdt communicatiekanalen open, luistert
— ontwikkelt talenten van anderen, coacht
— begrijpt anderen, steunt
— werkt goed samen met anderen, is coöperatief
— wordt vertrouwd door anderen en schenkt zelf ook vertrouwen.

Als mogelijke *valkuilen* bij deze stijl signaleert Reddin de volgende punten:

— vermijdt conflict
— zoekt erkenning van zichzelf, is afhankelijk van deze erkenning
— identificeert zich te sterk met de ondergeschikten
— vermijdt initiatief, is passief, geeft geen richting
— gebrek aan zorg voor output of controle.

De leider met een participerende stijl wordt meestal gezien als iemand die onvoorwaardelijk vertrouwen stelt in mensen. Hij is effectief in het motiveren van medewerkers. Hij ziet zijn werk voor een belangrijk deel als het ontwikkelen van de talenten van anderen en als het scheppen van een werksfeer die bijdraagt tot toewijding en "commitment", zowel aan hemzelf als aan het werk.

In de meeste organisaties valt de leider met een participerende stijl weinig op. Zijn werk wordt door allen als een zeer prettige baan beschouwd, omdat er meestal veel samenwerking op zijn afdeling heerst. Zijn vaardigheid in het creëren van zo'n situatie wordt vaak niet opgemerkt. Dat hij daar een belangrijke bijdrage aan geleverd heeft, wordt meestal pas beseft als hij vertrokken is.

Hij besteedt veel tijd aan zijn ondergeschikten. Hij geeft hen zoveel mogelijk nieuwe verantwoordelijkheden. Hij weet dat de gemiddelde persoon in het bedrijfsleven ver beneden zijn kunnen produceert, maar weet bovendien hoe hij hen moet motiveren tot een hogere inzet en productiviteit.

De leider met een participerende stijl wordt vaak beschouwd als iemand met interessante ideeën over werk. Hij gelooft dat mensen zichzelf willen leiden en dat ze verantwoordelijkheid zoeken. Hij gelooft wat voor veel managers moeilijk te geloven is: dat intelligentie, fantasie en creativiteit wijd verspreid zijn en niet alleen het bezit zijn van senior-managers.

Hij kan motiveren tot topprestaties op lange termijn. Hij schept een creatieve sfeer. Hij verzwakt met opzet de invloed van de bestaande organisatie- of taakstructuur, als dat nodig is om zijn individuele ondergeschikten meer vrijheid te bieden voor het uitdenken van nieuwe ideeën. Zijn openheid tegenover vernieuwing en zijn oprechte belangstelling voor zijn ondergeschikten stimuleren deze creativiteit nog meer.

10.3.4 De delegerende stijl

Kenmerken: weinig gerichtheid op de taak, weinig gerichtheid op de mensen. De leider delegeert veel aan de groepsleden en regelt het werk met een minimum aan persoonlijk contact.

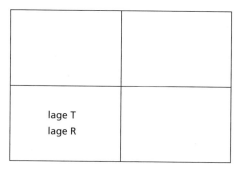

Figuur 10.6 De delegerende stijl

De leider met een delegerende stijl is geneigd om veel aan de groepsleden zelf over te laten, omdat hij er vertrouwen in heeft dat deze goed met de taak zullen omgaan in een goede onderlinge verstandhouding. Hij draagt de verantwoordelijkheid voor de besluitvorming en voor de uitvoering van deze besluiten in vergaande mate over aan zijn medewerkers. Dit kan een effectieve stijl zijn, wanneer deze medewerkers bekwaam zijn voor hun taak.

Als hij geconfronteerd wordt met conflicten en spanningen heeft hij de neiging te verwijzen naar onpersoonlijke regels en procedures. Hij probeert conflicten buiten de persoonlijke sfeer te houden. Hij hecht aan logica en rationaliteit. Zijn medewerkers vinden nogal eens, dat hij hen te weinig erkenning geeft.

Enkele verdere trefwoorden bij de delegerende stijl:

— delegeert verantwoordelijkheid naar de mensen zelf
— zorgvuldig, ordelijk, onpersoonlijk
— afstandelijk
— heeft een voorkeur voor procedures
— correct, accuraat, bedachtzaam, kalm.

Nadere typering door Reddin
De *kwaliteiten* van een delegerende leider vat Reddin in de volgende trefwoorden samen:

— volgt regels en procedures
— betrouwbaar
— onderhoudt systemen en de lopende gang van zaken
— let op details, efficiënt

— rationeel, logisch, zelfbeheersing
— eerlijk, rechtvaardig, billijk.

De mogelijke *valkuilen* bij deze stijl vat Reddin als volgt samen:
— vermijdt betrokkenheid
— afstandelijk
— geeft weinig suggesties of opinies
— niet origineel, niet creatief, bekrompen
— pietluttig, maakt de zaken moeilijk
— weerstand tegen verandering
— niet coöperatief, niet mededeelzaam.

De leider met een delegerende stijl is weinig geïnteresseerd in taken of in relaties. Hij is echter effectief in die zin, dat zijn positie of situatie dit soort belangstelling niet vereist. Hij slaagt omdat hij de regels van de organisatie of het bedrijf volgt, een belangstellende "houding-op-afstand" bewaart en minder persoonlijk betrokken raakt bij de problemen van anderen.

De delegerende leider is een efficiënte bureaucraat. Hij gaat via de juiste kanalen, hecht veel waarde aan het detail en volgt orders exact op. Hij is gericht op de regels van het spel. Als hij een manager is, ziet hij de standaardwerkprocedures in hetzelfde licht. Als bureaucraat is hij een zeer nuttig lid voor de organisatie. Hij houdt de lopende gang van zaken in orde. Hij volgt de regels, ook al heeft hij ze misschien geen van alle ingevoerd.

"Bureaucraat" is helaas een negatieve term geworden in de literatuur over management. Veel mensen erkennen daarom niet dat dit een kernstijl is bij het handhaven van de effectiviteit van moderne, grote organisaties. Er zijn regels nodig om de inspanningen van grotere groepen in goede banen te leiden. Er zijn ook middelen nodig om ervoor te zorgen dat allen de regels kennen en volgen. De bureaucraat is vaak dit middel.

Hoewel hij effectief is in het volgen van regels, ontwikkelt hij weinig ideeën, stimuleert hij de productiviteit niet en doet hij weinig om zijn ondergeschikten te ontwikkelen. Zijn werk vereist zulke eigenschappen niet of weinig.

Door zijn onpersoonlijke opstelling wordt hij soms als arrogant of negativistisch ervaren. Zijn opstelling kan echter ook worden gezien als volledige eerlijkheid en objectiviteit jegens mensen.

Ten slotte
Een belangrijke opmerking tot slot van de bespreking van deze vier stijlen. Aan de uiteinden van dit continuum van vier stijlen staan de directieve stijl en de delegerende stijl. Met klem wil ik erop wijzen, dat deze twee stijlen niet verward mogen worden met een autoritaire stijl respectievelijk laissez-faire stijl.

Het kenmerkende verschil zit volgens mij in de motivatie van keuze voor de bepaalde stijl. Pas wanneer de leider handelt vanuit een persoonlijke angst of twijfel aan de eigen competentie zal de directieve stijl kunnen verworden tot een autoritaire stijl of de delegerende stijl tot een laissez-faire stijl.

10.4 Het model van Fiedler

Eén van de eerste onderzoekers die baanbrekend werk heeft verricht op het gebied van situationeel leiderschap is Fiedler (1967) geweest. Via een ingenieuze onderzoeksmethode is hij in tientallen onderzoeken bij meer dan 800 groepen nagegaan welk type leiderschap het meest effectief is in welke situaties. Op grond van deze onderzoeken komt hij tot de formulering van zijn zogeheten *contingentietheorie.* Volgens deze theorie zijn er drie belangrijke situationele factoren die bepalen of een bepaalde situatie al dan niet gunstig is voor de leider:

1 de persoonlijke relatie van de leider met de groepsleden.
2 de structuur van de taak, met name de mate waarin de taakeisen helder en specifiek zijn.
   Een taak heet gestructureerd, wanneer het doel duidelijk en bekend is aan de groepsleden, wanneer er één enkele weg (procedure) naar het doel is, wanneer er slechts één correcte oplossing is en wanneer het groepsbesluit makkelijk op zijn juistheid getoetst kan worden.
3 de machtspositie van de leider, met name de mate van macht en gezag die de positie aan de leider verschaft.

De belangrijkste van deze drie situationele factoren is voor Fiedler de persoonlijke relatie tussen de leider en de groepsleden, daarna volgt de taakstructuur en als relatief minst belangrijke de machtspositie van de leider. Op grond hiervan heeft Fiedler een model ontworpen van groepssituaties. In dit model zijn acht combinaties mogelijk van deze drie situationele factoren. We geven de acht combinaties hier in een bepaalde volgorde weer. Hoe hoger in deze volgorde, des te gunstiger is de totale situatie voor de leider; hoe lager, des te ongunstiger.

Relatie leider - leden	Taakstructuur	Machtspositie
1 goed	gestructureerd	sterk
2 goed	gestructureerd	zwak
3 goed	ongestructureerd	sterk
4 goed	ongestructureerd	zwak
5 slecht	gestructureerd	sterk
6 slecht	gestructureerd	zwak
7 slecht	ongestructureerd	sterk
8 slecht	ongestructureerd	zwak

De gunstigste situatie voor een leider is die waarin hij gewaardeerd en sympathiek gevonden wordt door de groepsleden, waarin de te vervullen taak scherp omschreven is en waarin hij een krachtige positie bekleedt. Bijvoorbeeld een sympathiek gevonden generaal tijdens een inspectie op een legerbasis.

En de ongunstigste situatie staat een leider te wachten, wanneer hij onsympathiek gevonden wordt, voor een ongestructureerde taak staat en een geringe machtspositie heeft. Bijvoorbeeld een impopulaire voorzitter van een vrijwilligersorganisatie die zich bezint op haar doelstellingen.

Nadat Fiedler op deze wijze een model had ontwikkeld voor het kunnen typeren van groepssituaties, richtte hij zijn aandacht op het onderzoeken van de meest effectieve stijl (taakgericht of relatiegericht) in elk van deze acht situaties.

Uit het grote aantal (meer dan 800) onderzoeken dat Fiedler en zijn collega's uitvoerden, komt naar voren

1   dat de *taakgerichte leiders* het meest effectief zijn wanneer de situatie ofwel zeer gunstig ofwel zeer ongunstig is voor de leider,

2   dat *relatiegerichte leiders* het meest effectief zijn in situaties die tamelijk gunstig of tamelijk ongunstig zijn.

taakgerichte stijl	relatiegerichte stijl	taakgerichte stijl
zeer gunstige situatie	matig gunstige of matig ongunstige situatie	zeer ongunstige situatie

Wanneer de situatie zeer gunstig is, dus wanneer de groep de leider accepteert, kan de leider zich volledig op de taak richten zonder negatieve reacties bij de groepsleden op te roepen. Omdat het werk vlot verloopt, is er geen reden om moeilijk te doen over het directieve en taakgerichte gedrag van de leider.

Aan de andere kant, wanneer de situatie zeer ongunstig is, is de positie van de leider zó moeilijk, dat de enige kans om nog iets gedaan te krijgen ligt in de volledige concentratie op de taak. De taak vormt dan nog het enige samenbindende element tussen de leider en de groep.

Maar als de situatie slechts matig gunstig of ongunstig is, verwacht de groep met consideratie behandeld te worden en is de relatiegerichte leider dus effectiever, omdat deze zich weet te verzekeren van de medewerking van de groepsleden.

Als hij zijn aandacht richt op de onderlinge relaties, vergroot hij de kans dat hij zijn groep tot het leveren van goede prestaties brengt.

We zien dus dat Fiedler tot de conclusie komt dat zowel directieve, taakgerichte leiders als non-directieve, relatiegerichte leiders effectief en succesvol kunnen zijn, zij het onder andere omstandigheden. Anders gezegd: verschillende leiderschapssituaties vereisen verschillende leiderschapsstijlen.

Een punt van kritiek op de studies van Fiedler uit latere jaren is dat hij de suggestie wekt dat er slechts twee leiderschapsstijlen zijn: taakgericht en relatiegericht. Recent onderzoek toont echter aan dat leiderschapsgedrag genuanceerder opgevat dient te worden. Het is immers niet een kwestie van òf/òf. De leider is niet zonder meer ofwel taakgericht ofwel relatiegericht. Hij kan op elk van deze twee aspecten hoog (of laag) scoren. Dus een leider die hoog scoort op taakgedrag, scoort niet noodzakelijk laag op relatiegedrag.

Er is dus een tweedimensioneel model nodig om leiderschapsstijlen aan te geven. Dit is het model van de vier stijlen dat ik eerder in dit hoofdstuk besproken heb (paragraaf 10.3).

10.5 Leiderschapsstijl en ontwikkelingsniveau van de groepsleden[12]

In hun uitwerking van Fiedlers en Reddins theorieën van situationeel leiderschap, noemen Hersey en Blanchard het ontwikkelingsniveau van de groepsleden als belangrijkste situationele factor. De groepsleden kunnen sterk variëren naar de mate waarin ze competent en vakbekwaam zijn.
Niet alleen de bekwaamheid en vakkennis kunnen variëren, maar ook de bereidheid en inzet. Beide aspecten, bekwaamheid en bereidheid, bepalen samen het ontwikkelingsniveau. Als we deze twee aspecten variëren in hoog en laag, ontstaan er vier typen van ontwikkeling:

type	bekwaamheid	bereidheid
1 laag	laag	laag
2 matig	laag	hoog
3 ruim	hoog	laag
4 hoog	hoog	hoog

Hersey en Blanchard spreken van vier ontwikkelingsniveaus (*"maturity levels"*), die ik als volgt nader wil typeren.

1   *Laag niveau van ontwikkeling*
   – geen of nauwelijks relevante werkervaring
   – geen of nauwelijks vakkennis
   – weinig inzicht in wat er moet gebeuren

---

12 Met toestemming overgenomen uit Jan Remmerswaal, *Begeleiden van groepen*, Bohn Stafleu Van Loghum, Houten, 1992.

- terughoudend in het nemen van verantwoordelijkheid
- weinig drang tot presteren
- onverschillig, niet toegewijd.

2   *Matig niveau van ontwikkeling*
- nog onvoldoende relevante werkervaring
- nog niet alle noodzakelijke vakkennis
- redelijk inzicht in de taak
- bereidheid tot het nemen van verantwoordelijkheid
- drang tot presteren
- toegewijd en (redelijk) enthousiast.

3   *Ruim niveau van ontwikkeling*
- beschikt over relevante werkervaring
- beschikt over noodzakelijke vakkennis
- begrijpt wat er gedaan moet worden
- aarzelt om volledige verantwoordelijkheid te nemen
- is toegewijd, maar komt niet tot actie
- of (in geval van tegenzin): onttrekt zich aan verantwoordelijkheid
  en voelt zich weinig betrokken.

4   *Hoog niveau van ontwikkeling*
- beschikt over relevante werkervaring
- beschikt over noodzakelijke vakkennis
- begrijpt wat er gedaan moet worden
- grote bereidheid verantwoordelijkheid te nemen
- grote drang tot presteren
- zeer toegewijd.

De vier typen ontwikkelingsniveau kunnen ook gehanteerd worden om een hele groep mee te typeren.

Wat is nu het verband tussen ontwikkelingsniveau en leiderschapsstijl? Naarmate de ontwikkeling van groepsleden toeneemt, zullen hun behoeften met betrekking tot het gedrag van de leider meevariëren. Groepsleden, die op de twee laagste ontwikkelingsniveaus functioneren, dienen structuur en sturing te krijgen om goede prestaties te kunnen leveren en in hun taakuitvoering te groeien. Daarnaast hebben ze van de leider ondersteuning nodig naarmate hun ontwikkeling stijgt van niveau 1 naar niveau 2. Groepsleden die wel over de nodige kennis en bekwaamheid voor het uitvoeren van een bepaalde taak beschikken (niveau 3) maar nog te weinig zelfvertrouwen bezitten om de volledige verantwoordelijkheid ervoor op zich te nemen, reageren positief op aanmoediging en ondersteuning. Wanneer de groep bestaat uit ervaren en toegewijde groepsleden bereikt men het beste resultaat met delegerend leiderschap, ofte wel leiding door de groep zelf.

Wanneer we de vier leiderschapsstijlen koppelen aan de vier ontwikke-lingsniveaus van de groepsleden, blijkt stijl 1 (de directieve stijl) het meest effectief bij groepsleden met een laag niveau van ontwikkeling (niveau 1), stijl 2 past bij niveau 2, enzovoort. Zie figuur 10.6.

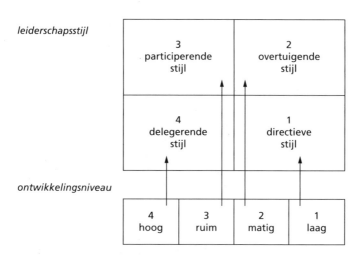

leiderschapsstijl

ontwikkelingsniveau

Figuur 10.6 Leiderschapsstijl en ontwikkelingsniveau

1   *De directieve stijl is voor lage ontwikkeling:*
deze stijl wordt door Hersey en Blanchard *"telling"* genoemd, omdat ze gekenmerkt wordt door eenrichtingscommunicatie, waarbij de leider ver-telt wat, hoe, wanneer en waar de verschillende taken verricht dienen te worden. De nadruk ligt op het geven van directieven.
Deze stijl is effectief wanneer de groepsleden nog weinig taakbekwaamheid ontwikkeld hebben en ook nog te weinig zelfvertrouwen hebben voor het nemen van verantwoordelijkheid.

2   *De overtuigende stijl is voor matige ontwikkeling:*
Hersey en Blanchard noemen deze stijl *"selling"* (verkopen), omdat de lei-der met tweerichtingscommunicatie en uitleg probeert aan te zetten tot het gewenste gedrag. Hij blijft daarbij sturing bieden, maar heeft ook oog en oor voor de groepsleden. Groepsleden met een redelijk ontwikkelingsni-veau zijn meestal bereid mee te gaan in de lijn van de leider, naarmate deze beter de redenen hiervoor uitgelegd heeft en bovendien hulp en sturing biedt.

3   *De participerende stijl is voor ruime ontwikkeling:*
op dit niveau zijn de groepsleden wel capabel, maar niet gemotiveerd om te doen wat de leider hen wil laten doen. Deze lage motivatie kan het gevolg zijn van onzekerheid, gebrek aan zelfvertrouwen of tegenzin. In al deze gevallen helpt het niet wanneer de leider eenzijdig sterk de nadruk

291

legt op de taakuitvoering. Hij kan veel beter door tweerichtingscommunicatie en door actief luisteren proberen een goed contact op te bouwen. Daarom heeft in dit geval een ondersteunende, non-directieve en participerende stijl de grootste kans op effectiviteit. Hersey en Blanchard spreken hier van *"participating"*, waarbij het hoofdaccent van de leider ligt op het bieden van steun en het bevorderen van een soepele communicatie. De leider kan zich beperken tot zulk steungevend gedrag, wanneer de medewerkers het vermogen en de kennis hebben om de taak uit te voeren.

4   *De delegerende stijl is voor hoge ontwikkeling:*
op dit niveau zijn de groepsleden niet alleen capabel, maar ook bereid tot het nemen van verantwoordelijkheid. Hierbij past een stijl die weinig sturing of steun biedt, maar veel aan henzelf overlaat. De leider delegeert de verantwoordelijkheid daarbij aan de groep.
Een kritische noot is hierbij op zijn plaats. Alleen met groepsleden met zulke hoge ontwikkeling is er sprake van een delegerende stijl. Wanneer de leider vanuit zo'n stijl handelt bij groepsleden van een lager niveau, wordt zulk gedrag ervaren als onverschilligheid of als zich onttrekken aan het leiderschap. Dan is de term "laissez-faire"-leiderschap meer op zijn plaats.

De leider zal dus een analyse moeten maken van de taakbekwaamheid en ontwikkeling van zijn groep en op basis daarvan zijn leiderschapsstijl kiezen. Een juiste keuze heeft een positief effect op het gedrag van de groepsleden; en onjuiste keuze heeft een negatief effect. Door goed te kiezen wordt het zelfs mogelijk dat de leider stimuleert dat groepsleden "doorgroeien" van bijvoorbeeld niveau 2 via niveau 3 naar niveau 4. Uiteraard vergt dit een aanpassing van leiderschapsstijl.

In mijn opvatting zijn er naast de taakbekwaamheid en het ontwikkelingsniveau de groepsleden nog vier situationele factoren die een rol spelen in de keuze van welke type leiderschap het meest effectief is. Het zijn:
—   de fase van de groepsontwikkeling
—   het type groep
—   het type organisatie
—   de eigen ontwikkeling als professional.
Ik zal dit in de komende paragrafen nader uitwerken. Voor zover ik kon nagaan is geen van deze vier factoren nader onderzocht. Vandaar dat ik mijn gedachten met enige voorzichtigheid presenteer.

10.6 Leiderschapsstijl en groepsontwikkeling

Er zijn veel theorieën over groepsontwikkeling (zie ook hoofdstuk 5), maar globaal komen veel theorieën (even afgezien van de voorfase) overeen op de volgende punten:
1   Na een oriëntatiefase, waarin de groep vaak afhankelijk gedrag te zien geeft, ontwikkelt de groep meestal een taakstructuur, waarmee ze het

werken aan haar doelstelling op inhoudsniveau veilig stelt (zie paragraaf 5.5.2).

2   Tijdens of na deze taakgerichte fase verschuift de aandacht meer naar het interne groepsfunctioneren: de onderlinge betrekkingen en het betrekkingsniveau.

Dit kan twee vormen aannemen: men stelt kritische vragen ten aanzien van het leiderschap in de groep en (meestal daarna) ten aanzien van de onderlinge relaties en omgangsvormen. Dit zijn soms twee aparte fasen.

Anders gezegd: de groep vervangt de opgelegde leiderschapsstructuur door een passende eigen invloedsverdeling. De groep regelt haar eigen antwoorden op vragen rond macht en invloed. Ik heb dit eerder aangeduid als de "machtsfase" (paragraaf 5.5.3).

3   In de hieropvolgende fase komt de groep tot een eigen regeling van de onderlinge verhoudingen. Er ontstaat een relatiepatroon, waarin de groep haar antwoorden vindt op vragen rond persoonlijke betrokkenheid en rond afstand en nabijheid. Ik noemde dit al eerder de "affectiefase" (paragraaf 5.5.4).

4   Wanneer een groep deze beide fasen goed doorgekomen is en haar eigen taakstructuur, haar eigen invloedsverdeling en haar eigen relatiepatroon ontwikkeld heeft, spreken we van een "autonome groep": de vijfde fase van groepsontwikkeling (zie paragraaf 5.5.5).

5   Tot slot dienen we te vermelden dat groepen niet eeuwig duren en vroeg of laat tot een einde komen. We komen zo bij de laatste fase: de afsluitingsfase. Men rondt de taak af (afsluiting) en men komt tot een afbouw van de persoonlijke betrokkenheid op elkaar (afscheid): zie paragraaf 5.7.

Voor het overzicht hieronder beperk ik me tot de vier eerstgenoemde fasen:
1   de oriëntatiefase
2   de machtsfase
3   de affectiefase
4   de fase van de autonome groep.

Deze vier fasen lopen verrassend parallel met de vier typen leiderschap van Hersey en Blanchard.

Dat wil zeggen, in de oriëntatiefase is een sterke nadruk op taakaspecten van belang. Dit kan de vorm krijgen van het bieden van structuur: aangeven van de doelstellingen, planning van groepsactiviteiten ten behoeve van deze doelstelling, tijdbewaking en dergelijke. Directief leiderschap toont deze voorrang van aandacht voor de taak boven aandacht voor de relaties.

Naarmate de groep zich verder ontwikkelt, is het van belang dat de leider meer en meer aandacht gaat besteden aan relatieaspecten en dus een stijl vertoont die past in de bovenste twee kwadranten van het Hersey en Blanchard-diagram: de overtuigende stijl respectievelijk de participerende stijl.

In een volledig autonome groep kan de leider het vervullen van de leider-schapsfuncties aan de groep zelf overlaten, met andere woorden delegeren. Ik geef dit weer in figuur 10.7.

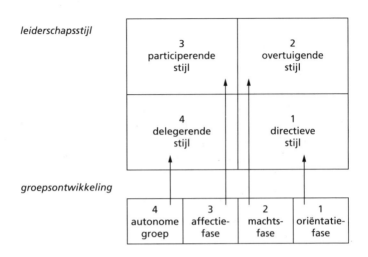

leiderschapsstijl

3 participerende stijl	2 overtuigende stijl
4 delegerende stijl	1 directieve stijl

groepsontwikkeling

| 4
autonome
groep | 3
affectie-
fase | 2
machts-
fase | 1
oriëntatie-
fase |

Figuur 10.7 Leiderschapsstijl en groepsontwikkeling

Door vast te blijven houden aan een niet passende leiderschapsstijl kan de leider de groepsontwikkeling behoorlijk vertragen, met name wanneer deze stijl de groep "te laag" inschat.

10.7 Leiderschapsstijl en type groep

Wat de meest effectieve leiderschapsstijl is, hangt ook af van hoe dit lei-derschap aansluit op het type groep.

Enerzijds zijn er groepen, waarin taakaspecten centraal staan, waarvoor het bieden van structuur van groot belang is. Als voorbeelden kunnen taak-groepen, vergadergroepen, commissies, instructiegroepen, opleidingsgroe-pen, cursusgroepen en dergelijke gelden.

Anderzijds zijn er groepen waarin procesaspecten centraal staan. Dit kun-nen groepsprocessen of individuele processen zijn. Voorbeelden hiervan: trainingsgroepen, therapiegroepen, procesgroepen. In dit tweede type groe-pen gaat het veel sterker om het stimuleren van eigen autonomie dan in het eerste taakgerichte type.

Als ik het eerste groepstype, waarin de structuur en de taak overheersen, onderverdeel in een tweetal subtypen, afhankelijk van hoe sterk de struc-tuur en de taak overheersen, kan ik deze benoemen als:
1   puur taakgericht
2   overwegend taakgericht, maar deels ook procesgericht.

Evenzo kan ik het tweede groepstype, waarin procesaspecten overheersen, nader onderverdelen in:
3 overwegend procesgericht, maar deels ook taakgericht
4 puur procesgericht.

Deze vierdeling kan ik koppelen aan het schema van Hersey en Blanchard:
1 bij puur taakgerichte groepen past directief leiderschap
2 bij overwegend taakgerichte groepen past overtuigend leiderschap
3 bij overwegend procesgerichte groepen past participerend leiderschap
4 bij puur procesgerichte groepen past een mengvorm van participerend en delegerend leiderschap.
In het schema wil ik het volgende balkje toevoegen:

4 puur proces- gericht	3 overwegend proces- gericht	2 overwegend taak- gericht	1 puur taak- gericht

< hoofdaccent op proces   hoofdaccent > op structuur

10.8 Leiderschapsstijl en organisatietype

Er valt ook een koppeling te leggen tussen leiderschapsstijl en organisatietype. Een onderscheid dat hiervoor relevant is, is dat tussen "mechanistische" en "organistische" organisaties (Burns en Stalker, 1966, en Wofford c.s., 1977).
Zonder al te veel in details te treden wil ik de verschillen tussen deze twee organisatietypen als volgt aangeven:

Mechanistische organisaties leggen sterk de nadruk op formele regels en procedures. De taken zijn sterk specialistisch verdeeld en scherp afgebakend. De afstemming van deze verdeelde taken vindt plaats door de onmiddellijke superieuren. Ook de rechten en plichten van elke rol zijn exact gedefinieerd. Deze rechten en plichten zijn vertaald in helder afgebakende verantwoordelijkheden. De gezags- en controlelijnen verlopen strikt hiërarchisch. De interactie en communicatie verlopen voornamelijk verticaal, dat wil zeggen tussen superieur en ondergeschikte. Via zulke communicatie wordt het werkgedrag gereguleerd. Er wordt sterke nadruk gelegd op loyaliteit aan de organisatie en aan de superieuren binnen de organisatie. Er ligt een sterke nadruk op het externe systeem (zie paragraaf 2.2).

Organistische organisaties vormen hiervan in zekere zin een spiegelbeeld. Hierin overheersen informele regels en procedures. De verdeling van taken en de afstemming van de taken op elkaar vindt voortdurend plaats terwijl men aan het samenwerken is. Ook de verdeling van verantwoordelijkheden geschiedt in onderlinge interactie. Problemen hierin worden ter plekke aangepakt en niet naar boven of naar beneden in de organisatie afgeschoven. Er is een vrij grote betrokkenheid bij de organisatie, die verder gaat dan alleen de werkinzet. De gezags- en communicatielijnen vertonen een netwerkstructuur. Kennis is niet voorbehouden aan de personen in topposities, maar is verspreid over de hele organisatie. Niet de topposities, maar de knooppunten in de organisatie waar de meeste kennis gelokaliseerd is, worden de centra van autoriteit. De communicatie verloopt eerder horizontaal dan verticaal. De inhoud van deze communicatie betreft eerder informatie en advies dan instructies en beslissingen. "Commitment" met de taken en het "ethos" van de organisatie worden sterker gewaardeerd dan loyaliteit. Prestige bereikt men eerder door netwerkcontacten en expertise dan door de formele positie binnen de organisatie. Kortom, er ligt een sterke nadruk op het interne systeem (zie paragraaf 2.2).

Mechanistische organisaties functioneren prima zolang de omgeving van die organisaties stabiel blijft. Maar zodra de omgeving veranderlijk wordt, is een organisatietype nodig, dat daarop flexibel kan reageren. In zulke omstandigheden is een organistische organisatie veel effectiever.
Beide organisatietypen hebben ook hun voorkeuren voor bepaalde leiderschapsstijlen. Ik kan deze het best aangeven door de twee organisatietypen als volgt nader onder te verdelen:
1 sterk mechanistisch
2 overwegend mechanistisch met enkele organistische elementen
3 overwegend organistisch met enkele mechanistische elementen
4 sterk organistisch.

Naarmate de organisatie organistischer wordt, komt er meer nadruk te liggen op informele aspecten en op het interne systeem. Kortom, er komt meer ruimte voor relatieaspecten, waar effectief leiderschap op in dient te spelen.

Ook deze vierdeling kunnen we koppelen aan het schema van Hersey en Blanchard:
1 bij sterk mechanistische organisaties past directief leiderschap
2 bij overwegend mechanistische organisaties past overtuigend leiderschap
3 bij overwegend organistische organisaties past participerend leiderschap
4 bij sterk organistische organisaties past een mengvorm van participerend en delegerend leiderschap.

In het schema wil ik het volgende balkje toevoegen:

4	3	2	1
sterk organistisch	overwegend organistisch	overwegend mechanistisch	sterk mechanistisch

< hoofdaccent op intern systeem

hoofdaccent > op extern systeem

10.9 Leiderschapsstijl en eigen ontwikkeling als professional

In de keuze voor de meest effectieve stijl van leiding geven speelt mijns inziens ook de fase van de eigen ontwikkeling als professional een rol. Impressionistisch wil ik als voorbeeld de levenscyclus van een groepsbegeleider/trainer/docent als volgt schetsen:

Fase 1
Onzekerheid en twijfel aan eigen ontwikkeling, tot uiting komend in een sterke afhankelijkheid van externe bronnen, een grote leeshonger en kopieerwoede, veel zoeken en verzamelen van materiaal, neiging tot aanbrengen van structuur in de zelfgeleide cursus- of trainingsgroepen. Samengevat: een sterke nadruk op de *inhoud* van het vak en op procedures om het vak over te brengen.

Fase 2
De ontdekking: "Hé, er is ook nog een groep!". Men gaat meer aandacht krijgen voor de groep en baseert daar de interventies op in plaats van op wat in de boeken staat.
Kortom, men krijgt aandacht voor het *interactieniveau* en probeert zoveel mogelijk te doen wat "goed is voor de groep".

Fase 3
De groepsbegeleider/trainer/docent wordt zich steeds meer bewust van de interactie tussen hemzelf en de groep, en ontdekt daarbij: "Hé, dat ben ik": "wat draag ik bij aan het geheel"; "Hoe stuur ik de processen aan"; "Wat doe ik blijkbaar wel en wat doe ik niet"; "Waar liggen mijn blinde vlekken"; "Welke keuzen maak ik"; "Wat zijn mijn sterke en zwakke kanten"; "Hoe autonoom handel ik".
Samengevat: de nadruk komt nu te liggen op het eigen *bestaansniveau* en op de interne sturing van het eigen gedrag.
Dat wil zeggen: niet iets doen omdat de boeken dat voorschrijven of omdat de groep dat nodig heeft, maar omdat ik dat zelf belangrijk vind vanuit mijn eigen professionaliteit. En in die professionaliteit zijn de eerdere twee fasen geïntegreerd.

Fase 4
In een volgende fase zit men niet langer vast aan de *context* waarin men de

eigen vaardigheden aangeleerd en ontwikkeld heeft, en kan men de eigen professionele inzet uitbreiden naar andere contexten (bijvoorbeeld switchen van non-profit- naar profit-context).

Ik wil dit aanduiden als een "senior"-niveau. Men kan daarbij vanuit een "meta-niveau" terugblikken op de eigen ontwikkeling en dit dienstbaar maken aan het opleiden van anderen, bijvoorbeeld junior trainers.

Men heeft ontdekt dat er niet één zaligmakende methode bestaat, maar kan eclectisch kiezen uit een rijkdom aan eigen trainingservaringen en een breed aanbod van mogelijke benaderingen op het eigen vakgebied.

Ik wil deze vier fasen als volgt koppelen aan de vier stijlen van Hersey en Blanchard:

— in fase 1 zal men vooral gebruik maken van stijlen 1 en 2 (directief en overtuigend leiderschap)
— in fase 2 breidt men dit uit naar stijl 3 (participerend leiderschap)
— in fase 3 durft men in toenemende mate een non-directieve opstelling aan; dit komt overeen met delegeren (stijl 4)
— in fase 4 versterkt men dit brede stijlbereik en kan men soepel switchen tussen directieve en non-directieve opstellingen, al naar gelang de situatie van de groep en eigen affiniteit.

In het verloop van de ontwikkeling zien we dus een *vergroting van het eigen stijlbereik*. Men gaat soepeler beschikken over een groter aantal leiderschapsstijlen.

10.10 Leiderschapsstijl en persoonlijke affiniteit

Wat effectief is als leider hangt ten slotte voor een deel ook af van de eigen affiniteit. Ik heb hiervoor geen waterdichte test, maar deze affiniteit kan men wel op het spoor komen via de volgende vragen:

— welke persoonlijke voorkeuren heb je in het omgaan met mensen
— ben je vooral directief of vooral non-directief
— ben je een groepsmens of juist een individualist
— hoe sterk is je eigen behoefte aan zekerheid en controle
— in welke mate durf je "los te laten" en vertrouwen te schenken
— welk belang hecht je zelf aan persoonlijke groei en ontwikkeling
— hoeveel onzekerheid kun je aan
— hoe reageer je persoonlijk-emotioneel op stress en conflict
— hoe "vrij" heb je je kernkwaliteiten tot je beschikking
— hoe soepel of krampachtig reageer je op je "allergieën"
— in welke stijl heb je het meest "plezier": wat ligt je het best
— . . . .
— . . . .
— . . . .

Naarmate de eigen affiniteit en de in een bepaalde situatie gekozen leiderschapsstijl meer op elkaar aansluiten zal deze stijl effectiever zijn.

10.11 Leiderschapsstijl en het motiveren van medewerkers

De laatste jaren valt in toenemende mate een omschakeling te zien naar medewerkergericht management. Dit komt onder andere tot uiting in de belangstelling voor "Human Resources Management"(HRM).
Ook op andere maatschappelijke terreinen, zoals gezondheidszorg en onderwijs, valt zo'n omschakeling te zien.
In de gezondheidszorg stapt men steeds vaker over op patiënt/bewonergerichte zorgverlening. Daarbij komt de patiënt/bewoner centraler te staan in het zorgproces en krijgt hij daarin ook een actievere rol toebedeeld. Deze verandering in verpleeg/zorgstijl kunnen we typeren van taakgericht naar patiënt/bewonergericht.
In het onderwijs schakelt men steeds meer over van docentgecentreerde instructie op leerlinggecentreerd onderwijs (zie ook paragraaf 10.12). Dit betekent een overgang van kennisoverdracht door de docent naar kennisverwerving door de leerling, van docentaanbod naar leerlingvragen, van doceren naar studeren en van docentgestuurde instructie naar zelfgestuurd leren.
Zulke omschakelingen in gezondheidszorg en onderwijs hebben alleen kans van slagen wanneer ze ondersteund worden vanuit het betreffende management en dit management bereid is ook de eigen managementstijl aan te passen. Kort getypeerd: minder exclusief taakgericht en sterker personeelsgericht. Dit geldt ook voor organisaties op andere maatschappelijke terreinen.
Tot personeelsgericht management horen onder andere: begeleiding, coaching, geven van feedback en het bieden van mogelijkheden tot scholing en training. In zulk management passen met name de leiderschapsstijlen 2 en 3: de overtuigende stijl en de participerende stijl, met andere woorden de twee stijlen die een grote plaats inruimen voor relatiegerichtheid. Medewerkergericht management sluit goed aan op de ideeën van Human Resources Management.

Human Resources Management is een management-benadering, waarbij grote waarde gehecht wordt aan het scheppen van een klimaat waarin alle betrokkenen in een organisatie zich aangesproken voelen en aangesproken worden. Door het creëren van zinvol en inhoudsvol werk ervaren de werknemers eigen verantwoordelijkheid en uitdaging in hun werk en worden hun ambities en mogelijkheden optimaal aangesproken. Het streven daarbij is om de individuele doelen van de werknemers en de centrale doelstellingen van de organisatie zoveel mogelijk op elkaar aan te laten sluiten. Daar streeft men in de HRM-benadering naar door aan de werknemers optimale kansen te bieden tot het ontwikkelen van eigen capaciteiten, kennis en vaardigheden en daar een uitdagend beroep op te doen via de concrete wijze waarop het werk georganiseerd is. Immers, de mensen in de organisatie zijn het belangrijkste "kapitaal": hun energie, hun talent, hun betrokkenheid zijn van beslissend belang in het realiseren van de organisatiedoelstelling. Het motiveren van medewerkers is het best gegarandeerd bij een stimulerend leiderschap, waarbij het doel niet zozeer is hoe men het uiterste *uit* de medewerkers kan halen, als wel hoe men het beste *in* de medewerkers weet op te roepen. Het eerste vergt een voortdurende controle òp de medewerkers, het tweede vergt initiatief van de medewerkers zelf.

Werkelijk motiveren is niet "mensen van buitenaf als trekpaarden in beweging zetten", maar betekent het creëren van een omgeving waarin ze het de moeite waard vinden zichzelf op gang te brengen. Belangrijk hiertoe zijn gedelegeerde verantwoordelijkheid waar dat mogelijk is, meer betrokkenheid en grotere participatie. Zo toegepast is motiveren niet een toegepaste techniek via een kant-en-klaar recept, maar een intrinsiek onderdeel van een stijl van leiding geven, waarbij de individuele medewerkers als personen benaderd worden.

Hiertoe reken ik ook het uitspreken van waardering en erkenning wanneer medewerkers goed werk geleverd hebben. Zulke waardering en erkenning zijn sterk motiverende krachten. Onder andere het functioneringsgesprek kan hiertoe een goede gelegenheid bieden.

Controle en beoordeling zijn activiteiten die passen bij stijl 1 van Hersey en Blanchard: de directieve stijl. Human Resources Management past vooral bij de stijlen 2 en 3: overtuigend en participerend, en in iets andere betekenis ook bij stijl 4: delegerend leiderschap.

10.12 Situationeel leiderschap in opleidingsgroepen

In de opleidingssituatie zijn er twee hoofdpersonen: de opleider/docent en de leerling/student/cursist. Effectief opleiden vereist dat deze twee partijen op elkaar afgestemd zijn. Deze afstemming is primair de verantwoordelijkheid van de opleider.
Bij deze afstemming gaat het om de afstemming van twee stijlen op elkaar: de doceerstijl van de opleider en de leerstijl van de leerling. Concreet vindt deze afstemming plaats door de keuze van de meeste geschikte didactische werkvormen.

Belangrijke doelen van elke opleiding zijn:
1   de overdracht van bepaalde kennis of vaardigheden, en
2   het stimuleren tot zelfstandig leren en werken.
Het eerstgenoemde doel is de inhoudelijke doelstelling, het tweede doel is een procesgericht doel.
Het verwezenlijken van het tweede doel (zelfstandig leren en werken) wordt sterker bevorderd naarmate *docentgecentreerde instructie* plaats gaat maken voor *leerlinggecentreerd opleiden.*

Leerlinggecentreerd opleiden	Docentgecentreerde instructie
– zelfgestuurd	– docentgestuurd
– studeren centraal	– doceren centraal
– vragen van leerlingen	– aanbod van docent
– kennisverwerving	– kennisoverdracht
– activiteiten van leerlingen	– activiteiten van docenten
– studie-uren, studietaken	– lesuren, lestaken

Dit betekent een overgang van kennisoverdracht naar kennisverwerving, van docentaanbod naar leerlingvragen, van doceren naar studeren en van *docentgestuurde instructie naar zelfgestuurd leren.*
Bevorderen van zelfstandig leren betekent dus: bevorderen dat leerlingen de leerfuncties gaan overnemen. Dit bevorderen heet *procesgerichte instructie* (Vermunt, 1992).

Dit lukt beter naarmate de opleider zijn doceerstijl weet af te stemmen op de didactische situatie van de leerling. In aansluiting op de leiderschapstheorie van Hersey en Blanchard kan doceren gedefinieerd worden als een vorm van situationeel leiding geven. Uitgaande van twee hoofddimensies (aandacht voor de leerinhoud en aandacht voor leerprocessen) kunnen er vier stijlen van *situationeel opleiden* gedefinieerd worden:
1   directieve instructie: uitsluitend aandacht voor de leerinhoud (de lesstof)
2   overtuigende instructie: gecombineerde aandacht voor de leerinhoud èn voor de leerprocessen
3   participerende instructie: maximale aandacht voor leerprocessen
4   docent-onafhankelijke instructie, bijvoorbeeld computer-ondersteund opleiden (COO).

Proces

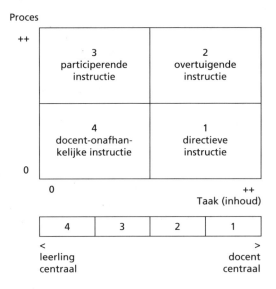

		++
3 participerende instructie		2 overtuigende instructie
4 docent-onafhan- kelijke instructie		1 directieve instructie

0

0   ++
Taak (inhoud)

| 4 | 3 | 2 | 1 |

<   >
leerling   docent
centraal   centraal

Dit viertal opleidingsstijlen laat een overgang zien van maximale sturing door de docent naar maximale zelfsturing door de leerling.

De doceerstijl dient daarbij aan te sluiten op de *leerstijl* van de leerling.
In recent onderzoek van Vermunt (1992) worden vier leerstijlen onderscheiden:
1   een ongerichte leerstijl
2   een reproduktiegerichte leerstijl
3   een toepassingsgerichte leerstijl
4   een betekenisgerichte leerstijl.

In deze volgorde is tevens een overgang te zien van externe sturing van leerprocessen naar interne sturing (zelfsturing). Dit breng ik tot uitdrukking in het volgende diagram, dat onder het schema met de vier opleidingsstijlen past.

| 4 betekenis- gerichte leerstijl | 3 toepassings- gerichte leerstijl | 2 reproduktie gerichte leerstijl | 1 ongerichte leerstijl |

< hoofdaccent   hoofdaccent >
op interne sturing   op externe sturing

De leerling neemt zijn eigen leerproces steeds meer in eigen hand en wordt in zekere zin zijn eigen leraar.
Door zijn opleidingsstijl zorgvuldig te kiezen en geleidelijk te wijzigen in

de richting van participerende en docent-onafhankelijke instructie kan de opleider bevorderen dat de leerling geleidelijk omschakelt op een leerstijl met sterkere interne sturing. Voor deze koppeling van opleidingsstijl aan leerstijl staat de opleider een groot aantal didactische werkvormen ter beschikking, met name interactieve vormen en zelfwerkzaamheidsvormen. Door middel van deze didactische werkvormen kan de opleider de leerling helpen bij het leren te leren en bij het vergroten van zijn zelfstandig denkvermogen. Aan het *Didaktisch vademekum* (De Bie, 1979) ontleen ik het volgende overzicht van didactische werkvormen:

Zelfwerkzaamheids-vormen	Interactievormen	Aanbiedende vormen
leerling actief	docent en leerling actief	docent actief
1 zelfstudie 2 werkstuk maken, scriptie schrijven 3 practicum, praktijkoefeningen 4 computerondersteund leren (COO)	5 onderwijsleer-gesprek (OLG) 6 discussie (onderwerp) 7 incidentmethode 8 groepsgesprek (ervaringen) 9 supervisie	10 hoorles, college 11 demonstratie

Didactische werkvormen zoals deze zijn als het ware de operationele instrumenten voor situationeel opleiden. Voor een nadere uitwerking daarvan verwijs ik naar betreffende literatuur (o.a. De Bie, 1979, en Hoogeveen en Winkels, 1992).

10.13   Scenario naar de toekomst: de leider als coach

Voor ieder van ons persoonlijk geldt de vraag: welk type leiderschap wil ik voor mezelf gaan ontwikkelen met het oog op de nabije toekomst? Op welk type leiderschap wil ik me oriënteren?
In algemenere termen geldt de vraag: welk type leiderschap zal in de nabije toekomst van belang worden?
Op deze vragen geeft Verhoeven (1993) in een recent artikel een stimulerend antwoord. Ik zal hier een aantal van zijn gedachten weergeven.

In managementopleidingen werd vroeger geleerd dat de taak van de manager voornamelijk getypeerd kon worden met vier werkwoorden: plannen, organiseren, coördineren en controleren. Dit beeld raakt achterhaald. Als contrast komt steeds helderder een beeld naar voren van een leider die

303

veel meer faciliterend werkt in plaats van opleggend. Geen controleur, maar een *coach*. De nieuwe trefwoorden voor de taak van de leider zijn: coachen, ontwikkelen, trainen, *delegeren* en faciliteren. Het plannen, organiseren, controleren en coördineren kan hij *aan de mensen zelf overlaten*. Manager en medewerkers worden veel meer *partners op de werkplek, met ieder hun eigen specifieke bijdrage aan het geheel.*
In dit opzicht bepleit Verhoeven stijl 3 en 4 van Hersey en Blanchard: participerend en delegerend leiderschap.
Het komt er volgens Verhoeven in toenemende mate op aan om gedeelde vormen van leiderschap te ontwikkelen, om het gezamenlijk oordeelsvermogen in organisaties te versterken, om in dialoog prioriteiten te stellen, om een gezamenlijke visie en een gezamenlijke definitie van de werkelijkheid te ontwikkelen en tegelijk daarmee een gedeeld stelsel van normen en waarden te formuleren, dat richting geeft aan het handelen binnen de organisatie.

Tegenwoordig bevinden veel managers zich in de positie dat zij leiding geven aan mensen die meer weten van het werk dan zijzelf. In zo'n positie kan een manager niet slagen door op een klassieke manier "de baas te spelen". Hij zal zijn waarde moeten bewijzen door als hulpbron te fungeren voor degenen die onder zijn leiding staan, hetzij als oplosser van problemen, hetzij als verbindingsman, dan wel als praatpaal of als inspirator.
Het sleutelwoord voor de manager-coach daarbij is *"machtigen"*. "Machtigen" is een managementstijl waarbij verantwoordelijkheden en bevoegdheden *gedelegeerd worden*, opdat medewerkers dicht bij de klanten de noodzakelijke besluiten kunnen nemen. Niet alleen hebben managers van eenheden ("units") een duidelijke resultaatverantwoordelijkheid, ook zijn de medewerkers gemachtigd om meer beslissingen te nemen. Machtigen van het personeel betekent dat iemand op basis van eigen oordeel mag afwijken van de regels, als dat leidt tot een beter resultaat of een betere afstemming op de "klant".
Tevens komt deze managementstijl tegemoet aan enkele fundamentele behoeften die mensen in een organisatie hebben:
— de menselijke behoefte aan betekenis
— de behoefte om tot op zekere hoogte zelf richting te geven aan het eigen bestaan
— de menselijke behoefte aan positieve bekrachtiging.
(Dit drietal sluit overigens vrij goed aan op het eerder geformuleerde drietal basisbehoeften aan inclusie, controle en affectie.)

"Machtigen" is een managementstijl die uitdrukkelijk niet appelleert aan afhankelijkheid, maar aan initiatief en creativiteit. Niet alleen in het bedrijfsleven, maar in de hele maatschappij is een verschuiving van afhankelijkheid naar initiatief en eigen verantwoordelijkheid waar te nemen. We zijn op weg van een gehoorzaamheidsmaatschappij naar een initiatiefmaatschappij. In de loop van de geschiedenis zijn mensen steeds meer hun lot in eigen hand gaan nemen. In de tijd die we nu meemaken, beleven we weer een sprong voorwaarts in die ontwikkeling, zoals ook te merken is aan de toegenomen aandacht voor methodieken van zelfmanagement.

Een en ander betekent geen pleidooi voor volstrekte autonomie. Integendeel. Delegatie betekent niet het ongebreideld afstoten van taken naar lagere organisatieniveaus. Waar het om gaat, is dat verantwoordelijkheden neergelegd worden op een niveau in de organisatie waar beslissingen nog juist kunnen worden genomen en waar men de capaciteiten heeft om een en ander tot een goed einde te brengen.

Bij autonomie denkt men nog veel te vaak in termen van "het alleen doen", "niemand anders nodig hebben", "er alleen voor staan". Maar zo zit de wereld niet in elkaar. Er ontstaan altijd beperkingen door het aanpassen aan anderen.

Wederzijdse afhankelijkheid betekent, dat we rekening hebben te houden met elkaar, dat we ons iets van elkaar moeten aantrekken. Dat wil niet zeggen dat er geen conflicten mogen bestaan, maar het gaat erom effectief sociaal gedrag te ontwikkelen. En dat zit meer in gemeenschappelijkheid en wederzijdse betrokkenheid dan in individualisme en ego-tripperij.

KWALITEITEN VAN EEN COACH

Een manager als coach dient volgens Verhoeven voldoende van de volgende kwaliteiten in huis te hebben:

1 *Visie hebben.*

Hoe ziet onze organisatie er nu uit en waarheen gaat ze zich ontwikkelen? Hij moet in staat zijn om een uitdagend beeld neer te zetten, concreet genoeg om het je te kunnen voorstellen.

2 *Spannend maken.*

Een kunstenaar wordt gedreven door het verschil tussen wat hij wil en de realiteit. Een coach houdt die creatieve spanning ook in stand en laat zich niet puur door de realiteit leiden. Vooruitgang is altijd een wijziging van de huidige realiteit.

3 *Balans handhaven.*

Heden, verleden en toekomst organisch met elkaar weten te verbinden.

4 *Mobiliseren.*

Een coach moet in staat zijn energie bij mensen los te maken door voorbeeldgedrag en positieve bekrachtiging.

5 *Betrokken zijn.*

Iemand die zichzelf niet in hoge mate verbonden voelt, zal nooit "commitment" bij anderen kunnen stimuleren.

6 *Aandacht hebben voor mensen.*

Om hen als persoon en in hun functie te volgen. Mensen hebben een zesde zintuig om te ontwaren of je werkelijk aandacht voor ze hebt, of dat het allemaal maar lippendienst is.

7 *Durf hebben.*

Om zaken te ondernemen, maar ook om mensen rechtstreeks aan te spreken.

8   *Integer zijn.*
    Een coach zegt oprecht "ja" en "nee" en geeft mensen het idee "niet besodemieterd" te worden.
9   *Afstand kunnen nemen.*
    Om overzicht te bewaren (de helikopterblik), oog te houden voor samenhangen. Echter zonder afstandelijk te worden.
10 *Ambitie en zelfvertrouwen hebben.*
    Het beste uit zichzelf en zijn mensen willen halen.
11 *Vertrouwen schenken.*
    Een coach moet zaken los durven laten en ze op afstand in de peiling kunnen houden zonder dat hij de zaak en zijn mensen aan hun lot over laat.
12 *Evenwaardig opstellen.*
    Coaching staat of valt met horizontaliteit in de onderlinge relatie. Wederzijds respect voor een ieders bijdrage aan het geheel.
13 *Geduld hebben.*
    Niet in de betekenis van afwachten zonder iets te doen, maar weten hoe men de tijd voor zich kan laten werken.

In oefening 11.15.7 kunt u uzelf toetsen aan deze dertien criteria en van daaruit een beeld opstellen van kwaliteiten die u met het oog op de nabije toekomst wilt ontwikkelen.

10.14   De autonome groep: leiding door de groep zelf[13]

KENMERKEN

De meeste groepen hebben een aangestelde leider, die daarmee een zekere autoriteit verkregen heeft. Door de aanstelling van zo'n leider moet zekergesteld worden dat iemand in de groep de meest noodzakelijke functies overneemt. Dit betekent echter niet, dat de leiderschapsfuncties alleen voorbehouden zijn aan de autoriteit bezittende persoon. In rijpe groepen wordt van ieder, die ziet dat het vervullen van een bepaalde functie nodig is voor de groep, ook verwacht, dat hij die functie zal vervullen.
Leiding wordt dan niet meer gezien als de functie en taak van één persoon (bijvoorbeeld de voorzitter), maar als een functie van de groep zelf. Deze leiderschapsstijl is pas mogelijk, wanneer de wetten van de groepsdynamica bewust toegepast worden. Een groep die zichzelf leidt, kunnen we typeren als een autonome groep. Zo'n groep heeft meestal al een hele ontwikkeling achter de rug (vgl. hoofdstuk 5). Deze ontwikkeling is gebaseerd op een toenemende waardering voor verschillen tussen de groepsleden en hun capaciteiten, voor verschillen in motivatie en talent, en een besef, dat alleen vanuit deze erkenning en het benutten daarvan echte samenwerkingsmogelijkheden ontstaan. Zulke erkenning van de individuele ver-

---

13 Met toestemming overgenomen uit Jan Remmerswaal, *Begeleiden van groepen*, Bohn Stafleu Van Loghum, Houten, 1992.

scheidenheid betekent een einde aan inperkend groepsconformisme, dat vaak in eerdere fasen van groepsontwikkeling te zien valt.

EFFECTEN

Een op deze wijze ingestelde groep lost haar conflicten op door integratie: van alle wijzen van conflictoplossing (zoals vermijding, eliminatie, onderdrukking, instemming, coalitievorming, compromis en integratie) is integratie de beste, maar ook de moeilijkste en zeldzaamste. De elkaar tegensprekende meningen worden bediscussieerd, tegen elkaar afgewogen en opnieuw geformuleerd. De groep als geheel werkt aan een oplossing, die voor allen bevredigend is en die vaak beter is dan elk van de daaraan voorafgaande deeloplossingen. In zo'n groep zijn de verschillende rolfuncties (zie paragraaf 9.1) tegelijk ook leiderschapsfuncties, die voortdurend wisselend vervuld worden door de groepsleden en waaraan alle groepsleden, voor zover ze zich daartoe bekwaam voelen, gemotiveerd participeren.

NADERE TYPERING

De leiding gaat op een bepaald groepslid over zodra de groep erkent dat dat groepslid de middelen bezit om de op dat ogenblik aanwezige belangen of behoeften van de groep te behartigen. Iemand leidt, zodra hij doet, wat de groep op dat moment nodig heeft. Omdat de groep veel leiderschapsfuncties heeft en geen enkel individu al deze functies kan overnemen, worden deze functies beurtelings vervuld door verschillende groepsleden, telkens wanneer ze nodig zijn. Belangrijk is hierbij, *dat* de noodzakelijke functies worden vervuld en niet *door wie* ze vervuld worden. In zo'n groep doen zowel de aangestelde leider (of voorzitter) als de groepsleden hetzelfde: ze vervullen functies die de groep nodig heeft.

10.15 Verbinding met de praktijk

10.15.1 Oefening "bepaal uw eigen stijl van leiding geven"

AANWIJZINGEN

Aan de hand van de hierna volgende vragenlijst kunt u in grote lijnen uw eigen leiderschapsstijl bepalen.

Er volgt een reeks uitspraken. Het is de bedoeling dat u voor elk van deze uitspraken nagaat hoe goed of hoe slecht die uitspraak op u van toepassing is.

Dit kunt u aangeven door steeds een van de cijfers 1 t/m 5 die naast de uitspraken staan te omcirkelen.

De betekenis van de cijfers is als volgt:

1   zeer slecht van toepassing
2   tamelijk slecht van toepassing
3   neutraal; niet goed, maar ook niet slecht van toepassing
4   tamelijk goed van toepassing
5   zeer goed van toepassing.

Hoe beter een uitspraak uw gedrag of uw opstelling beschrijft, hoe hoger dus het cijfer dat u kiest.

Wanneer u klaar bent met invullen ontvangt u van de trainer de aanwijzingen voor de scoring.

Tijdsduur: 10 minuten voor het invullen
5 minuten voor het berekenen van de scores
15 minuten voor de nabespreking.

Mijn stijl van leiding geven

1	In principe houd ik altijd mijn belofte.	1 2 3 4 5
2	Als anderen open kaart spelen, doe ik het ook.	1 2 3 4 5
3	Als ik de leiding heb van een groep, benadruk ik dat we andere groepen vóór moeten blijven.	1 2 3 4 5
4	Als ik de leiding heb van een groep, zal ik de groepsleden veel initiatief toestaan.	1 2 3 4 5
5	Als ik de leiding heb van een groep, maak ik een werkschema voor het werk dat gedaan moet worden.	1 2 3 4 5
6	Als ik de leiding heb van een groep, stimuleer ik het gebruik van uniforme procedures.	1 2 3 4 5
7	Bij twijfel ga ik vaak op mijn gevoel af.	1 2 3 4 5
8	Als ik de leiding heb van een groep, handel ik vaak zonder de groep te raadplegen.	1 2 3 4 5
9	Als ik de leiding heb van een groep, zal ik het werktempo hoog houden.	1 2 3 4 5
10	Als ik de leiding heb van een groep, spreek ik regelmatig waardering uit voor de inzet van de medewerkers.	1 2 3 4 5
11	Als ik de leiding heb van een groep, bewaak ik dat er in een goede onderlinge sfeer samengewerkt wordt.	1 2 3 4 5
12	Als ik de leiding heb van een groep, zal ik overwerk aanmoedigen.	1 2 3 4 5
13	Ik treed nogal eens op als vertegenwoordiger van de groep.	1 2 3 4 5

14 Als ik de leiding heb van een groep, zal ik druk uitoefenen
om een hogere productiviteit te bereiken. 1 2 3 4 5

15 Als leider van een groep houd ik rekening met gevoelens van
groepsleden. 1 2 3 4 5

16 Als ik de leiding heb van een groep, benadruk ik het belang
van wederzijds vertrouwen en respect. 1 2 3 4 5

17 Ik trap wel eens bewust op andermans tenen. 1 2 3 4 5

18 Ik maak zelden gebruik van de zwakheden van anderen. 1 2 3 4 5

19 Als ik de leiding heb van een groep, zal ik de groep zelden
haar eigen tempo laten vaststellen. 1 2 3 4 5

20 Als leider van een groep sta ik het de groepsleden toe om
bij het oplossen van problemen van hun eigen oordelen uit
te gaan. 1 2 3 4 5

21 Als leider van een groep laat ik de groepsleden het werk
doen op de manier die henzelf het beste lijkt. 1 2 3 4 5

22 Als ik de leiding heb van een groep, zal ik het werk in een
hoog tempo gaande houden. 1 2 3 4 5

23 Als ik de leiding heb over een groep, beslis ik wat er gedaan
zal worden en hoe het gedaan zal worden. 1 2 3 4 5

24 Als ik de leiding heb over een groep, heb ik er geen moeite
mee om het gezag dat ik heb aan sommige groepsleden
over te dragen. 1 2 3 4 5

25 Als leider van een groep sta ik de groep een hoge mate van
eigen initiatief toe. 1 2 3 4 5

26 Als ik de leiding heb van een groep, zal ik de groepsleden
bepaalde taken toewijzen. 1 2 3 4 5

27 Als ik de leiding heb van een groep, spoor ik de groepsleden aan om harder te werken. 1 2 3 4 5

28 Als ik de leider ben van een groep, ben ik bereid om
veranderingen aan te brengen. 1 2 3 4 5

29 Als leider van een groep vertrouw ik het de groepsleden
toe om zelf tot een goed oordeel te komen. 1 2 3 4 5

30 Als leider van een groep overtuig ik anderen ervan dat
mijn ideeën ook in hun eigen voordeel zijn. 1 2 3 4 5

BIJLAGE BIJ OEFENING 10.15.1

AANWIJZINGEN VOOR SCORING

1 Tel de scores op van de antwoorden die u gegeven hebt bij de volgende uitspraken:
3, 5, 6, 8, 9, 12, 13, 14, 17, 19, 22, 23, 26, 27 en 30.
Dit getal is uw eindscore voor *taakgerichtheid.*

2 Tel hierna de scores op van uw antwoorden bij de volgende uitspraken:
1, 2, 4, 7, 10, 11, 15, 16, 18, 20, 21, 24, 25, 28 en 29.
Dit getal is uw eindscore voor *relatiegerichtheid (sociale gerichtheid).*

3 Bepaal hierna of uw scores hoog of laag zijn.
Een score hoger dan of gelijk aan 45 heet hoog, terwijl een score lager dan 45 laag heet.

4 Noteer uw scores hieronder:

mijn T-score is: . . . . . .   Dit is laag/hoog
(omcirkel wat van toepassing is)

mijn R-score is: . . . . . .   Dit is laag/hoog
(omcirkel wat van toepassing is)

5 Bepaal nu welke van de vier onderstaande vakken past bij deze twee scores.

3 lage T-score hoge R-score	2 hoge T-score hoge R-score
4 lage T-score lage R-score	1 hoge T-score lage R-score

Elk van deze vier vakken komt overeen met een bepaalde leiderschapsstijl.
Herkent u daarin uw eigen oriëntatie op aandacht voor de taak en het werk, dan wel aandacht voor de relaties met uw medewerkers?

Zoals u ziet, hoeft een hoge score op de ene dimensie nog niet automatisch te betekenen dat u laag scoort op de andere dimensie.

10.15.2 Oefening "groepsdiscussie"

AANWIJZINGEN VOOR DE BEGELEIDER/DOCENT
Hierna volgt oefening 10.15.2, die vooral bedoeld is om de twee behandelde dimensies van leiderschap te laten ervaren, te weten taakgerichtheid en relatiegerichtheid.

Daartoe krijgt de groep een discussieopdracht. U dient hiervoor een onderwerp te bedenken dat goed aansluit bij de belevingswereld van uw groep. Een voorbeeld van een onderwerp voor een cursusgroep van leidinggevenden in de gezondheidszorg was: "de voordelen en nadelen van gemengd verplegen, dat wil zeggen: van verplegen van mannen en vrouwen op dezelfde zaal".

Voor een levendige discussie is het aan te bevelen dat er ongeveer evenveel voorstanders als tegenstanders van het onderwerp (in het voorbeeld: gemengd verplegen) zijn. Deze groepsdiscussie wordt geobserveerd door (minstens) vier personen, die u vooraf aanwijst of zich als vrijwilliger laat melden. Voor hun observaties maken ze gebruik van de categorieënlijst van Bales (zie paragraaf 7.1).

Tip: neem als trainer het volledige observatieschema van Bales mee als "handout" voor de cursisten.

Tijdsindeling:
— Voorbereiding: 5 minuten.
In deze 5 minuten bereiden de discussiedeelnemers zich voor op argumenten pro en contra. Probeer evenveel voorstanders als tegenstanders in de discussie te hebben.
In dezelfde vijf minuten voorbereidingstijd verdelen de observatoren hun taken (elk observeert slechts één gebied van het Bales-schema) en stelt elke observator zich in op wat voor hem te observeren is.
Als de groep groot genoeg is, kunnen acht mensen observeren.
— Discussie: 30 minuten (kan eventueel ingekort tot 20 minuten).
— Nabespreking en evaluatie: 25 minuten.
a laat eerst de discussiedeelnemers stoom afblazen
b laat dan de observatoren aan het woord
c geef ten slotte als begeleider een samenvatting van de belangrijkste leerpunten uit deze oefening.
U kunt hierbij desgewenst ook het volledige schema van Bales uitdelen en bespreken.

Totale duur van de oefening: 60 minuten (eventueel ingekort tot 50 min).

10.15.2 Oefening "groepsdiscussie"

ALGEMENE AANWIJZINGEN VOOR DE DEELNEMERS
Voor de hier volgende oefening zijn er twee soorten rollen: deelnemers aan een groepsdiscussie en observatoren van deze discussie. Er zijn (minstens) vier observatoren nodig. Als de groep groot genoeg is, kunnen acht personen observeren.
De begeleider/docent biedt een onderwerp aan voor de groepsdiscussie.

U krijgt straks eerst vijf minuten de tijd om u voor te bereiden op voor- en tegenargumenten.

Daarna krijgt u 20 minuten de tijd voor een groepsdiscussie, die gevolgd zal worden door een nabespreking waarin ook de observatoren zullen inbrengen wat ze geobserveerd hebben.

10.15.2 Oefening "groepsdiscussie"

OBSERVATIETAAK 1

U observeert wat er gebeurt op *sociaal-emotioneel gebied aan positieve reacties.*

Hiervoor krijgt u drie observatiecategorieën:

1 *zich vriendelijk tonen:* hieronder vallen het bieden van hulp, het geven van erkenning, zich solidair tonen, en dergelijke
2 *de atmosfeer ontspannen:* hieronder vallen ook lachen, grapjes maken, tevredenheid tonen, de spanning verminderen, en dergelijke
3 *instemming tonen:* zich eens tonen, zich stilzwijgend aansluiten, begrip tonen, akkoord gaan, zich laten overtuigen, en dergelijke.

Hieronder kunt u uw observaties noteren door te turven.

	Groepsleden						
	1	2	3	4	5	6	7
1 Vriendelijkheid							
2 Ontspanning							
3 Instemming							

U kunt uw observaties vollediger maken door enkele voorbeelden te noteren van wat u ziet.

Voorbeelden

_____

_____

_____

_____

_____

_____

10.15.2 Oefening "groepsdiscussie"

OBSERVATIETAAK 2

U observeert wat er gebeurt op *sociaal-emotioneel gebied aan negatieve reacties*.

Hiervoor krijgt u drie observatiecategorieën:

1   *zich oneens tonen:* hieronder vallen actief of passief (stilzwijgend) weerstand tonen, formeel doen, weigeren de nodige hulp te bieden, hulpbronnen achterhouden, en dergelijke

2   *zich gespannen tonen:* hieronder vallen om hulp vragen, zich terugtrekken, "dichtklappen", en dergelijke

3   *zich onvriendelijk tonen:* anderen kleineren, de zaak in het belachelijke trekken, vijandigheid tonen, sarcastische opmerkingen maken, en dergelijke.

Hieronder kunt u uw observaties noteren door te turven.

	Groepsleden						
	1	2	3	4	5	6	7
1 Oneens tonen							
2 Spanning							
3 Onvriendelijkheid							

U kunt uw observaties vollediger maken door enkele voorbeelden te noteren van wat u ziet.

Voorbeelden

_____

_____

_____

_____

_____

_____

_____

_____

313

10.15.2 Oefening "groepsdiscussie"

OBSERVATIETAAK 3

U observeert wat er gebeurt op *taakgebied aan pogingen tot het geven van een antwoord.*

Hiervoor zijn drie observatiecategorieën:

1 *voorstellen doen:* suggesties bieden, pogingen tot sturen van het samenwerkingsproces of van de discussie, en dergelijke

2 *zijn mening geven:* een waardeoordeel uitspreken, een wens uitspreken, een interpretatie bieden, evalueren, en dergelijke

3 *informatie geven:* iets kenbaar maken, informeren, herhalen, verduidelijken, bevestiging geven, samenvatten, en dergelijke.

Hieronder kunt u uw observaties noteren door te turven.

	Groepsleden						
	1	2	3	4	5	6	7
1 Voorstellen doen							
2 Mening geven							
3 Informatie geven							

U kunt uw observaties vollediger maken door enkele voorbeelden te noteren van wat u ziet.

Voorbeelden

_____

_____

_____

_____

_____

_____

_____

_____

10.15.2 Oefening "groepsdiscussie"

OBSERVATIETAAK 4

U observeert wat er gebeurt op *taakgebied met betrekking tot vragen die gesteld worden.*

Hiervoor zijn drie observatiecategorieën:

1   *informatie vragen:* vragen om een oriëntatie of richting, om herhaling of om verduidelijking, kortom: vragen om iets kenbaar te maken
2   *meningen vragen:* vragen naar een mening of een oordeel over bepaalde voorstellen, vragen om analyse of om uiting van gevoelens, en dergelijke
3   *voorstellen vragen:* vragen om suggesties voor mogelijke handelwijzen of om andere voorstellen, vragen om de discussie een andere wending te geven.

Hieronder kunt u uw observaties noteren door te turven.

Groepsleden

	1	2	3	4	5	6	7
1 Informatie vragen							
2 Meningen vragen							
3 Voorstellen vragen							

U kunt uw observaties vollediger maken door enkele voorbeelden te noteren van wat u ziet.

Voorbeelden

_____

_____

_____

_____

_____

_____

_____

_____

10.15.3 Het fuikmodel

In het fuikmodel staat het leiding geven vanuit een democratische grondhouding centraal. De democratische grondhouding respecteert elke andere persoon als gelijkwaardige partner en respecteert ieders recht op zelfbepaling. De groepsleider zal daarom geen oplossingen, maar problemen ter discussie stellen. Wanneer hij voorstellen doet, zal hij proberen om alternatieven aan te bieden. Hij zal door het stellen van vragen op belangrijke gezichtspunten wijzen. De leider heeft hier de belangrijke taak om niet vooruit te lopen op beslissingen, maar om mogelijkheden aan te wijzen en zulke hulp te bieden, dat besluiten genomen en uitgevoerd kunnen worden. De manier waarop de democratische leider deze taken het best kan vervullen, wordt soms aangeduid met de term "fuikmethode". Deze methode kan op meer manieren weergegeven worden. De eenvoudigste vorm is (ontleend aan Kind, 1969):

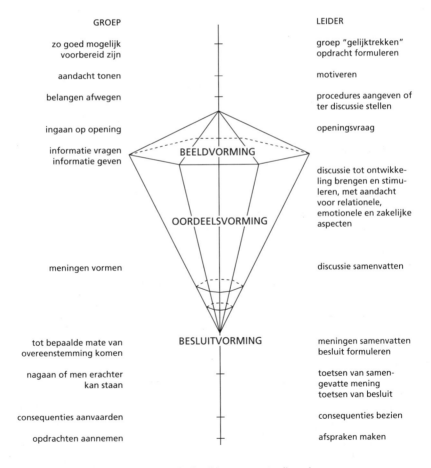

Figuur 10.8 Enkele taken van groep en leider tijdens een groepsdiscussie

10.15.4 Oefening "nogmaals uw eigen leiderschapsstijl"

AANWIJZINGEN

In een vorige oefening (10.15.1) hebt u via een vragenlijst meer zicht gekregen op de mate waarin u in uw leiderschap taakgericht en relatiegericht bent. Aan het slot van die oefening hebt u de combinatie van de twee scores gekoppeld aan één van de vier vakken.

Elk van deze vier vakken komt overeen met een bepaalde leiderschapsstijl. Deze vier stijlen zijn in de tekst behandeld (paragraaf 10.3).

U hebt nu 15 minuten de tijd om in subgroepjes van vier personen te bespreken:
— in hoeverre u de leiderschapsstijl die bij u uit de vragenlijst naar voren komt, ook herkent in uw dagelijkse werkpraktijk
— wat mogelijke redenen zijn, wanneer u deze herkenning niet vindt (wellicht had u een heel andere groep voor ogen toen u de vragenlijst invulde) en welke stijl dan wel beter bij u past
— in wat voor soort situaties uw leiderschapsstijl effectief is en in wat voor soort situaties juist niet.

10.15.5 Oefening "rollenspel leiderschapsstijlen"

AANWIJZINGEN VOOR DE BEGELEIDER/DOCENT

Hierna volgt een rollenspel. Duur: 45 à 50 minuten.
— voorbereiding: 5 minuten
— groepsdiscussie: driemaal 10 minuten, totaal dus 30 minuten
— nabespreking, inbreng van de observatoren en evaluatie: 15 à 30 minuten.

Voor dit rollenspel krijgt de groep een opdracht. U dient hiervoor een opdracht te bedenken die goed aansluit bij de belevingswereld van uw groep. Een voorbeeld van een opdracht voor een cursusgroep van leidinggevenden in de gezondheidszorg was:

"U dient te komen tot een plattegrondontwerp voor een nieuw te bouwen afdeling voor aids-patiënten, waarin plaats moet zijn voor 16 bedden.
Samen met de leiding kunt u als groep zelf beslissen over de grootte en de indeling van deze afdeling en over wat er verder noodzakelijk geacht wordt."

Deze groepsdiscussie wordt geobserveerd door (minstens) vier personen, die u vooraf aanwijst of zich als vrijwilliger laat melden. Voor hun observaties maken ze gebruik van de observatielijsten, die in de tekst zijn opgenomen.

Benodigd materiaal:
1 een groot vel papier (ter grootte van een flapover-vel)
2 schrijf- en tekenmateriaal
3 instructies voor de drie leiders (zie de pagina's hierna)
4 instructies voor de observatoren (zijn opgenomen in de tekst).

N.B.: neem voldoende kopieën hiervan mee.
Er zijn minstens twee observatoren nodig.

Het *doel van deze oefening* is het leren onderkennen van de sterke invloed van de verschillende leiderschapsstijlen en de effecten daarvan binnen een groep.

De *procedure* staat beschreven in het materiaal voor de cursisten.
Enkele suggesties voor de nabespreking:
— waren de verschillende leiderschapsstijlen herkenbaar?
— wat is de invloed van de verschillende stijlen op de discussie?
— hoe veranderde de relatie tussen de leider en de groepsleden met de verandering van leiderschapsstijl?
— veranderden de relaties tussen de groepsleden onderling?
— hoe veranderde de aanpak van het probleem?
— welke leiderschapsstijl vond u het meest effectief en waarom?
— welke conclusies kunnen er vanuit deze oefening getrokken worden naar de eigen werksituatie?

10.15.5 Oefening "rollenspel leiderschapsstijlen"

INSTRUCTIE
In het hierna volgende rollenspel zal het gaan om het leren onderkennen van de invloed van verschillende leiderschapsstijlen. Daartoe zult u als groep een bepaalde taak te vervullen krijgen en zult u *driemaal* 10 minuten telkens door een andere persoon geleid worden.

ROLVERDELING
Er zijn drie personen nodig voor de drie leiderschapsrondes en enkele andere personen voor de rol van observator.
De andere groepsleden vormen een werkgroep, die een werkopdracht heeft, die door de begeleider/docent bekendgemaakt zal worden.

Tot de hulpmiddelen die u ter beschikking staan, behoren een groot vel papier en schrijfgerei.

U hebt nu 5 minuten om u op uw rol voor te bereiden.

10.15.5 Oefening "rollenspel leiderschapsstijlen"

INSTRUCTIES VOOR STIJL 1: DE DIRECTIEVE STIJL
U houdt een strakke controle op alles wat er gebeurt. U geeft opdrachten, bepaalt het doel en de werkwijze en u zorgt er stringent voor dat er niets gebeurt wat u niet wilt. U weet wat het beste is voor de groep.

De werkopdracht van u en de groep wordt door de begeleider/docent bekendgemaakt.

Tot de hulpmiddelen behoren een groot vel papier en schrijfgerei.

U hebt 5 minuten om u op deze rol voor te bereiden.
De door u te leiden groepsdiscussie duurt 10 minuten.

10.15.5 Oefening "rollenspel leiderschapsstijlen"

INSTRUCTIES VOOR STIJL 2: DE DELEGERENDE STIJL
U stelt zich passief en toegeeflijk op. U laat alles gebeuren zonder in te grijpen. U stelt zich als het ware buiten de groep op en ziet uzelf niet als groepslid. U beschouwt het als verantwoordelijkheid van de groep zelf om te beslissen over de taakuitvoering en de wijze van omgaan met elkaar. U dient enkel en alleen om informatie te verschaffen of advies te geven, wanneer de groep daarom vraagt.

De werkopdracht van u en de groep wordt door de begeleider/docent bekendgemaakt.

Tot de hulpmiddelen behoren een groot vel papier en schrijfgerei.

U hebt 5 minuten om u op deze rol voor te bereiden.
De door u te leiden groepsdiscussie duurt 10 minuten.

10.15.5 Oefening "rollenspel leiderschapsstijlen"

INSTRUCTIES VOOR STIJL 3: DE PARTICIPERENDE STIJL
U vermijdt iedere vorm van autoritair-zijn. U probeert de invloed van uw mening op de groep klein te houden door alles terug te spelen naar de groep, bijvoorbeeld door vragen te stellen in plaats van ze zelf te beantwoorden. U probeert alle leden te stimuleren tot een actief meewerken aan de vraagstelling. U biedt in ieder geval geen serie oplossingen aan, maar probeert de groep te helpen door het voorstellen van een procedure.

De werkopdracht van u en de groep wordt door de begeleider/docent bekendgemaakt.

Tot de hulpmiddelen behoren een groot vel papier en schrijfgerei.

U hebt 5 minuten om u op deze rol voor te bereiden.
De door u te leiden groepsdiscussie duurt 10 minuten.

BIJLAGE BIJ OEFENING 10.15.5: ROLLENSPEL LEIDERSCHAPSSTIJLEN

Observatieformulier

1   *Mate van taakgericht en relatiegericht leiding geven*

Geef een cijfer tussen 1 en 5
(1 is geen leiding, 5 is sterke leiding).

	ronde 1	2	3
taakgericht leiding geven	☐	☐	☐
relatiegericht leiding geven	☐	☐	☐

En graag per ronde enkele markante voorbeelden noteren.

2   *Toegepaste stijl van leiding geven*

Zet een kruisje waar dit van toepassing is.

	ronde 1	2	3
directieve stijl	☐	☐	☐
overtuigende stijl	☐	☐	☐
participerende stijl	☐	☐	☐
delegerende stijl	☐	☐	☐

En graag per ronde enkele markante voorbeelden noteren.

10.15.6 Vragenlijst "situatiefactoren Fiedler"

ENKELE AANWIJZINGEN VOOR DE BEGELEIDER/DOCENT

De volgende oefening bestaat uit drie onderdelen:

1   Het invullen van de vragenlijst. Duur: plm. 5 minuten.

2   Bespreking in tweetallen van de scores uit de vragenlijst (10 minuten). De
     begeleider geeft aan de groep een teken dat men met deze gesprekken kan
     beginnen. De richtlijnen voor deze gesprekken staan bij de oefening zelf.

3   Korte nabespreking in de totale groep (plm. 10 minuten): de begeleider inven-
     tariseert de scores teneinde vast te stellen wie de hoogste en wie de laagste
     score hebben. De begeleider nodigt hen uit om wat meer te vertellen over hun
     werksituatie en zoekt daarbij naar de meest relevante verschillen, die aanslui-
     ten bij de theorie.
     De begeleider kan hen daarop aansluitend tevens uitnodigen iets te vertellen
     over de tweede en de derde vraag uit de nabespreking in de tweetallen.

AANWIJZINGEN VOOR INVULLING

Hieronder vindt u een aantal uitspraken over de drie situatiefactoren van Fiedler:

•   de verhouding tussen de leider en de groepsleden (de manager en zijn onder-
     geschikten)
•   de taakstructuur
•   de machtspositie van de leider.

Deze uitspraken zijn telkens gegroepeerd in tweetallen.

U kunt aan de hand van deze vragenlijst nagaan hoe deze drie factoren in uw werksituatie spelen door per tweetal aan te geven of de linker uitspraak dan wel de rechter uitspraak meer van toepassing is op uw werksituatie.
Daarbij is telkens een vijfpuntsschaal gegeven.
Op deze schaal dient u telkens een kruisje te zetten.

De betekenis van de vijf punten is als volgt:

1   de linker uitspraak herken ik sterk in mijn werksituatie
2   de linker uitspraak is weliswaar herkenbaar in mijn werksituatie, maar speelt
     niet zo sterk
3   zowel de linker uitspraak als de rechter uitspraak zijn beide min of meer van
     toepassing, waarbij soms het ene en soms het andere aspect overheerst
     (of: zowel de linker als de rechter uitspraak vind ik niet van toepassing)
4   de rechter uitspraak is min of meer herkenbaar in mijn werksituatie, maar
     speelt niet zo sterk
5   de rechter uitspraak herken in sterk ik mijn werksituatie.

Verdere aanwijzingen volgen na de vragenlijst.

VRAGENLIJST SITUATIEFACTOREN

1a Tussen u en uw ondergeschikten zijn er vrij grote verschillen in een aantal opzichten.

1b U en uw ondergeschikten lijken vrij sterk op elkaar wat betreft attitudes meningen, achtergronden en dergelijke.

1	2	3	4	5

2a Enkele van uw ondergeschikten hebben de reputatie dat ze nogal snel conflicten aangaan met de leiding.

2b Uw ondergeschikten kunnen over het algemeen goed opschieten met hun meerderen.

1	2	3	4	5

3a De taak is sterk gestructureerd: er zijn heldere en specifieke instructies over wat u zelf en wat uw ondergeschikten dienen te doen.

3b Uw taak is ongestructureerd: voor de beleidsvoorbereiding en -uitvoering kunt u niet terugvallen op heldere, vooraf omschreven werkaanwijzingen.

1	2	3	4	5

4a Als leider hebt u een hoge positie in de organisatie met de daarbij horende erkenning.

4b Als leider hebt u een vrij lage positie in de organisatie en/of weinig erkenning.

1	2	3	4	5

5a Uw ondergeschikten staan in rang vrij ver onder u.

5b Uw ondergeschikten zijn in rang min of meer gelijk aan u.

1	2	3	4	5

6a Uw ondergeschikten zijn voor begeleiding en instructie afhankelijk van u, als leider.

6b Uw ondergeschikten zijn bekwaam voor hun taak en kunnen hierin zelfstandig en onafhankelijk handelen.

1	2	3	4	5

7a U hebt het uiteindelijk gezag tot het nemen van alle besluiten voor de groep.

7b U hebt geen gezag tot het nemen van besluiten voor de groep.

| 1 | 2 | 3 | 4 | 5 |

8a U beschikt over alle informatie over plannen en voornemens binnen de organisatie.

8b U beschikt over even weinig informatie over plannen en voornemens binnen de organisatie als uw ondergeschikten, waardoor deze in dit opzicht op gelijke voet met u staan.

| 1 | 2 | 3 | 4 | 5 |

10.15.6 Vragenlijst "situatiefactoren Fiedler"

INSTRUCTIES VOOR DE SCORING

Nadat u de lijst hebt ingevuld, telt u de scores op.
Wanneer uw score lager is dan 24, is in uw werksituatie een taakgerichte stijl het meest effectief; dit geldt sterker naarmate uw score lager is.

Wanneer uw score hoger is dan 24, is in uw werksituatie een relatiegerichte stijl het meest effectief; dit geldt sterker naarmate uw score hoger is.

N.B.: Wanneer u in de vragenlijst de score 3 hebt ingevuld, omdat u zowel de linker als de rechter uitspraak niet van toepassing vond, dient u het hierboven genoemde getal van 24 te corrigeren door in plaats daarvan 21 te lezen (of 18, wanneer u tweemaal zo'n drie hebt ingevuld, of 15 enzovoort.).

VERDERE AANWIJZINGEN

Vorm hierna (op een teken van de begeleider/docent) tweetallen door in gesprek te gaan met de persoon die naast u zit. Besteed met elkaar aandacht aan de volgende punten:

a   vergelijk de scores met elkaar en bespreek overeenkomsten en verschillen
b   bespreek of er aspecten in uw werksituatie zijn die van invloed zijn op de keuze voor taakgericht dan wel sociaalgericht leiding geven en die niet in de vragenlijst genoemd zijn
c   ga met z'n tweeën na welke mogelijkheden u ziet om in uw werksituatie te komen tot verbetering van de drie factoren, dus tot verbetering van de relatie tussen u en uw ondergeschikten, van de taakstructuur en van uw machtspositie.

U hebt voor dit gesprek in tweetallen 20 minuten de tijd (dus 10 minuten per persoon).

Hierna zal de begeleider/docent in een kort groepsgesprek stilstaan bij enkele scores en bij achtergronden daarvan.

10.15.7 Vragenlijst "toekomstscenario"

AANWIJZINGEN

Hieronder staan de dertien kwaliteiten die een coach volgens Verhoeven in huis dient te hebben.

1   Maak eerst uw eigen profiel door bij elke kwaliteit een cirkeltje te zetten om het getal dat het meest op u van toepassing is.
Hoe hoger het cijfer hoe méér u die eigenschap al bezit.

2   Verbind de omcirkelde getallen met lijntjes: zo ontstaat uw profiel.

3   Besluit voor uzelf welke kwaliteiten u met het oog op de nabije toekomst wilt gaan ontwikkelen of versterken.
Zet bij die kwaliteiten een kruisje.
Voeg onderaan andere kwaliteiten toe die voor u van belang zijn om verder te ontwikkelen.

4   Wissel de gegevens van uw profiel en van uw aangekruiste kwaliteiten uit met twee andere groepsleden en help elkaar bij het vinden van manieren om u verder te ontwikkelen.
Zo komt u tot het opstellen van uw toekomstscenario.

VRAGENLIJST TOEKOMSTSCENARIO

1	Visie hebben	1 2 3 4 5
2	Spannend maken	1 2 3 4 5
3	Balans handhaven	1 2 3 4 5
4	Mobiliseren	1 2 3 4 5
5	Betrokken zijn	1 2 3 4 5
6	Aandacht hebben voor mensen	1 2 3 4 5
7	Durf hebben	1 2 3 4 5
8	Integer zijn	1 2 3 4 5
9	Afstand kunnen nemen	1 2 3 4 5
10	Ambitie en zelfvertrouwen hebben	1 2 3 4 5
11	Vertrouwen schenken	1 2 3 4 5
12	Evenwaardig opstellen	1 2 3 4 5
13	Geduld hebben	1 2 3 4 5

Andere kwaliteiten die van belang zijn voor mijn toekomstscenario:

. . . .

. . . .

. . . .

. . . .

. . . .

. . . .

10.15.8 Totaaloverzicht situatiefactoren

AANWIJZINGEN

Er zijn verschillende mogelijkheden om met onderstaande lijst om te gaan:
- u kunt de eigen cursusgroep waar u op dit moment deel van uitmaakt scoren op de genoemde dimensies
- u kunt een eigen groep op uw werkplek scoren
- u kunt een groep waar u begeleider van bent scoren.

Welke mogelijkheid u ook kiest, elke biedt u materiaal voor reflectie op de gehanteerde en de gewenste leiderschapsstijl.

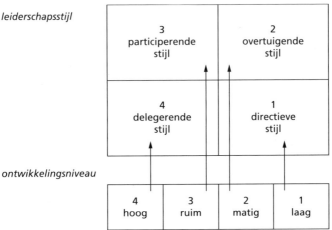

leiderschapsstijl

3 participerende stijl	2 overtuigende stijl
4 delegerende stijl	1 directieve stijl

ontwikkelingsniveau

4 hoog	3 ruim	2 matig	1 laag

groepsontwikkeling

4 autonome groep	3 affectie- fase	2 machts- fase	1 oriëntatie- fase

type groep

4 puur proces- gericht	3 overwegend proces- gericht	2 overwegend taak- gericht	1 puur taak- gericht

< hoofdaccent   hoofdaccent >
op proces   op structuur

organisatietype

4 sterk organistisch	3 overwegend organistisch	2 overwegend mechanis- tisch	1 sterk mechanis- tisch

< hoofdaccent   hoofdaccent >
op intern systeem   op extern systeem

eigen ontwikkeling

senior	medior	junior

persoonlijke affiniteit

stijl 4	stijl 3	stijl 2	stijl 1

11 Het functioneren van teams

11.1 Het externe en het interne systeem

Elke groep bestaat in een omgeving: de context, waardoor de groep beïnvloed wordt en waar de groep invloed op uitoefent. Tot het contextniveau horen alle groepsverschijnselen en -processen die beïnvloed of veroorzaakt worden door de omgeving van de groep. Tot die omgeving hoort de omringende maatschappij, maar ook de organisatie waarin de groep ingebed is. In ruimere zin kan men ook spreken over de invloed van de cultuur, die weer de bedding vormt van de organisatie en de maatschappij. Ook zijn er tijdgebonden invloeden. In deze paragraaf wil ik stilstaan bij enkele processen in teams binnen de context van organisaties.

Teneinde op het spoor te komen van wat in organisaties en in groepen binnen organisaties speelt, is het handig om onderscheid te maken tussen het externe en het interne systeem (vgl. Homans, 1966).
Het *externe systeem* bestaat uit het door managers ontworpen plan voor het bereiken van organisatiedoelen: de "blauwdruk" van de organisatie en van groepen daarbinnen. Deze blauwdruk vormt het skelet: de papieren organisatie.
Het *interne systeem* is niet gepland, maar ontwikkelt zich spontaan uit de interacties tussen de groepsleden als resultaat van psychologische en sociologische factoren bij de groepsleden terwijl ze bezig zijn het formele plan uit te voeren. De organisatiepsycholoog Mulder spreekt in dit verband van de "rooddruk" van de organisatie: het "vlees en bloed" van de organisatie, die laat zien hoe het allemaal ècht functioneert.

Het externe systeem en het interne systeem worden ook wel eens de hardware en de software van de organisatie genoemd.

In beeld gebracht:

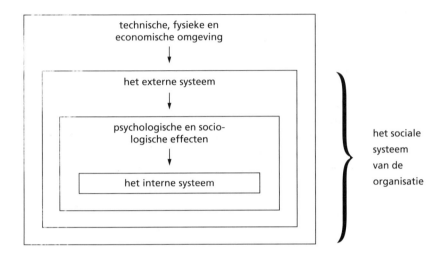

Zodra personen beginnen te functioneren in het externe systeem gaan bepaalde communicatievormen ontstaan die verder gaan dan de vereisten van dat externe systeem. Zulke zich spontaan ontwikkelende communicaties worden niet rechtstreeks bepaald door de omgeving, maar zijn het gevolg van psychologische en sociologische eigenschappen van de personen die door het externe systeem in een werkverband geplaatst zijn. Het interne systeem-gedrag resulteert uit persoonlijke kwaliteiten en interpersoonlijke interactie. Daarom heet dit interne systeem ook wel eens de informele organisatie, terwijl het externe systeem vaak de formele organisatie genoemd wordt.

Ook aan de communicatie binnen en tussen groepen in organisaties is deze tweedeling te herkennen: enerzijds de formeel vereiste communicatie, anderzijds de zich informeel ontwikkelende communicatie.

a   De communicatiekanalen die formeel voorgeschreven zijn, zijn in werking gezet door het management en andere personen met een formele machtspositie. Deze communicatiekanalen vallen grotendeels samen met de hiërarchische structuur van de organisatie, zoals dat zichtbaar gemaakt kan worden in een organisatiediagram. Daarin is voorgeschreven wie met wie dient te communiceren en hoe dit moet gebeuren. Opvallend vaak is dit schriftelijke communicatie: rapportage, notulen, verslaglegging, dossiervorming, opdrachtbriefjes en allerlei formulieren. Ook de verantwoordelijkheden zijn hierbij vastgelegd. Formele communicatie is gepland en systematisch, is vaak geladen met een gezagsdimensie en is vaak gedocumenteerd. Formele communicatiekanalen verbinden posities. Men communiceert omdat men dat zo moet.

b Personen binnen organisaties beperken hun communicaties echter niet slechts tot de voorgeschreven kanalen. Men communiceert veel meer en veel vaker dan wat strikt genomen nodig is in het formele organisatieplan. Zulke neigingen om méér te communiceren leiden tot een grote verscheidenheid aan andere communicatiekanalen, die informele kanalen genoemd worden. Deze informele kanalen verbinden geen posities, maar personen. Deze kanalen zijn "ad hoc", spontaan en niet-gepland en betreffen meestal mondelinge communicatie in een persoonlijk contact. Men communiceert omdat men dat zo wil. De informele communicatiekanalen dienen verscheidene belangrijke doeleinden:
- ter bevrediging van persoonlijke behoeften, zoals de behoefte aan affiliatie
- ter bestrijding van verveling en eentonigheid
- om invloed uit te oefenen op anderen in de organisatie
- om op een snelle manier iets gedaan te krijgen of om werkgerichte informatie te verkrijgen. Met name wanneer de formele kanalen te kort schieten in het beschikbaar krijgen van de nodige of gewenste informatie, kunnen organisatieleden informele kanalen gaan gebruiken.

Het systeem van formeel vereiste communicaties wordt ook wel het *"required system"* genoemd (het vereiste systeem) en het systeem van de informeel zich ontwikkelende communicaties het *"emergent system"* (het te voorschijn komende systeem). Dit is eenzelfde tweedeling als die van Homans tussen het externe systeem en het interne systeem.

De twee subsystemen (extern en intern) vormen te zamen het sociale systeem van de groep of organisatie. Het externe systeem dient vooral taakdoelen, ook wel *"achievement goals"* genoemd, en zorgt ervoor dat de groep of organisatie zich kan handhaven in de omgeving.
Het interne systeem versoepelt het interne groepsfunctioneren en dient vooral handhavingsdoelen, ook wel *"maintenance goals"* genoemd, want dit systeem bevordert dat de groep als groep in stand blijft. Via deze indeling in extern systeem en intern systeem valt goed te zien in welke mate het groepsfunctioneren wordt gekleurd en bepaald vanuit de externe omgeving: de context.

11.2 Stille praktijken

Tot de informele organisatie van het interne systeem horen ook een aantal "stille praktijken". Hiertoe reken ik allerlei informele codes en gewoonten die bijdragen aan het vestigen en behouden van een eigen identiteit als individu of team binnen de organisatie. Via deze stille praktijken kan men op heimelijke wijze voordeel halen uit zijn positie of deelname aan de organisatie. Voorbeelden van zulke praktijken zijn het gebruik van het gebouw en van apparatuur als de telefoon, kopieermachines en computerfaciliteiten voor privé- of groepsdoeleinden, op momenten dat de formele taakvervulling niet centraal staat. De "blauwdruk" van de organisatie met haar formele structuur en taakverdeling vereist dat het individu zich in vergaande mate aanpast aan de organisatie. Via de informele stille praktijken brengt het individu of het teamlid dit weer wat in balans, door de mogelijkheden van de organisatie aan te passen aan individuele en groepsbehoeften.

Een goede introductie op stille praktijken en achtergronden daarvan biedt de socioloog Erving Goffman. Deze heeft in de jaren vijftig een viertal klassiek geworden artikelen geschreven over het verblijf in een speciaal type organisaties, die hij aanduidt als "totale instituties" (Goffman, 1992). Voorbeelden van zulke totale instituties zijn tehuizen, verpleeginrichtingen, kazernes, gevangenissen, schepen, kloosters en dergelijke. Soms noemt Goffman ze "gestichten" ("asylums"). Het zijn organisaties waarin de bewoners alle levensaspecten als werken, slapen, eten en ontspannen in onmiddellijke nabijheid van dezelfde anderen doorbrengen, die op gelijke wijze van de buitenwereld afgesloten zijn. In zijn analyse beschrijft Goffman indringend hoe het "zelf" ofte wel de identiteit sterk afhankelijk blijkt van de sociale kaders die het omringen.

Een aantal aspecten van zulke totale instituties is ook herkenbaar in andere organisaties, zij het op wat minder uitgesproken wijze. De stille praktijken waar ik op doel noemt Goffman "secundaire aanpassingen". Dit zet hij af tegen "primaire aanpassingen", die hij omschrijft als het voldoen aan de eisen die de organisatie aan het individu stelt wat betreft inzet, taakvervulling en dergelijke. Wie aan zulke eisen voldoet, is een "normaal", "aangepast" of "geprogrammeerd" lid van de organisatie.

Daarnaast stelt Goffman een reeks van secundaire aanpassingen. Daartoe rekent hij elk gedrag en elke regeling die een lid van de organisatie in staat stelt tot het hanteren van officieel niet-goedgekeurde middelen en waarmee hij in zekere zin kan "ontsnappen" aan de eisen die hem formeel opgelegd zijn en zelfs aan de identiteit die de organisatie van hem vraagt. Het gaat hierbij om allerlei activiteiten "buiten het boekje", die het individu of het team in staat stellen tot het opbouwen en handhaven van een zekere mate van autonomie, zelfrespect en een eigen identiteit. Zulke praktijken kunnen zich slechts uiten in een heimelijk bestaan, dat (in termen van Goffman) het "onderleven" van de organisatie vormt.

Hierna benoem ik een aantal van zulke praktijken voor zover die volgens mij herkenbaar zijn binnen organisaties. Goffman benoemt een viertal categorieën: instrumenten, plaatsen, faciliteiten en sociale structuren.

1   Onder *"instrumenten"* rekent Goffman het gebruik van spullen op een

wijze en voor een doel waarin niet officieel voorzien is of het gebruik van materiaal in een niet-legitieme context. Daarnaast noemt Goffman het "bespelen" van het systeem. Hieronder verstaat hij het volgen van legitieme handelwijzen, maar op een andere wijze dan officieel de bedoeling is, waarbij men de "gaten en mazen" in het net van officiële regels uitbuit. Ook zijn er allerlei "sluip- en kruipwegen" binnen de organisatie die men alleen goed leert kennen via informele communicatie. Bovendien kunnen bepaalde taakopdrachten voordeel opleveren. Met name het accepteren van een taakopdracht waar men op een of andere wijze onderuit had kunnen komen, kan het begin zijn van een relatie van wederzijds respect met iemand van een hogere positie en dus meer macht in de organisatie. Soms schept dit tevens gelegenheid om zich op informele wijze een deel van de vruchten van de eigen arbeid toe te eigenen.

2   Met *"plaatsen"* bedoelt Goffman de entourage waarbinnen de activiteiten van het "onderleven" plaatsvinden. Dit kunnen bijvoorbeeld gebieden zijn waar minder of geen toezicht is. Elke organisatie kent enkele "vrijplaatsen" waar men buiten het gezichtsveld van hoger geplaatsten in de organisatie dingen kan doen, die formeel eigenlijk niet mogen. Zulke vrijplaatsen ademen een sfeer van ontspanning en harmonie die in sterk contrast kan staan met de algemene sfeer in de organisatie. Soms fungeren dergelijke plaatsen als een soort trefpunt. Naast algemene vrijplaatsen, waar ieder een beroep op zou kunnen doen, ontwikkelen zich soms plaatsen die beperkt toegankelijk zijn voor slechts een beperkte categorie. Wie daar geen lid van is, wordt er geweerd. Zulke "groepsterritoria" met een beperkte toelating vormen voor de "uitverkorenen" een oase van rust en autonomie. Ook een groep of team kan zo'n vrijplaats vormen voor haar leden, waarbinnen andere praktijken en omgangsvormen gelden dan in de overige plaatsen van de organisatie. Tussen de diverse teams of afdelingen van de organisatie kan zelfs een bepaalde rangorde van aantrekkelijkheid bekend zijn. Het behoren tot een team of afdeling, waarvan informeel bekend is dat daar een eigen omgangscode met een goede sfeer hangt, kan niet alleen de informele status binnen de organisatie verhogen, maar ook het eigen zelfgevoel.

3   Onder *"faciliteiten"* verstaat Goffman onder andere mogelijkheden tot gebruik van veilige bergplaatsen, die de bezitter ervan een speciaal gevoel van autonomie kunnen geven, zoals privé-domeinen, privé-opslagplaatsen en verbergplaatsen.

4   De *"sociale structuren"* die men informeel creëert bieden ten slotte ook een aantal mogelijkheden tot stille praktijken. Zo onderscheidt Goffman in organisaties allerlei informele ruilrelaties, dwangrelaties, "gabber"-relaties (*"buddy-relations"*), verliefdheidsrelaties (*"dating relationships"*), kliekvorming en patronagerelaties.

Overal waar een werk- en leefwereld wordt opgelegd, ontwikkelt zich een "onderleven". Overal waar het menselijk bestaan wordt uitgebeend, kunnen we zien wat mensen doen om hun leven vlees en bloed te geven. In dit licht bezien zijn verbergplaatsen, vrijplaatsen, eigen territoria en materiaal voor economische en sociale ruil onmisbare benodigdheden voor het opbouwen van een leefwereld.

Het is een belangrijke functie van secundaire aanpassingen om uit zelfbehoud een barrière aan te brengen tussen het individu en de sociale eenheid van de organisatie. Een van de manieren om zo'n distantie op te bouwen vormt de "geestelijke verhuizing" (of "kick") in een activiteit, die tijdelijk alle besef van de omgeving uitwist. Tot zulke ontsnappingsmogelijkheden behoren sport, kaartspelen, toneelopvoeringen of een diepe duik in de wereld van het werk. Zulke praktijken demonstreren het individu *dat hij een zeker eigen bestaan en een zekere mate van persoonlijke autonomie bezit, waar de organisatie geen vat op heeft.*

Andere voorbeelden van distantie tegenover de organisatie zijn allerlei vormen van rituele insubordinatie, ontevreden en opstandig gemopper, minachting voor het gezag die tot uitdrukking komt in de manier waarop men "gehoorzaamt", en ironie zoals die tot uitdrukking komt in het geven van bijnamen aan bedreigende of onprettige omgevingsaspecten. Er bestaat een speciale manier van optreden waarbij kalmte, waardigheid en distantie gecombineerd worden tot een uniek mengsel, dat uitdrukt dat men een volkomen onafhankelijk mens is, maar dat toch net niet onbeschaamd genoeg is om bestraffend ingrijpen te rechtvaardigen.

Goffman (1992, p. 213) wijst erop dat al dit soort praktijken waarbij men een stukje van zichzelf uit de greep van de organisatie probeert te houden, geen incidenteel "verdedigingsmechanisme" vormt, maar een wezenlijk bestanddeel van het "zelf" is.

En zelf merkt Goffman (p. 214) aan het eind van zijn essay op, dat *"our sense of personal identity often resides in the cracks of the solid buildings of the world"* ("ons gevoel van persoonlijke identiteit vaak houvast vindt in de scheuren en zwakke plekken van de solide bouwwerken van de wereld").

11.3 Rollen in een team (interactieniveau)

In een team komen vaak bepaalde kenmerkende rollen voor. Wat daarbij opvalt, is dat de teamleden zo'n rol pas opmerken, wanneer het betreffende teamlid een bepaalde tijd niet aanwezig is.

Een voorlopige lijst van zulke rollen:

1   *het stille verzet*
    geeft ontwijkende antwoorden, maar laat wel blijken het maar zo-zo te vinden
2   *de kat-uit-de-boom-kijker*
    komt niet gauw met een eigen mening; gevolg: de anderen weten niet goed wat ze aan hem hebben

3   *het verlegen type*
    durft gewoon niet
4   *de ja-knikker*
    waait met alle winden mee, ziet overal iets goeds in, is niet kritisch
    met betrekking tot informatie
5   *de grappenmaker*
    kan storend werken: "meent-ie het nou of meent-ie het niet?" Som-
    mige teamleden voelen zich niet serieus genomen
6   *de doordrammer*
    "daar heb je hem weer met zijn stokpaardjes"
7   *de waterval*
    is enorm breedsprakig, gebruikt een vloed van woorden, maar wat
    zegt hij nou eigenlijk? Anderen krijgen nauwelijks de ruimte
8   *de dominerende*
    eist steeds de aandacht op
9   *de bezwaren-maker*
    brengt vaak onbelangrijke bezwaren in waardoor de voortgang stokt
10 *de sociale*
    weet steeds iedereen erbij te betrekken en te steunen
11 *de afdwaler*
    komt steeds met anekdotes of eigen voorbeelden, die soms juist zijn,
    maar die nauwelijks verhelderen
12 *de initiatiefnemer*
    komt met goede voorstellen, geeft anderen ruimte, hoeft niet zo
    nodig op de voorgrond te staan, maar durft dat wel als hij dat nodig
    vindt.

11.4 Het bestaansniveau in teams en taakgerichte groepen

In teams en taakgerichte groepen spelen vaak strategiebepaling, beleidsvoorbereiding, beleidsadvisering, besluitvorming, innovatie, kwaliteitszorg,
onderzoek, overleg, ondersteuning aan een project of organisatievernieu-
wing een rol. Vaak bestaan taakgerichte groepen uit representanten van
verschillende onderdelen van de organisatie of van verschillende organisaties. Men spreekt dan vaak van werkgroepen of projectgroepen. Doel van
zulke taakgerichte groepen is vaak om binnen een bepaalde thematiek te
komen tot een analyse, een opzet voor een beleidsvoorstel, een beleidsad-
vies en dergelijke waarin de participanten zich kunnen herkennen.
Wat betreft opzet en frequentie van samenkomst kennen zulke werkgroepen globaal twee manieren van werken:
1   Enerzijds kan er binnen een vooraf afgesproken aantal bijeenkomsten
    gewerkt worden aan een van bovenaf geformuleerde opdracht. Na het
    vervullen van de opdracht houdt de werkgroep op te bestaan. Soms
    komt het voor dat de werkgroep een vervolgopdracht krijgt.
2   Anderzijds bestaan er werkgroepen met een continue opdracht. Zulke
    werkgroepen dienen bepaalde projecten te ondersteunen. Hun bij-

eenkomsten kennen meestal een vaste frequentie (bijvoorbeeld twee-wekelijks of maandelijks) en kunnen een lange tijd (zelfs jaren) bestrijken.
Dit verschil in opzet heeft consequenties voor het procedureniveau en werkt ook door naar het betrekkingsniveau en het bestaansniveau.

In deze paragraaf staat het bestaansniveau in taakgerichte groepen centraal. Dit bestaansniveau komt zelden expliciet aan de orde, maar is wel impliciet aanwezig.
Zo is bijvoorbeeld de eigen identiteit aan de orde. Deze kan terugslaan op de rol als vertegenwoordiger, maar ook op de persoon zelf.
Bij het starten van de groep (in de vóórfase) spelen vaak vragen rond welke groeperingen binnen dan wel buiten de organisatie vertegenwoordigd moeten zijn en door wie. Hier is dus niet alleen aan de orde hoe de vertegenwoordiging moet zijn, maar ook de personele invulling.
Er speelt erkenning op het gebied van lidmaatschap (*inclusie*). Vragen die daarbij onder meer spelen:
— ben ik als vertegenwoordiger van mijn groepering, mijn organisatie, mijn discipline en dergelijke gewenst?
— wat is de opdracht en hoe verhoudt zich mijn aanwezigheid daarnaar?
— ben ik als persoon gewenst?

Later ontstaan er vragen naar erkenning voor de eigen bijdrage (*controle*):
— hoe waardeert men mijn inbreng als vertegenwoordiger, als representant van een groepering of van een professie (beroepsgroep), bijvoorbeeld als arts?
— op welke aspecten kan ik als lid van de werkgroep invloed uitoefenen?
— tot welke taken acht men mij competent?
— waar ligt mijn beslissingsbevoegdheid?

Erkenning voor wie je bent (*affectie*) kan in een werkgroep terugslaan op de waardering, sympathie, genegenheid voor persoonlijke aspecten of de wijze waarop hij representant is. Tussen de eigen persoon en de rol als representant kan een spanningsveld bestaan.
Daarnaast spelen voor werkgroepsleden op de achtergrond thema's als "waardoor blijf ik tevreden, geëngageerd, enthousiast", maar ook "waardoor word ik geraakt, geremd, belemmerd".

De erkenning kan partieel zijn, in die zin dat men deze vooral wil hebben voor de bijdrage als deskundige op een bepaald terrein, bijvoorbeeld als technicus, arts, psycholoog, en dergelijke. Hierbij kunnen overigens accenten verschillen: van welk werkgroepslid wil je vooral erkenning, rond welke eigenschappen van jezelf en dergelijke.
Quasi-erkenning voor de hele groep kan opdoemen wanneer er in de beginfase onvoldoende oriëntatie ten aanzien van de opdracht en beslissingsbevoegdheid heeft plaatsgevonden. Dan kan de fictie ontstaan van

méér invloed, méér mogelijkheden, een grotere reikwijdte en dergelijke dan in feite het geval is.

Belangrijk is ook welk beeld werkgroepsleden hebben ten aanzien van zichzelf en het representant zijn. De verschillende referentiegroepen (onder meer achterban, werksituatie, opleidingsachtergrond) kunnen bij dit zelfbeeld een belangrijke rol gaan spelen. Daarbij gaat het om vragen als:
— beschouwen ze zich als representant of willen ze ook als persoon gezien worden?
— hoe willen ze gezien worden: als deskundige, als loyaal werkgroepslid, als specialist, en dergelijke
— wordt alleen het "publieke zelfbeeld" ingebracht, dat bestaat uit de rol die je in de werkgroep te vervullen hebt, of is men bereid om ook delen van het eigen "privé-zelfbeeld" te laten zien, zoals:
  – laten zien dat men als begeleider emotioneel geraakt is door een bepaalde thematiek in de werkgroep
  – ruimte nemen voor inbreng van eigen persoonlijke twijfels (of houdt men die voor zich uit bezorgdheid de achterban te benadelen)
  – twijfels over de positie binnen je eigen organisatie
  – ervaringen van tekortschieten als professional.

Hiermee is tevens het klimaat van de werkgroep aan de orde:
— hoeveel openheid is er in deze taakgerichte groep?
— welke informatie kan ik hier wel of niet geven?
— wat kan ik als persoon hier inbrengen?
— voor welke informatie word ik afgestraft?

Werkgroepen laten in dit opzicht grote verschillen zien. Groepen kunnen hierin een hele ontwikkeling doormaken. In eerste instantie is de groep sterk gericht op het vervullen van de taak (de opdracht): een externe oriëntatie. De interactie in de groep beperkt zich tot het "externe systeem". Als de groep verder gevorderd is, komen er ook momenten waarop de leden elkaar gaan bevragen op visies, persoonlijke meningen, achtergronden, de cultuur of structuur van de eigen organisatie of achterban. Het contact in de werkgroep wordt dan informeler en men raakt ook meer betrokken op elkaar. Het "interne systeem" van de groep komt tot ontwikkeling.
Ook mag er dan een onderscheid bestaan tussen de mening als representant en de mening als persoon.
Er ontstaat mogelijk een nieuwe cultuur: aanvankelijk "concurrerende" representanten beseffen de gemeenschappelijke belangen en worden loyaal werkgroepslid. Er komt daarbij ook meer oog voor kennis, ervaring en achtergrond van de andere werkgroepsleden.
De werkgroep gaat in deze fase ook meer als eenheid naar buiten treden.
Toch kan de werkgroep ook tijdelijk in een impasse geraken. Oorzaken daarvan kunnen zijn:
— belangen zijn te tegenstrijdig

— de opdracht was te vaag of er vond onvoldoende oriëntatie plaats
— de achterban deelt de opvattingen van de werkgroep niet, en dergelijke.

Soms kunnen dan verdedigingsmechanismen gaan spelen, als "eigen stokpaardjes berijden", alleen de eigen organisatie centraal stellen, besluitvorming bemoeilijken, alleen praten vanuit visies, procedures, modellen en dergelijke.

In deze verdergevorderde fase kan ook een tweetal polariteiten zichtbaar worden (vgl. Remmerswaal, 1992, p. 177):
— een polariteit tussen zelfstandigheid en groepsgerichtheid: deze kan vorm krijgen als een spanning tussen de autonomie van de eigen groepering of organisatie versus de gezamenlijk gedragen verantwoordelijkheid als partners binnen de werkgroep
— een polariteit tussen stabiliteit en verandering: een neiging tot vasthouden aan het bekende van de eigen groepering of organisatie versus een behoefte aan vernieuwing die door de samenwerking in de werkgroep mogelijk wordt.

Hoewel het methodisch handelen van een teamleider of voorzitter vooral interventies op inhouds- en procedureniveau omvat, wil ik in deze paragraaf hier een aanvulling op bieden met een aantal interventies op bestaansniveau. Vooraf dient opgemerkt dat in taakgerichte groepen het bestaansniveau slechts zelden expliciet aan de orde komt. Wie erop gaat letten, zal echter merken dat het bestaansniveau impliciet aanwezig is.

1   In de groepsvormingsfase kan de teamleider/voorzitter aandacht voor het bestaansniveau tot uitdrukking brengen door aandacht voor ieders aanwezigheid op de bijeenkomsten.
    Bij de planning dient hij zoveel mogelijk data te plannen waarop iedereen kan. Als dit niet zo is, worden afspraken geannuleerd of veranderd.
    Ook komen vragen aan de orde hoe de groep tot deze samenstelling is gekomen en of deze samenstelling past bij de opdracht.
    Hij probeert in zijn houding uit te stralen dat ieder van de aanwezigen nodig is om de taak te kunnen uitvoeren. Hij bevestigt meermalen dat hij het waardevol vindt dat net déze personen aanwezig zijn. Hoewel dit soort aspecten procedurezaken lijken, speelt op bestaansniveau de erkenning voor ieders aanwezigheid c.q. lidmaatschap (Schutz: inclusie).

2   Hij probeert bij de oriëntatie op de taak en opdracht te bevorderen dat deelnemers gaan bespreken wat zij als hun bijdrage zien. Hij probeert daarbij te komen tot een werkplan waarbij een verdeling van deelopdrachten tot stand komt die aansluit op ieders competenties. Hierbij wordt ieder groepslid aangesproken op de mogelijkheden, waarin hij

deskundig en competent is en in het kader van de opdracht iets te bieden heeft (Schutz: controle).

3   Hij probeert voor zover besluitvorming aan de orde is te streven naar een vorm van besluitvorming waarbij alle groepsleden hun invloed kunnen uitoefenen. Dit betekent een voorkeur voor consensus-, compromis- en meerderheidsbesluiten. Ook dit aspect sluit aan op erkenning voor wat de groepsleden inbrengen (Schutz: controle).

4   Hij gaat in de oriëntatiefase ook in op hoe elke vertegenwoordiger zijn aanwezigheid of rol ziet. Eigenlijk is dan aan de orde welk beeld de deelnemer van zichzelf geeft: adviseur, specialist, deskundige, op persoonlijke titel, en dergelijke. Hierin komt de zelfgekozen identiteit van elk groepslid naar voren. Daarbij valt ook te letten op verwachtingen die deelnemers naar elkaar hebben ("hoe wil je de ander zien?").

5   De schaduwkanten van de zelfbeelden van de groepsleden komen slechts sporadisch expliciet naar voren, omdat in zulke groepen de koppeling met de opdracht op de voorgrond blijft staan. Het doel, de opdracht, de beschikbare tijd, de frequentie en de aard van de bijeenkomsten zijn er vaak niet naar om stil te staan bij zulke schaduwkanten. Wel kan men als groepsbegeleider soms momenten van eigen twijfel of dilemma's benoemen. Bijvoorbeeld: "Ik word nu onzeker, omdat ik merk dat dit veel voor je betekent en ik daarop in zou willen gaan, maar we moeten ook verder met ... ". Soms is een verwijzing naar een andere plek, situatie, tijd en dergelijke op zijn plaats.

6   Het komt gelukkig ook voor dat groepsleden waardering naar elkaar gaan uiten of op andere wijze positief naar elkaar gaan reageren over de wijze van samenwerken (Schutz: affectie). De groepsbegeleider doet er goed aan om dit te bevestigen.
In deze fase van groepsontwikkeling gaan deelnemers persoonlijker reageren en soms ook spreken vanuit hun persoonlijke achtergronden, zoals visies, waarden, opstelling en dergelijke. Men gaat elkaar soms ook op zulke visies en waarden bevragen. Ook hierin kan de groepsbegeleider een ondersteunende of stimulerende rol vervullen.

7   Dit kan tevens aansluiten op enkele "genezende factoren" die Yalom (1978) noemt. Eén daarvan, "leren van elkaar", kan in de werkgroep tot een belangrijke waarde worden om elkaar beter te gaan verstaan. Door zich te spiegelen aan de ander kan men het inzicht in de eigen opstelling vergroten. Als groepsbegeleider kan men bevorderen dat de ander in zijn bedoeling, achtergrond, opstelling en dergelijke wordt verstaan.
Dit heeft ook waarde voor een andere genezende factor: "vergroting van groepscohesie".

8   Bij een impasse is het van belang te onderzoeken waar deze aan ligt. Daarbij kan men globaal een onderscheid maken naar taak en sociaal-emotioneel niveau in de groep. Analoog aan deze twee niveaus kan de groepsbegeleider met de groep onderzoeken waar de impasse mee te maken heeft. Daarbij geldt dat het scheppen van harmonieuze werkverhoudingen, bemiddelen, diplomatie, vasthouden aan een rustige basishouding, zorgvuldig en integer handelen van even groot belang zijn als behartigen van belangen, onderhandelen, omgaan met conflicterende visies en dergelijke.

9   Ten slotte is het bij groepen die een opdracht voltooid hebben van belang om veel aandacht te besteden aan "afscheid nemen". Dit kan de vorm krijgen van expliciet waardering uitspreken voor ieders bijdrage, voor het "eindprodukt", voor de wijze van samenwerken, en dergelijke. Soms kan daarop een afsluiting in informele sfeer plaatsvinden (gezamenlijke borrel, maaltijd, en dergelijke).

(Bron: Goossens, 1990)

11.5 Teamontwikkeling

11.5.1 Kenmerken van een effectief team

Niet elke werkgroep binnen een organisatie is een team. De term "team" verwijst naar tamelijk duurzame werkgroepen, die bestaan uit mensen van ongeveer gelijke rang te zamen met hun onmiddellijke "meerdere". Werkgroepen, projectgroepen en dergelijke hebben een meer tijdelijk karakter en hebben soms enkele aspecten van teams. Volgens Reilly en Jones (1974) moet er aan vier criteria worden voldaan om van een team te kunnen spreken:

1   de groep moet een opdracht of bestaansreden voor hun samenwerking hebben
2   de groepsleden moeten op elkaar aangewezen zijn voor het bereiken van de gezamenlijke doelen
3   de groepsleden moeten zich verbonden hebben aan het uitgangspunt dat samenwerken als groep tot effectievere besluiten leidt dan solistisch werken
4   de groep moet vanuit een gedeelde verantwoordelijkheid aanspreekbaar zijn als een functionerende eenheid binnen de grotere context van een organisatie.

Vanuit de indeling in vijf niveaus van groepsfunctioneren (vgl. hoofdstuk 4) vallen de volgende kenmerken van *een effectief team* te benoemen:

1   *inhoudsniveau:*
    - het team heeft een heldere doelstelling en taakopdracht, die door alle teamleden gekend is en waarover onder hen consensus bestaat
    - het team weet wat het te doen staat op lange, middellange en korte termijn.

2   *procedureniveau:*
    - het team heeft een heldere taakstructuur met goed functionerende procedures voor samenwerking en besluitvorming als middelen om tot goede resultaten te komen
    - er is regelmatig overleg over het functioneren als team
    - het heeft een structuur die resultaatgericht werken mogelijk maakt
    - de methoden zijn efficiënt en gericht op vooruitgang
    - de normen en de standaarden zijn gericht op excellentie.

3   *interactieniveau:*
    - het team heeft een helder relatiepatroon
    - de teamleden steunen en vertrouwen elkaar
    - er heerst een klimaat van samenwerking, saamhorigheid en open communicatie
    - de informele groepscultuur sluit aan op de formele taakstelling
    - er heerst openheid in het team en tegengestelde meningen kunnen geuit worden
    - het team werkt goed samen en ziet conflicten niet noodzakelijk als iets negatiefs. Integendeel het team is in staat om de resultaten van de opgeloste conflicten te gebruiken voor het bereiken van haar doelstellingen
    - het leiderschap is aangepast aan de behoeften van het team en de leider wordt gerespecteerd
    - er is sprake van een gelijkgerichte betrokkenheid en een gezamenlijke inzet.

4   *bestaansniveau:*
    - er bestaat erkenning voor elkaar als teamlid en voor elkaars professionele en persoonlijke kwaliteiten
    - de teamontwikkeling ondersteunt een verdere professionele en persoonlijke ontwikkeling van de teamleden
    - het team ondersteunt toenemende autonomie waarbij ieder gemachtigd wordt tot beslissingen over zaken die voor zijn werkuitvoering van belang zijn.

5   *contextniveau:*
    - het team is goed afgestemd op de andere onderdelen van de organisatie, zowel formeel als informeel
    - het team heeft goede relaties met andere teams
    - het team krijgt externe steun en erkenning
    - de respectieve teams zijn geïntegreerd (synergie).

11.5.2 Teambuilding

Teams die aan al de genoemde criteria voldoen, zijn zeldzaam. Veel teams functioneren niet optimaal. In de afgelopen dertig jaar is daarom een aantal methoden ontwikkeld, die een team kunnen ondersteunen bij het verbeteren van zijn functioneren. Meestal worden deze methoden samengevat onder de term *"teambuilding"*, maar soms spreekt men ook van teamopbouw of teamontwikkeling (*"team development"*). Teambuilding is een verzamelnaam voor een reeks lange-termijn-interventies die erop gericht zijn de eigen effectiviteit als team te verbeteren door aandacht voor de eigen structuren, besluitvormingsmanieren, omgangsvormen, normen, waarden en interpersoonlijke relaties. Dit gebeurt meestal met de hulp van een externe consulent (ook wel "consultant" genoemd) met een gedragswetenschappelijke achtergrond. Het programma is toegespitst op de concrete behoeften en problemen van het team en begint meestal met een diagnostische fase waarin het team meer zicht krijgt op zijn sterke en zwakke kanten, met name de kanten die verbetering en nadere ontwikkeling behoeven. Teambuilding is erop gericht om de individuele en teamprestaties op een hoger niveau te brengen. Het streefdoel is het optimaal functioneren als effectief team (zie hierboven).

Reilly en Jones (1974) benoemen 15 mogelijke subdoelen van teambuilding:

1. een beter begrip van de rol van elk teamlid in de groep
2. een beter begrip van de opdracht van het team: de bedoeling en de plaats daarvan in het totale functioneren van de organisatie
3. verbetering van de communicatie tussen de teamleden over "issues" die van invloed zijn op de "efficiency" van de groep
4. sterkere "support" tussen de groepsleden onderling
5. een helderder begrip (inzicht) van het groepsproces: het gedrag en de groepsdynamica van nauwe samenwerking
6. effectievere manieren om de problemen door te werken die inherent zijn aan het team, zowel op taakniveau als op interpersoonlijk niveau
7. het vermogen om conflicten op een positieve in plaats van destructieve manier te hanteren
8. sterkere samenwerking tussen de teamleden en vermindering van competitie voor zover die schadelijk is voor individu, groep en organisatie
9. een toename in het vermogen van de groep om met andere groepen in de organisatie samen te werken
10. versterking van het gevoel van onderlinge betrokkenheid en op elkaar aangewezen zijn onder de groepsleden
11. een helderder zicht op het eigen groepsfunctioneren, met name op eigen sterke en zwakke kanten als team
12. een beter inzicht in de communicatiepatronen, besluitvormingsmanieren en leiderschapsstijlen in de groep
13. boven de tafel krijgen van verborgen agenda's en thema's

14 behandelen van een thema dat inhoudelijk of procesmatig in het team speelt, maar waar het team tot nu toe nog niet goed uitgekomen is
15 leren van specifieke methodieken die de kwaliteit van de samenwerking verbeteren.

Teambuilding is met name geïndiceerd als:
— een nieuw team ontwikkeld moet worden
— er in het team niet genoeg duidelijkheid is of de condities veranderd zijn in een bestaand team
— in een team nieuw leven ingeblazen moet worden
— er conflicten bestaan binnen het team, waar het team niet zelf uitkomt
— er zich blijvend lijkende signalen gaan voordoen van een slechter functioneren van een team, zoals signalen van productieverlies, klachten, verwarring over opdrachten, onduidelijke verhoudingen, onduidelijkheden en misverstanden rond beslissingen, onverschilligheid en gebrek aan betrokkenheid van de medewerkers (Dyer, 1987, en Steyaert en Gerrichhauzen, 1993).

Meestal worden bij teambuilding-programma's de volgende zes fasen doorlopen (vgl. Steyaert en Gerrichhauzen, 1993):
1 identificatie van problemen
2 stellen van prioriteiten bij de problemen
3 verzamelen en uitwisselen van gegevens over deze problemen
4 gezamenlijke actieplanning (met alternatieven)
5 uitvoering en testen van geselecteerde alternatieven
6 periodiek vaststellen van resultaten en verdere actie.

In deze volgorde zal ik in paragraaf 11.6.6 een aantal suggesties voor teambuilding beschrijven.

11.6 Verbinding met de praktijk

11.6.1 Checklist "effectief vergaderen"

Hieronder volgt een aantal onderwerpen die van belang zijn bij het doorlichten van een vergadering.

1 Is de functie van de vergadering voor de deelnemers duidelijk? Is het een informatieve, een meningsvormende of een besluitvormende vergadering?

2 Is de vergaderprocedure voor de deelnemers helder en wordt deze door iedereen geaccepteerd?

3   Zijn de agendapunten duidelijk?
     Wat moet er per punt bereikt worden?

4   Heeft iedereen voldoende informatie?

5   Zijn de stukken gelezen?

6   Begint de vergadering op tijd?

7   Eindigt de vergadering op tijd?

8   Geeft de voorzitter voldoende ruimte voor discussie?

9   Geeft de voorzitter samenvattingen en geeft hij de besluiten helder weer?

10   Wordt er genotuleerd en hoe (zie vorige notulen)?

11   Hoe is de besluitvormingsprocedure?

12   Is deze voor iedereen helder en acceptabel?

13   Hoe is de kwaliteit van de besluiten en worden ze geaccepteerd?

14   Worden afspraken regelmatig geëvalueerd, is er waardering voor behaalde resultaten of geleverde prestaties?

11.6.2   Handleiding voor het verknoeien van vergaderingen

Vergaderen is een tijdrovende en nutteloze bezigheid, die zoveel mogelijk vermeden moet worden. Wanneer we echter door bepaalde omstandigheden toch genoodzaakt zijn te vergaderen, dan moeten we ervoor zorgen dat deze vergaderingen zo onvruchtbaar mogelijk zijn.
Er is tegenwoordig een gevaarlijke stroming, die beweert dat het samen bespreken van problemen en het gezamenlijk zoeken naar oplossingen niet alleen gunstig zou zijn om de bedrijfsgemeenschap te bevorderen, maar bovendien de productiviteit ten goede zou komen, omdat de actieve medewerking van alle belanghebbenden wordt gecoördineerd en vergroot.
Ik geef daarom hieronder een aantal richtlijnen die u kunnen helpen om de afkeer voor vergaderingen te versterken. Elke poging om aan te tonen dat het mogelijk is om met nuttig effect te vergaderen wordt op deze wijze grondig verijdeld. (Vrij naar *"Modern Industry"*).

A. Vóór de vergadering

HOE	WAAROM
1 Zorg dat niemand weet wat behandeld zal worden.	Ze zouden er anders eens over kunnen nadenken en met materiaal voor een intelligente discussie komen aanzetten.
2 Stuur de uitnodigingen méér dan een maand van tevoren rond.	Dan stellen ze de voorbereiding uit omdat er nog zo'n zee van tijd is. Misschien vergeten ze het helemaal.
of Roep de vergadering een paar uur van tevoren bijeen, liefst mondeling via iemand die er niets van af weet.	Dan weet u tenminste zeker dat de vergadering op niets zal uitlopen, omdat vele leden dan niet meer kunnen komen.
3 Zeg dat de vergadering "ongeveer zo laat" zal beginnen.	Dat garandeert onderbrekingen door laatkomers die willen weten wat er al behandeld is. En de groepsleden die er al waren, vervelen of ergeren zich. De zaak zit dan al direct mooi in de soep.
4 Vertel niemand hoe lang de vergadering zal duren.	Dan kunnen de leden hun verdere dagprogramma niet vaststellen. Zo krijgen ze flink het land aan vergaderingen.
5 Zorg vooral dat de voorzitter niets kent van het leiden van vergaderingen.	Een voorzitter die denkt dat voorzitten vanzelf gaat (zoals ademen of slapen) kan meer verwarring stichten dan een opzettelijke saboteur.
6 Bereid niets voor. Vorm geen duidelijk beeld van het doel van de vergadering en zorg niet voor reservevragen om de discussie over een dood punt heen te helpen.	Zo kan men er zeker van zijn dat een in de puree geraakte vergadering in de puree blijft.
7 Bekommer u niet om de vergaderzaal.	Heerlijk luie stoelen bevorderen het inslapen en zijn dus uitstekend geschikt voor vergaderingen. Nog beter is het de leden goed op de tocht te zetten of op harde houten stoelen, dan stijgt de afkeer voor het vergaderen nog vlugger.

345

| 8 | Zorg vooral niet voor een kopje koffie tijdens de vergadering. | Hierdoor zouden de deelnemers zich weer gesterkt voelen om nog langer door te vergaderen. |

B. Tijdens de vergadering

	HOE	WAAROM
9	Laat alle telefoongesprekken in de vergaderzaal doorkomen.	Kraakt de best voorbereide vergaderingen, omdat niet alleen de opgeroepene maar alle aanwezigen gestoord worden. Dit bevordert bovendien het afdwalen van de aandacht.
10	Laat de voorzitter aldoor praten in plaats van meningen, ideeën en ervaringen uit de leden te laten komen.	De vergadering zou maar nutteloos langer duren, wanneer we iedereen mee lieten praten. Bovendien zouden de deelnemers het gevoel kunnen krijgen dat hun mening meetelt. De eenzijdige woordenstroom heeft daarbij het voordeel dat de aanwezigen al gauw geestelijk (en lichamelijk) afwezig raken.
11	Gebruik geen overzichten, platen, wandborden, overhead, en dergelijke.	Het gebruik van dergelijke visuele hulpmiddelen houdt het gevaar in dat de deelnemers iets gaan begrijpen van het behandelde onderwerp waardoor de discussie toch nog productief zou kunnen worden.
12	Leg de aan de orde gestelde punten vooral niet te duidelijk uit.	Dan merken ze pas halverwege waar het over gaat. Ze denken dan "wat wil ie toch?" of "wat moet dat allemaal?". Ze zullen zich afvragen waarom de vergadering wordt gehouden.
13	Bevorder onderlinge debatten tussen de aanwezigen. Hoe hoger deze oplopen, hoe beter.	Iedereen houdt van een fel twistgesprek. 't Is enig om twee mensen elkaar in de haren te zien vliegen. Wellicht worden ze onaangenaam, wat nog onderhoudender is. In ieder geval wordt bereikt dat de vergadering op zo'n zijspoor is geraakt dat het voor de voorzitter ondoenlijk wordt de draad weer op te pakken. Bovendien stelt

niemand meer belang in die draad. De ruzie was veel leuker.

14	Zorg dat één zoveel mogelijk spreekt.	Dan leren allen zijn meningen, moeilijkheden en levensbeschouwingen kennen, of horen hoe goed hij zijn afdeling leidt zonder tijd te verspillen aan het eigenlijke vergaderdoel.
15	Vermijd conclusies van het besprokene.	Anders zou de vergadering toch nog vruchtbaar zijn geweest. Stel u voor dat de deelnemers uit elkaar gaan met dezelfde meningen over wat in de vergadering behandeld is! Hoe vager het probleem blijft, hoe beter.

C. Na de vergadering

16	Stuur geen verslag of samenvatting aan de leden.	Bevordert het verwaarlozen van de door hen aanvaarde verantwoordelijkheden.
17	Licht de hogere leiding niet in, vooral niet degenen die behulpzaam of geïnteresseerd zouden kunnen zijn.	Mocht de vergadering onverhoopt toch enkele goede suggesties opleveren, dan moeten de belanghebbenden daar niets van horen. Zij zouden anders dit soort vergaderingen nuttig kunnen gaan vinden; bovendien zouden ze u blijven hinderen met de vraag waarom deze suggesties niet in de praktijk worden toegepast.

11.6.3 Oefening "omgaan met lastige rollen"

AANWIJZINGEN

1 Vorm groepjes van 3 à 4 personen.

2 Iemand (A) vertelt wat voor soort gedrag hij lastig vindt.

3 Een van de anderen (B) neemt die rol op zich.

4 A instrueert B hoe hij zich gaat gedragen en in welke context het gesprekje zich afspeelt.

5   A en B gaan het gesprek voeren terwijl C observeert. Na enige minuten wordt even gestopt om te controleren of B zijn rol goed vertolkt. Indien niet, dan geeft A nog wat aanvullende instructies. Het gesprek wordt weer vervolgd gedurende een minuut of 10.

6   A krijgt feedback van B en C over de effectiviteit van zijn aanpak.

7   A kan met een gewijzigde strategie het spel nogmaals spelen.

8   Afsluitende feedback van B en C.

9   Start de gehele procedure opnieuw met iemand anders in de rol van A. Ga net zolang door tot iedereen aan bod is geweest.

11.6.4   Verdiepingsoefening "omgaan met lastige rollen"

AANWIJZINGEN

1   Vorm drietallen (viertal kan eventueel ook).

2   Ga na welke twee of drie onlustgevoelens voor jou het sterkst gespeeld hebben in de confrontatie met een van de lastige rollen.
     Je kunt hierbij de lijst "gevoelens van de professional" gebruiken (zie de bijlage op blz. 325).

3   Schrijf deze gevoelens met grote letters op drie vellen papier die dubbel gevouwen zijn.

4   Dit doet ieder in het groepje. In het groepje staan nu negen onlustgevoelens op papier. Neem enige tijd om stil te staan bij enkele overeenkomsten en verschillen.

5   Een van de drie kiest nu zichzelf om de eigen gevoelens rond lastige rollen nader te exploreren. Dit gaat als volgt. De twee anderen krijgen (of nemen) elk een papier van hem met een onlustgevoel erop en zetten dit papier voor zich. Met zoveel mogelijk empathie proberen zij zich in te leven in wat dit gevoel voor de ander betekent. Ze steunen de persoon zo in het verkennen van welke lading erin zit en welke oude lading er eventueel onder zit. Gebruik hierbij ook je intuïtie. Maar pas op met interpretaties en eigen invullingen.
     De twee "hulpverleners" zijn als het ware twee subpersoonlijkheden van de persoon die zichzelf exploreert.

6   Na een halfuur wisselen. Een ander van de drie komt nu aan bod.

Tijdsduur: anderhalf uur.

BIJLAGE BIJ 11.6.4: LIJST "GEVOELENS VAN DE PROFESSIONAL"

Concrete gevoelens die het functioneren van de professional kunnen beïnvloeden

— erkenning	— sarcasme
— eenzaamheid	— erbij horen
— afhankelijkheid	— liefde
— sympathie	— agressie
— hoop	— verlangen
— pijn	— schuld
— verliefdheid	— isolement
— heimwee	— durf
— irritatie	— trots
— angst	— vernedering
— zorg	— "wegwezen"
— verlies	— "er tegen aan"
— geborgenheid	— twijfel
— seksuele aantrekkelijkheid	— jaloezie
— antipathie	— machteloosheid
— verwarring	— intimiteit
— kwaadheid	— agressie
— onzekerheid	— ontroering
— spanning	— hekel
— ongeduld	— verveling
— ontspanning	— onbereikbaarheid
— humor	— . . . .
— paniek	— . . . .
— blijdschap	— . . . .
— warmte	— . . . .
— genieten	— . . . .

(n.b. zelf aanvullen met eigen ervaren gevoelens)

11.6.5 Sterkten en zwakten als team

EEN MODEL VOOR STRATEGIEVORMING

Het identificeren van kansen en bedreigingen en het opsporen van eigen sterkten en zwakten vindt plaats in een strategische verkenning via een SWOT-analyse

(*Strengths, Weaknesses, Opportunities, Threats*). Hoewel zo'n analyse ook voor een hele organisatie uitgevoerd kan worden, bespreken we hier de groepsvariant. Er is trouwens ook een individuele variant mogelijk.

Teneinde een strategie met bijbehorend actieplan te kunnen ontwerpen, is het van belang om goed zicht te hebben op de kansen en bedreigingen van het team, c.q. de organisatie (dit zijn externe factoren) en op de sterkten en zwakten van het team, c.q. de organisatie (dit zijn interne factoren).

In de volgende stappen gaat het om een verkenning van deze externe en interne factoren.

STAP 1: KANSEN EN BEDREIGINGEN

Basisvraag is: welke kansen en bedreigingen komen er vanuit de omgeving op het team af ?

Er zijn een aantal externe factoren, zowel maatschappelijke ontwikkelingen als ontwikkelingen in de bredere context van de organisatie, die een belangrijke invloed uitoefenen op het team en zijn functioneren.

Sommige van deze factoren vormen een bedreiging voor het team, terwijl andere factoren juist kansen en nieuwe mogelijkheden bieden.

1.1

Noteer eerst voor uzelf wat u als de drie belangrijkste externe factoren beschouwt, die een bedreiging vormen voor het team en zijn functioneren.

Noteer eveneens wat u als de drie belangrijkste externe factoren beschouwt, die u als een kans of een nieuwe mogelijkheid beschouwt voor het team en zijn functioneren.

Enkele nadere aanwijzingen:
— Let er goed op, dat de kansen en bedreigingen alleen betrekking hebben op externe factoren. Externe factoren zijn factoren die u zelf niet of nauwelijks kunt beïnvloeden.
— Het gaat daarbij om externe trends en mogelijke gebeurtenissen in de omgeving, die in de komende jaren een wezenlijke invloed kunnen hebben op het team of de organisatie.
— Baseer de kansen en bedreigingen zoveel mogelijk op informatie en niet op vermoedens, veronderstellingen, angsten.
— Formuleer, indien mogelijk, kansen en bedreigingen tevens in termen van tendensen: . . . neemt toe, . . . neemt af, . . . wordt sterker, . . . stabiel.
— Gebruik voor elke kans en voor elke bedreiging een apart kaartje, in totaal dus zes kaartjes.
  (Praktische tip: gebruik "post-it" memovelletjes met plakrand; formaat: plm. een halve briefkaart.)
— Noteer elke kans en bedreiging kort in enkele trefwoorden en schrijf groot, zodat de tekst op afstand leesbaar is.
— Teken in de bovenhoek aan: K (= kans) of B (= bedreiging).

1.2
— Hang de kaartjes naast elkaar op de muur of plak ze op een flapover-vel.

— Ieder licht zijn kaartjes toe, voor zover er tijd en behoefte bestaat.

— Cluster de kansen bij elkaar en de bedreigingen.

— Stel aan de hand van de clustering vast wat uw subgroep gezamenlijk de vijf belangrijkste kansen en de vijf belangrijkste bedreigingen vindt.

— Benoem een woordvoerder die deze Kansen en Bedreigingen straks in de plenaire bijeenkomst kan toelichten.

Voor deze verkenning van de omgevingsfactoren hebt u een uur.

STAP 2: STERKTEN EN ZWAKTEN

Basisvraag is: welke sterke en zwakke kanten bezit uw team? Hierbij gaat het erom naar het eigen team binnen de organisatie te kijken en vast te stellen op welke punten men het eigen team en de eigen organisatie sterk of zwak vindt.

De blik is hierbij dus op interne factoren gericht. Bijvoorbeeld: bezit uw team naar uw oordeel over voldoende capaciteit, deskundigheid, werkhouding, oriëntatie, externe contacten, interne communicatie en dergelijke.

2.1

— Noteer eerst voor uzelf welke u de drie belangrijkste sterke punten van het team vindt.

— Noteer eveneens de (naar uw mening) drie belangrijkste zwakke punten.

— Neem voor elke sterkte en voor elke zwakte een apart kaartje.

— Geef in de bovenhoek aan: S (= sterkte) of Z (= zwakte).

Enkele nadere aanwijzingen:

• Kijk vanuit de huidige situatie naar de toekomst en niet zozeer naar het verleden.

• Formuleer sterkten en zwakten zo concreet mogelijk.

• Zorg er bij de formulering voor dat de tekst voor ieder duidelijk is, zodat ieder zoveel mogelijk dezelfde interpretatie geeft aan wat er staat.

2.2

Ophangen, toelichten en clusteren (net als bij punt 1.2).

Voor deze verkenning van de interne factoren hebt u eveneens een uur.

STAP 3: UITWISSELING

De subgroepen rapporteren in de plenaire groep aan de hand van hun clusters op flaps.

Hiervan wordt één groot schema gemaakt:

KANSEN	STERKTEN
BEDREIGINGEN	ZWAKTEN

STAP 4: CONFRONTATIE EN SYNTHESE

Door de sterke en zwakke punten te confronteren met de verwachte kansen en bedreigingen kunnen strategische "issues" bepaald worden en kunt u de belangrijkste prioriteiten vaststellen.

De volgende vragen kunnen hierbij behulpzaam zijn:

met betrekking tot kansen
• Welke sterke punten helpen ons om deze kans te benutten?
• Welke zwakke punten belemmeren ons deze kans te benutten?
• Welke acties zijn daartoe nodig?
• Welke middelen ontbreken nog?

met betrekking tot bedreigingen
• Welke sterke punten helpen ons deze bedreiging te bestrijden of het hoofd te bieden?
• Welke zwakke punten belemmeren ons daarin?
• Welke acties zijn daartoe nodig?
• Welke middelen ontbreken nog?

• Is het wellicht mogelijk om zwakke kanten tot een sterkte te maken?

Door een prioriteit aan te brengen in de te ondernemen stappen komt u tot een *strategisch plan*.
Houd de zaak overzichtelijk door u te beperken tot de drie à vijf voornaamste prioriteiten.

11.6.6   Suggesties voor teambuilding

1   SITUATIE-ANALYSE
Deze fase voor het opsporen van de teamproblemen begint met een individuele bezinning op een tweetal vragen:
1   wat is uw persoonlijke kijk op de problemen en blokkades van dit team?
2   wat wenst u als resultaat van deze teambuilding-sessies voor u persoonlijk en

gezien vanuit uw positie in het team? Of anders gezegd: wat moeten deze sessies voor u opleveren om het tot een geslaagde bijeenkomst te maken?

Na deze individuele bezinning worden drietallen gevormd van teamleden, die elkaar nog relatief weinig kennen. In deze drietallen wisselt men de antwoorden op de twee vragen uit en vraagt men elkaar om nadere toelichting. De resultaten van de drietallen worden op grote vellen papier genoteerd voor een latere presentatie in de plenaire groep. Bij deze trefwoorden zoekt ieder een tweetal foto's uit een map of een stapel tijdschriften, waarbij één foto de eigen beleving van het verleden in beeld brengt en de andere foto de toekomstwens. Daarna worden de foto's en papiervellen opgehangen. Na een korte pauze, waarin ieder de gelegenheid heeft om de teksten te lezen, worden de problemen en de "gewenste output" besproken.

2 STRATEGISCHE VERKENNING

Voor het stellen van prioriteiten bij de gesignaleerde problemen en voor een diepergaande situatie-analyse kan goed de "Sterkten en Zwakten Analyse" gebruikt worden, die in paragraaf 11.6.5 beschreven is.
Zowel de inventarisatie van kansen en bedreigingen als die van de sterke en zwakke kanten van het team worden plenair toegelicht, besproken en gegroepeerd. Daarna wordt per onderdeel een rangorde aangebracht.

3 VERKENNING VAN INDIVIDUELE KERNKWALITEITEN

Een belangrijke randvoorwaarde voor het optimaal functioneren van een team is het inzetten van het potentieel van de individuele medewerkers. Daarom wordt in deze activiteit stilgestaan bij de individuele kwaliteiten en zingeving aan het werk. Kernkwaliteiten zijn eigenschappen die typisch bij het individu horen en die in belangrijke mate de kwaliteit van zijn werk bepalen. Ieder onderzoekt deze persoonlijke kwaliteiten in kleine groepjes van 3 à 4 personen met behulp van de volgende vragen:
— wanneer voelt u zich gelukkig op uw werk?
— wanneer hebt u het gevoel goed bezig te zijn, waarbij uw eigenschappen en kwaliteiten goed aan bod komen?
— in welke eigenschappen en kwaliteiten onderscheidt u zich van uw collega's?
— op welke kwaliteiten wordt u graag aangesproken? wanneer doen mensen (collega's, cliënten) nooit tevergeefs een beroep op u?
De kwaliteiten en eigenschappen die aan bod komen, worden in trefwoorden genoteerd.

De informatie die tot nu toe verzameld is, biedt inzicht in de situatie van het team tot dat moment en de gewenste situatie in de nabije toekomst.
De volgende stap is het ontwikkelen van een *actieplan*, dat de stappen specificeert die nodig zijn om bij die gewenste situatie te komen. Er worden twee actieplannen gemaakt: een actieplan voor het hele team (stap 4) en een persoonlijk actieplan (stap 5).

4 POSITIONERING EN PROFILERING ALS TEAM

Het vaststellen van een doelstelling en daarbij behorende actieplan gebeurt door een nadere profilering van het team. Het team wordt daartoe verdeeld in vier subgroepen. Elk daarvan krijgt de opdracht een beleids- en actieplan te formuleren. In het beleidsplan moet de missie van het team beschreven worden en in het actieplan de daarvan afgeleide doelstellingen en produkten. Na afloop van dit overleg geeft elke subgroep een presentatie van zijn plan aan de overige deelnemers, waarbij ruim gebruik gemaakt moet worden van visuele en andere non-verbale hulpmiddelen.

5 PERSOONLIJK ACTIEPLAN

Tegen de achtergrond van het gewenste teamfunctioneren formuleert ieder ook een persoonlijk actieplan. Hierin besteedt ieder aandacht aan de volgende vragen:

1 wat ga ik concreet doen om het gewenste functioneren van het team als geheel en van mezelf in dit team te wijzigen in de gewenste richting?
2 welke concrete actie ga ik ondernemen?
3 welke acties moeten op teamniveau worden genomen?

Voor beide actieplannen worden ook afspraken vastgelegd over de implementatie in de praktijk. Tevens worden afspraken vastgelegd over de voortgangsbewaking van de actieplannen.

6 IMPLEMENTATIE VAN DE ACTIEPLANNEN

Na de teambuilding-sessies worden de ontwikkelde plannen in praktijk gebracht zowel op individueel niveau als op teamniveau.

7 FOLLOW-UP

Ongeveer twee maanden na de teambuilding-sessies wordt een follow-up van enkele dagdelen georganiseerd. Deze dagen beginnen met een korte schets van de stand van zaken op dat moment. Er wordt stilgestaan bij wat in de afgelopen periode aan verbeteringen gerealiseerd is en wat nog dient te gebeuren. Eventueel worden tussendoelen en actieplannen in gezamenlijk overleg bijgesteld.

Een tweede deel van de follow-up bestaat uit een verdere verfijning en ontwikkeling van het team, waarbij ook aandacht besteed wordt aan de teamcultuur en aan een verdere stroomlijning en onderlinge afstemming van taken.

Als "warming-up" kan elke kleinere functionele eenheid (unit of subteam) binnen het team de opdracht krijgen om een eigen logo te schilderen, waarin met name de sterke kanten van deze eenheid naar voren komen. Bij deze opdracht heeft elk teamlid een eigen vel papier om op te schilderen, maar hij dient er wel voor te zorgen dat zijn schildering aansluit op die van de andere teamleden, waar hij mee samenwerkt. Dit alles geheel non-verbaal, dus zonder dat er met elkaar gesproken mag worden.

In de nabespreking verdient vooral de mate van aansluiting nadere aandacht, niet alleen van de schilderingen maar ook van de mensen binnen elk subteam.

Tot slot kan het van belang zijn om binnen elke unit (of subteam) tot een nader gesprek te komen over knelpunten die men in de dagelijkse werkpraktijk en op betrekkingsniveau met elkaar signaleert. Ook het bestaansniveau verdient hierbij aandacht (erkenning of miskenning van elkaars kwaliteiten). Daarna worden voor de gesignaleerde problemen gezamenlijk oplossingen gezocht. Deze oplossingen worden weer verwerkt in afspraken en actieplannen.

11.6.7 Oefening "extern en intern systeem"

N.B. Vooraf dient duidelijk een keuze gemaakt te worden voor welke groepering in beeld gebracht gaat worden: de organisatie, een afdeling of unit binnen de organisatie, een team, wellicht deze groep, . . .
In de hierna volgende versie wordt ervan uitgegaan dat de keuze gevallen is op het in beeld brengen van een eigen afdeling binnen de organisatie.

INSTRUCTIE
Onderstaande oefening probeert u wat meer vertrouwd te maken met de begrippen "extern systeem" en "intern systeem".
De oefening bestaat uit twee stappen:
1   een individueel gedeelte
2   een gesprek in tweetallen.

Totale duur van de oefening: 45 à 60 minuten.

Ad 1
Maak voor uzelf twee tekeningen van uw werksituatie.

A   De eerste tekening bestaat uit een organisatiediagram. Geef hierin uw eigen positie en afdeling weer en teken hieromheen de andere geledingen van uw organisatie waar u op één of andere wijze mee in contact staat. Dit levert een plaatje op van de formele organisatiestructuur. Het is gebruikelijk om elke positie of afdeling in zo'n tekening in rechthoeken te tekenen met daarin of daaronder de aanduiding in organisatietermen.

B   De tweede tekening bestaat uit een sociogram van de personen op uw werkplek waar u met enige regelmaat mee te maken hebt. Geef elke persoon aan met een cirkeltje. Begin met uzelf. Elk cirkeltje kan variëren in grootte; via deze grootte kunt u aangeven hoe belangrijk die persoon is in het informele netwerk dat u tekent. U kunt de cirkeltjes ook dichtbij of veraf tekenen ten opzichte van het cirkeltje dat u voorstelt en ten opzichte van de andere cirkeltjes.
Door de cirkeltjes dichterbij of verderaf te tekenen kunt u aangeven hoe persoonlijk of hoe afstandelijk die personen met elkaar omgaan. Daarna verbindt u de cirkeltjes met lijnen. U kunt daarbij ook de volgende typen lijnen gebruiken:
–   een drievoudige lijn: betekent een intensieve positieve relatie
–   een stippellijn: betekent een zwakke relatie
–   een zigzag-lijn: betekent een negatieve relatie
–   een drievoudige lijn met daar doorheen een zigzag-lijn: betekent een intensieve negatieve relatie.
Op deze wijze hebt u het informele netwerk getekend.

Mogelijke aanvulling:
kies twee foto's uit een map of uit een bundel tijdschriften: één foto die de formele organisatie typeert en één foto die past bij de informele organisatie.

Ad 2
Bespreek nu beide tekeningen (en eventueel foto's) met de persoon die naast u zit. In dit tweetal dient u de tijd eerlijk te verdelen, zodat u alletwee ongeveer evenveel aan bod komt.
Bespreek de overeenkomsten en de verschillen tussen uw twee tekeningen: in welke opzichten overlappen het externe en het interne system elkaar en in welke opzichten juist niet?
Bespreek ook de sfeer en het "klimaat" op uw werkplek en leg daarbij verbanden met de twee tekeningen (en eventuele foto's).

Leg ook een verbinding naar het onderwerp "leiderschapsstijl": welk type leiderschap kenmerkt het externe systeem en welk type leiderschap kenmerkt het interne systeem in uw organisatie?

11.6.8   Oefening "communicatie binnen het team"

1   kies een foto of trek een Tarotkaart rond de vraag:
"Hoe ervaar ik *mijn positie* binnen de groep (c.q. team, c.q. organisatie)?"

2   kies een foto of trek een Tarotkaart rond de vraag:
"Hoe ervaar ik *de feitelijke situatie* in deze groep (c.q. dit team, c.q. deze organisatie) wat betreft communicatie?"

3   kies een foto of trek een derde Tarotkaart rond de vraag:
"Hoe *wens* ik mij de situatie in deze groep (c.q. dit team, c.q. deze organisatie) wat betreft communicatie?"

4   ga nu terug naar de twee eerder gemaakte tekeningen (oefening 11.6.7) van het externe en het interne systeem.
Geef met kleur aan waar u aangrijpingspunten ziet voor beïnvloeding, om van stap 2 naar stap 3 te komen.
Welke actiestappen kunt u ondernemen om:
   - goed lopende communicatielijnen te versterken
   - slecht lopende communicatielijnen te verbeteren.

Stappen 1 t/m 4 in tweetallen, stap 5 in de plenaire groep;

5   ieder tweetal presenteert plenair de belangrijkste punten uit de actieplannen, gevolgd door een plenair gesprek hierover.

Tijdsduur: stappen 1 t/m 4: 40 minuten. De tijdsduur van stap 5 is variabel.

Literatuur

Hoofdstuk 1

Allport, F.H., *Social psychology*, 1924, Boston, Houghton Mifflin.
Anzieu, D. en J. Martin, *La dynamique des groupes restreints*, 1968, Parijs, Presses Universitaires de France.
Cooley, C.H., *Human nature and the social order*, 1902, New York, Scribner.
Durkheim, E., *Les règles de la méthode sociologique*, 1895, Parijs, Ned. vert. *De sociologische methode*, 1969, Rotterdam, Universitaire Pers.
Elias, N., *Über den Prozess der Zivilisation*, 1939, Basel, Haus zum Falken, Ned. vert. *Het civilisatie-proces*, 1982, Utrecht, Het Spectrum.
Eppink, A., *Cultuurverschillen en communicatie*, 1982, Alphen aan den Rijn, Samsom.
Fortmann, H., *Wat is er met de mens gebeurd ?*, 1959, Utrecht, Het Spectrum (later Bilthoven, Ambo).
Fromm, E., *The fear for freedom*,1941, Londen, Routledge and Kegan Paul, Ned. vert. *De angst voor vrijheid*, 1952, Utrecht, Bijleveld.
Pagès, M., *La vie affective des groupes*, 1975 (2me ed.), Parijs, Dunod.
Remmerswaal, J., *Groepsdynamika I: Inleiding*, 1982 (herziene editie), Baarn, Nelissen.
Rinsampessy, E., *Saudara bersaudara*, 1992, Assen, Van Gorcum.
Tönnies, F., *Gemeinschaft und Gesellschaft*, 1887, Leipzig.
Warriner, C., Groups are real: a reaffirmation, *American Sociological Review*, 1956, 21, 549-554.

Hoofdstuk 2

Cartwright, D. en A. Zander (Eds.), *Group dynamics*, 1968,[3] New York, Harper.
Freud, S., *Massenpsychologie und Ich-analyse*, 1921, Wenen, Ned. vert. *Massapsychologie en Ik-ana-lyse*, 1986, Meppel, Boom.
Hare, A.P., *Handbook of small group research*, 1962 (1st Ed.) en 1976 (2nd Ed.), New York, Free Press.
Homans, G.C. *The human group*, 1950, New York, Harcourt, Brace and World, Ned. vert. *Individu en gemeenschap*, 1966, Utrecht, Het Spectrum.
Horn, K. (Hsgb.), *Gruppendynamik und der "subjektiven Faktor"*, 1972, Frankfurt am Main, Suhrkamp.
Jacoby, R., *Social amnesia*, 1975, Boston, Beacon Press, Ned. vert. *Sociaal geheugenverlies*, Bloemendaal, Nelissen.
Lewin, K., *Field theory in social science*, 1951, New York, Harper.
Remmerswaal, J., *Groepsdynamika II: Kommunikatie*, 1982, Baarn, Nelissen.
Remmerswaal, J., *Groepsdynamika III: Groepsontwikkeling*, 1994, Baarn, Nelissen (4e druk).
Shaw, M.E., *Group dynamics*, 1971, New York, McGraw-Hill.

Hoofdstuk 3

Cooley, C.H., *Human nature and the social order*, 1902, New York, Scribner.
Durkheim, E., *Les règles de la méthode sociologique*, 1895, Parijs, Ned. vert. *De sociologische methode*, 1969, Rotterdam, Universitaire Pers.
Frank, J.D., *Training and therapy*, in: L. Bradford, J. Gibb en K. Benne (Eds.), *T-group theory and laboratory method*, 1964, New York, Wiley, 442-451.
Freeman, E., *Social psychology*, 1936, New York, Holt.
Gibb, J.R., Sensitivity training as a medium for personal growth and improved interpersonal rela-tionships, *Interpersonal development*, 1970, 1, 6-31.
Goossens, W., Groepsmaatschappelijk werk, in: J.L.M. Remmerswaal e.a. (red.) *Werken, Leren en Leven met Groepen*. 2001, Houten, Bohn Stafleu Van Loghum, Rubriek D8500, p. 1-62.
Hare, A.P., *Handbook of small group research*, 1976 (2nd Ed.), New York, Free Press.
Hiller, E.T., *Social relations and structure*, 1947, New York, Harper.
Homans, G.C. *The human group*, 1950, New York, Harcourt, Brace and World, Ned. vert. *Individu en gemeenschap*, 1966, Utrecht, Het Spectrum.

Jackson, J.M., A space for conceptualizing person-group relationships,*Human Relations*, 1959, 12, 3-15.

James, J., A preliminary study of the size determinant in small group interaction, *American Sociological Review*, 1951, 16, 474-477.

Jennings, H.H., *Leadership and isolation: a study of personality in interpersonal relations*, 1943, New York, McKay.

Lewin, K., *Field theory in social science*, 1951, New York, Harper.

Lomranz, J., M. Lakin en H. Schiffman, Variants of sensitivity training and encounter: diversity or fragmentation?, *Journal of Applied Behavioral Science*, 1972, 8, 399-420.

McDavid, J.W. en H. Harari, *Social psychology: individuals, groups, societies*, 1968, New York, Harper.

Mills, T.M., *The sociology of small groups*, 1967, Englewood Cliffs N.J., Prentice-Hall.

Remmerswaal, J., Groep en deelnemers, in: Ina Bakker, Geraldien Blokland en Hanneke Wijnen (red.), *Samen delen. Methodiekboek voor opvoedingsondersteuning in groepen*. 2001, Utrecht, NIZW, p. 39-60.

Shaw, M.E., *Group dynamics: the psychology of small group behavior*,1971, New York, McGraw-Hill.

Sherif, M. en C.W. Sherif, *An outline of social psychology*, 1956 (rev. ed.), New York, Harper and Row.

Sorokin, P.A., *Contemporary sociological theories*,1928, New York, Harper.

Sprott, W.J., *Human groups*,1958, Harmondsworth, Penguin.

Tönnies, F., *Gemeinschaft und Gesellschaft*, 1887, Leipzig.

Hoofdstuk 4

Aken, J. van, *Hoe doet een ander dat nou? Groepswerk bij de SPD*. 1996, Utrecht, Vereniging Somma.

Cohn, R., *Themagecentreerde interaktie*, 1979, Bloemendaal, Nelissen.

Cuvelier, F., Relatiewijzen in kaart gebracht: de axen-roos, in: *Leren en leven met groepen* (losbl.),1980, Alphen aan den Rijn, Samsom.

Dyer, W.G., An inventory of trainer interventions, in: C.R. Mill (Ed.), *Selections from Human Relations Training News*, 1969, Washington DC, NTL Institute, p. 41-44.

Freud, S., *Totem en taboe*, oorspr. 1912-13, Ned. vert. 1984, Meppel, Boom.

Goffman, E., *Stigma: aantekeningen voor het omgaan met een geschonden identiteit*, 1980, Utrecht, Bijleveld.

Goossens, W., *Eindtoets module groepswerk*. 1990, Nijmegen, Hogeschool Nijmegen, Opleiding Senior Maatschappelijk Werk.

Goossens, W., Groepsmaatschappelijk werk, in: J.L.M. Remmerswaal e.a. (red.), *Leren Leven en Werken met Groepen*. 2001, Houten: Bohn Stafleu Van Loghum, D8500 p. 1 – 63.

Laing, R.D., *Het zelf en de anderen*, 1971, Meppel, Boom.

Leary, T., *Interpersonal diagnosis of personality*, 1957, New York, Ronald Press.

Marcoen, A., Hoofdthema's uit de menselijke levensloop, in: J. Schroots, *Levenslooppsychologie*, 1985, Lisse, Swets en Zeitlinger, p. 11-31.

Meulenbelt, A., *De schaamte voorbij*, 1976, Amsterdam, Van Gennep.

Mulder, L., W. Voors en H. Hagen, *Oefeningenboek voor groepen*, 1990, Alphen aan den Rijn, Samsom.

Oomkes, F.R., *Training als beroep. Deel 2a en 2b: Oefeningen in sociale vaardigheid*.1995, Amsterdam, Boom.

Pagès, M., *La vie affective des groupes*, 1975 (2me ed.), Parijs, Dunod.

Perls, F., *Gestalt therapy verbatim*, 1969, Lafayette, Calif., Real People Press, Ned. vert. *Gestalt therapie verbatim*, 1973, Den Haag, Bert Bakker.

Perls, F., *The Gestaltapproach and eye witness to therapy*, 1973, Palo Alto, Calif. Science and Behavior Books, Ned. vert. *Gestaltbenadering en Gestalt in aktie*, 1975, Haarlem, De Toorts.

Rogers, C.R., *On becoming a person*, 1961, Boston, Houghton Mifflin, Ned. vert. *Leren in vrijheid*, 1973, Haarlem, De Toorts.

Slater, P.E., *Microcosm*, 1966, New York, Wiley.

Watzlawick, P., J.H. Beavin en D.D. Jackson, *De pragmatische aspecten van de menselijke communicatie*, 1970, Deventer, Van Loghum Slaterus.

Yalom, I., *Theory and practice of group psychotherapy*, 1975, New York, Basic Books, Ned. vert. *Groepspsychotherapie in theorie en praktijk*, 1978 en 1991 Deventer, Van Loghum Slaterus.

Hoofdstuk 5

Homans, G.C., *The human group*, 1950, New York, Harcourt, Brace and World, Ned. vert. *Individu en gemeenschap*, 1966, Utrecht, Het Spectrum.
Levine, B., *Group psychotherapy*, 1979, Englewood Cliffs, Prentice-Hall, Ned.vert. *Groepspsychotherapie*, 1982, Deventer, Van Loghum Slaterus.
Lewin, K., *Field theory in social science,*1951, New York, Harper.
Oomkes, F.R., *Training als beroep; Deel 3: Oefeningen in interculturele vaardigheden*, 1994, Amsterdam/Meppel, Boom.
Oomkes, F.R. en J. Cuijpers, *Doe gewoon anders; handboek trainingen interkulturele kommunikatie*, 1986, Utrecht, Gamma.
Pagès, M., *La vie affective des groupes*, 1975 (2me ed.), Parijs, Dunod.
Remmerswaal, J., *Groepsdynamika III: Groepsontwikkeling*, 1994, Baarn, Nelissen (4e druk).
Sartre, J.P., *Critique de la raison dialectique. Tome I: Théorie des ensembles pratiques*, 1960, Parijs, Gallimard.
Schutz, W.C., *FIRO: a three-dimensional theory of interpersonal behavior*, 1958, New York, Holt, herdrukt als paperback onder de titel: *The interpersonal underworld*, 1966, Palo Alto CA, Science and Behavior Books.
Schutz, W.C., *Joy: expanding human awareness*, 1967, New York, Grove Press, Ned. vert. *Blij*, 1969, Den Haag, Bert Bakker.
Schutz, W.C., *Elements of encounter*, 1973, Big Sur CA, Joy Press, Ned. vert. *Grondbeginselen van encounter*, 1975, Alphen aan den Rijn, Samsom.
Stemerding, A.H.S., *Vergadertechniek en groepsgesprek*, 1973 (2de druk), Alphen aan den Rijn, Samsom.
Stemerding, A.H.S., *Begeleiden van groepen*, 1974, Alphen aan den Rijn, Samsom; volledig herziene editie: J. Remmerswaal, *Begeleiden van groepen*, 1992, Houten, Bohn Stafleu Van Loghum.

Hoofdstuk 6

Amado G. en A. Guittet, *La dynamique des communications dans les groupes*, 1975, Parijs, Armand Collin.
Antons, K., *Praxis der Gruppendynamik*, 1973, Göttingen, Verlag für Psychologie Dr. Hogrefe, Ned. vert. *Groepsdynamika in praktijk*, 1976, Alphen aan den Rijn, Samsom.
Argyle, M., *Social interaction*, 1969, Londen, Methuen.
Bauer, The obstinate audience: the influence process from the point of view of social communication, *American Psychologist*, 1964, 19, 319-328.
Buber, M., *Urdistanz und Beziehung*, in: *Werke, Teil I*, 1962, München, Kösel Verlag, Ned. vert. *Oerdistantie en relatie*, Meppel, Boom.
Créton, H. en T. Wubbels, *Ordeproblemen bij beginnende leraren*, 1984, Utrecht, dissertatie RU, Uitg. W.C.C.
Culbert, S.A., *The interpersonal process of self-disclosure: it takes two to see one,*1967, New York, Renaissance Editors.
Cuvelier, F., Relatiewijzen in kaart gebracht: de axen-roos, in: *Leren en leven met groepen* (losbl.), 1980, Alphen aan den Rijn, Samsom.
Cuvelier, F., Relatiewijzen in kaart gebracht: de axen-roos, in: *Leren en leven met groepen*, 1980, Alphen aan den Rijn, Samsom. Rubriek 1640, p. 1-27.
Cuvelier, F., Interactief gedrag: geobserveerd, benoemd en ingeoefend, in: René Bouwen e.a. (Red.) *Van groep naar gemeenschap*. 2000, Leuven, Garant, p. 13-30.
Dance, F.E., The "concept" of communication,*Journal of communication*, 1970, 20, 201-210.
Dijk, B. van, *Beïnvloed anderen, begin bij jezelf*, 2000, Zaltbommel, Thema.
Forge, La, R. en R.F. Suczek, The interpersonal dimension of personality, An interpersonal checklist, *Journal of Personality*. 1955, 24, 94-112.
Freedman, J.L, J.M. Carlsmith en D.O. Sears, *Social psychology,*1978 (3rd Ed.), Englewood Cliffs, N.J., Prentice-Hall.
Gibb, J.R., Defensive communication,*Journal of communication*, 1961, 11, 141-148.
Goffman, E., *The presentation of self in everyday life*, 1959, New York, Doubleday (Anchor Books),Ned. vert. *De dramaturgie van het dagelijks leven,*1983, Utrecht, Bijleveld.
Haley, J., An interactional description of schizophrenia, *Psychiatry*, 1959, 22, 321-332.
Haley, J., *Strategies of psychotherapy*, 1963, New York, Grune and Stratton, Ned. vert. *Strategieën in de psychotherapie*, 1980, Utrecht, Bijleveld.
Hora, T., Tao, Zen and existential psychotherapy, *Psychologia*, 1959, 2, 236-242.
James, W., *Principles of psychology, Vol. 1*, 1890, New York, Henry Bolt.

Johnson, D.W. (Ed.), Contemporary social psychology, 1973, Philadelphia, Lippincott.
Johnson D.W. en F.P. Johnson, Joining together: group theory and group skills, 1975, Englewood Cliffs NJ, Prentice-Hall.
Jones, J.E. en J.W. Pfeiffer, Building open and closed relationships, The 1973 annual handbook for group facilitators, 1973a, Iowa, University Associates, p. 20-21.
Jourard, S.M., The transparent self: self-disclosure and well-being, 1964, Princeton, N.J., Van Nostrand.
Koks R. en J. Olthof, Het therapeutisch moeras; een beschouwing over dubbelzinnig en ondubbelzinnig hulpverlenen, 1978a, Nijmegen, KU (ongepubliceerde) doctoraalscriptie ISPA.
Koks R. en J. Olthof, Wat je zegt ben jezelf; een onderzoek naar de kommunikatie tussen therapeut en kliënt, 1978b, Nijmegen, KU (ongepubliceerd) onderzoeksrapport ISPA.
Kuijer, G., Het geminachte kind, 1980, Amsterdam, Arbeiderspers.
LaForge, R. en R.F. Suczek, The interpersonal dimension of personality: III. An interpersonal checklist,1955, Journal of Personality, 24, 94-112.
Laing, R.D., Self and others, 1961 (2nd Ed, 1969), Londen, Tavistock, Ned. vert. Het zelf en de anderen, 1971, Meppel, Boom.
Lasswell, H.D., D. Lerner en I de Pool, The comparative study of symbols, 1952, Stanford, Stanford University Press.
Leary, T., Interpersonal diagnosis of personality, 1957, New York, Ronald Press.
Lente, G. van, De groep: processen en patronen. 1991, Utrecht, Het Spectrum.
Lindgren, H.C., An introduction to social psychology, 1973 (2nd Ed.), New York, Wiley.
Matarazzo, J.D., A. Wiens, G. Saslow, R. Dunham en R. Voss, Speech durations of astronaut and ground communicator, Science, 1964, 143, 148-150.
Matarazzo J.D. en A. Wiens, Interviewer influence on durations of interview silence, Journal of Experimental Research in Personality, 1967, 2, 59-69.
Mattheeuws, A., Systeembenadering en kommunikatietheorieën, in: Leren en leven met groepen (losbl.), 1977, Alphen aan den Rijn, Samsom.
Mitchell, J., Blue, 1973, Reprise Records, Warner Bros, 44128.
Ofman, D., Bezieling en kwaliteit in organisaties. 1992, Cothen, Servire.
Remmerswaal, J., Begeleiden van groepen, 1992, Houten, Bohn Stafleu Van Loghum.
Richter, H.E., Patient Familie, 1970, Reinbek, Rowohlt, Ned. vert. Het gezin als patiënt, 1971, Utrecht, Spectrum (Aula).
Richter, H.E., Lernziel Solidarität, 1976, Reinbek, Rowohlt, Ned. vert. Opvoeding tot solidariteit, 1978, Utrecht, Spectrum (Aula).
Schutz, W.C., Elements of encounter, 1973, Big Sur CA, Joy Press, Ned. vert. Grondbeginselen van encounter, 1975, Alphen aan den Rijn, Samsom.
Shannon, C.F., The mathematical theory of communication, 1952, Urbana Ill., University of Illinois Press.
Ussel, J. van, Intimiteit, 1975, Deventer, Van Loghum Slaterus.
Watzlawick, P., An anthology of human communication, 1964, Palo Alto, CA, Science and Behavior Books.
Watzlawick, P., J.H. Beavin en D.D. Jackson, De pragmatische aspecten van de menselijke communicatie, 1970, Deventer, Van Loghum Slaterus.
Yalom, I., Theory and practice of group psychotherapy, 1975, New York, Basic Books, Ned. vert. Groepspsychotherapie in theorie en praktijk, 1978, Deventer, Van Loghum Slaterus.

Hoofdstuk 7

Bales, R.F, Interaction process analysis: a method for the study of small groups, 1950, Cambridge Mass., Addison-Wesley.
Bales, R.F., Some uniformities of behavior in small social systems, in: G.E. Swanson, T.M. Newcomb en E.L. Hartley (Eds.), Readings in social psychology, 1952 (revised edition), New York, Holt, 146-159.
Bales, R.F., The equilibrium problem in small groups, in: T. Parsons, R.F. Bales en E.A. Shills, Working papers on the theory of action, 1953, Glencoe Ill., Free Press, 111-161.
Bales, R.F. In conference, Harvard Business Review, 1954, 32, 44-50.
Bales, R.F., Personality and interpersonal behavior, 1970, New York, Holt.
Bales, R.F., F.L. Strodtbeck, T.M. Mills en M.E. Roseborough, Channels of communication in small groups, American Sociological Review, 1951, 16, 461-468.
Bales, R.F. en E.F. Borgatta, Size of group as a factor in the interaction profile, in: A.P. Hare, E.F. Borgatta en R.F. Bales (Eds.), Small groups: studies in social interaction, 1955, New York, Knopf, 396-413.

Borgatta E.F. en R.F. Bales, Interaction of individuals in reconstituted groups, *Sociometry*, 1953, 16, 302-320.

Carter, L.F., W. Haythorn, B. Meirowitz en J. Lanzetta, A note on a new technique of interaction recording, *Journal of Abnormal and Social Psychology*, 1951, 46, 258-260.

Carter, L.F., W. Haythorn, B. Shriver en J. Lanzetta, The behavior of leaders and other group members, in: D. Cartwright en A. Zander (Eds.), *Group dynamics*, 1968 (3rd Ed.), New York, Harper, 381-388.

Cartwright, D. en A. Zander (Eds.), *Group dynamics*, 1968 (3rd Ed.), New York, Harper, 182-191.

Castore, G.F., Number of verbal interrelationships as a determinant of group size, *Journal of Abnormal and Social Psychology*, 1962, 64, 456-458.

Coyle, G.L., *Social process in organized groups*, 1930, New York, Smith.

Doerbecker C., C. Doets e.a., *Enige determinanten van participatie en non-participatie in twee vormingsgroepen*, 1972, Nijmegen, Katholieke Universiteit, intern verslag ISPA.

Doerbecker C. en C. Doets, *Non-participatie bij vormingsgroepen*, 1974, Amersfoort, NCVO, cahier 14.

Emerson, R.M., Deviation and rejection: an experimental replication, *American Sociological review*, 1954, 19, 688-693.

Festinger, L., Informal social communication, *Psychological Review*, 1950, 57, 271-282, herdrukt in: Festinger L. en J.Thibaut, Interpersonal communication in small groups, *Journal of Abnomal and Social Psychology*, 1951, 46, 92-99.

Goldman-Eisler, F.,The measurement of time sequences in conversational behavior, *British Journal of Psychology*, 1951, 42, 355-362.

Gibb, C.A., Leadership. In: G. Lindzey (Ed.), *Handbook of Social Psychology*, 1954, Cambridge, Mass, Addison-Wesley.

Goldstein, A.P., K. Heller en L.B. Sechrest, *Psychotherapy and the psychology of behavior change*, 1966, New York, Wiley.

Hare, A.P., A study of interaction and consensus in different sized groups, *American Sociological Review*, 1952, 17, 261-267.

Hare, A.P., *Handbook of small group research*, 1962 (1st Ed.; 1976 2nd Ed.), New York, Free Press.

Hemphill, J.K., Relations between the size of the group and the behavior of "superior" leaders, *Journal of Social Psychology*, 1950, 32, 11-22.

Kelley, H.H. en J.W. Thibaut, Experimental studies of group problem solving and process, in: G. Lindzey (Ed.), *Handbook of social psychology*, 1954, Cambrigde Mass., Addison-Wesley, 735-785.

Kinney, E.E., A study of peer group social acceptability at the fifth grade in a public school, *Journal of Educational Research*, 1953, 47, 57-64.

Klein, J., *The study of groups*, 1956, Londen, Routledge and Kegan Paul.

Miller, N.E., *Effects of group size on group process and member satisfaction*, 1950, Ann Arbor, University of Michigan.

Mills, T.M., Power relations in three person groups, *American Sociological Review*, 1953, 18, 351-357.

Norfleet, B., Interpersonal relations and group productivity, *Journal of Social Issues*, 1948, 4, 66-69.

Riecken, H.W., The effect of talkativeness on ability to influence group solutions, *Sociometry*, 1958, 21, 309-321.

Schachter, S., Deviation, rejection and communication, *Journal of Abnormal and Social Psychology*, 1951, 46, 190-207, herdrukt in: D. Cartwright en A. Zander (Eds.), *Group dynamics*, 1968 (3rd Ed.), New York, Harper, 165-181.

Seashore, S.E., *Group cohesiveness in the industrial workgroup*, 1954, Ann Arbor, University of Michigan.

Secord P.F. en C.W. Backman, *Social psychology*, 1964, New York, McGraw-Hill.

Slater, P.E., Contrasting correlates of group size, *Sociometry*, 1958, 121, 129-139.

Stephan, F.F. en E.G. Mishler, The distribution of participation in small groups: an exponential approximation, *American Sociological Review*, 1952, 17, 598-608.

Stock, D. en H.A. Thelen, Sociometric choice and patterns of member participation, in: D. Stock en H.A. Thelen, *Emotional dynamics and group culture*, 1958, New York, NY University Press, 84-91.

Hoofdstuk 8

Antons, K., *Praxis der Gruppendynamik*, 1973, Göttingen, Verlag für Psychologie Dr. Hogrefe, Ned. vert. *Groepsdynamika in praktijk*, 1976, Alphen aan den Rijn, Samsom .

Benne, K.D., L.P. Bradford en R. Lippitt, The laboratory method, in: L.P. Bradford, J.R. Gibb en K.D. Benne (Eds), *T-group theory and laboratory method*, 1964, New York, Wiley, 15-44.

Berenson, B.G., K.M. Mitchell en R.C. Laney, Level of therapist functioning: types of confrontation and type of patient, *Journal of Clinical Psychology*, 1968, 24, 111-113.

Blake, R., Studying group action, in: L.P. Bradford, J.R. Gibb en K.D. Benne (Eds), *T-group theory and laboratory method*, 1964, New York, Wiley, 336-364.

Egan, G., *Encounter: group processes for interpersonal growth*, 1970, Belmont CA, Brooks/Cole, Ned. vert. *Encounter: groepsprocessen voor tussenpersoonlijke groei*, 1978, Nijmegen, Dekker en van de Vegt.

Hanson, P.G., Analyzing and increasing open behavior: the Johari window, in: *The 1973 Annual for Group Facilitators*, 1973, San Diego CA, University Associates, 38-42.

Jones, J.E. en J.W. Pfeiffer, Medial feedback: a "mid-course correction" exercise, in: *The 1973 Annual for Group Facilitators*, 1973, San Diego CA, University Associates, 17-19.

Keyworth, D., The gift of happiness: experiencing positive feedback, in: J.W. Pfeiffer en J.E. Jones, *A handbook of structured experiences for human relations training IV*, 1973, Iowa City, University Associates, 15-17

Koks, R. en J. Olthof, *Het therapeutisch moeras; een beschouwing over dubbelzinnig en ondubbelzinnig hulpverlenen*, 1978a, Nijmegen, KU (ongepubliceerde) doctoraalscriptie ISPA.

Kurtz, R.R., Puzzlement: a "mild" confrontation, in: *The 1973 Annual for Group Facilitators*, 1973, San Diego CA, University Associates, 30-31.

Kurtz, R.R. en J.E. Jones, Confrontation: types, conditions and outcomes, in: *The 1973 Annual for Group Facilitators*, 1973, San Diego CA, University Associates, 135-138.

Luft, J., The Johari window, *Human Relations Training News*, 1961, 5, 6-7.

Oomkes, F.R., *Handboek voor gesprekstraining*, 1976, Meppel, Boom.

Perls, F., *Gestalt therapy verbatim*, 1969, Lafayette CA, Real People Press, Ned. vert. *Gestalt therapie verbatim*, 1973, Den Haag, Bert Bakker.

Sbandi, P., "Feedback" im Sensitivity-Training, *Gruppenpsychotherapie und Gruppendynamik*, 1970, 4, 17-32.

Stemerding, A.H.S., *Groepstraining: leermethoden voor sociale vaardigheid*, 1975, Alphen aan den Rijn, Samsom.

Wieringa, C.F., Feedback: een verkenning van het concept en enkele praktische mogelijkheden, in: K.J. Nijkerk (Red.), *Training in tussenmenselijke verhoudingen*, 1975, Alphen aan den Rijn, Samsom, 213-229.

Hoofdstuk 9

Benne, K.D. en P. Sheats, Functional roles of group members, *Journal of social Issues*, 1948, 4, 41-49.

Bion, W.R., *Experiences in groups and other papers*, 1961, Londen, Tavistock.

Bradford, L.P., The case of the hidden agenda, in: L.P. Bradford (Ed.), *Group development, selected readings*, 1974, Fairfax (Virginia), p. 60-68.

Coser, L.A., *The functions of social conflict*, 1956, New York, Free Press.

Freud, S., Weerstand en verdringing, 19e college, Colleges inleiding tot de psychoanalyse, Ned. vert. in: *Inleiding tot de psychoanalyse*, 1/2, 1989, Meppel, Boom.

Schultz, W.C., FIRO: a three-dimensional theory of interpersonal behavior, 1958, New York, Holt, herdrukt als paperback onder de titel: *The interpersonal underworld*, 1966, Palo Alto CA, Science and Behavior Books.

Thelen, H.A., *Dynamics of groups at work*, 1954, Chicago, University of Chicago Press.

Thoresen, P., Defense mechanisms in groups, in: *The 1972 Annual Handbook for Group Facilitators*, 1972, San Diego CA, University Associates, 117-118.

Verwiel, S., *Groepsidentiteit*, 1993, Utrecht, eindscriptie S.P.S.O.

Hoofdstuk 10

Bales, R.F., The equilibrium problem in small groups, in: T. Parsons, R.F. Bales en E.A. Shills (Eds.), *Working papers on the theory of action*, 1953, Glencoe Ill., Free Press, 111-161.

Bass, B.M., *Stogdill's handbook of leadership: a survey of theory and research*, 1981 (revised and expanded editon), New York, Free Press.

Bie, D. de, e.a. (Werkgroep Docenten Onderwijszaken) (Red.), *Didaktisch vademecum*, 1979, Driebergen; later Culemborg, Phaedon.

Burns, T. en G. Stalker, *The management of innovation*, 1966, Londen, Tavistock.

Cartwright, D. en A. Zander (Eds.), *Group dynamics: research and theory*, 1968 (3rd Ed.), New York, Harper.

Fiedler, F.E., *A theory of leadership effectiveness*, 1967, New York, McGraw-Hill.

Hersey, P., *Situationeel leidinggeven*, 1989, Utrecht, Veen.

Hersey, P. en K. Blanchard, *Management of organizational behavior: utilizing human resources*, 1982, Englewood Cliffs, N.J., Prentice-Hall.

Hollander, E.P., *Principles and methods of social psychology*, 1971 (2nd Ed.) New York, Oxford University Press.

Homans, G.C., *The human group*, 1950, New York, Harcourt, Brace and World, Ned. vert. *Individu en gemeenschap*, 1966, Utrecht, Het Spectrum (Aula).

Hoogeveen, P. en J. Winkels, *Het didaktisch werkvormenboek*, 1992, Assen, Dekker & v.d. Vegt.

Katz, D. en R.L. Kahn, *The social psychology of organizations*, 1966, New York, Wiley .

Kind, S.M., "Verbale technieken" diskussie in diskussie, *Gaandeweg*, 1969, 4e jrg., no. 2, 77-85.

Lindgren, H.C., *An introduction to social psychology*, 1973 (2nd Ed.), New York, Wiley .

McDavid, J.W. en H. Harari, *Social psychology: individuals, groups, societies*, 1968 New York, Harper.

Reddin, W.J., *Managerseffectiviteit*, 1973, Alphen aan den Rijn, Samsom.

Redl, F., Group emotion and leadership, *Psychiatry*, 1942, 5, 573-596.

Remmerswaal, J., *Begeleiden van groepen*, 1992, Houten, Bohn Stafleu Van Loghum.

Shaw, M.E., *Group dynamics: the psychology of small group behavior*, 1971, New York, McGraw-Hill.

Verhoeven, W., Coaching en commitment, *De manager-coach*, 1993, 1, 3-14.

Vermunt, J.D., *Leerstijlen en sturen van leerprocessen in het hoger onderwijs. Naar procesgerichte instructie in zelfstandig denken*, 1992, Amsterdam, Swets en Zeitlinger (dissertatie).

Wofford, J., E. Gerlof en R. Cummings, *Organizational communication: the keystone to managerial effectiveness*, 1977, New York, McGraw-Hill.

Zelditsch, M., Role differentiation in the nuclear family: a comparative study, in: T. Parsons e.a. (Eds.), *Family, socialization and interaction process*, 1955, Glencoe, Ill., Free Press, 307-351.

Hoofdstuk 11

Burns, T. en G. Stalker, *The management of innovation*, 1966, Londen, Tavistock.

Dyer, W.G., *Team building, issues and alternatives*, 1987, Reading MA, Addison-Wesley.

Goffman, E., *Gestichten*, 1992, Utrecht, Bijleveld (oorspr. titel: Asyliums, 1961).

Goossens, W., *Eindtoets Module Groepswerk*, Opleiding Senior Maatschappelijk Werk, 1990, Hogeschool Nijmegen.

Homans, G.C., *The human group*, 1950, New York, Harcourt, Brace and World, Ned. vert. *Individu en gemeenschap*, 1966, Utrecht, Het Spectrum.

Katzenbach, J.R. en D.K. Smith, Why teams matter, *Harvard Business Review*, 1993, 36, 41-52.

Reilly, A.J. en J.E. Jones, Team-building, in: *The 1974 Annual Handbook for Group Facilitators*, 1974, Iowa City, University Associates, p. 227-236.

Remmerswaal, J., *Begeleiden van groepen*, 1992, Houten, Bohn Stafleu Van Loghum.

Steyaert, C. en J. Gerrichhauzen, Teambuilding bij organisatieontwikkeling, in: J. Gerrichhauzen (red.), *Interventiestrategieën in organisaties*, 1993, Heerlen, Open Universiteit, 1640, p. 11-26.

Wofford, J., E. Gerlof en R. Cummings, *Organizational communication: the keystone to managerial effectiveness*, 1977, New York, McGraw-Hill.

Yalom, I., *Theory and practice of group psychotherapy*, 1975, New York, Basic Books, Ned. vert. *Groepspsychotherapie in theorie en praktijk*, 1978, Deventer, Van Loghum Slaterus.

Zakenregister

Persoonsregister